Rudolf Georg Hermann Westphal

**Methodische Grammatik der griechischen Sprache**

2. Teil

Rudolf Georg Hermann Westphal

**Methodische Grammatik der griechischen Sprache**
*2. Teil*

ISBN/EAN: 9783744604345

Hergestellt in Europa, USA, Kanada, Australien, Japan

Cover: Foto ©Paul-Georg Meister /pixelio.de

Weitere Bücher finden Sie auf **www.hansebooks.com**

# METHODISCHE GRAMMATIK

DER

# GRIECHISCHEN SPRACHE.

VON

RUDOLF WESTPHAL.

ZWEITER THEIL.

**SEMASIOLOGIE UND SYNTAX**

MIT EINSCHLUSS DER COMPOSITIONSLEHRE.

JENA,

MAUKE'S VERLAG

(HERMANN DUFFT).

1872.

SEMASIOLOGIE UND SYNTAX

DER

# GRIECHISCHEN SPRACHE.

VON

RUDOLF WESTPHAL.

ERSTE ABTHEILUNG.

ALLGEMEINE BEDEUTUNGSLEHRE DER GRIECHISCHEN FORMEN NEBST DER NOMINAL-COMPOSITION.

JENA,

MAUKE'S VERLAG

(HERMANN DUFFT).

1872.

# Vorwort.

Als ich mit einem mir damals befreundeten Philologen in der zweiten Hälfte der fünfziger und in den sechsziger Jahren den Versuch wagte, zu den rythmisch-metrischen Systemen, welche durch Gottfried Hermann und durch Boeckh im Gegensatze zu der traditionellen Theorie der griechischen Metriker, insonderheit des Hephästion aufgestellt waren, ein neues hinzuzufügen, da konnte dies nur in dem Bewusstsein geschehen, dass es uns an heftigen Widersprüchen nicht fehlen würde. Die Hephästioneische Doctrin, bis zum Ende des vorigen Jahrhunderts allgemein recipirt, stand durchweg auf dem Standpunkte des blossen metrischen Schemas; erst Hermann's genialer Blick erkannte, dass den metrischen Schemata rhythmische Formen zu Grunde liegen mussten, und suchte daher die Metrik auf das Princip des Rhythmus zu basiren, eine Art der Behandlung, welcher bald darauf durch August Boeckh eine genauere Methodik zu Theil wurde. Von demselben Standpunkte gingen auch unsere Arbeiten über die Metrik der Griechen aus. Ausser manchen in erfreulicher Weise anerkennenden Stimmen fehlte es, wie wir vorausgesehen, auch an solchen nicht, welche die Art und Weise, in welcher wir im Unterschiede von unseren Vorgängern die rhythmischen Formen zur Grundlage der Metrik machten, als ein verfehltes Unternehmen prädicirten, keine so laut als die von Julius Cäsar in einem eigens über den Rhythmus der Alten geschriebenen Buche, denn was innerhalb der Wände philologischer Auditorien gegen uns gesagt wurde, konnte höchstens nur in abgerissenen Sätzen zu uns gelangen. Wer etwas wesentlich Neues bringt, muss auf dergleichen feindliche Gegensätze gefasst sein; wir unsererseits haben sie so viel wie möglich zum weiteren Fortschreiten benutzt, auch wohl gelegentlich darauf geantwortet, doch niemals unsere eigenen Ansichten im Einzelnen für unfehlbar gehalten, und sehen nunmehr schon seit längerer Zeit, dass von allen Erscheinungen, welche auf dem Gebiete der antiken Rhythmik und Metrik veröffentlicht werden, eine jede auf der Basis unseres, keine einzige aber auf der des Hermann'schen oder Boeckh'schen Systemes emporwachst.

Noch mehr als Metrik und Rhythmik hat die Wissenschaft der Grammatik mein Interesse und meine Arbeitskräfte in Anspruch genommen. Auch hier gibt es für die Formenlehre der beiden klassischen Sprachen einen ältern, wesentlich auf die Gesichtspunkte der griechischen und römischen Nationalgrammatiker beschränkten Standpunkt, welcher in seiner Entwicklung durch Buttmann dem durch Porson und Elmsley entwickelten metrischen Standpunkte des Hephästioneischen Systemes entspricht. Ihm ist durch Herbeiziehung des Sanskrit und anderer Sprachen der Standpunkt der modernen vergleichenden Linguistik gegenübergetreten. Warum sollte ich leugnen, dass lediglich die Bekanntschaft mit ihm mich an der Formenlehre der klassischen Sprachen ein so grosses Interesse hat nehmen lassen, ebenso wie lediglich die Voraussetzung des Rhythmus mich hat bewegen können, den metrischen Formen der Alten ein unermüdliches Studium zu widmen? Unsere moderne, seit Hermann und Boeckh datirende metrische Disciplin stellt an die metrischen σχήματα der alten Dichter die früher nicht aufgeworfene Frage: was bedeuten sie? was ist ihr rhythmischer Gehalt?, und so hat sich auch die durch Bopp ins Leben gerufene vergleichende Linguistik den sprachlichen Formen, insonderheit den Flexionsformen gegenüber das schliessliche Ziel gesteckt, die Bedeutung der in einer Flexionsform enthaltenen lautlichen Elemente und damit den Ursprung der Form zu ermitteln. Ausser diesem höheren wissenschaftlichen Interesse hat Metrik wie Grammatik noch einen practisch-philologischen Zweck: die Grammatik als nothwendige Voraussetzung für die Fertigkeit, die sprachlichen Denkmäler zu verstehen, die Metrik als das unerlässliche Hülfsmittel für die Kritik der poetischen Denkmäler der Sprache, aber dieser rein practische Zweck lässt sich für die griechische Formenlehre auch mit Buttmann's, für die Metrik mit Porson's und Elmsley's metrischem Standpunkte erreichen, ohne dass es dazu einer morphologischen Analyse der Flexionsform, einer rhythmischen Analyse der poetischen Texteswortc bedürfte, wenn auch nicht in Abrede gestellt werden soll, dass z. B. für die Constatirung mancher älteren oder dialectischen Wortformen, für die Beurtheilung der Gültigkeit mancher antistrophischer Licenzen erst die vergleichende Formenlehre und die rhythmische Metrik den letzten Aufschluss gibt.

Wenn ich bei der hohen Bedeutung, welche ich dem vergleichenden Standpunkte der Grammatik vindicire, in vielen Punkten von den Ansichten seines Begründers Franz Bopp und dessen Anhänger abweiche, so wird mir das nicht ohne Weiteres zum Anathema gemacht werden können.

Ehe Europa mit dem Sanskrit bekannt wurde, gab es ausser der klassischen noch eine zunächst vom theologischen Interesse ausgehende sogenannte orientalische Philologie, welche das Hebräische, Aramäische, Arabische und Aethiopische und in weiterer Instanz etwa auch noch das Persische umfasste. Man war sich der inneren Zusammengehörigkeit der vier ersten unter diesen Sprachen, für welche erst später der Name semitische Sprachen aufkam, der Gleichheit ihres grammatischen Baues, der Identität vieler ihrer Wurzeln und Stämme sehr wohl bewusst (das Persische stand nur insoweit zu ihnen in Beziehung, als in demselben die meisten arabischen Worte — noch mehr als die romanischen Wörter im Englischen — volles Bürgerrecht erhalten hatten). Schon früh erkannte man in jenen Sprachen den Zusammenhang der Verbalendungen mit den persönlichen Pronomina der ersten und zweiten Person und erklärte denselben dadurch, dass hier eine Suffigirung dieser Pronomina an den Verbalstamm statt gefunden haben müsste, in derselben Weise wie in diesen Sprachen die Casus obliqui der Pronomina „ich du er sie" dem Verbum oder Nomen suffigirt werden, dergestalt dass das durch ein solches „Suffix" erweiterte Wort nur einen einzigen Hauptaccent erhält.

Als die Verwandtschaft des Sanskrit mit den beiden klassischen Sprachen, mit dem Germanischeb u. s. w. entdeckt wurde, da erkannte man, dass auch in diesen Sprachen nicht minder wie in den semitischen ein naher Zusammenhang der Verbalendungen mit den Stämmen der Pronomina „ich du der" vorhanden war, und konnte nicht umhin, auch hier die längst für das Semitische bestehende Auffassung als unbedingt gültig hinzustellen, dass die Verbalform ihrer Genesis nach nichts anderes als eine Composition der Wurzel mit Pronominalstämmen sei. Man konnte auch keinen Anstand nehmen, das Princip der Composition auf andere Flexionsformen auszudehnen und in ihren Endungen theils wiederum Pronominalstämme, theils Präpositionen, theils Hülfsverba zu erblicken.

Dass diese Erklärungsweise vielfach das Richtige getroffen hat, wird kein Unbefangener ernstlich in Abrede stellen. Aber fraglich musste es bleiben, ob dieselbe für alle Formen ausreichte oder ob nicht manche auf einem anderen Wege als dem der Composition entstanden sein mussten.

Diese Frage hätte sich um so mehr aufdrängen müssen, als inzwischen die semitische Sprachwissenschaft durch eine Entdeckung Ohlshausen's auf einen neuen Standpunkt sich erhob. Da sie zunächst im theologischen Interesse stand und gewissermassen ein Theil der Theologie war, so liess das orthodoxe Dogma von der Inspiration der alttestamentlichen Litteratur keine andere Auffassung zu, als dass von allen Sprachen das Hebräische die älteste, ja dass es schon im Paradiese geredet sei: alle übrigen Sprachen mussten selbstverständlich jüngeren Ursprungs sein und auch die Abweichungen, welche zwischen dem Hebräischen einerseits und dem ihm nahe verwandten Aramäischen, Arabischen und Aethiopischen andererseits vorlagen, konnten nur dadurch erklärt werden, dass hier für die letzteren dem Hebräischen gegenüber entweder eine sprachliche Corruption oder eine Neuerung reflectirender Grammatiker statt gefunden habe; das Letztere nahm man insbesondere für das Arabische an, wenn es sich darum handelte, die voller auslautenden Endungen der arabischen Nomina und Verba gegenüber den entsprechenden hebräischen Formen zu erklären. In ähnlicher Weise vermuthete später auch Elmsley in der nur ein paar Mal in der Gräcität vorkommenden Dualendung μεθον eine Erfindung der Grammatiker, und Madwig zeigte, dass eine lateinische Imperativendung minor, die allerdings nicht in der lateinischen Litteratur, sondern nur in den Grammatiken des Diomedes, Priscian u. s. w. vorkommt, in der That lediglich auf einer Fiction der vom Standpunkte der Analogie ausgehenden Grammatiker beruht. Wenn die semitischen Philologen der früheren Zeit in einem viel weiteren Umfange dergleichen Fictionen altarabischer Flexionsendungen von Seiten der arabischen Nationalgrammatiker annahmen, so hatten sie zu einer solchen Voraussetzung gewissermassen eine äussere Veranlassung. Es liegt in der eigenthümlichen Beschaffenheit der semitischen Sprachen, dass in den Litteraturdenkmälern derselben meist nur der Consonantenbestand der Wörter mit Hinweglassung der Vocale geschrieben ist. Eine genaue Bezeichnung der Vocalisation ist den hebräischen Schriften des Alten Testamentes erst in sehr später Zeit durch die Masoreten zu Theil geworden; und wo die Litteraturdenkmäler des Arabischen mit Vocalzeichen versehen sind, wie der Koran, da ist dies ebenfalls ein Werk gelehrter Grammatiker. Der

Gedanke, dass die Endvocale der altarabischen Wörter erst durch jene Grammatiker nach deren eigenem Ermessen, ohne in der Sprache selber vorzukommen, hinzugefügt seien, musste also nahe genug liegen — um so näher, als das jetzt gesprochene Vulgär-Arabische von den betreffenden Endvocalen so wenig etwas weiss wie das Hebräische des Alten Testamentes.

Seit den vierziger Jahren aber hat die Wissenschaft der semitischen Philologie und Linguistik den Satz endgültig festgestellt, dass die volleren vocalischen Wortausgänge des Altarabischen nicht das Werk reflectirender Nationalgrammatiker, sondern uraltes semitisches Sprachgut sind, welches in den übrigen Sprachen dieses Kreises früher verschwunden ist als im Arabischen, wo es sich zu der Zeit, als die Araber unter Mohamed zum ersten Male aus ihrem isolirten Wüstenleben in die Culturwelt hereinbrachen, noch festgehalten hatte, von da an aber auch in dieser Sprache allmählig sich abschliff, gerade so wie es viel früher schon den Schwestersprachen verloren gegangen war. Also nicht das Hebräische, sondern das viel später auftretende Altarabische zeigt den verhältnissmässig ältesten Bestand der semitischen Sprachen, ja es steht dem Ur-Semitischen noch ungleich näher als das Sanskrit dem Ur-Indogermanischen. Doch war es nicht die anscheinende Paradoxie dieses Satzes, sondern vielmehr die Rücksicht auf das orthodox-theologische Dogma, welches den einen oder den anderen der Semitologen abhielt, sich zu jener Ansicht zu bekennen; für die wissenschaftliche semitische Linguistik ist die Reaction derselben eben so fruchtlos geblieben wie auf einem ähnlichen Gebiete der Kampf, welchen Vertreter der klassischen Philologie gegen das Sanskrit und die vergleichenden indogermanischen Grammatiker unternommen hatten.

Für die indogermanischen Grammatiker aber wäre es von grösstem Vortheile gewesen, wenn sie von jener Entwicklung der semitischen Linguistik gebührende Notiz genommen hätten. Es ist zwar wahr, dass die indogermanischen Sprachen aufs schärfste gegen die semitischen abgegrenzt und dass alle früheren Versuche, zwischen beiden grossen Sprachfamilien einen genetisch-historischen Zusammenhang zu finden, gescheitert sind, und dass die indogermanische Linguistik fortwährend eine von der semitischen Linguistik gesonderte Disciplin bleiben wird, aber immerhin sind beide Disciplinen aufs nächste mit einander verwandt, und wohl wird die Methode der einen von der Methode der anderen sich Manches zu eigen machen müssen und auch die Resultate der einen dürfen für den weiteren Fortschritt der anderen nicht verloren gehen.

Dass der im Arabischen, Hebräischen u. s. w. bestehende Zusammenhang der Verbalendungen mit den persönlichen Pronomina sich auch für die indogermanischen Sprachen als zutreffend erwies, dies war für den Begründer der vergleichenden indogermanischen Grammatik die massgebende Grundlage, um auch die weiteren Flexionselemente des indogermanischen Verbums und Nomens auf bestimmte selbstständige Wörter zurückzuführen und durch diese eine Erklärung des gesammten indogermanischen Flexionssystemes zu gewinnen. Glaubte man eine Flexion als Composition des Stammes sei es mit einem Pronomen oder einer Präposition, sei es mit einer flectirten oder unflectirten Verbalwurzel hinstellen zu können, so glaubte man auch damit die Frage nach der Entstehung der betreffenden Flexion erledigt zu haben. So verfuhr Bopp und ebenso auch seine Nachfolger, und wenn sie auch im einzelnen und speciellen Falle bei der Zurückführung der Flexionslaute auf Wurzeln keineswegs immer übereinstimmten, so wurden sie doch darin immer einiger, dass es in den indogermanischen Sprachen keine anderen begrifflich functionellen Elemente als lediglich nur Verbal- und Pronominal-Wurzeln gäbe. Und warum hätte es im Indogermanischen nicht so sein sollen? Gab es doch nach ihrer Ansicht überhaupt keine Sprache, in welcher die als Flexion fungirenden Elemente auf andere Weise als durch Composition entstanden waren. Sie hatten von Schlegel die Eintheilung der gesammten Sprachen unserer Erde in drei Hauptkategorieen aufgenommen: in die analytischen, synthetischen und organischen, oder wie man jetzt zu sagen liebt, in die elementaren, componirenden und flectirenden Sprachen. Die analytischen oder elementaren Sprachen, wie die chinesische, besitzen nur einsilbige Wurzeln, die synthetischen oder componirenden, wie die tartarischen, finnischen, dekkhanischen setzen einer den Verbal- oder Nominalbegriff bezeichnenden Wurzel eine oder mehrere Wurzeln hinzu, um die grammatischen Beziehungen des Verbums oder Nomens auszudrücken, und ebenso machen es auch die organischen oder flectirenden Sprachen, deren es nur zwei gibt, das Indogermanische und das Semitische, denn der Unterschied, welcher zwischen diesen beiden organischen einerseits und den fast unzählig vielen synthetischen Sprachen andererseits besteht, ist kein anderer, als dass im Semitischen und Indogermanischen die Wurzel, welche zu einer anderen als Flexion hinzutritt, auf diese einen lautlich gestaltenden Einfluss hat, während in der grossen Masse der synthetischen Sprachen ein solcher Einfluss nicht statt findet. Nur die Sprachen der Indogermanen und Semiten, der beiden einzigen Völkerstämme, welche geistig bewegend in der Geschichte der Menschheit aufgetreten sind, werden hier als flectirende Sprachen gefasst, aber was sich im Semitischen und Indogermanischen als Flexion darstellt, soll ebenfalls seiner Genesis nach nichts anders als Composition sein.

Für die zwanziger und dreissiger Jahre konnte man sich einen solchen Satz gefallen lassen, aber dass er auch in unserer Zeit noch immer von Neuem als Wahrheit vorgetragen wird, z. B. in jeder neuen Auflage von Schleicher's vergleichender Grammatik, ist wunderlich genug. Ja, wenn die volleren Wortausgänge des sogenannten Schrift-Arabischen gleich der lateinischen Imperativendung minor ein Product reflectirender Grammatiker wären, dann könnte jener Satz für das Semitische Geltung haben, denn ausser den mit den persönlichen Pronomina im Zusammenhang stehenden Personalbezeichnungen des Verbums würden alsdann für den altsemitischen Flexionsschatz etwa nur Plural- und Dual-Endungen, wie sie im Hebräischen und Aramäischen bestehen, in Betracht kommen, und auch für diese würde man, um sie durch Composition zu erklären, die verschiedensten Conjecturen wagen dürfen, so gut oder vielmehr so schlecht wie sie von Ewald zu wiederholten Malen, aber immer in einander widersprechender Weise für den hebräischen Plural auf Im vorgebracht worden sind. Aber die dem Arabischen vor den übrigen semitischen Sprachen eigenen Flexionsausgänge sind ja nicht erst eine nach dem Aufkommen des Islam auf künstlichem Wege erworbene Specialität der arabischen Schriftsprache, sondern sie haben sich als uraltes, einst dem ganzen semitischen Stamme gemeinsames Sprachgut documentirt, und Angesichts dieser im früheren Arabischen erhaltenen altsemitischen Flexionsendungen wird jeder Versuch, sie mit selbstständigen Pronominalwurzeln, Präpositionen, Verbal- und Nominalstämmen in Zusammenhang zu bringen, sofort scheitern müssen: es ist schlechterdings nicht anders möglich, als sie als Laute von lediglich symbolischer Bedeutung zu fassen.

Es kann in der That keine Frage sein, dass Composition nicht der einzige Weg ist, auf welchem Flexionsendungen entstanden sind, und zwar zeigt sich dies gerade für diejenige Sprachklasse, welche allgemein als die am meisten geistig entwickelte gilt und von den indogermanischen Linguisten ausschliesslich als die Klasse der flectirenden Sprachen bezeichnet wird. Wenigstens zeigt es sich für die eine der beiden zu dieser obersten Klasse gerechneten Sprachen, für die semitische. Soll man deshalb die bisher festgehaltene Klasseneinheit des Semitischen mit dem Indogermanischen aufgeben? Dann würde, die obige Eintheilung zu Grunde gelegt, eine vierfache Stufe der Sprachentwicklung zu unterscheiden sein: 1) die Klasse der analytischen oder isolirenden Sprachen, in welchen die Wurzeln der Flexionsendungen gänzlich entbehren; 2) die ungemein zahlreiche Klasse der zusammensetzenden oder synthetischen Sprachen, welche zu der Wurzel, ohne ihre Gestalt zu ändern, noch eine oder mehrere Wurzeln hinzugefügt und aus ihnen Flexionsendungen gebildet haben; 3) die indogermanischen Sprachen, welche ihre Flexionsendungen ebenfalls wie die synthetischen durch Composition gewonnen haben, aber diesen Endungen einen umgestaltenden Einfluss auf die ihnen vorausgehende, den Grundbegriff des Wortes bestimmende Wurzelsilbe gestatten; 4) die semitischen Sprachen, in welchen die Flexionen theils auf dem nämlichen Wege wie in den indogermanischen Sprachen, theils auf dem Wege der Lautsymbolik entstanden sind. Man braucht keinen Anstoss daran zu nehmen, dass jede der beiden obersten Klassen nur durch eine einzige Species, wie in der Zoologie das am höchsten stehende Genus nur durch die einzige Species „Mensch" vertreten ist. Und auch sonst würde die aufgestellte Reihenfolge den bei einer Klassification zu stellenden Anforderungen eines wohlgeordneten Fortschrittes nachkommen, sofern eine jede später genannte sprachliche Entwicklungsstufe die in den früheren Stufen enthaltenen charakteristischen Momente in sich vereint und ein neues Moment hinzubringt. So ist das, was die synthetischen Sprachen vor den analytischen voraus haben, nämlich das Princip der Composition, auch in dem Indogermanischen enthalten, aber das Indogermanische bringt die innige Vereinigung der Wurzel mit dem angefügten Compositionsgliede, hervorgebracht durch Modification der Wurzel, als neues den synthetischen Sprachen noch fehlendes Moment hinzu. Und eben dies Moment, welches das Indogermanische vor dem Semitischen voraus hat, ist auch in dem Semitischen enthalten, dazu aber noch das neue allen übrigen Sprachstufen fehlende Moment des symbolischen Ursprungs einer nicht geringen Anzahl von Flexionsendungen. Es ist dies ganz analog, wie von den vier grossen Entwicklungsstufen des gesammten Seins, nämlich der anorganischen, der vegetabilischen, der thierischen und menschlichen Daseinsstufe eine jede die charakteristischen Momente der früheren Stufe in sich enthält, zu ihnen aber noch ein neues, ihr selber wesentlich charakteristisches Moment hinzufügt. Wir würden hiernach schwerlich umhin können, die symbolische Entstehung der Flexionen als einen höheren Fortschritt der sprachlichen Entwicklung gegenüber der compositionellen Entstehung anzusehen.

Wenn die indogermanischen Linguisten nicht die hier von uns ausgeführte Viertheilung der sprachlichen Entwicklungsstufen, in welchen dem Semitischen die höchste Stufe zukommt*), annehmen können, wenn sie auch weiterhin noch die principielle Gleichstellung des Indogermanischen und Semitischen festhalten müssen, so wird ihnen nichts anderes übrig bleiben, als neben der compositionellen Genesis der Flexionen auch die nicht-compositionelle, welche im Semitischen aufs klarste und unwiderleglichste hervortritt, auch für das Indogermanische gelten zu lassen.

Aber die Nachfolger Bopp's haben es bisher zum strengsten Dogma erhoben, dass ausser in der Composition kein Heil für die indogermanischen Flexionsformen zu suchen sei, sie haben den Fortschritten der semitischen Linguistik gegenüber ihre Augen verschlossen, nur um ungestört ihre Manipulationen mit der Annahme von Pronominalstämmen in den Endungen fortsetzen zu können. Und was ist das Resultat dieser Manipulationen? Dass das Locativzeichen i die ursprüngliche Bedeutung von „dies" hat, dass der Instrumentalvocal a eigentlich „das oder jenes"

*) Es ist selbstverständlich, dass die oben angegebene Viertheilung der Sprachen nicht diejenige sein kann, welche ich zu der meinigen mache, denn ich leugne ja gerade die principielle Verschiedenheit im Flexionssysteme des Semitischen und Indogermanischen, ich habe sie bloss als eine Consequenz des Standpunktes hingestellt, welcher eine solche Verschiedenheit annimmt. In der That ist Bopp nicht allzuweit davon entfernt, denn die von ihm angenommene Dreitheilung der Sprachen, die den Unterschied der componirenden und flectirenden Sprachen in Abrede stellt (vgl. unten S. XVXIII), giebt den einsilbigen Sprachen die erste, den finnisch-altaischen u. s. w. zusammen mit den indogermanischen die zweite, den semitischen die dritte Stelle. Die S. X angeführte Dreitheilung der Sprachen geht auf die beiden Schlegel's zurück, doch ist die dort von Pott herübergenommene Nomenclatur eine andere, vergl. unten S. XXII.

bedeutet, dass das m des Accusativs ebenfalls aus einem Pronomen mit der Bedeutung „dies oder das“ hervorgegangen ist, nicht minder auch die alte Endung des Nominativs und Genitivs. Die Endung des passiven Participiums in unserem getha-n und gelieb-t soll wiederum seinem Ursprunge nach „dies“ oder „das“ bedeuten, und so geht es weiter durch die ganze Scala der Substantiv- und Adjectivsuffixe hindurch, stets das ewige „dies“ oder „das“. Interessant und geistvoll hat hier die Sprachentwickelung wahrlich nicht verfahren. Aber nehmen wir die Langweiligkeit des Verfahrens geduldig mit in den Kauf, wenn nur sonst Verstand und Zusammenhang in einer solchen Art des Componirens liegt! Aber einen auch nur einigermassen vernünftigen und plausibelen Zusammenhang zwischen der Bedeutung der Composition und der Bedeutung des angefügten Compositionsgliedes wird man fast überall vergeblich suchen. Ja, das war wohl etwas anderes, als Bopp die Erklärung der indogermanischen Verbalflexionen damit begann, dass wie im Semitischen so auch im Indogermanischen ein Zusammenhang zwischen den zur Personalbestimmtheit der Verbalformen dienenden Lautelementen und den Stämmen der Pronomina „ich, du, der“ stattfinde! Hier wird wahrlich Niemand eine genetische Beziehung zwischen Flexion und selbstständigem Pronomen in Abrede stellen wollen. Aber weshalb von der Sprache voraussetzen, dass sie auf diesem Wege auch alle übrigen Flexionen erlangt habe? Ist der Sprachgeist — wir dürfen hier dies Wort gebrauchen — so armselig, dass er bereits vorhandene Wörter zur Composition verwandt habe, nicht bloss wo dies Verfahren vernünftig, sondern auch da, wo es unvernünftig war?

Als ich zum ersten Male den Versuch machte, die nicht-compositionelle Entstehungsweise semitischer Flexionen auch für das Indogermanische zur Anwendung zu bringen, war ich mir wohl bewusst, welch heftige Gegner ich mir damit erwecken würde. Ich hielt nicht minder als diese Gegner den Standpunkt der vergleichenden indogermanischen Grammatik fest, ich stimmte auch darin mit ihnen überein, dass eine nicht geringe Zahl unserer indogermanischen Flexionsformen durch Composition entstanden sei, aber ich nahm die Freiheit des Forschers in Anspruch, dass ich da, wo die Nachfolger Bopp's bei der Zurückführung einer Flexion auf ein einst selbstständiges Compositionsglied den Lautgesetzen Zwang angethan hatten, oder da, wo dieselbe mit der Bedeutung sich keineswegs vermitteln liess, einen anderen Erklärungsweg versuchte. Es war mir dieser vorgezeichnet durch die semitische Linguistik, ich hatte durch sie die Möglichkeit einer anderen Erklärung kennen gelernt.

Zuerst machte ich den Versuch, auf dem bezeichneten Wege eine Genesis der Verbalformen zu geben und hatte hierfür speciell das altgermanische Verbum gewählt. Eine Anzeige dieser meiner Arbeit im literarischen Centralblatte (1869, Nr. 9) sagt darüber: „Wenn die Agglutinationstheorie in neuster Zeit so sehr auf die Spitze getrieben ist, dass man selbst das unschuldige a am Ende des goth. hulpeina für identisch mit ἄν erklärte, so wird es der Wissenschaft zum grossen Nutzen gereichen, einen Versuch zu prüfen, welcher in höchst geistreicher Weise dem mechanischen gegenüber einen idealistischen Standpunkt einnimmt. Betrachtet man die von diesem Standpunkte gewonnenen Ergebnisse des Verfassers, so wird man nicht verkennen, dass er den Organismus der indogermanischen, speciell der germanischen Sprachen, so wie er uns erhalten ist, als verhältnissmässig ursprünglich erscheinen lässt, während die jetzt am meisten verbreitete Art der Erklärung eine so grosse Depravation aller Formen voraussetzt, dass fast keine in ihrem ursprünglichen Zustande auf uns gekommen wäre. Es kommt bei derartigen Untersuchungen hauptsächlich auf die Erklärung einzelner Laute an und daher bezieht sich auch einer der Hauptsätze des Verfassers auf jenes Verhältniss der Laute unter einander, welches den an und für sich nicht significanten Lauten die Fähigkeit verleiht, verschiedene Beziehungen der Wurzel oder des Stammes auszudrücken. Die ältesten Bildungen bewerkstelligte die Sprache mit den ihr zunächst liegenden Vocalen oder deren Steigerung; weitere Beziehungen erhielten an gewissen Dentalen und noch spätere an l und r ihre Exponenten. Wie der Verfasser dies im Näheren ausführt, ist höchst scharfsinnig, wenn auch nicht in allen Einzelheiten gleich befriedigend, ein Anspruch, den der Verfasser selbst nicht erheben will, da er seine Polemik in sehr zurückhaltender Weise führt und sein Werk eben als einen Versuch, ein nicht beachtetes Princip mit den Mitteln unserer heutigen Wissenschaft zu erweisen, dem Urtheil der Kenner unterbreitet.“

Obwohl seit der Zeit drei Jahre verflossen sind, so ist mir trotzdem bis heute noch kein prüfendes Urtheil meines Standpunktes zu Gesichte gekommen. Meine Polemik hatte ich in der That in sehr zurückhaltender Weise geführt; immerhin aber hatte ich nachgewiesen, dass bei den

Verstümmelungen, welche Bopp und seine Anhänger für die von ihnen hypothetisch vorausgesetzten Formen annehmen, gar manche Behauptung ausgesprochen ist, welche mit den Lautgesetzen in Widerspruch steht. Professor Höfer wiederholt in einer mehrere Spalten umfassenden Anzeige der Germania fort und fort, dass mein Buch ein schädliches, gefährliches, verderbliches sei, und glaubt nicht nachdrücklich genug vor dem Anschaffen und Lesen desselben warnen zu können. Statt der leidigen Tautologien, dass meine Auffassung der Sprache eine grundverkehrte und dass nur die Bopp'sche Ansicht die richtige sei, wäre es erspriesslicher gewesen, wenn er gezeigt hätte, dass Bopp überall da den Lautgesetzen gefolgt sei, wo ich denselben eines Verstosses gegen dieselben beschuldigt hatte. Bopp selber hat den Anfang gemacht, die Gesetze, nach welchen die Laute der einzelnen indogermanischen Sprachen sich verändert haben, zu erforschen und das, was er hier geleistet hat, wird so lange wie Linguistik getrieben wird, mit Dank und Verehrung gegen den Begründer dieser Wissenschaft anerkannt werden, aber es lässt sich nicht in Abrede stellen, dass gerade da, wo am meisten von einer Verstümmelung der reicheren und volleren indogermanischen Urformen die Rede sein kann, nämlich im Ausgange des Wortes, dass gerade hier von Bopp nicht die Gesetzmässigkeit der Lautänderungen vorausgesetzt wurde wie für den Inlaut des Wortes. Mit Rücksicht auf die von Bopp hier für den Auslaut gestatteten Willkürlichkeiten habe ich schon vor fast zwanzig Jahren die Gesetzmässigkeit in der historischen Umbildung der Endungen für eine Sprache nachzuweisen gesucht, in welcher man sie bis dahin am wenigsten voraussetzen zu müssen glaubte, für den ältesten der germanischen Dialecte, und wenn ich auch nicht sehe, dass Bopp selber in den folgenden Auflagen seiner Grammatik von meiner Arbeit Notiz genommen hat, so sind doch deren Ergebnisse von den Uebrigen, die sich mit diesem Gegenstande beschäftigt haben, nichts desto weniger unbeachtet gelassen worden.

Mein Buch über deutsche Sprache hatte wesentlich den Zweck, die Genesis der Formen darzustellen. Bei der griechischen Sprache war es der syntactische Gebrauch, die Semasiologie der Formen, vor allen der Tempora und Modi, welche mich zu einer Bearbeitung aufforderte: nicht eine griechische Grammatik, sondern eine griechische Syntax oder griechische Semasiologie darzustellen hatte ich mir als Ziel vorgesteckt. Dass ich gleichsam als Einleitung eine griechische Laut- und Formenlehre hinzufügte, hatte zunächst in äusseren Verhältnissen seinen Grund. Ich gestehe, dass dieselbe den ursprünglich ihr bestimmten Umfang weit überschritten hat. Sie sollte diejenigen, welche mit Sanskrit und der vergleichenden Grammatik nicht bekannt sind, in den Stand setzen, die Genesis der griechischen Formen unter Ausschliessung alles desjenigen, was die Bedeutung und Entstehung der zu Grunde liegenden Urformen, mit einem Worte, die Sprachentstehung selber betrifft, kennen zu lernen. Die Beschäftigung mit Sanskrit und vergleichender Grammatik hat zwar im Kreise der klassischen Philologen seit den letzten zwei Decennien ausserordentlich und in erfreulicher Weise zugenommen, immer aber giebt es noch eine gewiss nicht geringe Zahl von Philologen, welche jene Beschäftigung von sich abgewiesen haben und noch fortwährend abweisen, aus dem allerdings nicht so ganz und gar zu unterschätzenden Grunde, dass dieselbe einen Theil der Kräfte absorbirt, welche zum innigen und vollen Vertrautwerden mit der Welt der klassischen Literatur und Kunst und mit dem Leben der antiken Völker unerlässlich sind. Es ist wahr, es fehlt nicht an Philologen, welche das eigentliche philologische τεχνικόν mit der Kenntniss des Sanskrit und der vergleichenden Grammatik verbinden, aber gross ist die Zahl derselben heut zu Tage nicht: nur zu häufig habe ich die Erfahrung machen müssen — und viele Andere werden das nämliche sagen — dass die jungen Philologen von dem Augenblicke an, wo sie Sanskrit und Linguistik trieben, die Bedeutung der eigentlichen Philologie hintanzusetzen anfingen. Der Begründer der Sanskrit-Philologie in Deutschland, A. W. von Schlegel, verstand auch die Technik der klassischen Philologie zu handhaben, und wie ausserordentlich hat er sich um das tiefere Verständniss der klassischen Literatur verdient gemacht! Aber es fehlt auch nicht an solchen, auf welche das strenge Wort G. Hermann's Anwendung findet: Sanscrite balbutiunt, Latine nesciunt.

Wenn G. Hermann das Studium der vergleichenden Grammatik keineswegs begünstigte, so lag dem schliesslich nichts anderes als das, was wir hier andeuteten, zu Grunde: er selber verkannte nicht die wissenschaftliche Bedeutung dieser neuen Disciplin, wie er denn auch mehrfach in seinen Schriften die Ergebnisse derselben zu würdigen versteht, aber er dachte: je grösser die Zahl der vergleichenden Grammatiker, um so geringer die Zahl der in der griechisch-römischen Welt einheimischen Philologen. So zieht von entgegengesetzter Seite auch Schleicher, der sich doch der theoretischen und practischen Bedeutung seiner Wissenschaft aufs genaueste bewusst war, zwischen ihr und der Philologie die schärfsten Grenzen *): es fehlt nicht an Solchen, welche in beiden durch diese Grenzen geschiedenen Gebieten sich einzuleben verstehen, aber bei der Mehrzahl der klassischen Philologen hat der Versuch, auch das Gebiet des Sanskrit und der vergleichenden Grammatik zu durchwandern, zugleich die nachtheilige Folge, dass sie auf ihrem eigenen mit Vielem nicht gehörig vertraut werden. Hat denn das wissenschaftliche Studium der griechischen Dramatiker, dessen Anfänge kaum Decennien älter sind als das der vergleichenden Grammatik, bereits so viel Boden gefasst und für die Praxis eine solche Bedeutung gewonnen, dass eine eindringliche Fortsetzung desselben für unsere Philologen weniger nothwendig und fruchtbringend erscheinen dürfte als das Sanskrit und die allgemeine Linguistik? Gewiss nicht. Und doch muss man gestehen, dass dasselbe jetzt sichtlich zurückgetreten ist. Mit wie vielen anderen Seiten unserer Philologie, die ebenfalls erst seit dieser neueren Zeit wissenschaftlich cultivirt worden sind, verhält sich dies jetzt ebenso! Und die Fertigkeit in den beiden klassischen Sprachen selber — hat man sich nicht schon vielfach direct und mehr noch indirect bemüht, ihre Bedeutung zu schmälern und herabzusetzen? Welchem Unbefangenen aber kann es entgehen, dass das Sich-Eindrängen des Sanskrit und der vergleichenden Sprachwissenschaft in den Kreis der klassischen Philologie hieran einen nicht geringen Theil der Schuld trägt?

So denken viele und nicht die schlechteren unter den Philologen. Und gleichwohl ist es nothwendig, dass die Resultate der vergleichenden Grammatik zur Kenntniss aller derjenigen, welche sich mit Griechisch

*) Zur Morphologie der Sprache S. 30 u. sonst.

und Latein beschäftigen, soweit sich die Resultate auf diese beiden Sprachen beziehen, gelangen. Wohlverstanden, es handelt sich hier bloss um die das Griechische und Latein betreffenden Resultate der vergleichenden Grammatik, nur diese sollen zum bleibenden Gemeingut aller klassischen Philologen werden, und zwar ohne dass diese sich mit Sanskrit u. dergl. abzugeben haben. Es muss das gerade in derselben Weise geschehen, wie manche Resultate der Physik, Physiologie und Astronomie zum Gemeingute aller Gebildeten geworden sind. Hätten die Fachmänner, welche naturwissenschaftliche Populärdarstellungen gegeben haben, es für nöthig gehalten, im Einzelnen zu zeigen, auf welche Weise man zu den betreffenden Entdeckungen gelangt ist, hätten sie sich nicht enthalten können, ihre für alle Gebildeten bestimmten Darstellungen mit Integralen u. dergl. zu versehen, so würden sie wahrhaftig ihren Zweck verfehlt haben. Sollte nicht in gleicher Weise den Philologen — und ich habe zunächst die jüngeren Philologen, die Studirenden der Philologie im Auge — eine griechische, eine lateinische Formlehre in die Hand gegeben werden können, durch welche sie mit den diese Sprachen betreffenden Resultaten der vergleichenden Sprachforschung bekannt werden, ohne dass ihnen Sanskritworte und Sanskritparadigmata vorgeführt werden, die auf jeden, der diese Sprache nicht getrieben hat, denselben Eindruck machen wie Differentialgleichungen und Integrale auf den Nicht-Mathematiker?

Ich hielt es für das Studium der Philologie erspriesslich, einen solchen Versuch für das Griechische zu machen, und habe eine den Resultaten der vergleichenden Grammatik überall Rechnung tragende griechische Formlehre geschrieben, in der jede Hinweisung auf Sanskrit ausgeschlossen ist. Gar manche haben dies durchaus gebilligt. Ein erfahrener holländischer Philologe, der keineswegs mit dem Sanskrit unbekannt ist, sagt gelegentlich einer Anzeige meines Buches in der Zeitschrift „de Gids" 1870 Nr. 11: „Ofschoon natuurlijkerwijze zich steunende op de resultaten der moderne wetenschap, biedt hij weêrstand aan de verleiding, om zijne verklaringen der vormen met die van de verwante talen te verbinden en te vergelijken: het woord Sanscrit komt in het geheele boek nauwelijks voor; enkele malen wordt op de overeenkomende verschijnsels in het Latijn gewezen, maar over het geheel heeft de schrijver aan het Grieksch voor zijn doel genoeg. Ongetwijfeld valt deze sparzaamheid te prijzen en vinden wij hier een der goede eigenschappen van dit degelijke werk." *).

Der holländische Recensent meint, auch ohne das Sanskrit herbeizuziehen, wäre die Genesis der griechischen Formen deutlich genug dargelegt: „Alles ontwikkelt zich bij hem met de meeste regelmaat uit enkele zeer eenvoudige gegevens. Men ziet de declinaties, bijna zou ik zeggen groeien en opwassen. Het is werkelijk zeer veel, wanneer een schrijver het geheim heeft gevonden een lijvig boek te vervaardigen, uitsluitend over verbuigingen, zonder dat hij van de aandacht des belangstellenden lezers te veel vergt of hem ten slotte meer verward dan opgeklaard naar huis laat gaan." **) Der letzteren Ansicht ist auch der Rec. im Philologischen Anzeiger 1871 S. 387: „Selbstständigkeit des Urtheils, volle Beherrschung des Materials und eine klare, geistvolle Darstellung machen, was bei Grammatiken ein seltener Fall ist, die Lectüre für jeden Sachkenner zu einem wahren Genusse, und obwohl der Verf. erklärt, dass er es vorzugsweise auf die Syntax abgesehen habe und in der Formenlehre sich im wesentlichen mit dem von seinen Vorgängern zusammengebrachten Materiale begnügen werde, so stellt sich doch auch hier der bekannte Stoff unter neuen und anregenden Gesichtspunkten dar." Doch in Betreff der ausschliesslichen Beschränkung auf das Griechische ist er anderer Ansicht: „Da in vielen Fällen die Anschaulichkeit der Darstellung nur gewinnen kann, wenn gelegentlich die sanskritischen Formen angeführt werden, so möchte ich wünschen, dass der Verf. sich entschlösse, diese Caprice — denn etwas anderes ist es doch am Ende nicht — aufzugeben." Ich denke, der geehrte Recensent, Herr H. D. Müller, der als Verfasser bewährter Schulgrammatiken sowohl der griechischen wie der lateinischen Sprache sattsam gezeigt hat, dass es ihm um eine

*) „Obwohl er selbstverständlich die Resultate der modernen Sprachwissenschaft zu Grunde legt, widersteht er der Versuchung, seine Erklärungen der sprachlichen Formen mit denen der verwandten Sprachen in Zusammenhang zu bringen, das Wort Sanskrit kommt im ganzen Buche nirgends vor. Einigemale wird auf übereinstimmende Erscheinungen des Lateinischen hingewiesen, aber sonst beschränkt sich der Verf. auf das Griechische. Ohne Zweifel ist diese Enthaltsamkeit zu loben und finden wir darin eine von den guten Eigenschaften dieses gediegenen Buches."

**) „Alles entwickelt sich bei ihm mit der grössten Regelmässigkeit aus einigen sehr einfachen Sätzen. Man sieht die Declinationen fast möchte ich sagen hervorkeimen und aufwachsen u. s. w.

gründliche Unterweisung in den Elementen der philologischen Technik wahrhafter Ernst ist, wird demjenigen seine Anerkennung nicht versagen, was ich vorher im Interesse eines gründlichen Studiums der klassischen Philologie, welches in erster Instanz der früher für unerlässlich geltenden Sprachfertigkeit auch heute noch die gebührende Rechnung zu tragen sucht, bemerkt habe. Von einem anderen Recensenten meines Buches, Herrn C. im Liter. Centralbl. 1871 Nr. 10 — nicht Curtius, aber ein eifriger Schüler desselben, Herr Professor Clemm in Giessen — der ebenfalls meine Vermeidung der Sanskrit-Beispiele für subjective Caprice erklärt, aber zugleich Alles, was sonst in meinem Buche enthalten ist, von a bis z für eitel Thorheit hält, kann ich kaum annehmen, dass er den practischen Zweck, den ich, um mit dem holländischen Recensenten zu sprechen, bei meiner spaarzamheid bezüglich des Sanskrit im Auge hatte, gelten lassen wird. Für Herrn Clemm ist ein grammatisches Studium im Sinne von Curtius das höchste Stadium philologischer Beschäftigung — wer sich diesem ergiebt, dem wird alles andere von selber zufallen. Auch die practische Fertigkeit in den klassischen Sprachen? Wohl nicht, wenigstens giebt das Latein, was Herr Clemm geschrieben, keinen Beweis dafür. Schon anderwärts wird Herr Clemm ein Urtheil darüber gehört haben. Ich glaube fast, dass G. Hermann auch hier sein „Sanscrite balbutiunt, Latine nesciunt" nicht zurückhalten würde.

Ich sagte oben, dass meine griechische Formenlehre insofern auf dem Standpunkte naturwissenschaftlicher Populär-Darstellungen stehe, als sie wesentlich dazu bestimmt sei, die jungen Philologen, welche bei einem gründlichen Studium der griechischen und lateinischen Philologie für Sanskrit keine Zeit und Musse haben, mit den sich auf die beiden klassischen Sprachen beziehenden Resultaten der Sprachvergleichung vertraut zu machen. Somit hat das Buch einen entschieden mehr practischen als wissenschaftlichen Zweck. Damit verstand sich von selber, dass in demselben von einer Polemik gegen abweichende Auffassungen keine Rede sein durfte. Sie ist überall zurückgehalten worden. Vielleicht wird man mir entgegenhalten, dass ich, um jenem Zwecke meines Buches treu zu bleiben, über Genesis der Formen nur dasjenige sagen durfte, worin alle bisherigen Sprachforscher mit einander einverstanden sind. Ich habe das versucht, so gut es ging; ich habe meine eigene Ansicht gar vielfach unterdruckt; dass sie aber dennoch hier und da —

und ich sehe, dass es nicht wenige Punkte sind — sich geltend gemacht hat, wie hätte ich das verhindern können? Nicht bloss meine Grundauffassung über die Entstehung der Flexionsformen — die übrigens in der griechischen Formlehre niemals zur Sprache kommt — ist von der gewöhnlichen Auffassung durchaus abweichend, sondern auch da, wo es auf diese Principienfrage gar nicht ankommt, fasse ich eine Form nicht selten anders als die übrigen auf. Ich freue mich, dass manche dieser ohne Polemik hingestellten Neuerungen den Beurtheilern des Buches nicht missfallen haben. Ueber Einiges, was sie zurückweisen zu müssen glaubten, werde ich mich unten aussprechen.

Besonders deshalb ist es sehr zu wünschen, dass die Studirenden der Philologie mit den Resultaten der vergleichenden Grammatik vertraut werden, weil durch dieselben in die grosse Zahl scheinbar verschiedener Erscheinungen Einheit und Ordnung gebracht wird. Was bewirkt in dieser Hinsicht nicht allein der Satz, dass die Vocale ε und ο in einer früheren Zeit a gelautet haben, dass nicht bloss η, sondern auch ω und häufig auch ου in gleicher Weise aus langem ā hervorgegangen sind? Welchen grossen Fortschritt erhält die Einsicht in die Formenlehre, wenn man auf Grund dieser lautlichen Entwicklungen die nähere Zusammengehörigkeit der bisher sogenannten zweiten und ersten Declination kennen lernt? Und so in vielen anderen Stücken. Wenn man nun eine in dieser Weise vereinfachte Formenlehre darzustellen beabsichtigt, so versteht es sich eigentlich von selber, dass man auch sonst auf systematische Anordnung des Stoffes das grösste Gewicht legt, dass man für eine jede einzelne Erscheinung, für eine jede einzelne Kategorie der Formenlehre ihre nothwendige Stellung im Zusammenhange des Ganzen zu ermitteln sucht. Es wird also die Eintheilung des Ganzen ein Hauptmoment für die Darstellung bilden. Man kann hierbei nicht ganz den historischen Weg gehen, d. h. man kann bei der Anordnung nicht das Nacheinander, in welchem die Formen bei der Sprachentwicklung entstanden sind, zur Norm der Anordnung machen. Denn einerseits ist dies genetische Nacheinander im Aufkommen der sprachlichen Formen keineswegs in der Weise erkannt und erforscht worden, dass wir hier von absolut richtigen Ergebnissen reden könnten. Und wenn selbst diese Untersuchung endgültig abgethan wäre, so würde die Chronologie in der Entstehung der Formen doch keineswegs einer Formenlehre zu Grunde gelegt werden können, weil die begrifflich zusammengehörenden Erscheinungen dadurch allzusehr aus einander gerissen würden. Beobachtet man doch auch in der alten Geschichte der Völker nicht die synchronistische Darstellung, sondern verfolgt vielmehr die einzelnen Völker von ihrem ersten Auftreten bis zu ihrem Ableben.

Selbstverständlich konnte es nicht eher eine Declination der a-, ā-, i-, u-, der consonantischen Stämme geben, ehe bereits solche Stämme in der Sprache sich gebildet hatten, aber fast ebenso selbstverständlich ist es, dass die Bildung der betreffenden Stämme beim Aufkommen der Declination noch lange nicht abgeschlossen war, dass vielmehr seitdem der Trieb der Stammbildung eine bedeutend grössere Fülle von Bildungsformen hervorgebracht hat als vorher. Die Aufzählung aller dieser Stämme gehört nicht der Grammatik, sondern dem Lexikon an, aber die Grammatik hat eine Uebersicht über die einzelnen Kategorieen der Stammbildungen zu geben, wobei eine grössere Zahl von Beispielen häufig erwünscht ist. Ich habe diese Beispiele, den entsprechenden Kategorieen untergeordnet, nicht am Schlusse der Formenlehre, sondern gleich bei den einzelnen Declinationen gegeben: unterscheiden sich die einzelnen Declinationen in erster Instanz durch die Verschiedenheit des Stammausganges von einander, so ist dieser Stammausgang selber bei jeder einzelnen Declination näher in Betracht zu ziehen, es ist zu zeigen, wie er in der Sprache zur Bildung von Nominalstämmen verwandt worden ist. Herr C. meint im Lit. Centralbl., dass die Flexions- und Wortbildungs-Lehre, die ich verschmolzen, besser getrennt geblieben wären. Hoffentlich ist Eichholtz nicht der einzige, welcher in der Recension meines Buches in der Z. f. Gymnasialw. XXVI S. 449 in der Verschmelzung der Declinationen mit den Arten der Stammbildung einen Fortschritt erkennt: „Diejenige Abweichung von den bisherigen Darstellungen der griechischen Formenlehre, welche das Ganze wie ein rother Faden durchzieht, ist die enge Verbindung der Wortbildungs- mit der Flexionslehre. Die gangbaren Grammatiken geben erstere als einen soll man sagen Anhang oder Anhängsel zur letzteren, welches manchen Lehrern und den meisten Schülern gleich fremd zu bleiben pflegt, und es ist nicht das kleinste Verdienst der Sprachvergleichung, dass sie die Bedeutsamkeit dieses Theiles der Grammatik für die Erkenntniss des gesammten Sprachbaues erst ins rechte Licht gesetzt hat. Gleichwohl hatten auch vergleichende Grammatiken noch nicht den Versuch gemacht, dieses wichtige Gebiet in den Organismus der Sprache einzuordnen, was nun im vorliegenden Buche geschehen und wie man wohl hinzusetzen kann, mit Glück geschehen ist."

Anders beurtheilt derselbe Recensent die Art und Weise, wie dies Verfahren bei der Conjugation eingehalten ist: „Da der Verfasser der Ansicht ist, dass die Bildung der Verbalstämme im allerengsten Zusammenhange mit der Präsens- und Imperfectflexion steht, so hat er sämmtlichen Elementen, welche zur Bildung von Verbalstämmen angewandt sind, unmittelbar nach der Präsens- und Imperfectflexion und noch vor der Behandlung der übrigen Tempora ihre Stelle angewiesen. So werden denn in der zweiten Abtheilung hinter der Darstellung des Präsens und Imperfectums auf 106 Seiten die Wurzelverba, die reduplicirten Wurzeln und die sechs verschiedenen Erweiterungen im Wurzelauslaut abgehandelt und dann erst folgt das Futurum und die anderen allgemeinen Tempora. Consequent ist dies Verfahren sicherlich, wenn aber der letzte und höchste Zweck der wissenschaftlichen Grammatik der ist, die Sprache als einen Organismus erkennen zu lehren, trotz der Fülle der Formen einheitlich wie der Volksgeist, welcher sie erzeugte, so kann jene Behandlungsart des Verbums nicht einmal mehr wissenschaftlich genannt werden, denn die Einheit desselben, welche eine ganz andere ist als die der consonantischen und vocalischen Declination, ist zerstört, und die Wirkung, welche die Betrachtung des zerrissenen Leichnams auf den Leser macht, kann nur noch der verglichen werden, welche der Anatom am Secirtisch verspürt." Recensent theilt, denke ich, die Ansicht, dass der zweite Aorist ein früheres Product der Sprachentwicklung als der erste Aorist, also auch früher als das Futurum ist. Nun setzt aber schon die Bildung der zweiten Aoriste mit wenigen Ausnahmen*) das Dasein der (durch Reduplication, durch Anfügung von *αν*, *ι*, *σκ* u. s. w.) erweiterten Stämme voraus, indem das

*) Von consonantisch auslautenden Wurzeln, die im Präsens keinen Zusatz erfahren haben, bilden einen zweiten Aorist bloss *τρέπω πέρδω τρώγω ἔχω ἕπομαι*, denn *ἔλιπον ἔφυγον ἤρυγον* sind bei dem nahen Zusammenhange, welcher sonst zwischen dem Präsensausgange *ανω* und dem zweiten Aorist besteht, zu *λιμπάνω φυγγάνω ἐρυγγάνω* zu ziehen. Man sollte in der That denken, dass durch das geringere Gewicht des Wurzelvocals eine genügende Unterscheidung des zweiten Aoristes vom Imperfectum gegeben sei, aber dem steht entgegen, dass die nach der zweiten Conjugationsklasse geformten Aoristi II fast durchweg eine entschiedenere Vorliebe für gedehnten Vocal als die Imperfecte haben: *ἔφη-ν ἔφα-μεν*, aber *ἔστη-ν ἔστη-μεν*.

erweiternde Element des Präsens und Imperfectums im zweiten Aoriste ausgelassen wird. Und ebenso verhält es sich mit dem entsprechenden Tempus des Sanskrit. Da sich der zweite Aorist in einem entschiedenen Gegensatze zum Imperfectum entwickelt hat (die alte Ansicht, dass er das Urtempus sei, ist jetzt wohl allgemein aufgegeben), so folgt, dass das Aufkommen der verbalen Wurzelerweiterungen dem des zweiten Aoristes, mithin auch dem des ersten Aoristes und Futurums vorausging. Eine Darstellung also, welche die Lehre von der Wurzelerweiterung dem Aorist und Futurum vorausgehen lässt, wird der sprachgeschichtlichen Chronologie Rechnung tragen und somit sicherlich eine wissenschaftliche sein. Dass alle Arten der verbalen Wurzelerweiterung oder Stammbildung früher als diese Tempora aufgekommen, will ich gewiss nicht behaupten, aber weshalb sollte man diejenigen, welche man für später hält (ich sage „hält“, denn ein absolut richtiges Wissen wird hierbei nicht möglich sein), weshalb sollte man diese von denjenigen, welche die älteren zu sein scheinen, abtrennen und etwa erst nach Darstellung des Aoristes und Futurums in einem Anhange nachholen? Eichholtz verweist auf den grossen Raum, den bei mir die verbale Stammerweiterung einnimmt. Aber wie kann denn der Umfang der Capitel dem einheitlichen Zusammenhange, in welchem die Capitel unter einander stehen, Eintrag thun, — zumal dann, wenn der scheinbar zu grosse Umfang durch Aufzählung der Beispiele, die ja Niemand beim ersten Lesen vollständig zu verfolgen braucht, herbeigeführt ist? Ich freue mich, dass auch hier der holländische Recensent wenigstens principiell mit mir einverstanden ist *). Bezüglich der Incorrectheiten des Buches muss ich

*) Het zou zeker het best zijn, als men de wetenschappelijke volgorde dus wist te kiezen, dat zij tevens bruikbaar ware voor een schoolboek. Tot nog toe is dit niemand gelukt, maar Westphal wil volgens zijn voorbericht naar den prijs dingen, en het is niet onmogelijk, dat hij hem zal behalen. Ook hij, ofschoon hem het principeel onderscheid tusschen een schoolboek en een wetenschappelijk werk niet volkomen duidelijk schijnt, klaagt over het gemis aan methodischen samenhang bij Curtius. Alle aandacht verdient nu reeds, wat Westphal belooft te leveren, en ofschoon het door de uitvoering eerst zal kunnen blijken of zijn denkbeeld voor een schoolboek bruikbaar is, komt het mij toch waarschijnlijk voor, dat hij het rechte spoor heeft gevonden.

Zijne grondgedachte is het onderscheid tusschen de Special- en Universal-tempora, gelijk die terminologie — hoewel niet zeer gelukkig — door Bopp in de Sanscrit-Grammatica is ingevoerd. Specialtempora zijn in het Grieksch Praesens en Imperfectum, en deze moeten eerst geheel worden afgehandeld, om daarna tot de Universaltempora te komen: juist als in het Sanscrit ge-

zur Entschuldigung leider auf meine damals sehr geschwächte Sehkraft und die daraus folgende Nothwendigkeit, fast Alles einer fremden Feder zu dictiren, hinweisen. Daher auch die störende Wiederholung ein und derselben Partie in der Elementarlehre. Dass ich für die griechische Formlehre (für die Syntax verhielt es sich anders) den vorhandenen Stoff nicht erweitern wollte, habe ich im Vorworte derselben ausdrücklich erklärt und unter den bisherigen Bearbeitungen des Gegenstandes, aus denen ich in dieser Beziehung geschöpft, namentlich diejenigen von L. Meyer und R. Kühner hervorgehoben. Es muss nach Eichholtz scheinen, als ob alles Material, was mein Buch enthält, aus Meyer und Kühner stammt. Doch sagt derselbe Referent an derselben Stelle: „Ein Theil der Leser, zu welchen auch Referent gehört, würde es gern gesehen haben, wenn der Verf. angegeben hätte, wo sich diese Nachricht (über ἄγμα) findet.“ Diese Notiz, für welche das Citat ganz zufällig unterblieben ist, findet sich nun freilich weder bei Kühner, noch bei Meyer, — aber wie viele Punkte sind es ausserdem noch in meiner griechischen Formenlehre, die ich zuerst gesammelt und herbeigezogen habe — es ist nun einmal meine Art nicht, auf dergleichen Gewicht zu legen — in allen den Fällen, wo die bisherigen Sammlungen mir nicht ausreichend waren, ganz abgesehen von den zahlreichen Zusätzen, welche M. Schmidt ebenfalls wiederum nach eigenen Sammlungen und Beobachtungen zu meinem Buche gemacht hat.

bruikelijk is. Bij het Praesens en Imperfectum heeft men vooreerst op te merken het onderscheid der werkwoorden op ω en op μι. De eerste vervallen, juist als in het Latijn in vier soorten: γράφειν, τιμᾶν, φιλεῖν, μισθοῦν, waarvan de drie eerste achtereenvolgens overeenstemmen met legere (3), amare (1), docere (2). ... Op dezelfde wijze heeft men in de tweede hoofdafdeeling en in dezelfde volgorde δείκνυμι, ἵστημι, τίθημι met ἵημι en δίδωμι, waarbij dan de zoogenaamde kleine verba op -μι komen, welke men voor de practijk onregelmatig mag noemen, ofschoon bij dieper studie ook die schijnbare anomaliën verdwijnen. Eerst als dit alles is afgehandeld, volgt de beschouwing van de veranderingen welke de wortels in de Specialtempora ondergan hebben, om daarna over te gaan tot de overige tijden, waarin het onderscheid tusschen de vervoegingen op -ω en op -μι, òf vervalt òf althans niet in die uitgebreidheid voorkomt. De verdeeling wordt van zelf gegeven door de kenletter van den stam, of, zoo men wil, door de verschillende vormingen van het futurum, waaraan de overige tijden zich van zelf aansluiten. Ik verbeeld mij, dat deze door Westphal beloofde indeeling de voordeelen eener wetenschappelijke behandeling met het gemakkelijk overzicht, dat voor een schoolboek noodig is, zal blijken te vereenigen.

Anstatt zurückzuweisen, was man gegen die in dem Buche vorkommenden mir eigenen Form-Erklärungen eingewandt hat, will ich hier dasjenige berücksichtigen, womit Steinthal in seiner Charakteristik der wichtigsten Typen des Sprachbaues S. 281 die Agglutinationstheorie zu schützen sucht.

„Gegen die von Bopp aufgestellte Theorie, dass alle ursprünglichen Formwörter und Suffixe von demonstrativen Wurzeln abstammen, hat man die Schwierigkeit hervorgehoben, die bestimmte und so vielfache Bedeutung der Präpositionen und Conjunctionen und der Suffixe auf den einförmigen und so unbestimmten Sinn der Demonstrative zurückzuführen. Dort haben wir ein entschiedenes „in, bei, aus" u. s. w., ein Suffix des Thuenden, Gethanen, des Mittels, des Abstractums u. s. w., hier weiter nichts als „hier" und „dort", „dieser" und „jener". Diese Kluft der Bedeutung hält man für unausfüllbar. Mir scheint das nicht so. Erstlich der etymologische Sinn erschöpft nie die thatsächliche Bedeutung eines Sprachgebildes, soll und kann es nie. Dies liegt im Wesen der Sprache, d. h. der Vorstellung. Der Repräsentant, der blosse Vorsteller eines anderen kann nicht dieser andere selber sein. Alle Sprachelemente aber haben ein bloss repräsentatives Wesen: man denkt nicht die Sprache, sprechen und denken sind nicht identisch, sondern man denkt durch Sprache, also in der Sprache noch etwas anderes, als sie enthält. Man nehme also die Stoffwörter welcher Art man will, Substantiva, Adjectiva, Verba: welches Wort sagt etymologisch das aus, was es bedeutet? Wenn die Namen nur ein Merkmal des Dinges enthalten, wie selten enthält wohl einer gerade das wesentliche Merkmal? Equus, ἵππος, skr. açvas ist „der schnelle", als wenn nichts weiter auf Erden schnell wäre als das Pferd? Kurz, ich brauche dem Etymologen nicht zu sagen, wie durchaus unzulänglich und unbestimmt die qualitativen Wurzeln die Dinge bedeuten." Hierauf ist zu erwiedern: Angenommen, es sei ein bestimmter Casus oder dergl. durch eine Zusammensetzung des Stammes mit einem Formworte ausgedrückt. Es wird dann wahrlich wohl Niemand erwarten, dass der etymologische Sinn des Compositums die thatsächliche Bedeutung desselben erschöpft. Auch bei der Bezeichnung eines Nominalbegriffes durch einen unmittelbar von einer Wurzel ausgehenden Ausdruck, wie açvas (das Pferd) von der Wurzel aç (schnell sein), wird der Nominalstamm niemals die Bedeutung vollständig ausdrucken, sondern höchstens auf ein vorwaltendes Merkmal des Begriffes hindeuten (die Schnelle des Pferdes). Auch wenn das eigentliche Wesen des Begriffes durch die ein einzelnes Merkmal desselben bezeichnende Wurzel nicht getroffen wird, so wird aber immer eine Beziehung vorhanden sein, sei es oft auch eine unwesentliche Beziehung, welche zwischen dem bezeichneten Begriffe und der zur Bezeichnung angewandten Wurzel vorhanden ist. Und eben dasselbe werden wir auch erwarten, wenn z. B. ein Casus durch Composition des Stammes mit irgend einem Formworte ausgedrückt; irgend ein begrifflicher Zusammenhang zwischen der Casusbedeutung und dem Formworte muss vorhanden sein. Steinthal sagt weiter:

„Wir müssen dem Geiste die Kraft zuerkennen, dem unbestimmten Sinne der Wurzeln ein sehr bestimmtes Gepräge aufzudrücken. Es ist der Gebrauch, der die vage Andeutung einer Qualität dem Sinne nach auf eine besondere Art beschränkt. Dasselbe gilt von den demonstrativen Wurzeln, die zu Suffixen und Formwörtern werden. Ja, hier liegt es noch mehr im Wesen der Sache, dass eine Kluft zwischen der etymologischen und der angewandten Bedeutung sich aufthut. Denn wenn der formale Sinn rein erhalten werden sollte, so durfte dem Geiste von der Sprache nur die leiseste, fernste Andeutung geboten werden, und es musste dem inneren Sinne überlassen bleiben, sie bestimmter zu verstehen. Ein Wink musste genügen, den Geist zu veranlassen, das formale Verhältniss scharf zu denken. Man vergesse nur dies nicht: in jedem Redeverhältnisse, jeder grammatischen Vorstellungs- und Denkform liegt ein bestimmter Werth, also ein gewisser Inhalt, z. B. der Gegensatz des handelnden Subjectes und der Handlung, der Handlung als abstracter Sache oder als unmittelbarer Energie (finites Verbum), des Handelnden und des Leidenden u. s. w. Den Werth solcher Verhältnisse und Formen denkt der Grammatiker als bestimmten Inhalt. Der Redende aber, oder die Sprache, denkt nicht den Inhalt dieser Formen, sondern er übt diese Formen aus, er vollzieht in der Bewegung seiner Vorstellungen diese Verhältnisse als reine Thaten des Denkens. In dem Satze: ich liebe dich, unterscheidet der Grammatiker drei Vorstellungen und ausserdem eine mehrfache Beziehung dieser Vorstellungen unter einander. Das Eine ist thätig in Bezug auf das Andere, welches umgekehrt in Bezug auf Jenes leidend ist; die Thätigkeit geht aus von dem Einen und geht über auf das Andere. Diese Verhältnisse sind im Gedanken des Grammatikers auch ein Inhalt, eben Inhalt der Verhältnisse und Formen. Der

Redende aber als solcher, oder die Sprache, denkt nur jene drei Vorstellungen und stiftet zwischen denselben Beziehungen, Verhältnisse, denkt sie in Formen gegossen; das Denken bewegt sich in vorgezeichneter Weise von einer Vorstellung zur anderen, kurz, das sprachliche Denken thut etwas mit dem dreifachen Inhalte jener Vorstellungen, aber es denkt nicht das oder den Werth und den Inhalt dessen, was es thut. Der Tanzende bewegt sich in bestimmtem Rhythmus und in gewissen Kreisen, aber er berechnet nicht den Takt und misst die Kreise nicht. So bewegt der Redende die Vorstellungen in gewissen Weisen, aber er denkt nicht das Wesen und den Inhalt dieser Weisen. Und gerade damit der Geist die Formen um so reiner vollziehe, darf er ihren Werth und Inhalt nicht explicite denken; denn explicite gedacht, werden sie sogleich ein Stoff. Sie sollen aber kein Stoff sein, sondern nur ausgeübt werden. Darum dürfen sie auch nicht selbst, ihrem Inhalte nach, lautlich ausgedrückt sein, sondern es darf dem Geiste nur die Erinnerung gegeben werden, dass er diese oder jene Form vollziehen solle. Wie bestimmte Bewegungen der Truppen mit Signalen, aber nicht mit Worten commandirt werden, so müssen die Formen nicht ausdrücklich gesagt, sondern nur signalisirt und geistig geübt werden.“ — Mit dieser Auseinandersetzung kann ich mich vollständig einverstanden erklären. Denn sie zeichnet ein nahe zutreffendes Bild von einer Sprache, welche mit nur andeutenden, aber keineswegs genau die Thatsachen aussprechenden Lauten und Lautcomplexen die Beziehungen der Begriffe ausdrückt, also der auf symbolischem Wege darstellenden Sprache. Viel weniger aber ist hier das Verfahren der nicht symbolischen Sprachoperationen dargestellt, die eine begriffliche Beziehung durch Anfügung einer bereits bestehenden und bereits etwas Bestimmtes bedeutenden Pronominalwurzel ausdrücken. Man wird sich zwar gefallen lassen, dass sich die zu bezeichnende Beziehung und der Begriff der zu einem Compositionsgliede gemachten Pronominalwurzel nicht völlig zu decken braucht, aber irgend eine Andeutung der Beziehung muss doch schon in der Bedeutung der selbstständigen Pronominalwurzel enthalten sein. — Steinthal fügt nun endlich noch Folgendes hinzu:

„Wir verfolgen nun endlich die Analogie zwischen der Entwicklung oder Gestaltung der Bedeutung der qualitativen und der demonstrativen Wurzeln noch weiter. Insofern jede Qualität sich an vielen Dingen zeigt, ist sie unbegränzt, unbestimmt, und insofern ist die Wurzel von unbestimmter Bedeutung. Es giebt aber fast zu jeder Wurzel eine und mehrere synonyme, d. h. es giebt durchaus keine völlig gleichbedeutende, aber mehrere ähnliche Wurzeln. Nun besteht aber die ganze Klasse der demonstrativen Wurzeln aus Synonymen. Nach dem eben ausgesprochenen Grundsatze aber müssen wir doch auch von ihnen sagen, dass sie alle zwar ähnlich bedeutend, aber nicht völlig gleichbedeutend sind. Gesteht man dies zu, wie man doch nicht umhin können wird zu thun, so ist auch die Vermuthung gerechtfertigt, dass die Demonstration, welche in den Wurzeln der Suffixe und Formwörter liegt, in jeder einzelnen besonders modificirt gewesen sei, durch welche Modification sie eben besonders für die Bezeichnung dieses oder jenes bestimmten Verhältnisses geeignet war. Es kann ungenügend scheinen, wenn wir: „auf" nnb „ab", „aus" und „ein" auf ein Demonstrativum zurückführen und daraus erklären wollen. Man muss aber hinzunehmen, dass wir für jene vier Partikeln vier verschiedene Demonstrationsweisen als Grundlage und Ausgangspunkt anzunehmen haben. Uns, die wir Mühe haben, über „dieser" und „jener" hinaus noch eine dritte Demonstrativform zu denken, kann es räthselhaft scheinen, wie in der Urzeit das Hinweisen funfzigfach habe modificirt werden können. Wenn es uns abstracten Cultur-Menschen aber auch schwer wird, uns in die sinnlichen Feinheiten, in den Blick für die leisesten Verschiedenheiten der Naturformen, wie der Urmensch ihn hatte, zurückzuversetzen, so können wir doch immerhin gerade aus der verschiedenen Anwendung der Wurzeln in den Suffixen und Formwörtern rückwärts auf die Modification schliessen, mit welcher jede Wurzel auf die Dinge hinwies. Der Urmensch fasste ja alle Gegenstände sinnlicher Anschauung in mehrfacher Individualisirung auf. Können wir uns denn nun nicht denken, dass es ihm etwas ganz anderes war, ob er sagte: „hier hinauf" oder „hier hinab" und „hier hinaus" oder „hier hinein", und dass er diese vier „h i e r" mit vier verschiedenen Wurzeln für hier bezeichnete?"

Es liegt durchaus nicht im Interesse meines Standpunktes, eine Einwendung gegen die von Steinthal für die Ursprache vorausgesetzte Mannigfaltigkeit von Demonstrativstämmen v e r s c h i e d e n e r Bedeutung zu erheben, obwohl es mir nicht scheinen will, dass wir Mühe haben, über „dies" und „jenes" hinaus noch eine dritte Demonstrativbedeutung zu denken, denn aus dem Lateinischen ist uns ein von hic und ille in der Bedeutung verschiedenes Demonstrativum iste, aus dem Griechischen ein von οὗτος und ἐκεῖνος semasiologisch gesondertes ὅδε bekannt, und wiederum ist οὑτοσί ὁδί u. s. w. nicht dasselbe wie οὗτος ὅδε u. s. w. Diese Nüancirungen der allgemeinen Demonstrativbegriffe „dieser“ und „jener“ scheinen sich aber erst im Verlaufe der Sprache gebildet zu haben: der ältesten Sprache haben sie, so viel wir ersehen können, gemangelt, und ich meinerseits möchte für die früheste Periode der Sprachentwickelung eher voraussetzen, dass trotz der nicht geringen Zahl von Demonstrativstämmen selbst die Gegensätze „dieser“ und „jener“ noch nicht durch bestimmte Stämme ausgedrückt wurden, als dass damals, wie Steinthal meint, das Hinweisen funfzigfach habe modificirt werden können. Doch wie gesagt, es ist dies für die von Steinthal aufgeworfene Frage durchaus gleichgültig, welche eben keine andere ist als die, wie wir Beziehungen wie „hinauf“ und „hinab“, „hinaus“ und „hinein“ auf Demonstrativstämme zurückführen können? Die Gegensätze von „hinauf“ und „hinab“ werden in unseren indogermanischen Sprachen nicht durch Flexionsendungen bezeichnet, wohl aber „hinaus“ und „hinein“, welche schliesslich mit dem Grundbegriffe des Ablativs und des Locativs der Bewegung oder auch des Accusativs zusammenfallen. Immerhin aber können wir mit Steinthal die von ihm gewählten Beispiele „hinauf“, „hinab“, „hinaus“, „hinein“ als Typen ursprünglicher Casusbegriffe gelten lassen. „Können wir uns bei der für die Urzeit vorausgesetzten Menge begrifflich verschiedener Demonstrativstämme nicht denken, dass es dem Urmenschen etwas ganz anderes war, ob er sagte „hier hinauf“ oder „hier hinab“ und „hier hinaus“ oder „hier hinein“, und dass er diese vier „hier“ mit vier verschiedenen Wurzeln für „hier“ bezeichnete?“ Wir unsererseits beantworten beide Fragen, wie es Steinthal will, mit einem unbeschränkten Ja, denn was die erste betrifft, so ist es auch uns modernen Menschen etwas ganz anderes, ob wir sagen „hier hinauf“ oder „hier hinab“, — „hier hinaus“ oder „hier hinein“, und bezüglich der zweiten ist es unsere Ansicht, dass man in der Ursprache das „hier“ in diesen vier Fällen das erste Mal z. B. mit dem Demonstrativstamme a, das andere Mal etwa mit i, dann mit u, dann mit ta bezeichnen konnte — an verschiedenen Pronominalstämmen zum Ausdrucke des „hier“ fehlte es sicherlich nicht. Aber es kommt ja nicht an auf den Ausdruck des Begriffes „hier“, sondern vielmehr auf die Bezeichnung von: „hier hinauf, hier hinab, hier hinein, hier hinaus“, also schliesslich auf die Bezeichnung von Gegensätzen wie woher? und wohin? Mochte man für das hier in „von hier aus“ und „hierhin“ noch so viele Mittel der Bezeichnung haben, in welchem begrifflichen Zusammenhange stehen dieselben mit der neben dem „hier“ auszudrückenden ablativen oder locativ-accusativen Casusbeziehung?

Nicht bloss für die indogermanischen Declinationen, sondern auch für die Verbalflexion waren Friedrich und August Wilhelm von Schlegel der Ansicht, dass die Flexionsendungen ursprünglich keine selbstständigen Wörter oder Wurzeln gewesen, dass sie an sich bedeutungslos seien im Gegensatze zu den Affixen, welche die zweite Klasse von Sprachen aus früher selbstständigen Wörtern oder Wurzeln gewonnen hat*). Mit den semitischen Sprachen war August Wilhelm von Schlegel gänzlich unbekannt und versuchte daher nicht, sie in eine der Sprachklassen einzureihen**), Friedrich von Schlegel stellte sie nicht zu den indogermanischen in die Klasse der flectirenden, sondern zu den affigirenden Sprachen, weil die Personen an den Zeitwörtern durch Anfügung von für sich schon einzeln bedeutenden Partikeln bezeichnet werden, „doch gehören sie der Gattung der affigirenden nicht ausschliesslich an“, „hie und da ist Uebereinstimmung mit den flectirenden“, „was ihnen aber nach den vertrautesten Kennern dieser Sprachen erst später angebildet ist“. Fr. Schlegel Sprache u. Weish. d. Inder (1808) S. 49. 55.

Es ist auffallend genug, dass das Semitische, in welchem die rein symbolische Bedeutung sprachlicher Functionen am klarsten ist, von den beiden Begründern der Sprachklassification so gut wie gar nicht herbeigezogen wurde. Bopp, welcher seine vergleichende indogermanische

---

*) Observations sur la langue et la litterature provençales p. 15: Le caractère distinctif des affixes est, qu'ils servent à exprimer les idées accessoires et les rapports, en s'attachant à d'autres mots, mais que, pris isolément, ils renferment encore un sens complet ... Le merveilleux artifice des langues à inflexions ... est, de former une immense variété de mots et de marquer la liaison des idées que ces mots désignent, moyennant un assez petit nombre de syllabes qui, considérées séparément, n'ont point de signification, mais qui déterminent avec précision le sens du mot auquel elles sont jointes. Nach Fr. v. Schlegel (Sprache und Weisheit der Inder I. S. 44 ff.) kann in den affigirenden Sprachen höchstens ein Schein von Flexion entstehen, wenn die angefügten Partikeln endlich bis zur Unkenntlichkeit mit dem Hauptworte zusammenschmelzen.

**) Ebendas. S. 86: N'ayant jamais étudié les langues dites semitiques, si importantes par le rôle qu'elles jouent dans l'histoire du genre humain, je n'ose rien affirmer sur la manière dont il faut les classer.

Grammatik mit der wichtigen Entdeckung begann, dass im Indogermanischen nicht minder wie im Semitischen die Personalzeichen des Verbums mit den selbstständigen Pronominalstämmen in verwandtschaftlichem Verhältnisse stehen, erkannte die Fülle symbolisirender Elemente im Semitischen bald genug und sah darin eine charakteristische Eigenthümlichkeit desselben gegenüber allen übrigen Sprachen *). Aber diese Symbolik findet er nicht in den semitischen Endungen, die ihm dieselbe Natur wie im Indogermanischen und in den übrigen Sprachen haben, nämlich aus selbstständigen Wörtern hervorgehangen sind, sondern nur innerhalb des wechselnden Wurzel-Vocalismus, und begründet hierauf folgende Trias von Sprachklassen: Die erste derselben fällt mit der ersten Klasse A. W. Schlegel's zusammen, die zweite umfasst die affigirenden Sprachen Schlegel's und zugleich das Indogermanische („Sprachen mit einsilbigen Wurzeln, die der Zusammensetzung fähig sind und fast einzig auf diesem Wege ihren Organismus, ihre Grammatik gewinnen"), die dritte Klasse wird bloss durch das Semitische gebildet, „sie erzeugt ihre grammatischen Formen nicht bloss durch Zusammensetzung wie die zweite, sondern auch durch blosse innere Modification der Wurzeln."

Würde das Symbolische sich nur auf die Variation der Wurzelform beziehen, so würde das Semitische in der That einen gesonderten Platz vom Indogermanischen einnehmen, denn die Vocalveränderungen der indogermanischen Wurzel, auch wenn sie im weiteren Verlaufe der Sprache nach Verlust der Endungen eine ähnliche Bedeutung zu haben scheinen wie im Semitischen (vgl. unser „gib" und „gab", „nimm" und „nahm"), beruhen nicht auf Symbolik, sondern sind rein phonologischer Natur, hervorgebracht durch den Einfluss der Endung auf die Wurzelform.

Die Neueren haben auch für die semitische Flexion das Princip der Symbolik anerkannt. Ich führe hier vor Allem Steinthal's Charakteristik der hauptsächlichsten Typen des Sprachbaues an. S. 254: „Der Vocal a bedeutet im Allgemeinen das Thätigere, Kräftigere, Lebendigere, i und u das Schwächere, Ruhende, Leidende." S. 252: „Der Nominativ wird bezeichnet durch u, der Genitiv durch i, der Accusativ durch a. Der erstere ist der Casus des Subjectes und nominalen Prädicates, der zweite der Beziehung, der dritte des Leidens, des Zustandes, der Erstreckung.

*) Abhandl. der histor. phil. Kl. der Berl. Akad. der Wiss. 1824. S. 126. Vgl. Gramm. §. 107.

Letzterer ist Casus des unmittelbaren Objectes der Handlung und Adverbialis, der Genitiv ist für die Abhängigkeit von einem Nomen, und mit Präpositionen bezeichnet er das mittelbare Object.“ *) S. 255: „Bezeichnete in der Verbalform der mittlere Vocal die verbale Kraft und die Transition oder die Ruhe, gab sich im ersten die active oder passive Bedeutung kund, so wird am dritten Consonant der Modus ausgedrückt, wie am Ende des Nomens der Casus; auch stehen sich ja Casus und Modus in den beiden einander entgegengesetzten Kreisen des Nomens und Verbums ihrer wesentlichen Bedeutung analog gegenüber. Der Nominativ entspricht dem Indicativ, und so wird auch dieser wie jener durch u bezeichnet; der Subjunctiv, der stets von Conjunctionen abhängig ist, entspricht dem Genitiv, der durch die Präpositionen regiert wird, und so wird nun auch der Subjunctiv wie der Genitiv der Diptota (warum grade der Diptota?) durch a ausgedrückt.“ „Die Symbolik aber, nach welcher die beiden Tempora bezeichnet worden, ist klar. Im Perfectum werden die Personalendungen hinten angefügt: das Verbum steht also voran, der Begriff der Handlung oder des Ereignisses ist das hauptsächlichste und drängt sich vor. Im Imperfectum geht das Personalzeichen voran, denn es wird dem Stamme vorn angefügt, wie denn natürlich bei allem Nochnichtseienden, Gewollten, Gewünschten, Bedingten, Zukünftigen, kurz Gedachten sich zunächst die handelnde Person als das Wirkliche, von dem eine Handlung erwartet wird, dem Bewusstsein darbietet.“ — Den semitischen Ausdruck der Mehrheit durch Verlängerung fasst auch schon Bopp als Symbolisiren. Steinthal sagt von den langvocaligen Mehrheitsendungen: „Der Plural hat für den Genitiv und Accusativ nur Eine Form, Nom. âni, Acc. Gen. aini. Auch der durch Suffixe gebildete Plural hat nur zwei Casus, Nom. masc. ûna (sg. un), Gen. Acc. îna (sg. in). Der Genitiv Pluralis entsteht also aus dem Genitiv Singularis, ganz wie der Nominativ Pluralis durch Dehnung des charakteristischen Vocales des Singulars. Und wenn man annehmen darf, dass

*) Die jenen drei Vocalen zugewiesene Bedeutung findet Steinthal zwar zunächst in dem Vocalismus der inneren Wurzel wieder, aber die vorstehende Charakterisirung zeigt, dass er sie auch in den drei Casusvocalen wiederfindet — wohlverstanden, eine Bedeutung, die der Vocal nicht etwa als selbstständiges Wort, sondern als symbolisches Flexionselement hat. Es verhält sich mit dieser Bedeutung der semitischen Wurzel- oder Casusvocale a i u ganz und gar anders, als wenn man sagt: die indogermanischen Casusvocale a und i bedeuten als frühere selbstständige Demonstrativstämme dies oder jenes u. s. w.

der Nominativ Dualis ursprünglich auni gelautet habe, au aber zu ā herabgesetzt sei, so wären die singularen Vocale u (Nom.) und i (Gen.) dadurch zum Dual geworden, dass man ihnen a vorgesetzt hätte und höchst sinnig, wie der Plural durch Längung des charakteristischen Vocales, so der Dual durch Diphthongirung symbolisch bezeichnet *)."

Ich führe hier auch noch folgende, das Semitische betreffende Auffassung Schleicher's an (Beiträge zur vergl. Sprachf. II. S. 239): „Die Wurzel der semitischen Grundsprache scheint dreisilbig gewesen zu sein, so dass jeder der drei Radicale eine Silbe für sich bildete. Es scheint mir dies im Wesen des Semitischen zu liegen, welchem ursprünglich Consonanten ohne einen, wenn auch nur leisen Vocalnachschlag zu widerstreben scheinen. Im Begriffe der Wurzel (des Bedeutungslautes) liegt nichts, was die allerdings häufigste Lautgestaltung derselben, die Einsilbigkeit, nothwendig machte; das Namaqua kennt zweisilbige Wurzeln ..., warum sollten wir, rein einer Theorie zu Liebe, semitische Formen wie qatalu qutila chazina chasuna für etwas anderes als für reine Wurzelformen halten? Nur ist stets vor Augen zu behalten, dass eben der Vocal nicht ohne Beziehungsfunction erscheint." Hiernach hält also Schleicher das den Casus, den Modus u. s. w. bezeichnende rein vocalische Flexionselement für nichts anderes als den im Inlaute der Wurzel hinter dem ersten und hinter dem zweiten Wurzelconsonanten erscheinenden Vocal, der ja nicht minder wie jene auslautenden Vocale die Function grammatischer Functionen übernommen hat. Also auch Schleicher setzt in die reine symbolische Bedeutung z. B. der Casusendungen a i u keinen Zweifel. Hiermit ist nun folgende Stelle aus demselben Aufsatze Schleicher's zu vergleichen (S. 244): „Eine Frage, auf die ich keine genügende Antwort weiss, ist die nach dem Ursprunge des arabischen Tanwīn oder der Nunation? Ist darin eine wirkliche Endung, ein angesetztes Beziehungselement (also ein affigirter Pronominal-

*) Ich habe die Hypothese von einer Entstehung des āni aus āuni nicht gewagt und lieber an eine Entstehungsweise des Dual gedacht, die uns nicht nöthigt, die Ursprünglichkeit der Endung āni in Abrede zu stellen (S. 92). Es wäre auffallend, wenn nicht bloss ī ū ai, sondern auch noch au als Mehrheitssuffix verwandt worden sei, während gerade die einfachste unter allen Längen, nämlich der Vocal ā, von der Function als Mehrheitszeichen ausgeschlossen sein sollte. An derselben Stelle habe ich von den Längen nur ā ī ū ai, aber nicht au als Vocale, welche innerhalb der Wurzel angewandt werden können (ai besonders in Deminutiven) genannt.

stamm) enthalten, oder ist es, ebenso wie der blosse Vocal, nichts als Vocalisirung des letzten Radicals? Die Schreibweise des Arabischen leitet darauf hin, dass auch der nasalirte Vocal als weiter nichts denn als eine den Nominibus allein zustehende Vocalisirungsart des auslautenden Vocals(?) empfunden ward, dass also Formen wie malikun malikin nicht als $A^{a}a$, sondern als $A^{a}$ zu fassen wären *). Dann hätten wir im Semitischen die Vocalveränderung der Wurzel sogar zum Zwecke der Casusbildung verwandt. Sehr spricht für diese Auffassung die Bildung des sogenannten Aoristes oder Futurums, wo wir durch die Veränderung des Vocales des letzten Radicales den Modus ausgedrückt finden, sowie auch der Umstand, dass der Nasal des Tanvîn oft fehlt und nur der blosse Vocal Platz hat, jener Nasal also als etwas dem Worte minder wesentliches erscheint" **).

So werden auch semitische Fach-Philologen nicht daran denken können, die in Rede stehenden Flexionszeichen für etwas anderes als lediglich symbolisirende Lautelemente zu erklären. Von den bisher vorliegenden Arbeiten semitischer Philologen, welche die Bezeichnung verschiedener grammatischer Beziehungen durch die Verschiedenheit der angefügten Vocale auf ein bestimmtes Gesetz der Differencirung zurückführen, ähnlich wie ich es in der vorliegenden Schrift versucht habe, nenne ich die Grammatica Syriaca von Adalbert Merx, in der hoffentlich auch die Behandlung des Nomens nicht lange mehr auf sich warten lassen wird. Allerdings erkennt dieselbe in der semitischen Flexion ausser dem symbolischen auch ein zusammensetzendes, agglutinirendes Princip an, aber sie beschränkt dasselbe auf die Personalbezeichnung, und auch hier statuirt sie eine Combination der Wurzel mit dem Stamme eines persönlichen Pronomens nur für das t in 2. 1. sg.; die zu dem Personal-Consonanten t hinzugetretenen vocalischen Elemente i und u sind wiederum dem Gesetze der Differenzirung entsprechende symbolische Laute.

Wenn ich mich mehrmals auf die zuerst von Friedr. v. Schlegel

*) Mit der Formel $A^{a}$ bezeichnet Schleicher eine veränderungsfähige Wurzelform A, mit $A^{a}a$ eine veränderungsfähige Wurzelform, welche noch den Zusatz eines Affixes a erfahren hat.

**) Auch in seiner „Unterscheidung von Nomen und Verbum" (aus dem 4. Bd. d. Abh. d. Sächs. Gesellsch. d. W. 1865) bespricht Schleicher S. 514—520 das Semitische. Auffallend ist es, dass er hier, die Auffassung der Semitologen gänzlich ignorirend, katabtumâ aus katabâ + antumâ u. s. w. herleitet, noch mehr vielleicht, dass er bei der entsprechenden Pluralform nicht die alte Bildung katabtumû, sondern nur das abgeschliffene katabtum herbeizieht.

ausgesprochene und von A. W. v. Schlegel weiter ausgeführte Sprachklassification, in welcher der indogermanischen Flexion das Princip der Zusammensetzung abgesprochen ist, bezogen habe, so weiss ich wohl, dass sie zu einer Zeit aufgestellt ist, wo eine ins einzelne gehende Analyse der indogermanischen Formen noch nicht vorgenommen war. Aber es ist nicht zu vergessen, dass A. W. v. Schlegel auch den mehr und mehr ins einzelne gehenden analytischen Arbeiten Bopp's gegenüber fortwährend seinen Standpunkt in Beziehung auf die Genesis der indogermanischen Flexionen festgehalten hat. Das Vorhaben, diesen seinen Standpunkt in einer umfassenden Polemik gegen die Bopp'schen Erklärungen zu vertreten, hat er leider nicht ausgeführt *). Ich citire hier folgendes aus der Beurtheilung, welche Bopp's „Ausführlichem Lehrgebäude der Sanskrit-Sprache" 1827 und dessen „Grammatica critica linguae Sanscritae" 1828 durch Lassen in A. W. v. Schlegel's „Indischer Bibliothek" 3, Heft 1 (1820) zu Theil geworden ist. Lassen sagt hier S. 77: „Nachdem ich die lobenswerthen Eigenschaften bei der Behandlung des Verbums in dem vorliegenden Lehrbuche ausgezeichnet habe, will ich dasjenige hervorheben, dem ich entweder nicht unbedingt oder gar nicht beistimmen kann. Ich hatte mir vorgenommen, gegen die [aus seinen früheren grammatischen Schriften] hier wiederkehrende Agglutinationstheorie

---

*) A. M. v. Schlegel in der Beurtheilung von „Nalus ... edidit ... F. Bopp 1819" in der Ind. Bibl. 1 S. 125 (1820): „Hr. Bopp hat in seiner Schrift über das Conjugations-System der Sanskrit-Sprache versucht, einige grammatische Formen hypothetisch zu erklären: die Personal-Endungen der Zeitwörter im Indischen und den verwandten Sprachen sollen durch Anhängungen der persönlichen Fürwörter, verschiedene Zeiten durch Anhängung eines Hülfszeitwortes entstanden sein. Ich bin in den meisten Punkten nicht mit ihm einverstanden, verspare aber die Prüfung, die nicht anders als weitläufig ausfallen kann, auf andere Zeit." — Ueber A. W. v. Schlegel's Vorhaben, eine vergleichende Grammatik herauszugeben, vgl. dessen Vorwort zur Ind. Bibl. 1, 1 (1820) S. XIV: „Die K. Preuss. Regierung ... hat die Kosten zur Anlegung einer indischen Druckerei auf meinen Vorschlag bewilligt ...; vielleicht schon in Jahresfrist werden wir demnach anfangen können, Elementarbücher des Sanskrit und indische Texte in Deutschland zu drucken. Bis dahin verspare ich nun auch die Herausgabe einer von mir unternommenen grammatischen und etymologischen Sprachvergleichung zwischen dem Sanskrit, Griechischen und Latein und den alten Mundarten des deutschen Sprachstammes." — Die Einleitung einer sprachvergleichenden Etymologie für das Sanskrit, Griechisch, Lateinisch, Germanisch theilt Schlegel unter der Ueberschrift: De studio etymologico in der Ind. Bibl. 1, 3 (1822) mit.

zu sprechen; da ich aber weiss, dass Herr v. Schlegel über diesen Punkt reden wird, so will ich mir gern ein freiwilliges Stillschweigen über eine Materie auflegen, die es wohl verdient, von seiner überlegenen Hand behandelt zu werden. Ich will also bloss berichten, dass nach Herrn Bopp's Ansicht die charakteristischen Buchstaben der Personal-Endungen eigentlich angehängte Pronomina sind, und dass der Ursprung vieler Tempora in dem einverleibten Verbum substantivum (as) gesucht wird (— ich brauche wohl nicht zu bemerken, dass ich hiermit keinen Einspruch gegen die von selbst einleuchtende Zusammensetzung von dâtâ-smi (daturus sum) und dajâm-âsa gemacht wissen will —). Dies as spielt überhaupt in dem vorliegenden Buche die Rolle des alten Ueberallundnirgends und verwandelt sich auf proteische Weise in die verschiedensten Gestalten. Obwohl nun die Zubereitungen, unter welchen Herr Bopp das Wörtlein as auftischt, mir selten besonders schmackhaft vorkommen, so will ich ihm doch aus Dankbarkeit für seine sonstigen verdienstvollen Bestrebungen eine ihm unbekannte Form dieses Verbums nachweisen — nämlich âs = dor. ἦς. Ihre Kürze macht sie zu Ableitungen sehr geschickt, wie für die Wortvergleichungen keine Wörter so brauchbar sind als die kurzen chinesischen, weil man bloss einen Vocal nicht zu berücksichtigen und einen Consonanten in einen anderen zu verwandeln braucht, um nach Belieben Finnisch, Koptisch und Irokesisch daraus zu machen. Den Gipfel der Agglutinationstheorie erreichen wir aber in der Ableitung des einfachen Augmentes vom a privatum, denn unter allen wunderlichen Eigenschaften, womit Bopp die urweltlichen Menschen begabt hat, ist diese Logik die merkwürdigste, dass sie statt zu sagen „ich sah“ gesagt haben: „ich sehe nicht“.

Dass Lassen die Agglutinationstheorie Bopp's nicht in umfassender Weise besprochen hat, ist um so bedauerlicher, wenn man erwägt, wie viel positives Material der vergleichenden indogermanischen Grammatik gerade durch Lassen zuerst gesammelt, wie viele der von den jetzigen indogermanischen Linguisten allgemein recipirten Sätze durch ihn zum ersten Male ausgesprochen sind. Wie viel des Neuen ist allein in jener Recension des Bopp'schen Buches mitgetheilt! So über das Verbum ausser jener Constatirung der Form âs: der Gebrauch des indischen Conditionalis, die indischen Optative des zweiten Aoristes (gamêjam, driçêjam, vôcêma), der vedische Conjunctiv patâti, grihjântai, die erste Pluralendung masi, die nach der Weise des periphrastischen Perfectums gebildeten Aoristformen und vieles, vieles andere, was zuerst Lassen, den Ertrag der sprachvergleichenden Studien Bopp's ergänzend, zuerst aus den indischen Nationalgrammatikern und anderen Quellen herbeigezogen hat. Der Versuch, den einige Jahre später Friedrich Gräfe unternommen hat, Bopp's agglutinirende Erklärung des Verbums im Zusammenhange zu behandeln und an die Stelle derselben eine symbolische Auffassungsweise zu setzen, kann in keiner Weise dafür eine Entschädigung sein, dass weder Schlegel noch Lassen jene Arbeit ausgeführt haben. Denn Fr. Gräfe ist in seiner Schrift: „Das Sanskrit-Verbum im Vergleich mit dem griechischen und lateinischen, 1835. 1836" (aus den Memoiren der Petersb. Akad. besonders abgedruckt) nur allzu sehr geneigt, den griechischen Verbalformen in Beziehung auf Alter und Ursprünglichkeit vor denen des Sanskrit den Vorzug zu geben: ein Hauptrepräsentant alter symbolischer Bildung sind ihm die griechischen Formen ἔμεινα μένω μενῶ, wo die Vergangenheit durch die Accentuation des der Wurzel vorhergehenden Elementes, die Gegenwart durch Accentuation der Wurzel selber, die Zukunft durch Accentuation des auf die Wurzel folgenden Lautelementes ausgedrückt sein soll! Und dies zählt Gräfe mit zu den allerfrühesten indogermanischen Bildungen. Ich finde in der ganzen Schrift kaum einen anderen positiven Punkt, dem ich zustimmen möchte, als die Auffassung des mit σ (sj) gebildeten Futurums als einer Desiderativform. Auch was Spätere, wie Moriz Rapp, vom Antiagglutinations-Standpunkte aus vorgebracht, konnte mir nicht förderlich sein. Für die Herbeiziehung des Semitischen würde ich gern Ascoli studj ario-semitici benutzt haben, doch war mir dies Buch nicht zugänglich. Ich habe mich bereits im Vorworte zur lateinischen Verbalflexion über die Methode der Vergleichung der beiden nicht verwandten Sprachfamilien ausgesprochen; ebendaher ist auch mit wenigen Aenderungen entlehnt, was ich S. 14 über die semitische Casus- und Numerus-Bildung gesagt habe. Die vorliegende Schrift wird nicht die letzte sein, in welcher ich meinen sprachwissenschaftlichen Standpunkt darlege; sie enthält nur dasjenige, was ich für die richtige Würdigung der in der griechischen Syntax herrschenden Principien Angesichts der mir bei Gelegenheit der griechischen Formlehre zu Theil gewordenen Anfeindungen für unerlässlich halte. Voraus geht ein Kapitel über griechische Compositionslehren. Hätte dasselbe früher in der Formlehre einen Platz erhalten können, so wäre es mit grösserem Interesse an der Sache von mir ausgearbeitet worden; jetzt aber nahm mich für das vorliegende Buch der mir ungleich wichtigere Abschnitt von der symbolischen Entstehung der Formen fast ganz in Anspruch. Blatternkrankheit mit lange andauernder Blindheit in ihrem Gefolge machten meiner Arbeit an der griechischen Nominal-Composition ein gewaltsames Ende, und nach meiner endlichen Herstellung durfte ich nicht einmal den Versuch machen, den mir gänzlich fremd gewordenen Stoff über dasjenige hinaus, was ich aus den von der Composition handelnden Schriften Justi's, Rödiger's, Weissenborn's, Clemme's, Sanneg's hatte, zu erweitern. Hoffentlich wird der in der vorliegenden Abtheilung sich zeigenden Ungleichheit der Arbeit durch die folgenden, der griechischen Syntax gewidmeten Abtheilungen dieses Buches, deren Druck sich continuirlich an die vorliegende Abtheilung anschliesst, einige Entschuldigung zu Theil werden.

# Inhalt.

## Nominal-Composition.

### Anfangsglied des Compositums.



### Bedeutung der Composita.

## Uebersicht der semasiologischen Kategorieen.



### I.
### Uebersicht der Casus-Bedeutung.



### II.
### Uebersicht der Bedeutung der Verbalflexion.

# Composition.

## Anfangsglied des Compositums.

§. 1.

Aeusserlich betrachtet geht das Anfangsglied des Compositums der Regel nach auf einen Vocal aus, am häufigsten auf einen monophthongischen (*ο, ι, α ᾱ η, υ, ε*), seltener auf einen Diphthongen.

Beginnt das folgende Glied des Compositums mit einem Vocale, so wird vor diesem der monophthongische Schlussvocal des Anfangsgliedes absorbirt:

*ἑτερο-αλκής* zu *ἑτεραλκής*
*δολιχο-εγχής* zu *δολιχεγχής*
*φερε-ανθής* zu *φερανθής*
*ἑλε-ανδρος* zu *ἕλανδρος*.

Hierbei findet Aspiration einer dem ersten Gliede angehörigen Tenuis statt, wenn das zweite Glied mit Spiritus asper beginnt:

*κακο-ἑξια* zu *καχεξία*
*τετρα-ἱππος* zu *τέθριππος*

wie umgekehrt (bei Beibehaltung des Schlussvocales) für das erste Glied auch das Gesetz von der Verwandlung einer Tenuis in die Aspirata zur Anwendung kommt:

*ἐχε-χειρία* zu *ἐκε-χειρία*.

Die Elision des Schlussvocales unterbleibt, wenn dem Anfangsvocale des folgenden Gliedes ursprünglich ein *ϝ* vorausging; die spätere Sprache lässt in diesem Falle häufig Contraction oder Krasis eintreten:

| | |
|---|---|
| *φερέ-ϝοικος* | *φερέοικος* |
| *μηνο-ϝειδής* | *μηνοειδής* |
| *μενο-ϝεικής* | *μενοεικής* |
| *λευκό-ϝιον* | *λευκόϊον* |
| *ὀρθο-ϝεπής* | *ὀρθοεπής* |
| *ἀγαθο-ϝεργός* | *ἀγαθοεργός* |
| *κακο-ϝεργός* | *κακοεργός* zu *κακοῦργος* |

δημιο-ϝεργός δημιοεργός zu δημιουργός
χειρό-ϝαναξ χειρόαναξ zu χειρῶναξ
αὐτο-άδης (aus αὐτο-ϝάδης) zu αὐθάδης *).

Bei den später gebildeten Compositis tritt aber auch hier Elision ein: φιλεργός (aus φιλο-εργός), αἰχμάλωτος (aus αἰχμο-αλωτος). Dieselbe Erscheinung auch dann, wenn das zweite Glied der in ἔχω enthaltenen ursprünglich mit σ beginnenden Wurzel angehört:

τιμά-οχος hymn.
τιμο-οχος zu τιμοῦχος
ἑστιο-οχος zu ἑστιοῦχος
ῥαβδο-οχος zu ῥαβδοῦχος.

## Nomina der ersten Declinationsklasse
### als Anfangsglieder der Composition.

§. 2.

Das als selbstständiges Wort gesetzte Nomen erscheint stets als irgend ein bestimmter Casus und insofern ist der das Wort ausdrückende Stamm ursprünglich mit einer den Stammauslaut erweiternden resp. modificirenden Endung versehen. Wenn der singulare Nominativ häufig nichts anderes als bloss den Stamm darzubieten scheint (bei den Femininis auf α ᾱ η, bei den Masculinis und Femininis auf ν, ρ u. a.), so hat ein Abfall der Endung stattgefunden, mit der Ausnahme, dass der singulare Vocativ und ebenso auch der singulare Nominativ und Accusativ der Neutra in vielen Fällen von Anfang an einer Casusendung entbehrten.

Anders ist es, wenn das Nomen den vorderen Theil eines Compositums bildet. In diesem Falle wurde durchweg sowohl im Griechischen wie in allen ihm verwandten Sprachen ursprünglich der nackte unerweiterte Nominalstamm gesetzt, — der blosse Stamm des Nomens ist mithin nicht etwas, was wie die Wurzel des Wortes erst auf einer grammatischen Abstraction beruht, sondern ein thatsächlich in der Sprache vorkommendes Gebilde.

Die uns vorliegende Sprachstufe des Griechischen hat in seinen Compositionen, die selbstverständlich nur zum kleineren Theil

*) Mit demselben Krasisvocale wie in τἀληθές aus τὸ ἀληθές.

aus der ältesten Zeit stammen, zum grösseren Theil dagegen erst die Producte eines weiteren sprachlichen Fortschrittes sind, die nackte Stammform für diejenigen nominalen Anfangsglieder festgehalten, welche der ersten Declinationsklasse angehören.

Die Nomina, welche im singularen Nominativ als Masculina und Feminina auf *ος*, als Neutra auf *ον* ausgehen, zeigen daher als Anfang eines Compositums den Stammausgang *ο*, z. B.

| | |
|---|---|
| ὁ θεός | θεο-ειδής gottähnlich |
| ὁ οὐρανός | οὐρανο-μήκης himmelhoch |
| ὁ ἵππος | ἱππο-κόμος Pferdeknecht |
| τὸ ῥόδον | ῥοδο-δάκτυλος rosenfingerig |
| τὸ ἴον | ἰο-δνεφής dunkelfarbig. |

Ebenso die Nomina adjectiva, wie

| | |
|---|---|
| ἄγριος | ἀγριό-φωνος von wilder Stimme |
| ἀγκύλος | ἀγκυλο-χείλης mit gekrümmtem Schnabel |
| ἴσος | ἰσό-θεος gottgleich. |

Geht der Nom. sing. (meist in Folge einer Contraction) auf *ως* aus, so ist *ω* der Compositionsvocal:

| | | | |
|---|---|---|---|
| σαός | σῶς | σαό-φρων | σώ-φρων verständigen Sinnes |
| νᾱός | νεώς | νεω-κόρος Tempeldiener | |
| λαγώς | | λαγω-βόλος Hasen treffend. | |

Die Feminina auf *ᾱ*, *η*, *α* und die Masculina auf *ᾱς*, *ης* sollten dem analog als Anfang eines Compositums auf *ᾱ*, *η*, *α* ausgehen, also die Feminina denselben Ausgang wie im Nom. sing. zeigen oder, was auch wohl denkbar wäre, es sollten die Nominative auf kurzes *α* in der Composition einen langen Schlussvocal haben (der reine Stamm wäre alsdann vor der Verkürzung, die der Nom. und Acc. sing. erlitten hätten, bewahrt geblieben). Aber schon die älteste Dichtersprache hat hier häufig denselben Vocalausgang *ο* wie bei den Wörtern auf *ος* und *ον*, und noch weit mehr ist dies in der Prosa der Fall, einerlei ob der Nominativ langes *η* oder *ᾱ* oder kurzes *α* hat. So im ältesten Epos und in der Tragödie:

| | |
|---|---|
| μύλη | μυλο-ειδής λίθος Mühlstein |
| οὐλαί | οὐλο-χύται geschrotene Gerstenkörner |
| ὑλακή | ὑλακό-μωρος immer bellend |
| ὕλη | ὑλο-τόμος Holz spaltend |
| ἄελλα | ἀελλό-πος sturmschnell |
| φάσσα | φασσο-φόνος Tauben tödtend |

| | |
|---|---|
| θύρᾱ | θυρο-κόπος an die Thür klopfend |
| μηχανή | μηχανο-ῥράφος Ränke schmiedend |
| νίκη | νικο-μάχης Sieger in der Schlacht |
| πέλεια | πελειο-θρέμμων Tauben haltend |
| Ἀσιάτης | Ἀσιᾱτο-γενής Asiat |
| ὁπλίτης | ὁπλιτο-δρόμος als Bewaffneter wettlaufend |
| πρεσβύτης | πρεσβυτο-δόκος Greise aufnehmend. |

Bei den Späteren: δικο-γράφος, λογχο-φόρος, ἡμερο-δρόμος, — πολιτο-φθόρος, — ῥιζο-τόμος, ἁμαξο-πληθής, δοξο-μιμητής u. v. a., von denen besonders zu bemerken die Composita von γῆ, die von der Form γαῖα (γᾶα) ausgehen:

γαῖα [γᾱο-γράφος zu] γεω-γράφος,

wie oben νεω-κόρος aus νᾱο-κόρος.

Beibehaltung des langen η (resp. ᾱ) findet sich bei den älteren Epikern und Tragikern in

αἰθρη-γενής, αἰθρη-γενέτης im Aether geboren
ἀρχη-γενής Stammvater, Erstgeborner
βοη-θόος schnell im Rufen
βοη-δρόμια Boedromienfest
βουλη-φόρος Rath gebend
γαιή-οχος, γεή-οχος erdumfassend
γη-γενής erdgeboren
δαφνη-φόρος Lorbeerzweige tragend
δικη-φόρος Vergeltung bringend
ἑβδομᾱ-γέτης am siebenten ein Opfer empfangend, siebenter Heerführer
ἱκετᾱ-δόκος Flehende aufnehmend
καναχή-πους klangfüssig, sonipes
Λυκη-γενής aus Lykien stammend
μοιρη-γενής zum Glücke geboren
μυλή-φατος von der Mühle zerstampft
νικη-φόρος Sieg bringend
πυλη-δόκος der an der Thür empfangende
Σκιᾱ́-ποδες Schattenfüssler
τιμᾱ́-ορος, später τιμωρός helfend, rächend
ὑλη-κοίτης Waldbewohner
ὑδριᾱ-φόρος Wassergefäss tragend
χλοη-φόρος Laub tragend.

Vgl. die späteren ἀγορᾱ-νόμος, γενεᾱ-λόγος, σκιᾱ-γράφος, ἀρετᾱ-λόγος (dorisch), μελιη-γενής (ion.), θεωρός aus θεᾱ-ορός.

Ausserordentlich selten zeigt das Nomen der ersten Declinationsklasse in der Composition kurzvocaliges α. Vielleicht gehört hierher die homerische Bildung πύλη πυλᾰ-ωρός, später πυλωρός Thürhüter,

wenn dieses wie ἀρκυ-ωρός εὐ-ωρός, und nicht wie τιμωρός θεωρός gebildet ist (πυλαωρός als epische Zerdehnung). Ferner

| | | |
|---|---|---|
| ἀλκή | Ἀλκά-θοος | Ἀλκα-μένης |
| θεά | Θεᾰ-γενής | |
| [λύκη] | λυκά-βας | Λυκα-βηττός, |

doch lassen diese Wörter auch andere Erklärung zu.

Ist es auffallend, dass der Stammausgang η, ᾱ α in der Composition, wie oben bemerkt, gewöhnlich zu ο wird, so ist es eine noch schwerer zu begreifende Erscheinung, dass umgekehrt die ο-Stämme nicht selten am Anfange eines Compositums den Ausgang η oder ᾱ haben.

| | |
|---|---|
| ἄκρος | ἀκρά-χολος Aristoph. heftig zürnend |
| | ἀκρη-χολία Hippocr. heftiger Zorn |
| ἡ βάλανος | βαλανη-φάγος Herod. Eicheln essend |
| | βαλανη-φόρος Herod. Eicheln tragend |
| βαλάντιον | βαλαντιη-τόμος Arist. Byz. Beutelschneider |
| βιβλίον | βιβλιᾱ-γράφος = βιβλιογράφος Bücherschreiber |
| γλαυκός | γλαυκη-πόρος Empedocl. blau hinwandelnd |
| δίδυμος | διδυμᾱ-τόκος Theocr. Callim. Zwillinge gebärend (oder von διδυμάων?) |
| δόλιχος | δολιχᾱ-δρόμος Xenoph. Hell. den Dolichos laufend (oder von δολιχός?) |
| τὰ ἔναρα | ἐναρη-φόρος Aesch. Kriegsbeute tragend |
| ὁ (ἡ) ἔλαφος | ἐλαφη-βολιών Att., ἐλαφη-βόλια Soph., ἐλαφη-βόλος hymn. Hom. |
| θάλαμος | θαλαμη-πόλος Hom. Aesch. im Zimmer dienend, Kammerfrau |
| θάνατος | θανατη-φόρος Aesch. Soph. Plut. Tod, Todte bringend |
| θέσφατος | θεσφατη-λόγος Aesch. weissagend |
| θεός | θεη-γενής Nonn. gottgeboren |
| | θεη-δόκος Nonn. Gott empfangend |
| | θεη-πόλος Gott verehrend |
| | θεη-κολεών Paus. Priesterwohnung |
| | θεη-κόλος Paus. Priester |

| | |
|---|---|
| ἱερόν | ἱερᾱ-φόρος Plut. Opfergeräth tragend |
| | ἱερᾱ-πόλος Plut. Oberpriester |
| κακός | κακη-πελέων Nicand. übel befindlich |
| | κακη-πελία Nicand. Uebelbefinden |
| κραναός | κραναή-πεδος hymn. Apoll. mit rauhem Boden |
| ὁ (ἡ) λίθος | λιθη-λογής Anthol. Pal. Steine sammelnd |
| λάχανον | λαχανη-φόρος Eustath. Gemüse tragend |
| μακρός | μακρᾱ-δρόμος Xen. Hell. weit laufend |
| νέος | νεη-γενής Hom., νεα-γενής Eur. eben geboren |
| | νεή-φατος hymn. Merc. neugesprochen |
| νόθος | νοθᾱ-γενής Eurip. Lobeck Phryn. p. 661 unehelich geboren |
| ὄμβρος | ὀμβρη-γενής Orph. vom Regen erzeugt |
| ὀλίγος | ὀλιγη-πελέων Hom. ohnmächtig |
| | ὀλιγη-πελίη Hom. Ohnmacht |
| | ὀλιγη-πελής Anthol. Pal. schwach |
| | ὀλιγη-σίπυος Leon. Tarent. mit kleinem Korbe |
| ὅρκιον | ὁρκιη-τόμος Poll. beim Opfer schwörend |
| | ὁρκιᾱ-τομέω Timocr. schwöre |
| | ὁρκιη-φόρος einen Eid leistend |
| οὐλαμός | οὐλαμη-φόρος Lycophr. einen Kriegshaufen führend |
| ποταμός | ποταμη-πόρος Oppian. über den Fluss fahrend |
| πολλύς | πολλη-πλήσιος Her. vielfach |
| πυρός | πυρη-φόρος neben πυρο-φόρος Hom. Waizen tragend |
| φυτόν | φυτη-κόμος Gärtner Lobeck Phrynich. p. 635 |
| ἡ ψῆφος | ψηφη-φόρος Dion. Hal. Stimme abgebend. |

Nur wenige dieser Bildungen sind uns durch alte Quellen überkommen, viele sicherlich nach falscher Analogie der bei Homer u. s. w. vorkommenden geformt. Aber wie sind diese letzteren zu erklären? Da die meisten zum Schlussglied eine Verbalwurzel haben, so hat man gedacht, das lange η oder ᾱ als eine zur Verbalwurzel gehörige alte Präposition zu fassen, deren Existenz aus der in den asiatischen Schwestersprachen vorkommenden Präposition â bewiesen sein sollte. Dass dies aber ausserordentlich fraglich ist, liegt nur allzu sehr am Tage. Eher wird es verstattet sein, manche der auf langes ᾱ oder η ausgehenden Compositionsglieder nach Analogie der auf ᾱ und η ausgehenden Adverbialformen, wie *κοινῇ πεζῇ ἰδίᾳ σπουδῇ* (vgl. §. 200) aufzufassen. So würden sich die Bildungen

*πολλη-πλήσιος, νεη-γενής (νεᾱ-γενής), ὀλιγη-πελέων* und *ὀλιγη-πελίη, ὀλιγη-πελής, κακη-πελέων* und *κακη-πελία, νοθᾱ-γενής, μακρᾱ-δρόμος*, vielleicht auch *δολιχᾱ-δρόμος*, ferner *κραναή-πεδος, γλαυκη-πόρος*

als Compositionen mit Adverbien auf *η* (*ᾱ*), nicht als Compositionen mit Adjectiven erklären lassen. Vgl. S. 10.

Die Composition *ἀκρά-χολος ἀκρᾱχολία* wird vielleicht richtiger auf ein nach Analogie *νεοκρᾱ́ς μελίκρᾱς* vorauszusetzendes Adjectivum *ἀκρᾱ́ς*, als auf ein von *ἄκρος* ausgehendes Adverbium *ἀκρᾱ* zurückzuführen sein und damit ebenfalls aus der Reihe der in Frage stehenden Compositionen verschwinden. Auch *θαλαμη-πόλος* kann von der alten seltensten Form *θαλάμη* (nicht von *θάλαμος*) ausgehen, und in *διδυμᾱ-τόκος* liegt vielleicht nicht das Substantiv *δίδυμο-ς*, sondern das gleichbedeutende *διδυμάων* (vgl. unten) zu Grunde.

So bleiben denn von den oben aufgeführten Bildungen für die klassische Zeit die Composita

*πυρη-φόρος, βαλανη-φόρος, -φάγος, ἐναρη-φόρος, θανατη-φόρος, θεσφατη-λόγος, ὀρκιᾱ-τομέω*

übrig, wozu aus späteren Schriften noch

*βιβλιᾱ-γράφος, θεη-γενής* u. s. w., *ἱερᾱ-πύλος, λιθη-λογής, λαχανη-φόρος, ὀμβρη-γενής, οὐλαμη-φόρος, ποταμη-πόρος; φυτη-κόμος, ψηφη-φόρος*

hinzukommen. Dies sind in der That *o*-Stämme, welche als erstes Compositionsglied ohne jeden ersichtlichen Grund den kurzen zu *o* abgelauteten Schlussvocal in langes *ᾱ η* verwandelt haben*). Ausser dem *πυρη-φόρος* der Odyssee, für welches die Ilias *πυρο-*

*) Man wird schwerlich annehmen dürfen, dass es neben diesen Stämmen auf *o* in der älteren Sprache auch noch Nebenformen auf *ᾱ η* gegeben habe, die sich eben hier in der Composition erhalten hätten, dass wie neben *στέφανος* ein (dem *στεφανηφόρος* zu Grunde liegendes) *στεφάνη*, so auch neben *θάνατος* ein *θανάτη* u. s. w. bestanden habe. Dazu sind die meisten jener Compositionen zu jung. Höchstens empfiehlt es sich, für die weiblichen *ἡ βάλανος, ἡ ψῆφος, ἡ ἔλαφος* Il. *N* 102 ein langvocalisches *βαλάνη, ψήφη, ἐλάφη*, zur Erklärung der Composita *βαλανη-φόρος, ψηφη-φόρος, ἐλαφη-βόλια* vorauszusetzen. Für *πυρη-φόρος* konnte man an *πυρήν* denken.

*φόρος* hat, kommt keines dieser Composita bei Homer vor; die ältesten und verhältnissmässig zahlreichsten finden sich bei Aeschylus, und es dürfte kaum die Frage sein, dass dieselben erst dem Aeschylus ihren Ursprung verdanken, der auch sonst in der Bildung von Compositionen unter allen übrigen der grösste Neuerer ist. Dürfen wir nicht annehmen, dass derselbe bei der Composition *θανατηφόρος* u. s. w. der Analogie von *νεη-γενής*, *ὀλιγη-πελέων* u. s. w. gefolgt sei, also mit dichterischer Freiheit ein falsches Analogon gebildet habe? Und müssen wir nicht die einer viel späteren Zeit angehörigen *θεη-γενής* u. s. w. ebenso erklären? Eine andere Bewandniss muss es freilich mit *ἐλαφη-βόλος* *ἐλαφη-βολιών* haben, da dieses sicherlich nicht erst einem Sprachbildner, sondern der alten Volkssprache seinen Ursprung verdankt. Vgl. darüber das in der Anmerkung Gesagte.

Führten wir die älteren Bildungen *νεη-γενής*, *ὀλιγη-πελέων* u. s. w. auf eine mit langem *η* gebildete Adverbialform der Stämme *νέο-*, *ὀλίγο-* zurück, so gehören dieselben in ein und dieselbe Kategorie mit folgenden auf Stämme der ersten Declinationsklasse zurückgehenden Compositionen:

*ἡ ὁδός* *ὁδοι-πόρος* Hom. Wanderer, wovon die Ableitungen *ὁδοι-πόριον*, *ὁδοι-πορέω*, *ἐξ-οδοι-πορέω*, *ὁδοι-πλανέω* neben den ähnlichen Bildungen *ὁδοι-δόκος* Wegelauerer, *ὁδοι-δοκέω*,

*ἡ Πύλος* *Πυλοι-γενής* Hom. in Pylos geboren.

*χορός* oder *χορόν* *χοροι-τύπος* den Tanzboden schlagend, *χοροίτυπος* zum Chore geschlagen (*λύρα*) hymn. Merc., *χοροιτυπία* Hom. das Stampfen auf den Tanzboden, nebst den analogen späteren Bildungen *χοροι-μανής* Orph., *χοροι-μανία*, *χοροι-θαλής* Anthol. Pal.

*σκότος* *σκοτοι-βόρος* Eustath. im Dunkeln fressend, hinterlistig.

[*ὅλοος* das Wälzen, d. i. *ὅλϝος* oder *ὅλοϝος* von derselben Wurzel wie im lateinischen volvere] *ὀλοοί-τροχος λᾶς* Hom. Rollstein, später abgekürzt zu *ὁλοί-τροχος*.

[*χάμα* humus] *χαμαι-εύνης* Hom. auf dem Boden schlafend, *χαμαι-γενής* Hes. Pind. auf dem Boden geboren, mit den ähnlichen Bildungen *χαμαι-κοίτης*, *χαμαι-πετής* u. a. bei den Tragikern, *χαμαί-βατος*, *χαμαι-δάφνη*, *χαμαί-κισσος* bei den Späteren.

[ἕλη = εἵλη] ἑλαι-θερής Lobeck. Path. 1 p. 364 in der Sonne getrocknet.

πύλη Πυλαι-μένης Hom., πυλαι-μάχος Πάλλας Aristoph. am Thore kämpfend.

Κρήτη Κρηται-γενής Eur. in Kreta geboren. Dagegen Κρητα-γενής Steph. s. v. Γάζα und auf Münzen (in den letztern Κρίσσα Κρισσαι-γενής).

Θήβη Θηβαι-γενής, dagegen Θηβα-γενής Hes. th. 530.

Auch hier ist das erste Glied der Composition nicht der nackte Nominalstamm erster Declinationsklasse, sondern ein von demselben mit dem alten Casuszeichen ι gebildetes Adverbium locativer Bedeutung. Mit Ausnahme des einzigen χαμαί haben sich diese auf οι und αι ausgehenden Adverbien als selbstständige Wörter nicht erhalten, sondern sind erst aus diesen Compositionen zu gewinnen, gerade wie dies oben mit den Adverbien νεη, ὀλιγη u. s. w. der Fall war. Die locative Bedeutung ist in den auf ι ausgehenden Compositionsgliedern deutlich zu erkennen. So bildet nun auch Nicander χολοί-βαφος = χολοβαφής in Galle getaucht, χολοι-βόρος Galle fressend, das erstere mit richtiger, das zweite mit unrichtiger Analogie.

Unsicher ist es, wie man die ähnlich in ihrem Anfangsgliede ausgehenden alten Bildungen κραται-πεδος Hom. mit festem Boden, κραταί-πους Pind. starkfüssig, κραται-λέως Aesch. starksteinig, κραταί-ρινος Orac. bei Herod. starkhäutig und Κλυται-μνήστρα erklären soll. Man sollte κραταιό-πους erwarten. Hat hier ein Lautausfall stattgefunden?

In dieselbe Kategorie mit den Adverbien auf ᾱ η und οι gehören die von Adjectiven der ersten Declinationsklasse gebildeten Adverbien auf kurzes α, scheinbar mit denen auf ᾱ η verwandt, aber in Wahrheit eine andre Casusform, denn die auf ᾰ sind neutrale Accusative Plur., während die auf ᾱ η alte Instrumentale, die auf οι alte Locative sind. Vgl. I §. 200. Auch diese Adverbialformen auf α werden als Anfangsglieder von Compositionen verwandt.

πολλός πολλα-πλάσιος, πολλα-πλοῦς vielfach. Das mit πολλα-πλάσιος gleichbedeutende ionische πολλη-πλήσιος Her. Lob.

Phryn. p. 663 ist dagegen genau wie νεη-γενής ὀλιγη-πελέων gebildet.

ἀκαλός ἀκαλα-ρρείτης Hom. sanft fliessend, später ἀκαλά-ρροος. Ebenso scheint es sich zu verhalten mit

ἀταλός ἀταλά-φρων Hom. mit kindlichem Sinne, doch leidet hier das zweite Compositionsglied nicht, das erste als Adverbium aufzufassen und so mag ἀταλάφρων auf Grund des verwandten ἀταλὰ φρονέων Il. Σ 567 aus ursprünglichem ἀταλό-φρων entstanden sein *).

Andre Casus ausser den genannten drei adverbialen auf ᾰ (η) οι (αι) und α scheinen statt des nackten Stammes noch in folgenden Compositis vorzukommen:

δικας-πόλος Hom. Processe entscheidend. Das Anfangsglied muss Accusativ Plur. sein.

μογος-τόκος Εἰλείθυια Hom. Schmerzen verschaffend. Man hat in μόγος eine sonst nicht nachweisbare Nebenform für das Adverbium μόγις erblicken wollen. Oder es soll μογος nicht von ὁ μόγος, sondern von einem als selbstständiges Wort nicht mehr erhaltenen Stamme der zweiten Declinationsklasse τὸ μόγος herkommen und das Ganze für μογις-τόκος stehen.

θεός-δοτος Hesiod, Pind. von Gott gegeben, θεος-εχθρία Aristoph. Götterfeindschaft, θεος-κυνεῖν Hesych. θεοὺς τιμᾶν verehre die Götter oder die Gottheit. Statt θεος-εχθρία hat man jetzt die von Bentley vorgeschlagene Lesart θεοις-εχθρία aufgenommen (Meineke). Auch θεός-δοτος soll nach Pott eine Verkürzung aus θεοῖςδοτος sein. Andere nehmen keinen Anstoss daran, in dem Anfangsgliede von θεός-δοτος θεος-εχθρία θεος-κυνεῖν wie auch von μογος-τόκος einen statt des nackten Stammes (θεό-δοτος Pind.) stehenden Nominativ Sing. anzuerkennen.

Ἑρμησι-άναξ, Ἑρμησί-λαος, Ἑρμησί-λοχος, Ἑρμῆς-ανδρος, worin man als als erstes Compositionsglied einen singularen Nominativ, erweitert durch denselben Hülfsvocal ι, welcher bei Wörtern der zweiten Declination auftritt, erkennen will.

Von allen Casus ist es nun freilich am allermisslichsten, einen

*) R. Rödiger de priorum membrorum in nominibus graecis conformatione finali 1866 p. 86.

Nominativ als erstes Compositionsglied gelten zu lassen und es wird immerhin gestattet sein, die zuletzt angeführten Formen *μογος-*, *θεος-*, für alte Formen eines Casus obliquus anzusehen, die der späteren Sprache und dem späteren Sprachbewusstsein verschwunden sind — in *μογος-τόκος* etwa einen pluralen Accusativ derselben Bildung, wie er im strengern Dorismus üblich geblieben ist, in *θεός-δοτος* vielleicht einen singularen Ablativ (statt *θεοδ* oder *θεωδ-δοτος*) u. s. w. Ob *Ἑρμησι-ἄναξ* von dem Nom. prop. *Ἑρμῆς* ausgeht (was für die Bedeutung gar nicht einmal passend sein würde) oder von einem sonst verlorenen Verbalstamme, ist ebenfalls nicht entschieden.

Dass aber die nicht mit nacktem Stamme, sondern mit Casusformen gebildeten Composita nicht etwa als zwei ursprünglich selbstständig neben einander stehende Worte, die erst später durch gemeinsamen Accent vereint sind, sondern von Anfang an wirkliche Composita waren, geht deutlich aus der Beschaffenheit des zweiten Compositionsgliedes in *ὑδοι-πόρος*, *χαμαι-γενής*, *ἀκαλαρρείτης* u. s. w. hervor.

Dagegen erklären sich aus ursprünglich selbstständiger Nebeneinanderstellung zweier Worte die Composita *Ἱερά-πολις*, *Ἱερᾱ-πολίτης*, *Νεά-πολις*, *Νεᾱ-πολίτης* u. dergl. Nicht ganz sicher ist dies für die Composita *τριτη-μόριος*, *τεταρτη-μόριος*, *πεμπτη-μόριος*, *δωδεκατη-μόριος*, da man in deren erstem auf *η* ausgehenden Gliede denselben adverbialen Casus wie in *πολλη-πλήσιος* erblicken kann.

## Nomina der zweiten Declinationsklasse
### im Anfange der Composition.

§. 8.

Mit den Nomina der zweiten Declinationsklasse kann es sich als Anfangsgliedern der Composition ursprünglich nicht anders verhalten haben als mit denen der ersten, auch sie müssen zunächst in der Form des reinen Stammes gebraucht worden sein. Auch in den uns vorliegenden Compositis ist dies vielfach der Fall, aber häufiger noch tritt ein neues Element hinzu, nämlich die Anfügung eines Compositions-Hülfsvocales oder wie man ihn nennen will; in gleicher Weise macht sich auch der Ausfall des Stammsuffixes geltend. Und um so häufiger sind diese Erscheinungen, je mehr die betreffenden Composita nicht als altes Sprachgut, sondern als spätere Neubildungen aufgefasst werden müssen.

I. Stämme auf ϱ und λ.

Gebrauch des nackten auf ϱ ausgehenden Stammes kommt vor bei den einsilbigen Wurzelwörtern auf ϱ:

| | |
|---|---|
| πυϱ-καϊά Hom. | πυϱ-φοϱεῖν Aesch. |
| πυϱ-πολέω Hom. | χέϱ-νιβον Hom. |
| πυϱ-δαῆτις Aesch. | χεϱ-νῆτις Hom. |
| πύϱ-πνοος Aesch. | χεϱ-νήτης Aesch. |
| πυϱ-φόϱος Aesch. Pind. | |

Das hesiodeische ἐναϱ-φόϱος für ἐναϱο-φόϱος scheint nicht hierher zu gehören.

Viel häufiger wird dem Stamme auf ϱ der Vocal ο hinzugefügt, wobei bei den synkopirbaren Wörtern auf ϑηϱ die Elision des Suffixvocales stattfindet. So in der späteren Sprache bei πυϱ und χειϱ:

| | |
|---|---|
| πυϱο-ϱϱαγής Arist. | [χειϱο-αναξ zu] χειϱῶναξ |
| πυϱο-ειδής Plut. | χειϱο-νσής Aesch. |
| πυϱο-βόλος Plut. | χειϱο-τόνος u. a. Soph. |

Durchgängig bei allen übrigen Wörtern auf ϱ. So bei Homer

| | |
|---|---|
| ϑηϱο-σκόπος hymn. | ἀνδϱο-κτασία |
| ἠεϱο-ειδής | πατϱο-κασίγνητος |
| ἠεϱό-φωνος | πατϱο-φονεύς |
| ἠεϱο-φοῖτις | μητϱο-κτόνος |
| ἀνδϱο-φόνος | μήτϱο-πάτωϱ |
| ἀνδϱό-κμητος | |

Zusammensetzungen mit anlautendem πυϱ und χειϱ haben aber auch den Vocal ι hinter dem ersten Compositionsgliede:

| | |
|---|---|
| πυϱι-ήκης Hom. | πυϱι-φλεγής Xen. |
| ἐμπυϱι-βήτης Hom. | πυϱί-κμητος Call. |
| πυϱί-καυστος Hom. | πυϱι-ϑαλπής Apoll. Rh. |
| Πυϱι-φλεγέϑων Hom. | πυϱί-βϱωτος Strab. |
| πυϱι-βϱεμέτης Aesch. | πυϱί-βλητος Meleag. |
| πυϱί-δαπτος Aesch. | πυϱι-άλωτος Philostr. |
| πυϱί-φατος Aesch. | χεϱι-άϱης Pind. |
| πυϱί-φλεκτος Aesch. | χεϱι-φυής Anthol. |
| πυϱί-στακτος Eur. | |

Von diesen Wörtern hat πυρι bloss in dem zuerst angeführten πυρι-ήκης „mit Feuerspitze" nicht die Bedeutung des Dativs, alle übrigen aber erscheinen als Zusammensetzungen nicht mit dem nackten Stamme, sondern mit dem Dativ von πῦρ und χείρ. Dennoch aber darf die Form πυρι χερι als älterer ursprünglicher Stamm des Wortes πῦρ aufgefasst werden. In spätern Bildungen wie πυρι-γόνος Plut. feuergeboren, πυρί-παις Oppian Feuerkind, πυρι-πνόος Lycophr. feuerschnaubend kann πυρι nur die Bedeutung des Stammes haben, doch sind dieselben nicht entscheidend dafür, dass πυρι nicht Dativ ist, da sie offenbar nur nach bewusstloser Analogie der in den älteren Compositis enthaltenen Form gebildet sind. Dagegen kann in ἐγχειρί-θετος Her. nur eine Dativform enthalten sein (nur χερι, aber nicht χειρι kann alter Stamm sein), ähnlich auch ἐμπυρι-βήτης. Ein Dativ Pluralis findet sich in Χερσι-δάμας Hom.

Wie πῦρ und χείρ wird auch ἅλς am Anfange eines Compositums entweder zu ἁλο oder zu ἁλι. Die Form ἁλο (gewöhnlich Salz bedeutend) in

| | |
|---|---|
| ἁλουργής Aesch. mit Meerpurpur gefärbt | ἁλο-θήκη Saline |
| | ἁλο-πηγός Salzsieder, |
| ἁλουργός sp. | ἁλο-πώλης Salzverkäufer. |

Die Form ἁλι (stets Meer bedeutend) in

| | |
|---|---|
| ἁλι-αής Hom. | ἁλι-ερκής Pind. |
| ἁλί-πλοος Hom. | ἁλί-πλαγκτος Pind. |
| Ἁλι-θέρσης Hom. | ἁλι-μυρήεις Pind. |
| ἁλι-πόρφυρος Hom. | ἁλί-κλυστος Soph. |
| Ἁλι-μήδη Hes. | ἁλι-μέδων Arist. |
| Ἁλι-άκμων Hes. | ἁλι-ήρης Eurip. |
| ἁλι-βαφής Aesch. | ἁλί-βαπτος Nicand. |
| ἁλί-τυπος Aesch. | ἁλι-χρύκαλος |
| ἁλί-ρρυτος Aesch. | ἁλι-κρήπτις |
| ἁλί-στονος Aesch. | ἁλι-κύμων. |

Es gibt eine mit dem Genitiv von ἅλς gebildete Composition

ἁλος-ύδνη Hom.

Demnach kann auch an Zusammensetzungen mit dem Dativ ἁλί kein Anstoss genommen werden. Dennoch aber lässt sich keineswegs in allen den eben angeführten Bildungen mit ἁλι, auch in den älteren nicht, das erste Glied der Bedeutung nach als Dativ fassen, vielmehr kann hier ἁλι nur Stamm sein. Demnach wird auch für ἅλς als Stamm ein zweisilbiges ἁλι vorauszusetzen sein. In ἁλο-θήκη u. s. w. ist das einsilbige ἁλ als Stamm gebraucht und ο der hinzugefügte Compositionsvocal.

II. Stämme auf ν.

Von den Stämmen auf ν bleibt in der Composition der Adjectivstamm μελαν unverändert in

| | |
|---|---|
| μελαγ-χροιής Hom. | μελάγ-χιμος Aesch. |
| μελάν-δετος Hom. | μελαγ-χίτων Aesch. |
| μελαν-τειχής Pind. | μελαμ-παγής Aesch. |
| μελάμ-φυλλος Pind. | μελαμ-βαθής Aesch. |

Doch erhält μελαν auch hinzugefügten Vocal ο:

| | |
|---|---|
| μελανό-χροος Hom. | μελανό-πτερος |
| μελανό-χρως Aesch. | μελανο-κάρδιος Aesch. |
| μελανό-ζυξ Aesch. | μελανο-συρμαῖος Aristoph. |

So auch die meisten übrigen Stämme auf ν:

| | |
|---|---|
| φρενο-ρραιστής Hom. | χθονο-τρεφής Aesch. |
| φρενο-δαλής Aesch. | χιονο-βοσκός Aesch. |
| φρενο-μανής Aesch. | χιονό-κτυπος Soph. |
| φρενο-πληγής Aesch. | ἀρσενο-γενής Aesch. |
| φρενό-πληκτος Aesch. | ἀρσενο-πλήθης Aesch. |
| κυνό-φρων Aesch. | δελφινο-φόρος Aesch. |
| κυνο-κέφαλος Aesch. | χειμωνο-τύπος Aesch. |
| κυνο-θρασής Aesch. | |

Endlich erleiden die Stämme auf ν Apokope des schliessenden Consonanten:

| | |
|---|---|
| ἀκμό-θετον Hom. | κλεισσό-τεκνος Aesch. |
| στημο-ρραγεῖν Aesch. | Ἀμεινο-κλῆς. |

Hierher wahrscheinlich

| | |
|---|---|
| ταλα-εργός Hom. | ταλα-πείριος Hom. |
| ταλά-φρων Hom. | ταλα-κάρδιος Hes. |
| ταλα-πενθής Hom. | |

III. Stämme auf ατ apokopiren ihr τ:

χειμά-ρρους Hom. ἁρμα-τροχάω Hom.
ὀνομα-κλυτός Hom. ἁρμα-τροχιή Hom.
ἐξονομα-κλήδην Hom., αἱμα-κουρίαι Pind.

Ebenso ist von einem Stamme auf αντ gebildet
Ἀτλαγ-γενής Hes.

Gewöhnlicher aber wird dem τ ein ο hinzugefügt:
αἱματο-πηγός Hom. κυματο-λήγη Hes.
ὑδατο-τρεφής Hom. ἁρματό-κτυπος Hom.

Ausserdem auch Ausgang auf ο statt α:
αἱμο-φόρυκτος Hom., -ρρυτος, -βαφής, ῥραγής.

IV. Stämme auf ς. Das ς wird beibehalten in
ἑως-φόρος Hom. ἐπες-βόλος Hom.
μυς-πολέω Aristoph. Ὀρές-βιος Hom.
σακές-παλος Hom. ὑρες-κῷος Hom.
τελες-φόρος Hom. γερας-φόρος Pind.
φαες-φόρος Aesch. σελας-φόρος Pind.
ἐγχές-παλος Hom.

Selten ein ο mit Ausfall des ς hinzugefügt:
ἐλεό-θρεπτος Hom.
κεραο-ξόος Hom.

Häufig dagegen die Hinzufügung eines ι mit Beibehaltung oder Auswerfung des ς (nur in den wenigsten Fällen würde man dies als Dativ auffassen können):
ἐγχεσί-μωρος Hom., -χειρ; ἐγχει-βρόμος, -κέραυνος.
ἀλγεσί-δωρος, -θυμος.
ἀνθεσί-χρως, -πότητος.
ἐντεσι-εργοί.
ὀρεσί-τροφος, οὐρεσι-βώτας Soph., Ὠρεί-θυια.

---

Das Vorstehende ergiebt, dass die Stämme der zweiten Declinationsklasse als Anfangsglieder einer Zusammensetzung viel weniger ihre ursprüngliche Form als die Stämme der ersten Klasse bewahrt haben. In frühester Zeit werden die vocalischen ι- und υ-Stämme an erster Stelle einer Composition nur den Ausgang ι und υ gezeigt haben, die consonantischen Stämme werden ihnen principiell durchaus coordinirt gestanden haben, nur dass die euphonischen Gesetze der Festhaltung eines auslautenden Consonanten weniger günstig waren und daher mehrfachen Ausfall der ursprünglichen Stammendung *υ* erlangten.

Es sind nun in der That in der uns vorliegenden Form der griechischen Sprache noch genug Compositionsformen dieser Art erhalten, aber im Allgemeinen hat ein neues Gesetz für das Griechische um sich gegriffen, nämlich:

ein Stamm der zweiten Declinationsklasse hat die Neigung, am Anfange einer Composition sich in einen Stamm der ersten Declinationsklasse zu verwandeln, indem er deren Schlussvocal *ο* zu seinem ursprünglichen Stammausgange hinzufügt.

Auch der nichtcomponirte Nominal-Stamm geht oftmals aus der zweiten in die erste Declinationsklasse über, wie

*δάκρυ* zu *δάκρυ-ον,*
[*ὄστι* zu] *ὀστέο-ν*;

in der Composition wird dieser Uebergang noch weniger auffallend sein. Immerhin aber können wir das zu Compositionsgliedern der zweiten Declinationsklasse hinzugefügte *ο*, wie es üblich ist, einen Compositionsvocal nennen.

Hierbei ist nun aber im höchsten Grade auffallend, dass auch der lange Stammvocal der ersten Declinationsklasse *ᾱ* oder *η* mitunter in gleicher Weise wie das kurze *ο* für die Composition mit Stämmen der zweiten Declinationsklasse herbeigezogen wird.

1) Bei vocalischen Stämmen:

| | |
|---|---|
| *εὐη-γενής* Hom. | *σταχυη-τόμος* Antiphil. |
| *εὐη-πελής* Hesych. | *σταχυη-λόγος* Eustath. ad Il. |
| *βοη-νόμος* Theocr. | *σταχυη-κόμος* Nonn. |
| *βοη-γενής* Epigramm. Meleag. | *σταχυη-φόρος* Man. |
| *δρυη-κόπος* Lycophr. | *σταχυη-τρόφος* Man. |
| *ὀφρύη* Herod. | |

2) Bei Stämmen der schwachen Flexion:

| | |
|---|---|
| *χλαμυδη-φόρος* Theocr. | *λαμπαδη-φόρος* Aesch. |
| *ἀσπιδη-στρόφος* Aesch. | *λαμπαδη-φορέω* Aristoph. |
| *ἀσπιδη-πόρος* Aesch. | *λαμπαδη-φορία* Herod. |
| *σελιδη-φάγος* Euen. | *λαμπαδη-δρομία* Schol. Aristoph. |

3) Bei Stämmen auf ν:

λιμενή-οχος Apoll. Arg. ἀκτινη-βολία Man.

vielleicht auch hierher zu rechnen:

τανη-λεγής Hom.

4) Bei Stämmen auf ς (mit Verlust des ς):

σελαη-γενέτης σελαη-φόρος Man.

5) Bei Stämmen auf ατ:

αἱματη-φόρος Aesch. στιγματη-φορέω Lud.

Dies sind in gleicher Weise anomale Erscheinungen wie die S. 6 behandelten Fälle, wo ein auf ο ausgehender Stamm als Anfandsglied einer Composition seinen kurzen Vocal in ᾱ oder η verwandelt. Die älteren Bildungen jener Art mussten wir für adverbiale Casusformen auf η erklären. Und in derselben Weise scheint von den jetzt vorliegenden Compositionsstämmen das εὐη- im homerischen εὐη-γενής gefasst werden zu müssen (alter Instrumental-Casus ἐ[σ]υ-η von dem Adjectivum ἐ[σ]ύ). Die übrigen aufgeführten Composita sind sicher unorganische Bildungen, entstanden zu einer Zeit, wo der Sprache das Gefühl für richtige Compositionsbildung abhanden gekommen war. Die homerische Zeit besitzt dasselbe noch, die Zeit des Aeschylus nicht mehr, und das Aeschyleische ἀσπιδη-στρόφος muss genau wie oben erklärt werden.

## Verbalstämme

### als Anfangsglied der Composition.

§. 4.

Das Griechische besitzt eine grosse Anzahl von Compositis, deren erstes Glied sich auf keinen (wenigstens keinen in seiner Isolirung erhaltenen) Nominalstamm, wohl aber auf einen Verbalstamm zurückführen lässt. Aeltere Grammatiker wie Buttmann nehmen keinen Anstand, dem Griechischen in der That eine Compositionsart zu vindiciren, welche darin besteht, dass ein der Personalendungen entblösster Verbalstamm mit einem darangefügten Nomen zu einem einheitlichen Worte zusammengefügt wird, welches meistens diejenige Person bezeichnet, welche die durch das erste Glied bezeichnete Verbalthätigkeit an dem an zweiter Stelle stehenden Nominalbegriffe ausübt, z. B. *ἐχέ-θυμος* derjenige, welcher Muth besitzt = *ὅς ἔχει θυμόν*, — *βλεπε-δαίμων* derjenige, welcher Geister sieht = *ὅς βλέπει δαίμονα* oder *δαίμονας*, — *μενε-πτόλεμος* derjenige, welcher den Kampf besteht = *ὅς μένει πτόλεμον*.

Diese Compositionsweise findet sich allerdings auch in neueren Sprachen, aber von den älteren Sprachen unseres Stammes ist sie dem Griechischen eigenthümlich, denn was man aus älteren Sprachen hinziehen könnte, ist so ausserordentlich vereinzelt, dass es als Ausnahme erscheint und fast immer auch noch eine andere Erklärung, welche das erste Glied auf ein Nomen zurückführt, zulässt. Die vergleichende Grammatik hielt es nicht für wahrscheinlich, dass das Griechische in dieser Beziehung in dem Kreise der älteren verwandten Sprachen eine so exceptionelle Stellung einnehmen könne, und machte deshalb den Versuch, jene Anfangsglieder, welche sich auf Verbalstämme zurückführen lassen, nicht als Verbum finitum, sondern entweder als Participium oder als Infinitiv aufzufassen, so dass dann schliesslich das den Anfang der Composition bildende Wort auch in diesem Falle ein Nomen sei. Zuerst hat sich Curtius bemüht, die ältere Auffassung als eines eigentlichen Verbalstammes wieder in ihr Recht einzusetzen, und die ausführliche Bearbeitung, welche W. Clemm diesem Gegenstande gewidmet hat (de compositis Graecis quae a verbis incipiunt Gissae 1867) kann an ihrer Richtigkeit kaum einen Zweifel lassen.

Der Nominalstamm als erstes Glied der Composition erscheint seiner Casus- und Numerusendungen entblösst, der Verbalstamm als erstes Compositionsglied erscheint ohne Person- und Numerusendungen, ohne ein Zeichen zur Andeutung des Modus und des Genus. Etwas Anderes ist es, ob er auch frei ist von den zum Ausdruck des Tempusverhältnisses dienenden Elementen. Diese Frage ist schon von den früheren Grammatikern dahin beantwortet worden, dass es entweder der Präsens- oder der Futur-Stamm sei, der an erster Stelle der Composition gebraucht wird; Curtius hat dies dahin modificirt, dass er das, was man früher für ein Futurum hielt, für einen Aorist erklärt.

Folgende Laute sind es, durch welche der als erstes Compositionsglied verwandte Verbalstamm erweitert wird:

—ε (—σε)
—ο (—σο)
—ι —σι —εσι

Entweder tritt einer der drei Vocale ε, ο, ι als scheinbarer Compositionsvocal zwischen die beiden zusammengesetzten Glieder, oder es zeigt sich vor einem dieser drei Vocale noch der Consonant σ (am seltensten vor ε und ο, häufig dagegen vor ι), oder es ist endlich zwischen den Stamm und den Consonanten σ noch der Vocal ε getreten; in diesem dritten Falle lässt sich als schliessender Vocal bloss ι, nicht ε und ο nachweisen.

Was den auslautenden Vocal ε, ο, ι betrifft, so ist derselbe in allen den Fällen geschwunden, wo das zweite Compositionsglied mit einem Vocale anlautet, oder vielmehr, die Sprache wird hier von Anfang an keinen Vocal gehabt haben, denn sicherlich herrschte in ihr zu der Zeit, als diese Bildungen aufkamen, bereits das Gesetz von der Vermeidung des Hiatus. Diesen Fall mit eingeschlossen stellt sich das ganze System folgendermassen dar:

| | | |
|---|---|---|
| —ε | (—σε) | [—εσε kommt nicht vor] |
| —ο | (—σο) | [—εσο kommt nicht vor] |
| —ι | —σι | —εσι |
| — | —ς | —ες. |

Der den Endungen ε, ο, ι vorausgehende Stamm zeigt in den meisten oder wenigstens in vielen Fällen dieselbe Beschaffenheit, welche der Verbalstamm im Präsens hat, sowohl in Betreff des Wurzelvocals wie auch der im Präsens und Imperfectum, aber nicht in den übrigen Tempora zur Wurzel hinzutretenden Erweiterungen. — In anderen der in Rede stehenden Compositionen zeigt der anlautende Verbalstamm dieselbe Beschaffenheit, welche er im zweiten Aoriste hat.

1. Verbalstämme mit dem Vocale ε.

φέρω: φερέ-βοτρυς, φερε-γλαγής, φερέ-ζυγος, φερέ-καρπος, φερέ-ϝοικος, φερέ-πονος, ... φερέ-βοια, φερέ-δειπνος.

μένω: μενε-δήϊος Hom., μενε-πτόλεμος Hom., μενε-χάρμης Hom., μενέ-δουπος, μενέ-κτυπος ... Μενέ-λαος, Μενέ-μαχος, Μενέ-δημος.

ἔχω: ἐχέ-θυμος Hom., ἐχέ-φρων Hom., ἐκε-χειρία, ἐχέ-μυθος, ἐχε-νηΐς, ἐχε-πευκής.

βλέπω: βλεπε-δαίμων.

ἕλκω: ἑλκε-τρίβων Hom., ἑλκε-χίτων.

πρέπω: Πρεπέ-λαος.

σθένω: Σθενέ-λαος.

κείρω: ἀ-κειρε-κόμης.

χαίρω: χαιρέ-κακος, χαιρέ-φυλλος, ἐπι-χαιρέ-κακος, χαιρέ-δημος, Χαιρε-κράτης, Χαιρέ-στρατος.

μέλλω: μελλέ-ποσις, μελλέ-πταρμος.

λείπω: Λειπέ-φιλος.

πένομαι: Πηνέ-λεως.

Dagegen sind von dem nichtpräsentischen Stamme gebildet:

δάκνω: δακέ-θυμος.

αἱρέω: ἑλέ-ναος, ἑλέ-πολις, Ἑλέ-δημος.

2. Vocalstämme mit dem Vocale ο.

Vom Präsens-Stamme:

ἐθέλω: ἐθελό-δουλος, ἐθελό-κακος, ἐθελό-πονος.

ἔχω: ἐχο-νόη.

στέργω: στεργο-ξύνευνος.

κέρκω: κερκό-λυρα.

τήκω: τηκό-λιθος.

*μίμνω*: *Μιμνό-μαχος*.
*αὔξω*: *αὐξο-μείωσις, αὐξο-σέληνον*.
*ἅπτω*: *ἁπτο-επής* Hom.
*βάλλω*: *συμβαλλο-μάχος*.
*μέλλω*: *μελλό-γαμος, μελλό-νυμφος, μελλό-γαμβρος, μελλό-παις, μελλό-ποσις*.
*ἅλλομαι*: *Ἐφαλλο-κύθρας*.
*ὀφέλλω*: *Ὀφελλο-κλείδης*.
*τίλλω*: *τιλλο-πώγων*.
*ἐγείρω*: *ἐγειρό-φρων*.
*σαίνω*: *σαινό-λογος*.
*φαίνω*: *φαινο-μηρίς, φαινό-πους, Φαινο-κλῆς, Φαινό-κριτος*.
*φθίνω*: *φθινό-καρπος, φθινό-κωλος, φθινο-μέτωπος*.
*κρίνω*: *Κρινό-βουλος*.
*ἀμύνω*: *Ἀμυνό-μαχος, Ἐπαμυνό-δοτος*.
*λείπω*: *λειπο-γνώμων, λειπο-πράγματος, λειπο-δεής, λειπο-δρανής*.
*πείθω*: *Πειθό-λαος*.
*ὄζω*: *ὀζό-στομος, ὀζό-χρωτος*.
*σώζω*: *σωζό-πολις*.
*μίσγω*: *μισγό-λας, μισγό-νομος*.

Vom nicht-präsentischem Stamme:

*ἀείρω*: *ἠερό-φωνος* Hom.
*λείπω*: *λιπό-βιος, λιπο-βλέφαρος, λιπό-γαμος, λιπό-θριξ*.
*φαίνω*: *Φανό-δημος, Φανό-μαχος, Φανό-δικος, Φανο-κλῆς*.
*ἁμαρτάνω*: *ἁμαρτο-επής* Hom., *ἀφαμαρτο-επής* Hom.
*ἀλιταίνω*: *ἠλιτο-εργός* Hom., *ἠλιτό-μηνος* Hom.
*πυνθάνομαι*: *Πυθό-δημος, Πυθό-λαος*.
*μισέω*: *μισο-βάρβαρος, μισο-γύνης, μισόδημος, μισό-θεος*.

### 3. Verbalstämme mit dem Vocale *ι*:

*αὔξω, ἀέξω*: *ἀεξί-γυιος, ἀεξί-κερως, ἀεξί-νοος, ἀεξί-τοκος, ἀεξί-τροφος, ἀεξί-φυλλος* ... *αὐξί-βιος, αὐξί-τροφος, αὐξι-φαής, αὐξί-φωνος*.
*ἀλέξω*: *ἀλεξί-κακος* Hom., *ἀλεξι-άρης* Hes., *Ἀλεξί-βιος, Ἀλεξί-δημος, ἀλεξί-μβροτος, ἀλεξί-μορος*.
*πείθω*: *Πειθι-άνασσα*.
*τέρπω*: *τερπι-κέραυνος*.

εἴλω, εἵλω: εἱλί-πους.
σαίνω: σαινί-δωρος.

Vom nicht-präsentischen Stamme:

λανθάνω: λαθι-κηδής Hom., λαθί-φρων Hom., λαθί-φθογγος, λαθί-πονος, λαθί-νοστος.
ἁμαρτάνω: ἁμαρτί-νοος Hes.
ἀλφαίνω: Ἀλφί-νους.
ἐναίρω: ἐναρί-μβροτος.
κυδάω: κυδι-άνειρα Hom.
οἰδάω: Οἰδί-πους.

Vielleicht gehören hierher auch noch folgende Composita, in denen das Compositions-ι mit vorausgehendem Vocale α zum Diphthongen verbunden ist:

χαλάω: χαλαί-πους.
μαραίνω: μαραί-πους.
ἀλθαίνω: Ἀλθαι-μένης.
τλῆναι: ταλαί-πωρος, ταλαί-φρων.
τλαι-παθής.
μιαίνω: μιαι-φόνος.

4. Das erste Glied entbehrt eines auslautenden Vocales, weil das zweite mit einem Vocale beginnt.

Mit dem Präsensstamme sind gebildet:

ἐθέλω: ἐθελ-άστειος, ἐθέλ-εχθρος, Θελ-αίσιος.
τρέφω: τρεφ-ουργία.
φέρω: φέρ-αλγος, φερ-ανθής, φέρ-ασπις, φερ-αυγής, Φέρ-ανδρος.
ἔχω: ἔχ-έγγυος.
μέλπω: μελπ-ήνωρ.
μένω: μεν-αίχμης, μέν-ανδρος, μεν-έγχης.
ἕρπω: ἑρπ-άκανθα.
στέργω: ἀ-στεργ-άνωρ.
δάμνω: δάμν-ιππος, Δαμν-αγόρας.
σαίνω: σαίν-ουρος.
πείθω: πειθ-άνωρ, πείθ-αρχος, πειθ-ήνιος, πειθ-αγόρας.
μέλλω: μελλ-είρην, μελλ-έφηβος.
λείπω: λειπ-ανδρία, λειπ-ανθρωπεία.
κλαίω: κλαι-ωμιλία.

*μύω*: *μύ-ωψ*.
*φαίνω*: *φαίν-ιππος*, *Φαιν-αρέτη*, *Φαιν-έστιος*, *φαῖν-οψ*.
*κρίνω*: *Κριν-αγόρας*, *Κρίν-ιππος*.
*σαίνω*: *σαίν-ουρος*.
*σίνω*: *σιν-όδους*.
*φθίνω*: *φθιν-οπωρίς*, *φθιν-οπωρινός*.
*ἀμύνω*: *Ἀμύν-ανδρος*.
*ἴσχω*: *Ἴσχ-αγόρας*, *Ἴσχ-ανδρος*.
*λείχω*: *Λειχ-ήνωρ*.
*λάμπω*: *Λάμπ-ουρος*.
*κεύθω*: *Κευθ-ώνυμος*.
*φείδω*: *Φείδ-ιππος* Hom.
*βρίθω*: *Βριθ-αγόρας*.
*μίσγω*: *μισγ-άγκεια* Hom., *μισγ-οδία*.
*μινύω*: *μινυ-ανθής*, *μινυ-ώριος*.
*ἀγαπάω*: *Ἀγαπ-ήνωρ*.
*πλήθω*: *Πληθ-αγόρας*.

Vom nicht-präsentischen Stamme:

*δάμνω*: *Δάμ-ανδρος*, *Δάμ-ιππος*, *Εὐ-δάμ-ιππος*.
*ἑλίσσω*: *ἑλικ-ῶπις*.
*κεύθω*: *Κυθ-ώνυμος*.
*λείπω*: *λιπ-αυγής*, *λιπ-ερνής*, *λιπ-ήμερος*.
*μισέω*: *μισ-άδελφος*, *μισ-άνθρωπος*, *μισ-αθήναιος*, *μισ-έλλην*.
*ὀφέλλω*: *Ὀφέλ-ανδρος*.
*σίλλω*: *σίλ-ουρος*.
*τρέπω*: *τραπ-έμπαλιν*.
*φαίνω*: *Φαιν-αγόρας*.
*ἀγείρω*: *ἀγέρ-ωχος* Hom.
*αἱρέω*: *ἑλ-ανδρος*, *Ἑλ-έμπορος*.
*ἰδεῖν*: *ἰδ-έρως*.
*ἀλιταίνω*: *ἀλιτ-ήμερος*.
*λανθάνω*: *λαθ-ήβης*.
*πυνθάνω*: *Πυθ-άγγελος*, *Πυθ-αγόρος*, *Πύθ-αρχος*.

5. Verbalstämme durch *σε* erweitert.

*κείρω*: *ἀ-κερσε-κόμης* Hom.
*ὄρνυμι*: *Ὀρσε-δίκη*.
*πέρθω*: *Περσε-φόνη* Hom.

6. Verbalstämme durch σο erweitert.

ὄρνυμι: ὀρσό-λοπος, ὀρσο-τρίαινα, Ὀρσό-βια.

7. Verbalstämme durch σι erweitert.

κλαίω: κλαυσί-γελως Hom., κλαυσί-δειπνος, κλαυσί-μοχθος, παρακλαυσί-θυρον.
ἐρύω: ἐρυσί-θριξ, ἐρυσί-πτολις Hom. hy.
κνάω: κνησί-χρυσος.
πάομαι: Πασι-θέα, Πασι-θόη, Πασι-κλῆς, Πασι-φάη.
πίμπλημι: πλησί-γναθος, πλησί-μοχθος, πλησί-ρραγος.
γεύω: Γευσι-στράτη.
ὄρνυμι: Ὀρσί-λοχος, ὀρσί-κτυπος, ὀρσι-νεφής, ὀρσι-πετής, ὀρσί-πους, Ὀρσι-κράτης.
ἵημι: Ἡσί-οδος.
κλέω: Κλεισι-δίκη (?).
ἀείρω: ἀερσι-πότης Hom., ἀερσί-πους Hom., ἀερσι-κάρηνος, ἀερσί-λοφος, ἀερσί-νοος.
θέρω: θερσί-χθων.
κείρω: ἀ-κερσι-κόμης.
ἀμέρδω: ἀμερσί-γαμος, ἀμερσί-νοος, ἀμερσί-φρων.
δείδω: δεισι-δαίμων, δεισί-θεος.
ἥδομαι: ἡσι-επής, ἀν-ησί-δωρος.
σπεύδω: Σπευσι-κράτης.
βλάπτω: βλαψί-ταφος, βλαψί-φρων.
δρύπτω: δρυψι-γέρων, δρυψί-παις.
κλέπτω: κλεψί-νυμφος, κλεψί-νοος, κλεψί-φρων.
ἐρείπω: ἐρειψί-τοιχος.
ἐρεύγω: ἐρευξί-χολος.
φλέγω: καταφλεξί-πολις.
ἀνάσσω: ἀναξι-φόρμιγξ, Ἀναξί-βιος, Ἀναξί-λαος.
ἀράσσω: ἀραξί-χειρ.
λύω: Λυσι-στράτη.
κράζω: κεκραξι-δάμας.
μιμνήσκω: ἀ-μνησί-κακος.
διδράσκω: διδρασι-πολίτης.
ἀλγέω: ἀλγεσί-δωρος, ἀλγεσί-θυμος.
καλέω: καλεσσί-χορος.

*φοβέω*: *φοβεσί-στρατος*.
*κρατέω*: *κρατησί-βιος*.
*λυπέω*: *λυπησι-λόγος*.
*σποδέω*: *σποδησι-λαύρα*.
*φιλέω*: *φιλησί-μολπος*, *φιλησι-στέφανος*.
*αἰνέω*: *Αἰνησί-δημος*, *Αἰνησί-σφυρα*.
*κρατέω*: *Κρατησί-κλεια*, *Κρατησί-λοχος*.
*χαιρέω*: *Χαιρησί-λαος*.
*βροντάω*: *βροντησι-κέραυνος*.
*νικάω*: *Νικησί-πολις*.
*σαόω*, *σώζω*: *σαοσί-μβροτος*, *σωσι-άνειρα*, *σωσί-βιος*, *σωσί-πολις*, *Σωσι-γένης*, *Σωσι-κλέης*.
*δαμάζω*: *δαμασί-μβροτος*, *δαμασί-φρων*, *Δαμασί-στρατος*.
*τάνυμαι*, *τανύω*: *τανυσί-πτερος* Hom., *τανυσι-πτέρυγος*.
*ἔραμαι*: *ἐρασί-μολπος*, *ἐρασι-πλόκαμος*, *ἐρασί-πτερος*, *Ἐρασι-κλῆς*, *Ἐρασί-ξενος*, *Ἐρασι-σθένης*.
*ἄγαμαι*: *Ἀγασι-κλέης*, *Ἀγασι-μένης*, *Ἀγασί-στρατος*.
[*ταλάω*]: *ταλασί-φρων* Hom.

8. Verbalstämme auf ς (vor folgendem Vocale).

[*θαύω*] vgl. *θαῦμα*, *θεάομαι*: *θαυσ-ίκριον*.
*τρύω*: *τρυσ-άνωρ*, *τρύσ-ιππος*.
*ἐρύω*: *ἐρυσ-άρματος*.
*ἄρχω*: *Ἄρξ-ιππος*.
*τρέφω*: *θρεψ-ήνωρ*, *Θρέψ-ιππος*.
*κλέπτω*: *κλεψ-ύδρα*.
*ῥάπτω*: *ῥαψ-ῳδός* Hom.
*σπεύδω*: *Σπεύσ-ιππος*.
*βρίθω*: *βρισ-άρματος*.
*πλήθω*: *πλησ-ίστιος* Hom.
*σώζω*: *Σωσ-άνδρα*.
*δαμάζω*: *Δαμασ-ήνωρ*, *Δαμασ-άνδρα*.
*ἁρπάζω*: *ἀν-αρπάξ-ανδρος*.
*ἀνάσσω*: *Ἀναξ-άνδρα*, *Ἀναξ-αρέτη*, *Ἀνάξ-αρχος*.
*ὄρνυμι*: *ὄρσ-ιππος*, *ὀρσ-ύδρα*.
*καίνυμι*: *Κάσ-ανδρος*, *Κασσ-άνδρα*.
*αἰνέω*: *Αἰνήσ-ιππος*.

*κρατέω*: *Κρατησ-αγόρας*, *Κρατήσ-ιππος*.
*νικάω*: *Νικησ-αρέτη*.
*ἀρέσκομαι*: *Ἀρέσ-αιχμος*, *Ἀρέσ-ανδρος*, *Ἀρέσ-ιππος*.

9. Verbalstämme durch *εσι* erweitert.

*ἄρχω*: *ἀρχεσί-μολπος*.
*ἕλκω*: *ἑλκεσί-πεπλος* Hom. *ἑλκεσί-χειρος*.
*θέλγω*: *θελγεσί-μυθος*.
*φέρω*: *φερεσσί-πονος*.
*κάμπτω*: *καμπεσί-γυιος*.
*τάμνω*: *ταμεσί-χρως* Hom.
*ὄλλυμι*: *ὀλεσί-καρπος* und *ὠλεσί-καρπος*, *ὀλεσί-οικος*, *ὀλεσί-βωλος*, *ὀλεσι-αυλοκάλαμος*, *ὀλεσί-θηρ*, *ὠλεσί-θυμος*, *ὠλεσί-τεκνος*.
*πήγνυμι*: *πηγεσί-μαλλος* Hom.
*φαείνω*: *φαεσί-μβροτος* Hom.
*ἀλφαίνω*: *ἀλφεσί-βοιος* Hom. hy.
[*αϝω* vgl. *ἀϝάτη*]: *ἀεσί-φρων* Hom.
*χαίρω*: *ἐπιχαιρεσί-κακος*.

Das letztangeführte Compositum geht entschieden auf den Präsensstamm zurück, *ταμεσί-χρως* u. s. w. auf den nicht präsentischen Stamm, bei *ἀρχεσί-μολπος* u. a. lässt sich der Tempusstamm nicht erkennen.

10. Verbalstämme durch *εσ* erweitert.

Die Erweiterung *εσ* ist eine durch den folgenden Vocal bewirkte Abkürzung von *εσι* in

*λείπω*: *λιπεσ-ήνωρ*.
*φέρω*: *φερεσ-ανθής* (?) Hom. hy.

Doch kommt sie auch vor folgendem Consonanten vor, nämlich in

*φέρω*: *φερεσ-σακής* Hes. *φερέσ-βιος* Hes.

Vocalisch auslautende Verbalstämme (einerlei ob präsentische oder nicht präsentische) zeigen als Anfangsglieder der Composition niemals die Erweiterung *ε*, *ο*, *εσι*, *εσ* (Klasse 1. 2. 9. 10), sie vertragen also nicht den Zusatz eines Vocales *ι* und *ο*. Dass sie auch die seltene Erweiterung *σε* und *σο* nicht aufweisen (Kl. 5. 6), wird Zufall sein. Selten ist bei ihnen der Zusatz von *ι* (Kl. 3) und unerweiterter Gebrauch des Stammes vor folgendem

Vocale (Kl. 4). Ihre normale Behandlungsweise ist die Suffixirung von *σι* oder *σ* (je nachdem ein Consonant oder ein Vocal folgt). Der auslautende Vocal des Verbalstammes wird vor diesem *σι*, *σ* im Allgemeinen nach derselben Norm wie vor dem *σ* des ersten Aoristes und Futurums und der Nominal-Endung *σις* behandelt, doch nicht ohne Ausnahmen: *ἀλγέω ἀλγεσί-δωρος* statt des zu erwartenden *ἀλγησίδωρος*, *φοβεσί-στρατος*, *σαοσί-μβροτος* u. a. Verdoppelung des *σ* gestattet die epische Sprache in denselben Fällen, wo sie das *σ* des ersten Aoristes und Futurums verdoppeln kann.

C o n s o n a n t i s c h  a u s l a u t e n d e  V e r b a l s t ä m m e lassen als Anfang der Composition eine jede der aufgeführten Compositionsweisen zu. Vor *σι* und *σ* dieselbe Behandlung der Wurzel- oder Stammsilbe wie vor dem *σ* des ersten Aoristes, Futurums und der Nominalendung *σις*.

Sehr selten kommt es vor, dass ein consonantisch auslautender Verbalstamm vor folgendem Consonanten kein Compositionssuffix darbietet:

*βδελύσσω*, Stamm *βδελυκ*: *βδελύκ-τροπος*.

Hierbei hat der Verbalstamm zugleich Abfall seines schliesenden Consonanten erlitten in:

*ἑλίσσω*, Stamm *ἑλικ*: *ἑλί-τροχος* (aus *ἑλίκ-τροχος*)
*ἐλελίζω*, Stamm *ἐλελικ*: *ἐλελί-χθων*, *ἐλελί-σφακος* (aus *ἐλελίχ-χθων*, *ἐλελίκ-σφακος*).

Auf dieselbe Weise sind vielleicht einige der S. 24 aufgeführten Composita zu erklären:

*μαραίνω*: *μαραί-πους* (aus *μαραίν-πους*)
*μιαίνω*: *μιαι-φόνος* (aus *μιαιν-φόνος*)
*ἀλθαίνω*: *Ἀλθαι-μένης* (aus *Ἀλθαιν-μένης*).

Von vocalisch auslautenden Stämmen zeigt sich eine ähnliche Erscheinung bei

*τλη-παθής*, *τλή-θυμος*, *ταλα-ϝεργος*, *ταλα-κάρδιος*, *ταλα-πείριος*, *ταλα-πενθής*,

vgl. *τλαι-παθής*, *ταλαί-πωρος*.

Die häufigste von allen Verbindungsweisen des Verbalstammes mit dem folgenden Compositionsgliede ist die Einfügung von *σι* (*σ*), nächst ihr die Einschaltung von *ο*. Doch hat sich dies erst im

Laufe der Sprachgeschichte so gestaltet. In früherer Zeit war es anders. Bei Homer und Hesiod sind die asigmatischen (ohne σ gebildeten) Composita vor den sigmatischen in der Mehrzahl (beide Arten verhalten sich numerisch wie 3 zu 2). Und wiederum sind bei Homer unter den asigmatischen Compositionen die mit ε gebildeten häufiger als die mit ο gebildeten. Wir haben demnach in ε ein von den späteren Compositionsbildnern zurückgesetztes und zuletzt in Vergessenheit gerathenes Element zu erkennen. Vielleicht hat die bei den Verbalstämmen mehr und mehr um sich greifende Bevorzugung des ο vor dem ε in der Analogie der so zahlreichen auf ο ausgehenden Compositions-Nominalstämme seinen Grund.

Man hat daran gedacht, in dem durch einfaches ε erweiterten Verbalstamme des Compositums ein Verbum finitum, nämlich den Imperativ zu finden, so dass ἐχέ-θυμος, μενε-πτόλεμος seiner Grundbedeutung nach dasselbe sei wie „Habe Muth!" „Besteh den Kampf." Aber es wird schwerlich für ἐχέ-θυμος ein anderes Bildungsprincip als für ἐχο-νόη u. s. w. angenommen werden dürfen, beide Vocale ε und ο sind in genetischem Zusammenhange zu fassen, wonach sie als die verschiedenen Ablautungsformen eines ursprünglichen a sich ergeben. Sowohl ε wie ο kommt nur bei solchen Compositions-Verbalstämmen vor, welche auch als Verba finita vor den zur Bezeichnung der Person, des Numerus u. s. w. dienenden Endungen den Vocal ε oder ο darbieten, also, wie man sich gewöhnlich ausdrückt, der bindevocalischen Conjugation angehören, so für die Präsensstämme:

ἐχέ-θυμος ἔχε-τε εἶχε-ς
ἐχο-νόη ἔχο-μεν εἶχο-ν,

für die nicht-präsentischen Stämme:

ἑλέ-ναος εἵλε-το εἵλε-σθε
Πυθό-δημος ἐπυθό-μην ἐπύθο-ντο.

Wie in der Verbalform muss auch in der verbalen Compositionsform das ε wie das ο eine Ablautung aus ursprünglichem α sein, aber während in der Verbalform der Ablautsvocal durch die Beschaffenheit des folgenden Flexionslautes bestimmt wird (ο vor einem ursprünglich folgenden Nasale, in allen übrigen Fällen ε), ist in der Compositionsform der Ablautungsvocal von dem Anlaute des zweiten Compositionsgliedes unabhängig: man konnte ursprünglich sowohl den Ablaut ε wie den Ablaut ο gebrauchen, und erst allmählig hat sich im Laufe der Entwickelung die eine oder die andere Vocalform festgesetzt.

Der dritte der Compositionsvocale, ι (in *τερπι-κέραυνος, λαθι-κηδής*), kann nicht aus a abgelautet sein, er ist ein Bildungselement, für welches sich im selbstständigen Verbum durchaus keine Analogie findet. Es bleibt schwerlich etwas anderes übrig, als ihn mit dem ι der nominalen Composita *ἀλγεσί-δωρος, ἀγεσί-θυμος* u. s. w. in Zusammenhang zu bringen, in denen ι weder Casuszeichen ist, noch zum Nominalsuffixe gehört, sondern im eigentlichen Sinne als ein zwischen den Nominalstamm *ἀλγες* und das zweite Compositionsglied inserirter Hülfs- oder Bindevocal anzusehen ist. So stellen sich denn zunächst zwei Bildungsweisen heraus: die Verbalstämme der ersten Conjugationsklasse werden entweder mit dem auch in der Verbalflexion für sie angewandten Vocale ε oder ο verbunden, oder es wird ein neuer, eigens dem Zwecke der Composition dienender Hülfsvocal ι angenommen.

In beiden Fällen ist der Verbalstamm entweder der nämliche wie er im Präsens oder wie er im zweiten Aorist erscheint. Ursprünglich mag hierbei der Unterschied des Dauernden und des Vollendeten statt gefunden haben: *ἐχέ-θυμος* derjenige, welcher Muth hat, *ἑλέ-πολις* derjenige, welcher eine Stadt genommen hat. Doch liegt es nahe, dass diese dem Verbum finitum entsprechende Nüancirung des Verbalbegriffes bei der Composition des Verbalstammes zu einem Nomen aus dem Sprachbewusstsein verschwinden musste.

Wird der Verbalstamm in der Form des zweiten Aoristes zur Composition verwandt, so ist es selbstverständlich, dass er auch in der Form des ersten Aoristes gebraucht werden konnte, und sicherlich wird Curtius das Richtige gefunden haben, wenn er die mit σ gebildeten Verbalstämme einer Composition wie *Λυσι-στράτη, κλεψί-νους, ὀρσό-λυπος* u. s. w. als erste Aoriste auffasst.

Composition mit dem Präsens:

*Πειθ-ι-άνασσα.*

Composition mit dem zweiten Aorist:

*λαθ-ι-κηδής.*

Composition mit dem ersten Aorist:

*Λυσ-ι-στράτη.*

Was dieser Auffassung zu widersprechen scheint, wird am Ende dieses Abschnittes zur Sprache kommen.

Bei den bisher aufgeführten Compositis kann man das erste Glied auf einen Verbalstamm, aber nicht auf einen Nominalstamm zurückführen. Nun giebt es aber eine nicht geringe Zahl ähnlicher Zusammensetzungen, bei deren erstem Gliede es ungewiss sein kann, ob es von einem Verbal- oder Nominalstamme ausgeht.

1. Stämme auf *ε*.

*ἄρχω* und *ἀρχή*: *ἀρχέ-κακος* Hom., *ἀρχέ-λαος*.
*ἄγω* und *ἀγός*: *ἀγε-λείη* Hom., *Ἀγέ-στρατος*.
*φαγεῖν* und *φάγος*: *φαγέ-σωρος*.

2. Stämme auf *ο*.

*αἰόλλω* und *αἰόλος*: *αἰολο-θώρηξ* Hom., *αἰολο-μίτρης* Hom., *αἰολό-πωλος* Hom. hy.
*ἁρπάζω* und *ἅρπη*: *Ἁρπο-κρατίων*, *Ἁρπό-λυκος*.
*βούλομαι* und *βουλή*: *βουλύ-μαχος*.
*ζεύγνυμι* und *ζυγόν*: *Ζυγό-πολις*, *Ζυγό-στρατος*.
*σαόω* und *σάος*: *σαό-φρων*, *σαό-πολις*, *Σω-κράτης*.
*τιμάω* und *τιμή*: *Τιμο-γένης*, *Τιμό-δαμος*.
*φαγεῖν* und *φάγος*: *φαγό-γηρυς*.
*φιλέω* und *φίλος*: *φιλο-κερδής*, *φιλο-κέρτομος*, *φιλό-κροτος*, *φιλο-κτέανος*, *φιλο-μμειδής*, *φιλό-ξενος*, *φιλο-παίγμων*, *φιλο-πτόλεμος*, *φιλο-ψευδής*, sämmtlich homerisch, und viele ähnliche spätere Bildungen.

3. Stämme auf *ι*.

*ἄρχω* und *ἀρχή*: *ἀρχι-γένεθλος*, *ἀρχι-θέωρος*, *ἀρχι-κέραυνος*.
*χαίρω* und *χαρά*: *Χαρί-δημος*, *Χαρί-κλεια*, *Χαρί-λαος*.

4. Stamm ohne Endung (vor folgendem Vocale):

*ἄγω* und *ἀγός*: *Ἀγ-ήνωρ*.
*ἄλκω* und *ἀλκή*: *Ἀλκ-ήνωρ*, *Ἄλκ-ανδρος*.
*εὔχομαι* und *εὐχή*: *Εὐχ-ήνωρ*.
*νικάω* und *νίκη*: *Νικ-άνωρ*, *Νικ-αγόρας*, *Νίκ-αρχος*.
*τιμάω* und *τιμή*: *Τιμ-άνδρα*.

*τυγχάνω* und *τυχή*: *Τύχ-ανδρος*, *Τυχ-άρετος*.
*φαγεῖν* und *φάγος*: *φάγ-ανδρος*.
*φιλέω* und *φίλος*: *φιλ-ήρετμος* Hom.
*φεύγω* und *φυγή*: *φυγ-αίχμη*, *φύγ-εργος*.
*χαίρω* und *χαρά*: *Χάρ-οψ* Hom., *χαρ-οπός*.

5. Stämme auf *σι*.

*ἀμείβω* und *ἄμειψις*: *ἀμειψί-μοιρος*.
*ἅπτω* und *ἅψις*: *ἀψί-θυμος*, *ἀψι-κάρδιος*, *ἀψί-μαχος*.
*δέχομαι* und *δέξις*: *δεξί-δωρος*, *Δεξί-θεος*.
*δάκνω* und *δῆξις*: *δηξί-θυμος*.
*ἐλέγχω* und *ἔλεγξις*: *ἐλεγξί-γαμος*.
*ἔχω* und *ἕξις*: *ἀν-εξί-κακος*.
*ζεύγνυμι* und *ζεῦξις*: *Ζευξί-δαμος*, *Ζευξί-θεος*.
*θέλγω* und *κατά-θελξις*: *θελξί-μβροτος*, *θελξί-νοος*, *θελξίφρων*.
*κάμπτω* und *κάμψις*: *καμψι-δίαυλος*, *ἀνα-καμψί-πονος*.
*κάπτω* und *κάψις*: *ἐγκαψι-κίδαλος*.
*κρύπτω* und *ἀπό-κρυψις*: *κρυψί-γονος*, *κρυψί-λογος*.
*λείπω* und *λεῖψις*: *λειψι-φαής*.
*λήγω* und *κατά-ληξις*: *ληξι-πύρετος*.
*μέμφομαι* und *μέμψις*: *μεμψί-μοιρος*.
*μίσγω* und *μῖξις*: *μιξί-δημος*.
*πήγνυμι* und *πῆξις*: *πηξι-θάλαττα*.
*πράσσω* und *πρᾶξις*: *Πραξι-δάμας*.
*ῥήγνυμι* und *ῥῆξις*: *ῥηξι-κέλευθος*, *ῥηξί-νοος*, *Ῥηξί-βιος*.
*στρέφω* und *στρέψις*: *στρεψαύχην*, *στρεψί-μαλλος*, *στρεψί-μελος*.
*τάσσω* und *τάξις*: *ταξί-λοχος*.
*ταράσσω* und *τάραξις*: *ταραξι-κάρδιος*.
*τέρπω* und *τέρψις*: *τερψί-μβροτος* Hom., *τερψί-χορος*, *Τερψι-χόρη* Hes.
*τήκω* und *τῆξις*: *τηξι-μελής*, *τηξί-ποθος*.
*τρέφω* und *τρέψις*: *τρεψί-χρως*.
*φεύγω* und *φύξις*: *φυξί-μηλος*, *φυξί-πολις*.
*χαράσσω* und *χάραξις*: *χαραξί-ποντος*.
*κλάζω* und *κλάσις*: *κλασι-βῶλαξ*.
*πείθω* und *πεῖσις*: *πεισί-μβροτος*, *πεισι-θάνατος*, *πεισι-χάλινος*.

*πυνθάνομαι* und *πεῦσις*: *συλλαβο-πευσι-λαλητής*.

*πρήθω* und *πρῆσις*: *σφυρο-πρησι-πύρα*.

*φράζω* und *φράσις*: *Φρασί-δημος*, *Φρασι-κλῆς*, *Φρασί-λας*.

*ἀγείρω* und *ἀγερσίς*: *ἀγερσι-κύβηλις*.

*ἐγείρω* und *ἔγερσις*: *ἐγερσι-βόητος*, *ἐγερσι-γέλως*, *ἐγερσί-μαχος*, *ἐγερσί-νοος*.

*ἀκούω* und *ἄκουσις*: *ἀκουσί-θεος*.

*ἀνύω* und *ἄνυσις*: *ἀνυσί-εργος*.

*ἀρτύω* und *ἄρτυσις*: *Ἀρτυσί-λεως*, *Ἀρτυσί-τραγος*.

*δύω* und *δῦσις*: *δῦσι-θάλασσος*.

*κρούω* und *κροῦσις*: *κρουσί-θυρος*.

*κωλύω* und *κώλυσις*: *κωλυσί-δειπνος*, *κωλυσί-δρομος*, *κωλυσίεργος*.

*λύω* und *λύσις*: *λῦσι-έρως*, *λῦσί-γαμος*, *λῦσι-μελής* Hom., *λῦσί-πονος* Hom., *λῦσι-τελής*.

*παύω* und *παῦσις*: *παυσί-κακος*, *παυσί-λυπος*, *Παυσί-μαχος*.

*ῥύομαι* und *ῥῦσις*: *ῥυσί-βωμος*, *ῥυσί-διφρος*, *ῥυσί-πολις*, *ῥυσί-πονος*.

*σείω* und *σεῖσις*: *σεισί-χθων*, *σεισί-λοφος*.

*τίω* und *τίσις*: *Τισι-φόνη*, *Τισί-μαχος*, *Τισι-κράτης*.

*φθίνω* und *φθίσις*: *φθισί-μβροτος* Hom., *φθισί-φρων*.

*φύω* und *φύσις*: *φῦσί-ζοος* Hom.

*ἀκέω* und *ἄκος*: *ἀκεσί-μβροτος*, *ἀκεσί-νοος*, *Ἀκεσί-λαος*.

*αἱρέω* und *αἵρεσις*: *αἱρεσί-πολις*.

*ἀρκέω* und *ἄρκεσις*: *Ἀρκεσί-λαος*.

*δέω* und *δέσις*: *Δεσί-λαος*.

*εὑρέω* und *εὕρεσις*: *εὑρεσι-επής* und *εὑρησι-επής*, *εὑρεσί-κακος*, *εὑρεσί-λοχος*, *Εὑρησί-βιος*.

*τελέω* und *τέλος*: *τελεσί-δρομος*, *τελεσσί-γαμος*, *τελεσί-μορος*, *τελεσί-τοκος*.

*δοκέω* und *δόκησις*: *δοκησι-δέξιος*, *δοκησί-νους*, *δοκησί-σοφος*.

*ἡγέομαι* und *ἥγησις*: *ἁγησί-χορος*, *Ἀγησί-δαμος*, *Ἡγησι-άναξ*, *Ἡγησί-λοχος*.

*κινέω* und *κίνησις*: *κινησί-φυλλος*, *κινησί-χθων*.

*κτάομαι* und *κτῆσις*: *κτησί-βιος*, *Κτησί-δημος*.

*μέλω μελῆσαι* und *μέλησις*: *μελησί-μβροτος*, *Μελησι-γενής*.

*μιμνήσκω* und *μνῆσις*: *μνησί-θεος*, *μνησί-κακος*, *μνησι-πήμων*. *μνησί-τοκος*.

*ὀνίνημι* und *ὄνησις*: *ὀνησί-πολις*, *Ὀνησι-κράτης*.
*πλανάομαι* und *πλάνησις*: *πλανησί-εδρος*.
*πιπράσκω* und *πρῆσις*: *πρησί-μοχθος*.
*τλῆναι* und *τλῆσις*: *τλησι-κάρδιος*, *τλησι-πόλεμος*.
*ἵστημι* und *στάσις*: *Στησί-λαος*, *Στησί-μβροτος*, *Στησί-χορος*, *Στᾶσι-κράτης*.
*δίδωμι* und *δόσις*: *δοσί-δικος*, *Δοσί-θεος*, *Δωσί-θεος*, *Δοσι-θόη*.
*ἵημι* und *ἕφεσις*: *Ἡσί-οδος*, *ἡσι-επής*, *ἀνησί-δωρος*.

6. **Stammausgang** *σο*.

*λείπω* und *λεῖψις*: *λειψό-θριξ*, *λειψο-σέληνος*.
*μίσγω* und *μῖξις*: *μιξο-βάρβαρος*, *μιξο-βόας*, *μιξο-θάλασσος*, *μιξό-θριξ*, *μιξό-μβροτος*, *μιξο-φυής*.
*πήγνυμι* und *πῆξις*: *Πηξό-δωρος*.
*ῥίπτω* und *ῥῖψις*: *ῥιψο-κίνδυνος*.
*σείω* und *σεῖσις*: *σεισό-πυγος*, *σεισό-φυλλος*.
*στρέφω* und *στρέψις*: *στρεψο-δικο-πανουργία*.

7. **Stammausgang** *σε*.

*πέρθω* und *πέρσις*: *Περσέ-πολις*.

**Stammausgang** *σ*.

Neben der vorhergenannten Bildung mit *σι* kommt vor einem vocalisch anlautenden Compositionsgliede fast durchgängig eine Bildung mit blossem *σ* vor. Als Beispiele mögen hier folgende stehen: *Ἀλέξ-ανδρος*, *διώξ-ιππος*, *Αἰρήσ-ιππος*, *Γνώσ-ιππος*, *Ἐλάσ-ιππος*, *Ἔρξ-ανδρος*, *Εὑρήσ-ιππος*, *ζεσ-έλαιον*, *Ἡγήσ-ανδρος*, *διακαμψ-όδυνος*, *καψ-ιδρώτιον*, *καυσ-αλώνης*, *κτήσ-ιππος*, *λείψ-ανδρος*, *λυσ-ήνωρ*, *Μελήσ-ιππος*, *μιξ-αίθριος*, *Μνήσ-αρχος*, *παυσ-άνεμος*, *Πείσ-ανδρος*, *πλήξ-ιππος* Hom., *Πραξ-αγόρας*, *ῥηξ-ήνωρ* Hom., *ῥίψ-οπλος*, *σεισ-άχθεια*, *στρεψ-αύχην*, *Στησ-αγόρας*, *ταράξ-ιππος*, *Τελέσ-αρχος*, *Τισ-αγόρας*, *φθισ-ήνωρ*, *φριξ-αύχην*, *φυξ-ανορία*.

### §. 5. Zur Erklärung der Compositionsformen.

Der Ausdruck „Nominalthema“ bezeichnet den Complex von Lauten, welcher von einem Nomen nach Abzug der Casusendung übrig bleibt. Aus der Wurzel, d. h. dem kleinsten ungeformten, bedeutungsvollen Lautcomplex, welcher jeder entwickelten Sprachform zu Grunde liegt, geht eine Nominalbildung in der Regel so hervor, dass von aussen an die Wurzel gewisse Bildungselemente, die wir Suffixe nennen, herantreten, welche im äusseren Connex mit theils begrifflichen, theils lautlichen Vorgängen an der Wurzel ein Nominalthema mit bestimmter Bedeutung gestalten. Weil die noch als ein drittes an dem so entstandenen Thema erscheinende Flexion sich im Nomen auf die Casusbezeichnung beschränkt, die Casus aber als ein zufälliges und veränderliches Accidens am Nomen erscheinen, so ist eine Nominalbildung ihrem Wesen nach in der Themaform als abgeschlossen anzusehen. Dennoch erscheint das Nominalthema so wenig wie die Wurzel an und für sich als fertige Sprachbildung; aber während letztere oft sehr schwer und oft nur auf dem Wege comparativen Sprachstudiums erkannt wird, zeigt jedes echte Compositum das Nominalthema rein und unverändert in seinem ersten Gliede.

In erster Linie stehen die mit Hülfe des ursprünglichen Suffixes a aus der Wurzel abgeleiteten Nationalthemata. Aus ihnen gingen nach der Trennung der graecoitalischen von den verwandten Sprachen die Nominalstämme der sogenannten ersten und zweiten Declination in der Weise hervor, dass die aus ursprünglichem *α* gespaltenen Suffixe *η*, *ᾱ*, *α* hinfort Nomina der ersten und das aus *α* entstandene Suffix *ο* Nomina der zweiten Declination bildete. Diese ursprüngliche Einheit der Stämme erklärt uns das für die Nomina beider Declinationen gemeinsame Compositionsgesetz, wonach im Auslaut des ersten Gliedes eines Compositums, wenn euphonische und metrische Bedingungen eine kurze Silbe erfordern, *ο* an die Stelle von *η* und *α*, wo eine Länge erfordert wird, *η* an die Stelle von *α* und *ο* tritt. Beispiele, die sich beliebig vermehren liessen, von dem Austausch dieser Vocale sind einerseits *ἀελλό-πος*, *ὑλο-τόμος*, *γαιή-οχος*, *αἰθρη-γενής* und andererseits *ἐλαφη-βόλος*, ϑαλαμη-πόλος. Nicht sowohl der Hexameter scheint für Bildungen wie ὀλιγο-δρανέων neben ὀλιγη-πελέων, für μυλή-φατος neben μυλο-ειδής massgebend gewesen zu sein, als vielmehr das seinen Gesetzen selbst zu Grunde liegende Ringen der Sprache nach Wohlklang. Doch finden wir πυρη-φόρος neben πυρο-φόρος. Nur vereinzelt erhielt sich durch den Einfluss umgebender Vocale der ursprüngliche α-Laut, wie in πυλα-ωρός, ϑυρα-ωρός und in ἀκαλα-ρρείτης, häufiger schwächte er sich zu dem hellen ι, welcher Vocal gern Verbindungen mit dem flüssigen λ und ρ eingeht und in der Composition neben υ allein geschickt ist, sich an folgende Vocale anzuschliessen. Sonst muss, wie die Beispiele ὠμο-φάγος neben ὠμ-ηστής, χαλκο-βαρής neben χαλκ-ήρης, χρυσό-ϑρονος neben χρυσ-ηλάκατος zeigen, vor vocalischem Anlaut des zweiten Gliedes Elision des vorangehenden Themavocals regelmässig eintreten.

Auf ι und υ auslautende Nominalthemata erscheinen im ersten Gliede homerischer Composita nur selten; sie sind ihrer Bildung nach einfach und entbehren noch ihrer, der späteren Graecität eigenthümlichen Mannigfaltigkeit. Es fehlen Beispiele von dentaler Erweiterung des ι, und dem Compositionsvocal, welcher in nachhomerischen Compositis entweder im Gefolge eines dentalen Lautes oder in unmittelbarem Anschluss an ι und υ auftritt, begegnen wir in den vorhandenen Bildungen nirgends. Dahin gehören also die Zusammensetzung mit μελι-, ferner ϑεσπι-δαής, πτολί-πορϑος, αἰγί-βοτος, αἰγι-όχος u. a. Der Vocal υ ist in Nominalthemen vorwiegend wurzelhaft, nicht Suffix, wie in δρυ-τόμος, συ-βώτης, ὑ-φορβός und πρεσβυ-γενής oder tritt zu einem Diphthong verstärkt auf, wie in βου-πλήξ, βού-κολος (daneben aber nach Ausfall des ϝ βο-ῶπις, βο-ηλασίη, βο-άγριον) und in ναύ-μαχος, ναύ-λοχος (eine Casusform scheint uns in ναυσι-κλυτός, Ναυσί-ϑοος vorzuliegen). Als Suffix erscheint der Vocal υ in Substantivstämmen nirgends, wenn nicht etwa das durch ϑ erweiterte Thema von κορυ-ϑ von κορυϑ-άιξ hierher gehört, dagegen häufig an Adjectivthemen, wie in ἡδύ-ποτος, ὠκύ-πους, λιγύ-φωνος, εὐρυ-άγυιος u. a.

Dagegen mussten die durch ältestes Suffix as abgeleiteten Stämme gewaltsamen Veränderungen unterliegen. Zwar erscheint dies Suffix vorwiegend als ες, aber auch als ερ (ηρ), ος (ως).

Daneben erscheint auch der Compositionsvocal in seinen, der griechischen Sprache eigenthümlichen drei Abstufungen η, ο, ι. So ergiebt sich für die homerischen Gedichte, obgleich ihnen Bildungen wie σελας-φόρος, σελα-η-φόρος, ὀρει-γενής fehlen, immer noch eine reiche Mannigfaltigkeit hierher gehöriger Nominalthemata. Auch consonantisch auslautende Themen sind im ersten Compositionsgliede mannigfachen Veränderungen unterworfen. Ihr lautliches Gewicht wird vorwiegend vermindert, dagegen der vocalische Anlaut des nachfolgenden Gliedes durch Dehnung erschwert, offenbar aus einem Bestreben der Sprache, das auf innige Verschmelzung beider Compositionsglieder gerichtet war. Ausser den Stämmen πυγ, πυρ, ποδ begegnen wir κυν statt des erweiterten κυον, χερ statt des gebräuchlichen χειρ und neben den durch die Suffixe ατ- und κι- erweiterten ἁρματ-, αἱματ-, κερατ-, γαλακτ-, γυναικ- oft die kürzeren ἁρμα-, αἱμ-, κερα-, γαλα-, γυναι. Doch lässt sich die Wahl längerer oder kürzerer Themen auf keine feste Regel zurückführen; die Forderung leichter Sprechbarkeit scheint der Freiheit der Sprache allein Zügel anzulegen und die Ausnahme ist hier so gut berechtigt wie die Regel. Das subjective Gefühl belehrt oft sicherer und besser über die Zulässigkeit einer Composition als die objective Norm grammatischer Betrachtung, und nichts ist irriger, als das eitle Bemühen, bei jeder abweichenden Bildung nach dem Grunde zu fragen. Warum wir als Bindevocal bald α, bald ο, bald den leichtesten ι antreffen, warum wir diese Vocale auch da eingeschoben finden, wo sie entbehrlich waren, das wird in den seltensten Fällen zu entscheiden sein. Ueberall ist der der Sprache innewohnenden Vernunft Genüge geschehen, wo die so gebildeten Wörter dem Ohre wohlklingen und dem Metrum wohl angepasst sind.

Nicht gering ist die Zahl der Composita, deren erstes Glied aus einem Verbalstamme besteht. Eine besondere Schwierigkeit bieten diese durch ihr σ, das wie in ἀερσίπους, γαμψώνυξ, ῥηξήνωρ, φθισήνωρ in unmittelbarer Verbindung mit dem Verbalstamme auftritt, zum Theil mit demselben durch vocalischen Einschub vermittelt ist wie in θαμεσίχροος, ταλασίφρων, τανυσίπτερος. In diesem σ erkannte schon Lobeck ein Geheimniss der Paläographie, und alle späteren Erklärungsversuche haben keinen genügenden Aufschluss darüber gegeben. Lobeck selbst glaubte Präsens- und Futurstämme unterscheiden zu müssen, und ähnlich vermuthete J. Grimm, dass dem ersten Theile dieser Zusammensetzung ursprüngliche Imperative theils des Präsens, theils des Futurums zu Grunde lägen. Aber diese Erklärungen scheitern schon aus dem einfachen Grunde, weil sie Bildungen wie *ἑλκεσίπεπλος* und *ἑλκεχίτων* wenn auch bloss für die Zeit ihrer Entstehung einen Unterschied der Bedeutung beilegen, welcher völlig unverständlich ist.

Dagegen ist der Bedeutung völlig ihr Recht geschehen, wenn man mit Curtius statt des Präsens und Futurs einen Präsens- und Aorist-Stamm in dem ersten Compositionsgliede annimmt.

Einen anderen Erklärungsweg hat Justi eingeschlagen, welcher Composition der Nomina S. 42 nach Analogie des Sanskrit und Zend in allen hierher gehörenden Compositis Participialthemen zu erkennen glaubt und das wurzelerweiternde *εσ* mit dem ursprünglichen Participialsuffix at identificirt. Nach Justi wäre in *βοτιάνειρα* das ursprüngliche *τ* bewahrt und die allmählige Verstümmelung des Participialthemas zur einfachen Wurzel läge in ihrer Stufenfolge vor in den Beispielen

*ἑλκεσί-πεπλος, ἑλκε-χίτων, φιλ-ήρετμος.*

Die auffallende Erscheinung der Umkehrung der Glieder — denn der determinirte Haubtbegriff steht in ihnen voran — erklärt Justi S. 43 folgendermassen: Wir müssen annehmen, dass in uralter Zeit beide Glieder wirklich getrennt flectirt wurden, dass aber allmählig beide so zusammenschmolzen, dass das Sprachbewusstsein sie als Zusammensetzung auffasste und die Gewohnheit, die Flexionsendung erst am letzten Gliede zu bezeichnen, schon ihre Anwendung fand, bevor noch die logische Stellung der Glieder vorgenommen war. Wir räumen die Möglichkeit eines loseren Ursprungs dieser vor jeder anderen Art der Zusammensetzung deswegen ein, weil das zweite Glied in grammatischer Abhängigkeit von dem ersten steht, und eben deshalb konnte das Participialthema an erstere Stelle zu stehen kommen, auch ohne eine besondere Flexion zu haben.

Dennoch müssen wir die Annahme von Participialthemen aus lautlichen Bedenken in Frage ziehen. *Ἀρκεσί-λαος* und *ἀλέξ-ανδρος* enthalten wegen Identität der Wurzeln *ἀρκ* und *ἀλκ* dieselben

Lautbestandtheile, dem ἀρκες steht ein identisches ἀλκες gegenüber, welches durch Contraction von κσ nach vorhergegangener Metathese des ε in Ἀλεξ verändert wurde. Auf ἀλέξω aber sind Ἀλέξανδρος, ἀλεξίκακος zurückzuführen und ein consequentes Verfahren musste musste in ἀλέξω gleichermassen ein Participialthema erkennen wollen. Dass dem nicht so ist, bedarf keines Beweises. Ἀλέξω, Skr. raksh und ähnliche wie vaksh, taksh, womit zu vergleichen τόξον und lexo, αὔξω neben augeo, δεξιός neben δέκομαι. Das die guttural auslautende Wurzel erweiterndes σ ist also ein Wurzeldeterminativ, dem wir auch in ῥηξήνωρ, πλήξιππος und ähnlichen Compositis begegnen. Auch in ἀρκεσίλαος, ἑλκεσίπεπλος erscheint nur nach eingeschobenen Hülfsvocal dieselbe sigmatische Erweiterung der Wurzel, und sie scheint überhaupt in der Wortbildung einen weiteren Umfang zu haben. Vgl. εὐεργεσίη neben κακοεργίη, δαμαστορίδης neben πανδαμάτωρ, μνηστήρ und πολυμνήστη neben αἰσυμνητήρ, ταννστύς, δρηστήρ u. a.

# Bedeutung der Composita.

## Erste Klasse.

### Die attributive Composition.

§. 6.

Justi Composition der Nomina S. 117 sagt: Es giebt eine Art Wort-Zusammensetzung, welche einen ganzen bezüglichen Satz zu Einem Worte vereinigt, das aber wie der ganze Satz ebenfalls bezügliche, relative Bedeutung hat. Statt zu sagen: *ἐφάνη ἠὼς ἧτινι οἱ δάκτυλοι ὥστε ῥόδα εἰσίν* zieht man den ganzen Relativsatz zusammen und bringt ihn in numerale, casuelle und geschlechtliche Congruenz mit dem Nomen, auf das er sich bezieht, und sagt also: *ἐφάνη ἠὼς ῥοδοδάκτυλος*, welches aber genau aufgelöst bedeutet: „Eos, deren Finger wie Rosen sind“. Justi giebt dieser Klasse daher auch den Namen relative Zusammensetzung, ein Ausdruck, welcher ihren specifischen Charakter nicht bestimmt genug von den übrigen zu unterscheiden scheint.

Gewöhnlicher ist die Bezeichnung: „Possessive Zusammensetzung“, weil diese Composita meistens durch den Begriff des Besitzes oder Habens aufgelöst werden können wie im obigen Beispiele: „Eos, die Rosenfinger hat oder besitzt.“ Aber dieser Ausdruck ist noch weniger zutreffend, denn Verbindungen, wie z. B. *βροτολοιγός, ἀνδραχθής, ναύλοχος, ἑτεραλκής* oder selbst Bildungen wie *ὀξυβελής, ἡδύποτος, κραταίπεδον* in ihrer Beziehung zu *οἰστός, οἶνος, οὖδας* lassen sich nur gezwungen oder gar nicht durch den Begriff des Besitzes umschreiben, der Ausdruck attributive Zusammensetzung dagegen weist bestimmter auf die adjective Bedeutung dieser Composita hin, die ebenso wie das Adjectiv zu einem anderen Nomen in attributive Beziehung treten. Diese Art von Composition aber ist eine Bildung, in welcher die Wortzusammensetzung überhaupt den Gipfel ihrer Vollendung erreicht hat, sie ist ebenso schön wie kurz und bündig.

Von ihren zwei Bestandtheilen steht das bestimmende Nomen immer voran und kann einer jeden Wortklasse angehören, das nachfolgende bestimmte Nomen ist immer ein Substantiv. Die Art der Bestimmung durch das voranstehende Nomen kann indessen eine doppelte sein, vergleichend und allgemein bestimmend.

### I.

Das verglichene Wort, in der Regel voranstehend, wird entweder dem nachfolgenden Nomen der Zusammensetzung verglichen wie in *ῥοδοδάκτυλος*, oder dem Nomen, auf welches die attributive Composition bezogen wird, wie in *ἁλιπόρφυρα φάρεα, μελιηδής οἶνος*.

Im ersten Falle ist also das tertium comparationis zu ergänzen, im andern ist es im zweiten Gliede der Composition enthalten: Diese Composition bilden

1) Substantiv und Substantiv.

*ἁλιπόρφυρος, ἀργυροδίνης, ἀργυρόπεζα, ἀελλόπος, βοῶπις, Διομήδης, θεοειδής, ἠεροειδής, Ϝιοειδής, Ϝιοδνεφής, κυανῶπις, κυανόπρωρος, κυανοχαίτης, μελίγηρυς, μελιηδής, μελίφρων, μυλοειδής, οὐρανομήκης, ῥοδοδάκτυλος.*

Mit scheinbarer Umgestaltung der Glieder:

*ποδήνεμος, θυμολέων.*

2) Adjectiv und Substantiv.

*χαλκεόφωνος, ἀλλοειδής.*

### II.

Das erste Glied bestimmt das zweite allgemein.

1) Substantiv und Substantiv.

Jede denkbare Beziehung zweier Substantiva auf einander, die im nicht componirten Ausdruck vorwiegend der Genitiv bezeichnet, gestattet ihre Composition. Der entsprechende Casus kann also zur Erklärung dieser Composita dienen, wenn auch das Band der Casus ein anderes ist als das der Zusammensetzung. Die Abhängigkeit des ersten Gliedes ist zu denken

a) im Genitiv possessivus:

*ἱππόκομος, ποδώκης, Ἵππουρις,*

b) im Genitiv objectivus:

*δαίφρων, δολόμητις, δολόφρων, θεουδής, θυμαλγής, οὐδενόσ-ωρος,*

c) im Genitiv Materiae:

*ἀργυρόηλος, ἀργυρότοξος, εἰρόποκος, κυανόπεζα, λινοθώρηξ, χαλκοκνήμις, χαλκοπάρῃος, χαλκόπους, χαλκοχίτων, χαλκογλώχιν, χρυσάμπυξ, χρυσάορος, χρυσηλάκατος, χρυσήνιος, χρυσόθρονος, χρυσόπτερος, χρυσόρραπις.*

Aehnlich in

*κροκόπεπλος, μιλτοπάρῃος, πυριήκης, φοινικοπάρῃος.*

d) im Locativ:

*ἄγραυλος, χαμαιεύνης.*

e) im Dativ:

*ἀνδραχθής, βροτολοιγός, ἑτεραλκής, λεχεποίης, ναύλοχος,*

endlich noch *σκοτομήνιος*, dem kein casuelles Verhältniss entspricht.

2) Adjectiv und Substantiv:

*ἀγανόφρων, ἀγκυλότοξος, ἀγκυλοχείλης, ἀγλαόκαρπος, ἀγριόφωνος, αἰναρέτης, αἰνόμορος, αἰνοπαθής, αἰολοθώρηξ, αἰολομίτρης, αἰολόπωλος, ἀκρόκομος, ἀργιόδους, ἀρτιϝεπής, βαθυδίνης, βαθύζωνος, βαθύλειμος, βαθύσχοινος, βαρβαρόφωνος, βλοσυρῶπις, χαμψώνυξ, γλαυκῶπις, γλυκύθυμος, δασύμαλλος, δολίχαυλος, δολιχεγχής, δολιχήρετμος, δολιχόσκιος, δουλιχόδειρος, εὐρυάγυιος, εὐρυμέτωπος, εὐρύοδειος, εὐρυρέεθρος, Εὐρυσθένης, εὐρύχορος, ἡδυϝεπής, ἡδύποτος, ἠπιόδωρος, θρασυκάρδιος, ἱππιοχαίτης, ἱππιοχάρμης, ἰσόθεος, ἰσόμορος, καλήτωρ, καλλιγύναιξ, καλλίζωνος, καλλίθριξ, καλλίκομος, καλλικρήδεμνος, καλλιπάρῃος, καλλιπλόκαμος, καλλιρέεθρος, καλίσφυρος, κακοείμων, κακοξεινώτερος, κακομήχανος, κακότεχνος, κάμμωρος, καρχαρόδους, καρτερόθυμος, κραταιγύαλος, κραταίπεδος, κρατερόφρων, κρατερώνυξ, κελαινεφής, κερδαλεόφρων, κλυτόπωλος, κλυτοτέχνης, κλυτότοξος, κυλλοποδίων, λεύκασπις, λευκώλενος, λιγύφθογγος, λιγύφωνος, λιπαροκρήδημνος, λιπαροπλόκαμος, μεγάθυμος, μεγαλήτωρ, μεγακήτης, μελαγχροιής, μελάμπους, μελανόχροος, ὀμβριμοπάτρη, ὀρθόκραιρος, οὐλοκάρηνος, πηγεσίμαλλος, πικρόγαμος, πολιοκρόταφος, πυκιμηδής, σαόφρων, ταλάφρων, ταλασίφρων, ταχύπωλος, χαλκεοθώρηξ, ὠκύμορος, ὠκύπους, ὠκύπτερος*

und viele Verbindungen mit *πολύ*.

3) Zahlwort oder Pronomen und Substantiv:

*μώνυξ, ἑτερήμερος, ἀλλόθροους, ἀλλοειδής, οἰοχίτων, ὁμογάστριος, ὁμόφρων, ὁμώνυμος.*

4) Adverbium und Substantiv:

*ἀγχίϑεος, ἀγχίαλος, ἀγχιβαϑής, ἀγχίνοος, ἑκάϝεργος, ὑψίζυγος, ὑψικάρηνος, ὑψίκερως, ὑψίκομος, ὑψιπέτηλος, ὑψίπυλος.* Ferner *ἀγακλεής, δά-σκιος, ζάϑεος, ζάκοτυς, δυσάμμορος, δυςηλεγής, δυςηχής, δύςζηλος, δυςϑαλπής, δυςκηδής, δυςκέλαδος, δυςκλεής, δυςμενής, δύςμορος, δυςώνυμος, ἐριαύχην, ἐριβῶλαξ, ἐρίβωλος, ἐρικυδής, ἐρισϑενής, ἐριστάφυλος, ἐρίϑυμος, νηκερδής, νηλεής, νήνεμος, νηπενϑής, νήποινος, νώνυμνος.*

Endlich die grosse Zahl von Zusammensetzungen mit *εὐ*, mit copulativem und privativem *ἀ*.

In die Klasse der attributiven Zusammensetzungen gehört noch die in den homerischen Gedichten nicht seltene Verbindung eines Zahlwortes mit einem Substantiv; sie ging aus einer Art Composition hervor, welche im Skr. sehr gewöhnlich und daselbst unter dem Namen dvigu bekannt ist. Irren wir nicht, so finden sich in den homerischen Gedichten folgende Beispiele gerselben:

*ἐννῆμαρ     εἰναϝέτης,*

welche nur als Adverbia gebräuchlich sind. Den attributiven Gebrauch dieser Zusammensetzung zeigen die Verse Od. *λ* 311. 312, wo es von Othos und Ephialtes heisst:

*ἐννέ-ωροι γάρ τοι γε καὶ ἐννεα-πήχεες ἦσαν*
*εὖρος, ἀτὰρ μῆκός γε γενέσϑην ἐννε-όργυιοι.*

Nur vereinzelt finden sich diese Composita als Substantive gebraucht, die sich zu den Adverbien verhalten wie 1:6. Solche sind:

*τρίπος, ἑκατόνχειρος, ἑκατομβή, τράπεζα, πεμπώβολον.*

**Zweite Klasse.**

Die objective Zusammensetzung.

§. 7.

Der Ausdruck objectiv bezeichnet die logische Abhängigkeit des bestimmenden Gliedes von dem bestimmten, welche der Abhängigkeit eines Objects von seinem Verbum entspricht. Das bestimmende Glied ist daher zugleich ein abhängiges, das bestimmte ein regierendes. Letzteres kann, wie die Beispiele *πλήξιππος* neben *ἱππηλάτα* zeigen, sowohl an erster wie an zweiter Stelle der Composition zu stehen kommen. Im ersten Falle ist es immer ein Verbalstamm, im anderen ein in der Regel mit Hülfe von Suffixen abgeleitetes Verbalnomen, welches mit abstracter Bedeutung ein Nomen actionis, mit concreter ein Nomen agentis wird, das als solches Personen oder Werkzeuge, Mittel einer Handlung bezeichnet. Man vergleiche die Beispiele *φιλ-ήρετμος*, *ἀνδροκτασίη*, *τοξοφόρος*, *κυνηγέτης*, *πυράγρα*. Während die attributive Zusammensetzung ursprünglich bloss Composita von adjectiver Geltung bildete (denn die spärlichen Ausnahmen, wie *ἀδελφεύς*, *ἄλοχος*, *τράπεζα*, konnten nur allmählig die Selbstständigkeit von Substantiven erhalten), hat eine nicht geringe Anzahl objectiver Composita von Ursprung an substantive Bedeutung. Die folgende Eintheilung wird neben der Bedeutung auf die Form dieser Zusammensetzung Rücksicht nehmen.

1.

Das abhängige Glied ist im Accusativ zu denken.

1) Substantiva.

*κώληψ*, *χερνίψ*.

*θυοσκόος*, *λοιτροχόος*, *ξεινοδόκος*, *οἰνοχόος*, *σηκοκόρος*, *τοξοφόρος*, *ὑφορβός*, *χρυσοχόος*, *ψευδάγγελος*.

*πυράγρα*, *δουροδόκη*, *ἱστοδόκη*, *δρύοχος*, *χέρνιβον*.

*αἰπόλιον*, *συβόσιον*, *ἀνδράγριον*, *βοάγριον*, *ζωάγριον*, *μοιχάγριον*.

*ἀνδροκτασίη*, *βοηλασίη*, *ἐπεσβολία*, *κοκοϝεργίη*, *κακορραφίη*, *οἰκωφελίη*, *ποδωκεία*, *ῥηξηνορίη*, *ἡνιοχεύς*, *πατροφονεύς*.

*ζυγόδεσμος*, *ποδάνιπτρον*, *κρήδεμνον*.

*βουλυτός*, *οὐλοχύται*.

*ἀγανοφροσύνη*, *δολοφροσύνη*, *φιλοφροσύνη*. *σαοφροσύνη*.

2) Adjectiva.

Das abhängige Glied steht voran.

*οἶνοψ*, *μῆλοψ*, *βουπλήξ*, *κορυθάιξ*, *τριχάϊξ*.

*εὐρύοπα*, *παρθενοπίπας*, *ἀθλοφόρος*, *ἀεθλοφόρος*, *βουληφόρος*, *ἑωσφόρος*, *λαοφόρος*, *τελεσφόρος*, *τοξοφόρος*, *πυροφόρος*, *πυρηφόρος*, *ἐλαφηβόλος*, *ἐπεσβόλος*, *ἐγχεσπάλος*, *σακέσπαλος*, *πτολίπορθος*, *ποντοπόρος*, *ἀνδροφόνος*, *παιδοφόρος*, *πατροφόνος*, *φασσοφόνος*, *ἁρματοπηγός*, *γλακτοφάγος*, *Λωτοφάγος*, *σιτοφάγος*, *δημοβόρος*, *αἰπόλος*, *ἱπποπόλος*, *θαλαμηπόλος*, *δικασπόλος*, *οἰωνοπόλος*, *ὀνειροπόλος*, *βουκόλος*, *ἱππόδαμος*, *ἱππημόλγος*, δρυτόμος, ὑλοτόμος, σκυτοτόμος, ῥινοτόρος, κουροτρόφος, ἀγρονόμος, θυμοφθόρος, θυμοβόρος, εἰροκόμος, κεραοξόος, ἰοδόκος, γαιηόχος, αἰγίοχος, ἡνίοχος, κορυθαίολος, θυραωρός, πυλαωρός, ὀχετηγός, σκηπτοῦχος, ἰσοφόρος, ὠμοφάγος, ἑκατηβόλος, κακοϝεργός, δημιοϝεργός, ὀμβριμοϝεργός, πάναγρος, πολύδωρος, ἠπιόδωρος, ζείδωρος.

μηλοβοτήρ, ληιβότειρα, πουλυβότειρα, ἀμαλλοδετήρ, οἰνοποτήρ, αἰσυμνητήρ, αἰσυμνήτης, ἀγκυλομήτης, δολομήτης, ποικιλομήτης, ἀργειφόντης, ἀνδρειφόντης, κυνηγέτης, κυνοραιστής, θυμοραιστής, συβώτης, ἱππηλάτης, ἱππηλάτα, ὠμηστής, ἑκατηβελέτης, ἠπεροπευτής, στεροπηγερέτα, νεφεληγερέτα.

θυμοδακής, θυωδής, κακοφραδής, κενεαυχής, ποδαρκής, Ποδάρκης, ποδηνεκής.

ὀδυνηφάτος, πολύτλητος. Passiv ὀνομάκλυτος.

βούβρωστις, δασπλῆτις.

ἱπποκέλευθος.

βητάρμων, πολυτλήμων.

γαλαθηνός.

ἰοχέαιρα.

ἀκροκελαινιόων, θυμηγερέων.

Das regierende Glied steht voran:

ἀγέρωχος, ἐγρεκύδοιμος, ἑλίκωψ, ἑλίκωπις, Τληπόλεμος, φιλήρετμος.

τανύγλωσσος, τανυγλώχιν, τανυήκης, τανύπεπλος, τανυπτέρυξ, τανύφλοιος, τανύφυλλος, ταναύπους.

ταλαπενθής, ταλαπείριος, ταλαϝεργός, ταλαύρινος.

φυγοπτόλεμος, φιλοπτόλεμος, φιλόξενος, φιλοκερδής, φιλοκτέανος, φιλοψευδής, φιλομμειδής, φιλοκέρτομος, φιλοπαίγμων, ἠερόφωνος, ἠλιτόμηνος, ἀπτοϝεπής.

ἀγελείη, ἑλκεχίτων, ἐχεπευκής, ἐχέφρων, ἐχέθυμος, μενεπτόλεμος, μενεχάρμης, μενεδήιος, Μενέλαος.

εἰλίπους, ἀργίπους, λαθικηδής, εἰνοσίγαιος, εἰνοσίφυλλος, ἐνοσίχθων, κυδιάνειρα, βωτιάνειρα.

φθισήνωρ, πλησίστιος, ἐρυσάρματος.

φθισίμβροτος, ῥυσίπτολις, φυσίζοος, λυσιμελής, τανυσίπτερος, ἀερσίπους, ἀκερσεκόμης.

ἑλκεσίπεπλος, ταμεσίχροος, ὠλεσίκαρπος, ἀλφεσίβοιος.
ἀλεξίκακος, ἀλεξάνεμος, πλήξιππος, ῥηξήνωρ.

Das abhängige Glied ist im Dativ zu denken, und zwar

a) im eigentlichen Dativus:

φαεσίμβροτος, ἀκμόθετον, τειχεσιπλήτης, θυμήρης, θυμαρής, διίφιλος, ἀρηίφιλος, θεοείκελος, μενοεικής,

b) im Dativus Instrumenti mit activer Bedeutung:

πυγμάχος, πυγμαχία, ἐγχεσίμωρος, ἰόμωρος, ὑλακόμωρος,

mit passiver Bedeutung:

χαλκότυπος, χαλκοκορυστής, ἱπποκορυστής, χαλκήρης, πυλάρτης, δουρηνεκής, κεντρηνεκής, μυλήφατος, κοτυλήρυτος, πυρίκαυστος, αἱμοφόρυκτος, δουρυκτητός, μηλίκρητον.

c) im Dativus causalis, mit activer Bedeutung:

τερπικέραυνος, γυναιμανής, μιαιφόνος,

mit passiver Bedeutung:

δουρικλυτός, ναυσικλειτός, ναυσικλυτός, χαλκοβαρής, οἰνοβαρής, οἰνοβαρείων, οἰνοπληθής.

d) im Dativ localis. Die Substantiva

ὁδοιπόριον, χοροιτυπία,

die Adjectiva mit activer Bedeutung:

ὁδοιπόρος, ἠεροφοῖτις, ὀρεσκῷος, ναύμαχος, ἀστυβοώτης,

mit passiver Bedeutung:

Πυλοιγενής, αἰθρηγενής, ὀρεσίτροφος, ἀρηικτάμενος, ἀρηιφατός, ἀρηίθοος, βοηθόος.
ἐμπυριβήτης, ἁλίπλοος, ἁλιμυρήεις, ἁλιαής.
χειμάρροος.

3) Das abhängige Glied ist im Genitiv zu denken:
πατροκασίγνητος, μητροπάτωρ, δημογέρων.
ἁμαρτοϝεπής, ἀφαμαρτοϝεπής.

4) Die Abhängigkeit des bestimmten Gliedes entspricht in aufgelöster Structur dem Verhältniss der Präposition ὑπό und ἐκ. Alle haben passive Bedeutung:

αἰγίλιψ.
διογενής, λυκηγενής, διοτρεφής, ἀνεμοτρεφής, ὑδατοτρεφής, ἀλιοτρεφής, διιπετής.

*ἐλεόθρεπτος, ἀνδρόκμητος, αἰγίβοτος, βούβοτος, ἱππόβοτος, ἱππήλατος, ἱππηλάσιος, θεόδμητος, θέσφατος, ἀθέσφατος, ἀλλόγνωτος, αὐτάγρετος, αὐτόμματος.*

## Dritte Klasse.
## Determinative Composition.

### §. 8.

Der Ausdruck „determinative Composition" kennzeichnet diese Klasse insofern, als er ihr bloss das allgemeinste Kennzeichen jeder eigentlichen Composition beilegt und die besonderen Merkmale der ersten und zweiten Klasse indirect negirt. Denn ein echtes Compositum kann nur solche Nomina verbinden, von denen eins das andere determinirt. Was aber ausserdem den beiden ersten Klassen jeder besonders eigenthümlich war, unterscheidet sie zugleich von dieser dritten. Das zweite Glied der attributiven Composition war, wie wir sahen, nothwendig immer ein Substantiv, und auf ein Substantiv kann auch die determinative Composition ausgehen. Aber Composita der letzteren Art haben, wie die Beispiele *ἱππόδρομος, ἱστο-πέδ-η, ἀκρό-πολις, ὀρσο-θύρη, Δύσ-παρις, ὅμ-ιλος* zeigen, regelmässig eine gesonderte Selbstständigkeit, während sämmtliche Bildungen der ersten Classe mit der Bedeutung von Adjectiven auf neue Nomina bezogen wurden. Also nicht die Form, sondern der Gebrauch unterscheidet hier beide Klassen und daraus erklärt sich ein vereinzeltes Schwanken zwischen beiden. *οἰνόπεδον*, das Il. *I* 579 gesondert vorkommt, erscheint *α* 193 als Attribut zu *ἀλωή* gefügt; während *ἰσό-πεδον* überall gesondert erscheint, tritt *κραταί-πεδον* überall in Verbindung mit *οὖδας* auf; zu *στεινωπός* wird bald *ὁδός* gefügt, bald fehlt es; *ἀθηρη-λοιγός* ist eine determinative, *βροτο-λοιγός* eine attributive Zusammensetzung, doch sind diese Fälle nur vereinzelt und gehören den Ausnahmen an. Weit häufiger auch, als ein Substantiv, schliesst ein mit Hülfe von Suffixen abgeleitetes Verbalnomen die Composita dieser dritten Klasse. Wenn sie in dieser Hinsicht wieder mit der zweiten Klasse übereinstimmt, so unterscheidet sie sich von der objectiven Zusammensetzung auf das bestimmteste dadurch, dass das determinirende Nomen nie in casueller Abhängigkeit von dem determinirten erscheint, sondern dasselbe nach Art eines Adjectivs oder Adverbs näher bestimmt. Beispiele sind: *πρεσ-βυ-γεν-ής, βαθύ-ῤῥο-ος, νεό-πλυ-τος, ὠκυ-πέτ-ης* u. s. w. Endlich hat im Unterschied von Bildungen der beiden ersten Klassen, wie *θυμο-λέων* und *φαεσί-μβροτος* in dieser dritten Klasse das bestimmende Nomen stets den ersten, das bestimmte ohne Ausnahme den zweiten Platz.

Die folgende Aufzählung berücksichtigt besonders die Wortklassen, denen jedes der componirten Nomina angehört. Sonach bilden eine determinative Composition:

a) Substantiv und Substantiv.

*ἀθηρηλοιγός, ἁλοσύδνη, ἁρμα-τροχιή, δίσκ-ουρα, εἰλό-πεδον, ἱππό-δρομος, ἱστο-πέδη, καλα-ῦροψ, κυνά-μυια, μισγάγκ-εια, ϝοινό-πεδον, στειν-ωπός.*

b) Substantiv und Adjectiv.

*ἱππό-δασυς* (vgl. *Ἵππ-ουρις*), *ἱππό-κομος, ἱππιο-χαίτης.*

c) Substantiv und Verbalnomen.

*κασί-γνη-το-ς, πρεσβυ-γεν-ής.*

d) Adjectiv und Adjectiv.

*βαθυ-δινήεις, μεσαι-πόλιος.*

e) Adjectiv und Substantiv.

*ἀκρό-πολις, ἀλαο-σκοπιή, ἰσό-πεδον, Κακο-ϝίλιος, μεσό-δμη, μέσσ-αυλος, πολυ-κοιραν-ίη, πρυμν-ώρ-εια, ὠμο-γέρων*, und der Form nach sich ihnen zunächst anschliessend: *μολο-βρός, ὀλοοί-τροχ-ος, ὀρσο-θύρη.*

f) Adjectiv und Verbalnomen.

*βαθύῤῥο-ο-ς, καλλί-ῤῥο-ο-ς, ὠκύ-ρο-ο-ς, ἀκρο-πόλ-ο-ς, νεό-στροφ-ο-ς, ὠκύ-πορ-ο-ς, εὐρύ-οπ-α, χαρ-οπ-ό-ς, αἴθ-οψ, Φαῖν-οψ* (vielleicht auch *ϝῆν-οψ, μέρ-οψ, νῶρ-οψ*), *ἁπαλο-τρεφ-ής, εὐρυ-φυ-ής, ἰθαι-γεν-ής, παλαι-γεν-ής, νεη-γεν-ής, νεο-αρδ-ής, νεο-θηλ-ής, νεο-τευχ-ής, μεσσο-παγ-ής, ὠκυ-πέτ-ης, βαθυ-ῤῥεί-της, ἀκαλα-ῤῥεί-της, μελάν-δε-το-ς, νεό-δαρ-το-ς, νεό-πλυ-το-ς, νεό-πρισ-το-ς, νεό-σμηκ-το-ς, νε-ούτα-το-ς, νη-γά-τεο-ς, νέ-ηλ-υς, πολυ-άρη-το-ς, πολυ-δάκρυ-το-ς, πολύ-κεστο-ς, πολύ-κλη-το-ς, πολύ-κλυστο-ς, πολύ-κμη-το-ς, πολύ-λλιστος, πολυ-μνήστη, πολύπλαγκ-το-ς, πολύ-τρη-το-ς, θρασυ-μέμν-ων, ἰθυ-πτί-ων.*

g) Pronomen und Pronomen.

*ἀλλο-πρόσ-αλλος.*

h) Pronomen und Substantiv.

*ὁμ-ηλικ-ίη, ὅμ-ιλος, ὁμο-κλή, ὁμο-κλη-τήρ, ὁμο-φρο-σύνη, αὐτο-κασίγνητος.*

i) Pronomen und Adjectiv oder Verbalnomen.

*πάν-αιθος, παν-αίολος, παν-άπαλος, παν-άργυρος* (für *αργύρεος*), *παν-όψιος, παμ-ποίκιλος, παγ-χάλκεος, παγ-χρύσεος, παμ-φαίνων, παμ-φανόων, παν-ημέριος, παν-νύχιος, πάν-νυχος, παν-α-ώριος, παν-αφ-ῆλιξ, ὁμ-ηγερ-ής, οἰο-πόλ-ος,* ähnlich noch *πάμ-πρωτος, παν-υπέρτατος.*

k) Zahlwort und Substantiv.

Während das „dvigu“, wie oben gesagt wurde, eine Vielheit von Dingen bezeichnet, bestimmt das Zahlwort in den hier aufgeführten Verbindungen den folgenden Begriff bloss vermindernd oder verstärkend. Solche Verbindungen sind:

*ἡμί-θεος, ἡμί-ονος, ἡμι-πέλεκκον, ἡμι-τάλαντον.*

l) Zahlwort und Verbalnomen: mit passiver Bedeutung.

*δί-ζυξ, δί-πλαξ, δί-πτυξ, δι-πλό-ος, πρωτό-γον-ος, τρί-λλιστος, τρί-πολος, τετρά-ορ-ος, ἐϝεικόσ-ορ-ος, πρωτο-παγ-ής, ἡμι-δα-ής, ἡμι-τελ-ής,*

mit activer Bedeutung.

*πρωτό-πλο-ος, πρωτο-τόκ-ος, δισ-θαν-ής.*

m) Adverbium und Verbalnomen.

*ἀγχέ-μαχ-ος, ἀγχι-μαχ-ητής, ἀγχί-μολος, αἰει-γεν-έ-της, ἄψ-ο-ρρος, ἀψ-ό-ρρο-ος, ἠρι-γένεια, ὀψι-τέλεσ-το-ς, παλαί-φα-το-ς, παλίλ-λογ-ος, παλιμ-πετ-ής, παλιν-άγρε-το-ς, παλίν-ορσος, παλίν-τι-το-ς, παλίν-τον-ος, παλιρ-ρόθ-ιο-ς, ϝεκη-βόλ-ος, Τηλέ-μαχ-ος, τηλε-κλει-τός, τηλε-κλυ-τό-ς, τηλε-φαν-ής, τηλύ-γε-το-ς, ὑψ-αγόρ-ης, ὑψι-βρεμέ-της, ὑψ-ερεφ-ής, ὑψ-όροφ-ος, ὑψ-ηχ-ής, ὑψι-πέτ-ης.*

n) Indeclinabile und Substantiv.

*ἀγ-ήνωρ, ἀγ-ηνορ-ίη, Ἄ-ϝιρος, ἀμ-μορ-ίη, ἀμ-φα-σίη* u. s. w., *δυσ-μήτηρ, Δύσ-παρις, εὐ-δικ-ία, εὐ-ϝεργ-ε-σίη, εὐ-ηγε-σία, εὐ-ήνωρ, εὐ-νομ-ίη, εὔπλο-ίη, εὐ-φρο-σύνη, νηνεμ-ίη, νωχ-ελ-ίη, ϝεκη-βολ-ία, παλί-ωξις.*

o) Indeclinabile und Adjectiv.

*δυσ-πέμφ-ελο-ς, δυσ-χείμ-ερο-ς, εὐ-δείελο-ς.*

p) Indeclinabile und Verbalnomen.

*ἀγα-κλει-τός, ἀγα-κλυ-τός, ἀγά-ρρο-ος, ἀρί-γνω-τος, ἀρι-δείκε-τος, ἀρί-ζηλ-ος, ἀρι-πρεπ-ής, ἀρι-σφαλ-ής, ἀρι-φραδ-ής, δυσ-αής, δυσ-αριστο-τόκ-εια, ἐρι-βρεμέ-της, ἐρί-γδουπ-ος, ἐρί-δουπ-ος, ἐρι-ήρ-ης, ἐρί-ηρ-ος* (vgl. *Ὅμ-ηρ-ος*), *ἐρι-θηλ-ής, ἐρί-μυκ-ος, εὐ-Ϝεργ-ής, εὐ-ήρ-ης, εὐ-καμπ-ής, εὐ-πλεκ-ής, εὐ-ρραφ-ής, εὐ-σταθ-ής, εὐ-τρεφ-ής, εὐ-φυ-ής, εὐ-ώδ-ης, εὐ-η-γεν-ής, ἐύ-δμη-το-ς, εὐ-κέα-το-ς, ἐύ-κτι-το-ς, ἐύ-ξεσ-το-ς* (*ἐύ-ξο-ος*), *ἐύ-ννη-το-ς, εὔ-πηκ-το-ς, εὐ-ποίη-το-ς, εύπρησ-το-ς, ἐύ-τμη-το-ς, ἐύ-τυκ-το-ς, ἐυ-ρρεί-της, ἐυ-κτί-μεν-ος, ζατρεφής, ζαφλεγής, νήγρετος, νημερτής, νῆ-Ϝις, νῆστις, νήπιος, νηπίαχος, νηλειτεῖς.*

## Vierte Klasse.

### Adverbiale Composition.

§. 9.

Diese letzte Klasse enthält keine neue Art von Composition, sondern ist eine Mischklasse aus den drei vorhergehenden. Den Bestandtheilen ihrer Zusammensetzung nach sind daher die adverbialen Composita von den bisher besprochenen Bildungen nicht verschieden: ihr zweites Glied ist entweder ein Substantiv oder ein aus Verbalstämmen abgeleitetes Nomen, ihr erstes Glied kann allen Wortklassen angehören. Wie in der einfachen Wortbildung kann auch hier das Neutrum im Accusativ die Stelle besonderer ableitender Suffixe vertreten. Wir lassen die einzelnen Arten dieser Composition hier folgen, müssen aber hier wie in der ganzen Untersuchung von den Verbindungen mit den Präpositionen absehen. Demnach kann das Adverbium sein:

a) ein „dvigu"

*ἐνν-ῆμαρ, εἰνά-Ϝετες,*

b) eine objective Composition

*δουρ-ηνεκ-ές, ἐξ-ονομα-κλήδην,*

c) eine determinative Composition

*αὐτ-ῆμαρ, αὐτό-Ϝετες, αὐτ-όδ-ιον, αὐτο-νυχ-ί, ἀγχί-μολον, παλιμ-πετές, νωλεμές, νήγρετον, αὐτο-σχε-δίην, παν-συ-δίη, ὁμ-αρ-τή-δην, αὐτο-σχε-δόν, ὁμ-ιλα-δόν, πανθυμαδόν, αὐτοσχεδά.*

---

## Uebersicht
# der semasiologischen Kategorien.

§. 10.

Wäre für eine jede logische Kategorie, welche die Sprache auszudrücken im Stande ist, eine einzige sprachliche Form in voller Schärfe herausgebildet, so würde ein unmittelbares Handinhandgehen der Formenlehre und Syntax möglich sein. Doch nur in solchen Sprachen ist dies der Fall, welche sich des alten formalen Reichthums möglichst entäussert haben, für die heutigen romanischen und germanischen Sprachen, insonderheit für das Englische, welches unter allen Sprachen am meisten die einst so mannigfache sinnliche Formfülle des Sprechens auf das knappste Mass beschränkt hat. Aber selbst für diese modernen Sprachen ist bis jetzt der Versuch nicht unternommen, die Syntax im unmittelbaren Anschluss an die Formenlehre darzustellen. In jeder Weise unthunlich aber wäre es für die antiken Sprachen unseres Stammes.

Es ist eine längst anerkannte Thatsache, dass unsere indogermanischen Sprachen in der Zeit, wo sie noch eine ungetrennte Einheit bildeten, den grössten Reichthum an Wurzeln, einfachen Stämmen und Flexionsformen besessen haben. Wir sind weit davon entfernt, schon dem allerfrühesten Indogermanischen, wie es von den ersten Generationen geredet wurde, diese Stufe frühester Sprachvollkommenheit zu vindiciren, aber sicherlich war diese Periode schon vor der Zeit erreicht, in welcher sich die einzelnen indogermanischen Völker von einander abzweigten, um im Westen oder im Osten von den Sitzen des Urstammes die gemeinsame Ursprache isolirt von einander in individueller Weise umzubilden. Gar manches Neue ist nach den Zeiten dieser Sprachtrennung erlangt worden. 1) Wortbildungssuffixe, deren Gebrauch in der Urzeit einen beschränkteren Umfang erhalten hatte, fingen an, in der Isolirtheit der Sprachen ein frisches Leben zu gewinnen, und zahlreiche Klassen abgeleiteter Nominal- und Verbal-Stämme verdanken erst dieser späteren Zeit ihr Dasein. Wir können diesen sprachlichen Process mit einem Worte als die Verallgemeinerung des

Einzelnen bezeichnen. Aber eben dieser Process führte zum Erlöschen vieler alter Bildungsarten, die der Urzeit geläufig gewesen waren. Und was nicht gänzlich erlosch, hat sich nur in wenigen Resten bei dem einen oder dem anderen der getrennten indogermanischen Stämme erhalten, so dass nur auf dem Wege der vergleichenden Linguistik das einst allgemeine Sprachgut reconstruirt werden kann. Welch häufigen Gebrauch macht das Griechische und noch mehr das Lateinische von dem alten Nominalsuffixe tar (τωρ, τηρ, tor, ter), welches sich für unsere germanischen Dialecte schon in den allerfrühesten Denkmälern nur auf ein paar alte Verwandtschaftswörter (Vater, Mutter, Bruder) beschränkt hat?

2) Aehnlich wie mit den Wortbildungssuffixen verhält es sich mit dem Princip der Nominalcomposition. Der Urzeit war es sicherlich geläufig, einen unflectirten Nominalstamm mit einem der Flexion unterworfenen zweiten Nominalstamme durch einen einheitlichen Accent zu einem componirten Substantivum oder Adjectivum zu verbinden. Vergleichen wir aber das früheste Sanskrit der Vedensprache mit dem Sanskrit der späteren Zeit, so stellt sich ein nicht unwesentlicher, charakteristischer Unterschied der beiden Sprachperioden in der numerischen Vertretung der Compositionsformen heraus, die in der Vedenzeit nur sparsam angewandt erscheinen, späterhin aber in einer solchen Weise überhand nehmen, dass sie dem Flexionsorganismus der Sprache entschiedenen Eintrag thun. Die Gräcität war hier masshaltiger, immerhin aber ist Aeschylus bedeutend reicher an neucomponirten Substantiven und Adjectiven als die Sprache Homers, und die Freiheit, die sich die äschyleische Poesie in dieser Beziehung verstattete, wird von den griechischen Prosaikern weiter fortgesetzt, wenn auch nicht selten so, dass die ursprünglichen von Homer noch aufs strengste festgehaltenen Principien des Componirens dem späteren Sprachbewusstsein mehrfach abhanden gekommen sind. Aber wie ganz anders verhält sich hierzu das Lateinische! Ursprünglich hat auch diese Sprache zweifellos in ihrer Fähigkeit zu componiren den Standpunkt, der uns in der vedischen und homerischen Poesie vorliegt, eingenommen, aber der Trieb für neue, freie Compositionen ist in der uns vorliegenden Literaturperiode so gut wie gänzlich erloschen, und nur selten versucht sich einer der älteren Dichter

im Anschluss an griechische Vorbilder in eigenen componirenden Bildungen.

3) Ist somit die eine oder die andere unserer Sprachen im Gebiete der Wortbildung über den ursprünglichen Zustand der Sprache hinausgeschritten, hat sich mit einem Worte der lexicalische Bestand vergrössern können, so ist dagegen auf dem Gebiete der Flexionen in der weiteren Entwickelung der Völker nichts wirklich Neues erreicht worden, denn Alles, was in dieser Beziehung die spätere Sprache vor dem Ur-Indogermanischen voraus zu haben scheint, stellt sich bei näherer Analyse der Formen als Composition heraus. Am wenigsten haben die Griechen und unsere alten Stammverwandten in Asien in dieser Beziehung geneuert, viel mehr schon die Lateiner, die namentlich in ihrer Conjugation durch Zusammensetzung des Stammes mit Hülfsverben zu anscheinend neuen Verbalformen gelangt sind. Aber sowie eine die alte Flexion vertretende Composition in der Sprache Leben gewann, so führte dies auch zum Untergange der alten organischen Flexionsform. Das Lateinische hat eine nicht geringe Zahl formell verschiedener Tempora, aber wenn wir von wenigen, gleichsam archaischen Bildungen absehen, so gehören von dem gesammten Systeme der lateinischen Conjugation nur das Präsens, das auf einfaches ī ausgehende Perfectum und etwa auch noch das sogenannte Imperfectum Conjunctivi in die Reihe der ursprünglichen Tempora. Alle übrigen Tempora sind neuere, auf dem Wege der Composition und wohl erst auf italischem Boden gewonnene Bildungen.

In der griechischen Conjugation dürfen wir kaum ein anderes Tempus, als das active Plusquamperfectum zu den Neubildungen zählen. Nichtsdestoweniger hat auch das Griechische vom ursprünglichen Flexionssysteme sowohl in der Conjugation wie in der Declination gar manches eingebüsst. Meist ist freilich diese Einbusse so zu fassen, dass die Flexionsform nicht ganz und gar erloschen, aber aus ihrem früheren allgemeinen Gebrauche nur auf eine geringe Zahl von Stämmen beschränkt ist.

Ganz und gar verloren gegangen ist der griechischen Sprache die Passivbildung für Präsens und Imperfectum; eine andere semasiologisch verwandte Form, die Medialflexion, hat für diese Tempora die Function des Passivums übernehmen müssen. Fast gänzlich sind dem Griechischen auch die Causativ,- Desiderativ-, Inchoativ-Bildungen entschwunden, an denen das Sanskrit so reich ist. Grösser ist der Verlust in der Nominal- und Pronominal-Flexion. Wir haben schon in der Formenlehre dem Griechischen zwölf verschiedene Casusendungen vindiciren müssen, aber nur fünf durften wir als πτώσεις κοιναί gelten lassen, das heisst als Casus, welche von allen Stämmen formirt werden können. Die übrigen mussten wir als πτώσεις ἴδιαι bezeichnen, die nur für einzelne Substantiv- und Adjectiv-Stämme oder nur für die Pronomina in Gebrauch sind und zugleich die Fähigkeit verloren haben, mit einem attributiven Worte verbunden zu werden, — sie sind zu Adverbialformen geworden, deren Casusnatur dem lebendigen Sprachbewusstsein verloren gegangen war und sich erst auf dem Wege wissenschaftlicher Analyse hat ermitteln lassen.

Hierin ist nun aber das Griechische keineswegs isolirt. Blos das Gotische steht darin mit dem Griechischen auf demselben Standpunkte, dass es nur fünf Casus hat; das Althochdeutsche, obwohl seine ältesten Denkmäler um 300 Jahre später datiren, fügt jenen Singular-Casus noch den Instrumentalis, das Lateinische statt dessen den Ablativ dazu; das Slavische und Litauische bietet neben den fünf Casus des Griechischen noch einen Instrumentalis und Locativ dar; das Sanskrit und Iranische hat gar acht Casus. Es ist mit Sicherheit anzunehmen, dass alle indogermanischen Sprachen auf der Stufe des Sanskrit gestanden haben, aber doch wird keine von ihnen den Standpunkt des Ur-Indogermanischen repräsentiren. Alle jene adverbialen Casus des Griechischen lassen sich mehr oder weniger vollständig auch in den Schwestersprachen nachweisen, und alle waren auch hier einst Casus, welche von jeglichem Nominal- und Pronominal-Stamme formirt wurden und die Bedeutung eines wirklichen Casus gleich dem Genitiv, Dativ und Accusativ hatten. Jahrhunderte in der vor der Sprachtrennung liegenden Zeit mögen vergangen sein, ehe die Indogermanen noch in Gemeinschaft mit einander jene adverbialen Casus ihres ursprünglichen syntaktischen Rechts beraubt und ihre Bildungsfähigkeit auf eine geringe Anzahl von Stämmen beschränkt haben.

Moderne Sprachen sind möglichst karg in ihrem Flexionssysteme. Partikeln und Wortstellung geben über die geistige Beziehung der Wortstämme zu einander hinlänglichen Aufschluss. Je weiter wir in der Geschichte der Sprache zurückgehen, um so mehr sind jene Beziehungen durch Flexionslaute auch äusserlich manifestirt. Das Französische und die übrigen romanischen Sprachen entbehren der Casusendungen gänzlich, das Englische hat blos einen Rest der alten Genitivflexion bewahrt; wir haben oben angedeutet, wie ungleich mehr in dieser Beziehung den älteren Sprachen zu Gebote stand. Und noch grösser war die Fähigkeit der Ursprache, die Casusbeziehungen formell durch Endungen auszudrücken. Wir wollen nicht annehmen, dass eine jede Casusendung auch der Repräsentant einer logischen Kategorie gewesen sei, aber vielsagender muss das Flexionssystem der Urzeit sicherlich gewesen sein.

Es ist nicht nöthig, dass die fortschreitende Sprache mit einer bestimmten Flexionsform auch immer jedesmal die ursprüngliche syntaktische Funktion beibehält. Das Indische scheint seinen Conjunctiv und Optativ unterschiedslos zu gebrauchen, fest steht dies vom Lateinischen. Aber das Griechische lässt beide Modusformen in den meisten Fällen als Träger verschiedener geistiger Beziehungen fungiren. Ist anzunehmen, dass das Griechische nicht erst im Verlaufe seiner Entwickelung den beiden verschiedenen Modusformen verschiedene Bedeutung beigelegt hat, sondern dass diese, so lange sie vorhanden, die Träger verschiedener, wenn auch verwandter logischer Beziehungen waren? Oder waren in der urindogermanischen Periode Conjunctiv und Optativ zwei in der Bedeutung gleiche und nur den Lauten nach verschiedene Doppelformen? Diese Frage wird sich, wenn die Bedeutungslehre des ältesten Sanskrit mehr als bisher erforscht ist, mit Sicherheit entscheiden lassen. Wie dem aber auch sei, schon in den Homerischen Poesieen ist der Gebrauch der beiden Modi bereits in derselben festen Norm wie in der späteren Gräcität ausgeprägt, und in manchen einzelnen Idiomen wird die syntaktische Regel (um uns diesen Ausdruck zu gestatten) von Homer ausnahmsloser festgehalten als von der späteren Zeit. Etwas anders dürfte sich dies für die Anwendung der Tempora herausstellen, aber auch hier sind die Gebrauchseigenthümlichkeiten der späteren schon bei Homer aufs deutlichste vorgezeichnet. Die scharfe Scheidung der Zeitbegriffe durch verschiedene sprachliche Formen hat die griechische Sprache im Ganzen und Grossen mit dem Lateinischen gemein, doch gewährt der ersteren ihr Aorist die Mittel, einzelne Nüancirungen des Zeitbegriffes auch durch die Form von einander zu scheiden, welche das Lateinische ungesondert lassen muss.

Steht das Griechische somit allen übrigen Sprachen in der reichen Semasiologie des Verbalorganismus voran, so lässt sich von der griechischen Syntax der Casus nicht das nämliche sagen. Ein jeder seiner obliquen Casus ist der Ausdruck für eine grössere Zahl logischer Kategorieen geworden, und zwar so, dass ein und dieselbe Kategorie durch mehrere Casus bezeichnet wird. Mit einem Worte, die Bedeutungs- und die Formverschiedenheiten decken sich hier keineswegs überall. Etwas genauer ist hier das Lateinische und noch mehr das Sanskrit. Schon vor der Zeit der Sprachtrennung muss, wie wir bereits oben bemerkten, in dem ursprünglichen Bestande der Casus eine Umwandlung eingetreten sein, welche den alten Reichthum der Formen vielfach zurückdrängte; das Griechische hat das ihm hier verblicbene weniger sorgsam verwerthet als die Formen der Verbalflexion, die das Griechische deshalb bevorzugt zu haben scheint, weil in ihnen vorwiegend die subjectiven Beziehungen des Denkens den sprachlichen Ausdruck fanden.

I.

## Uebersicht der Casusbedeutung.

§. 11.

1) Wird auf ein in seiner Bewegung gesetztes Sein ein anderer Nominalbegriff in der Weise bezogen, dass er durch die Bewegung betroffen oder verändert wird, mithin aus seinem Fürsichsein heraustritt, so erhält zum Ausdrucke dieser seiner Bestimmtheit (Accusativ) der Nominalstamm eine lautliche Erweiterung durch den Nasal, entweder den dentalen n oder den labialen m, bei consonantischem Auslaute des Stammes mit vorher gesprochenem Hülfsvocal a.

Der für sich gesetzte selbstständige Nominalbegriff (Nominativ) erhält im Gegensatze gegen den Accusativ eine Erweiterung des Stammes durch einen ferner liegenden consonantischen Laut. Als solcher erscheint in der Sprache die dentale Muta, welche auch in den Zischlaut s übergehen kann. In der uns vorliegenden ältesten Gestalt der Sprache wird der Zischlaut als Nominativzeichen gebraucht, doch ergiebt sich aus anderen sogleich anzuführenden Spracherscheinungen, dass auch einst die dentale Muta als Nominativzeichen gebräuchlich gewesen sein muss.

Der Gegensatz zwischen Nominativ und Accusativ wird lautlich nicht ausgedrückt bei denjenigen Nominalstämmen masculiner Endung, welche als Nomina nicht männlichen Geschlechtes gesetzt werden sollten (Neutra). Sowohl in accusativer wie in nominativer Bestimmtheit entbehren die meisten dieser Wörter einer Casusbezeichnung. Nur die auf a (o) auslautenden Nominalstämme erhalten als Neutra für beide Casus das Accusativzeichen, den Nasal.

Die neutral gesetzten Pronominalstämme erhalten das Nominativzeichen, welches hier aber nicht als s, sondern als t (in der vorausgesetzten älteren Dentalgestalt) erscheint. Das Neutrum ist Ausdruck des Unpersönlichen, Unselbstständigen, daher das Zeichen der Unselbstständigkeit, das Accusativzeichen auch für den Nominativ. Die Pronomina aber sind meist abgelöste, selbstständige Flexionsendungen, deren Selbstständigkeit durch Hinzufügung der Fulcra eine äusserliche Bezeichnung zu finden strebt und in dem vorliegenden Falle (bei dem neutralen Pronomen) das Casuszeichen der Selbstständigkeit verlangt.

2) Dem Accusativ gegenüber als dem Ausdrucke des von der Bewegung getroffenen Seins ist der Nominativ der Ausdruck für den Ausgangspunkt der Bewegung. Daher wird der Ausdruck der nominativen Bestimmtheit sowohl in seiner ursprünglichen Gestalt als der Dental t und t, wie auch der Zischlaut s zum Ausdrucke des Ablativ und Genitiv verwandt.

Zum Gegensatze des Nominativausdrucks wird aber der Dental und der Zischlaut als Ausdruck der ablativen und genitiven Bestimmtheit in einer verstärkten Form an den Nominalstamm gefügt, indem der nächstliegende Vocal a (oder bei femininalen Stämmen auch â) vor das Casuszeichen tritt, oder der auslautende Vocal des Wortes durch Diphthongirung verstärkt wird.

Von allen diesen Formen werden die mit auslautendem t oder d als Ablative, die mit s als Genitive gebraucht. Die ursprüngliche Identität beider Casus zeigt sich aber deutlich in vielen Spracherscheinungen, besonders im Zend, wo zu einem ablativen Substantiv das Adjectivum im Genitiv treten kann.

3) Hiermit ist der Gebrauch consonantischer Laute zum Ausdruck von Casusbestimmtheiten abgeschlossen. Ebenso ist auch zum Ausdruck der Personalbestimmtheiten der Verbalwurzeln und Verbalstämme in den indogermanischen Sprachen nur der Nasal und die mit dem Zischlaute wechselnde dentale Muta gebraucht worden. Dagegen besteht der weitere Ausdruck von Casusbestimmtheiten in der Stammerweiterung durch vocalische Laute. Die hierdurch bezeichneten Casus sind der Instrumentalis, Locativ und Dativ, doch ist der genauere Unterschied dieser Verhältnisse von einander und zum Theil auch von dem Ablativ und Genitiv erst nach der Sprachtrennung ein fester und erst seitdem die Verwendung dieser vocalischen Erweiterungen eine bestimmte geworden.

Die so gebrauchten Vocale sind zunächst a und i. a erscheint aber bis auf einzelne weiter unten anzuführende Formen nicht in einfacher Gestalt, sondern in verlängerter, als ā — meist mit Instrumentalbedeutung. i hat meist Locativbedeutung.

Sodann werden diese Vocale durch nasalischen Auslaut verstärkt, m und n. ā wird zu ām, i zu in, im. In dieser Gestalt ist in und im der Ausdruck des Locativs bei Pronominalstämmen und in Adverbialformen in mehreren indogermanischen Sprachen (*πρίν*, latein. olim), — ām der Ausdruck des Locativs bei vocalisch anlautenden Femininen im Sanskrit. Es sind diese nasalischen Verstärkungen ebenso entstanden wie die Personalendung *μην*, *μᾱν* aus ma, tām (3 sg. imp. med.) aus ta, āthām und ātām aus ātha und āta.

Endlich erscheinen auch die Endungen ai, āi, āu; āu im Sanskrit als Locativzeichen bei Wörtern auf i und u, mit fast durchgängigem Ausfall dieser Stammvocale; ai und āi als Ausdruck des Dativs, wenn dieser nicht durch den Locativ bezeichnet wird, und zwar āi bei den meisten Femininen und den meisten Pronominalstämmen des Sanskrit. — ai und āi erweist sich deutlich als eine Verstärkung des Casuszeichens i. Ist aber āu eine euphonische Erweiterung des Casuszeichens ā, wie im indischen dadāu? Oder muss āu in Analogie von ai und āi als ein verstärktes u angesehen werden? Im letzteren Falle ergibt sich dann als Locativ- und Instrumentalausdruck ausser den Vocalen a und i als dritter der Vocal u, welcher aber (wie gewöhnlich auch a) nur in verstärkter Form erscheint.

§. 12.

Die vocalischen Casuszeichen werden nun ferner durch präfigirte Consonanten verstärkt. Am ausgedehntesten ist dies der Fall bei den Pronominalstämmen, welche in dieser Form namentlich als Adverbien, Präpositionen und Conjunctionen gebräuchlich sind.

Als solche Consonanten dienen die dentale, gutturale und labiale Muta, in Tenuis-, Aspirata- und Media-Form. Die Aspirata-Form ist die verbreitetste. Die Media-Form fehlt der griechischen Sprache.

| Verstärktes Casuszeichen i. | | Verstärktes Casuszeichen a. | |
|---|---|---|---|
| *τι* | *θι* | *τα*, *τε* | *θα* |
| [*κι*] | *χι* | *κα*, *κε* | *χα* |
| *πι* | *φι* | *πο* (aus pa) | [*φα*] |

Wir geben zunächst einige Beispiele unter Verweisung auf die Formenlehre §. 200.

τι: ἔτι, Locativ des Pronominalstammes α (ἐ) mit der Grundbedeutung „dazu": ὅτι; προτί.

θι: τόθι, κόθι, πόθι, ὅθι, ἄλλοθι, οἴκοθι, κηρόθι, Ἰλιόθι, οὐρανόθι, ἠῶθι.

πι: ἐπί, seiner Grundbedeutung nach mit ἔτι identisch: „dazu".

φι: αὐτόφι, κλισίηφι, κεφαλῆφι, θύρηφι, ἦφι βίηφι, κράτεσφι, ναῦφι mit Locativ- und Ablativbedeutung.

κι: fehlt im Griechischen, wenn man nicht οὐκί hierher rechnen will.

χι: οὐχί, ἠχι.

Erweiterte Casusendung α:

τα: der alte Vocal hat sich im Aeolischen erhalten, im Ionisch-Attischen ist er zu ε abgelautet: ἄλλοτα, ἄλλοτε, πότα, ὅτα, ἑτερῶτα, πότε, κότε, ὅτε.

κα, mit τα (τε) gleichbedeutend, aber nur im Dorischen: πόκα, ἄλλοκα u. s. w.

pa, zu πο abgelautet: ἀπό, ὑπό. Oder ist hier am Ende ein ς abgefallen? dann gehören diese Wörter in die in der Folge anzugebende Kategorie (Genitivzeichen ος durch κ erweitert).

χα, zu χᾶ χη verlängert: ἀλλαχῇ, πανταχῇ.

θα: ἔνθα, ἰθα-γενής.

Auch das Genitivzeichen as (os) hat eine analoge Erweiterung durch präfigirtes t erhalten im lateinischen coeli-tus, antiqui-tus. Im Griechischen steht statt der Tenuis τ die Aspirata θ, ausserdem ist ς abgefallen und an dessen Stelle gewöhnlich ein fest gewordenes ν ἐφελκυστικόν getreten. So entsteht das Ablativ-Adverbiale auf θεν, θε. Vgl. I, §. 109. Als Genitivendung wird θεν in dem Personalpronomen gebraucht: ἐμέθεν, σέθεν, ἕθεν.

§. 18.

Mit dieser Skizzirung sind die griechischen Casuszeichen — und auch die der verwandten Sprachen — der materiellen Seite nach abgeschlossen. Man wird der hier gegebenen Darlegung nicht absprechen können, dass sie möglichst consequent ist und alle so sehr verschiedenen Erscheinungen aus einer Quelle herleitet. Die jetzt geltende Auffassung ist die, dass die antretenden Casuselemente entweder Pronominalstämme oder Präpositionen sind. Statt anderer mögen hier die von Schleicher aufgestellten Erklärungen eine Stelle finden. Schleicher lehrt Folgendes:

Das s des Nominativs ist ohne Zweifel Rest des Pronominalstammes sa (griechisch ὁ). Beweis für die Richtigkeit dieser Annahme liefert die pronominale Declination, welche den Nom. Acc. neutr. durch t bezeichnet. Die Pronominalwurzel sa wird nämlich im vorliegenden Stande des Indogermanischen nur für den Nom. sing. masc. fem. gebraucht, für's Neutrum und für alle anderen Casus tritt eine andere Pronominalwurzel, nämlich ta ein; nun zeigt aber t als Rest von ta in der pronominalen Declination den Nom. Acc. neutr. an, vgl. z. B. quis quid. Da hier als Casuselemente s und t gerade so wechseln, wie im selbstständigen Pronomen sa und ta, so ist die Wahrscheinlichkeit der Identität beider eine sehr grosse.

Das am, m des Accusativs, welches zugleich als Nominativzeichen der Nomina dient, scheint verwandt mit dem in Stammbildungen häufig gebrauchten Elemente m, demnach muss es einen Pronominalstamm geben, dessen Hauptelement m ist. Ein solcher findet sich im Indischen, wo er ama, amu und ami lautet und demonstrative Function hat. Wahrscheinlich liegt diesen Stämmen eine Pronominalwurzel am zu Grunde.

Das Element des Ablativs ist at, t, ersteres ist wahrscheinlich die vollere, letzteres die kürzere Form dieses Suffixes; t ist ein sehr viel und häufig gebrauchtes Stammbildungselement, auch ist es Hauptelement des demonstrativen Pronominalstammes ta; sein Auftreten als Casuselement steht also in vollständiger Analogie mit der Bildung anderer Casus. Ein Pronominalstamm at oder ata ist zwar nicht nachweisbar, indess findet sich bei Wurzeln mit dem Wurzelvocale da häufig Umstellung desselben, so dass wir at = ta fassen können.

Element des Genitivs ist as, s, das vollständig auf dieselbe Weise an den Stammauslaut antritt wie das at, t des Ablativs, welchem es aufs nächste in Function und Lautform verwandt ist; nur die männlichen und neutralen a-Stämme setzen nicht s, sondern sja an; wie im Ablativ das t, so ist auch hier s und sja (vgl.

die demonstrativen Pronominalstämme von ta, sa, tja, sja) pronominalen Ursprungs; sja ist höchst wahrscheinlich aus den Wurzeln sa und ja zusammengesetzt (vor ja fällt a hinweg).

An Nominalstämmen ist i die Endung des Locativs, die pronominale Declination zeigt jedoch in, und dies ist aller Wahrscheinlichkeit nach das ältere (in aus an geschwächt). ana ist ein demonstrativer Pronominalstamm, zu welchem die Präpositionen in ἐν gehören.

Der Instrumentalis wird im Indogermanischen durch zwei völlig verschiedene Suffixe gegeben, und wir müssen daher annehmen, dass zwei ursprünglich verschiedene Casus vorliegen, die wir hier zu trennen haben. Da der Instrumentalis auch zwei verschiedene Functionen hat, indem er sowohl das Verbundensein, als das Mittel und Werkzeug bezeichnet, so liegt es nahe, zu vermuthen, dass jeder dieser Functionen ursprünglich eines der beiden Suffixe entsprochen habe, von denen jedoch im vorliegenden Zustande der Sprache ein jedes beide zeigt (wie z. B. auch im Deutschen „mit" nunmehr beide Functionen zusammen auftreten, wie der ächte Dativ ebenso auch locativische Functionen hat wie der ächte Locativ). — Dem Singular ist das eine dieser beiden Instrumental-Suffixe, nämlich ā eigenthümlich; a ist bekanntlich ein in der Stammbildung sehr viel angewandter demonstrativer Pronominalstamm, von welchem dieses Instrumentalsuffix durch Steigerung gebildet zu sein scheint.

Das zweite Suffix ist bhi, ein in seiner Abstammung dunkeles, aber vielfach und in mehrfacher Function in der Casusbildung auftretendes Element, welches mit dem Pluralzeichen s verbunden im Plural ausschliesslich den Instrumentalis bildet; ausserdem werden wir das Casussuffix bhi noch in dativischer und ablativischer Function finden (tibi, sibi u. s. w.).

Der Dativ ist nur im Altindischen und Altbaktrischen vom Locativ Singularis durch das Suffix ai durchweg geschieden, vielleicht Steigerung des locativen i, oder etwa aus abhi? Vgl. den Dativ des Personalpronomens, z. B. tibi. Was den Ausfall des bh betrifft, so vergleiche οιν für οφιν, Indisch eis aus abhis.

Mit Ausnahme des Casus auf bhi und ai, für welche Schleicher keine sichere Ableitung aufzustellen weiss, sind sämmtliche

Casus nach der hier dargelegten Ansicht so entstanden, dass an den Nominal- resp. Pronominalstamm ein Pronominalstamm demonstrativer Bedeutung angetreten sei. Es wird nicht weiter die nähere Bedeutung, ob „dieser" oder „jener", angegeben. Hiernach würden also die Casus-Begriffe resp. die Präpositionen mit ihren Casus ursprünglich folgendermassen ausgedrückt sein:

| | | | |
|---|---|---|---|
| Nom. | „der Berg" | durch | „Berg da" |
| Acc. | „den Berg" | durch | „Berg da" |
| Gen. | „des Berges" | durch | „Berg da" |
| Loc. | „in dem Berge" | durch | „Berg da" |
| Abl. | „von dem Berge" | durch | „Berg da" |
| Instr. | „mit dem Berge" | durch | „Berg da" |

Es wird hierbei vorausgesetzt, dass in einer frühesten Zeit in den Sprachen unseres Kreises eine Periode bestand — sie mag so lang oder kurz gewesen sein, wie sie will —, in welcher es casuslose Nominalstämme gegeben habe. Erst weiterhin entstand das Bedürfniss, die Casusverschiedenheiten am Ende des Nominalstammes lautlich auszudrücken, natürlich zu keinem anderen Zwecke, als um der Sprache grössere Genauigkeit in der Bezeichnung der verschiedenen Beziehungen zu geben, in welche die Nominalbegriffe zu einander durch die Sprechenden gesetzt werden. Und was thun nach der obigen Auffassung die Sprechenden in dieser Epoche der Sprachbildung? Sie setzen an den Nominalstamm bald diesen, bald jenen Pronominalstamm, aber immer Demonstrativstämme, die unter sich die gleiche Bedeutung haben oder höchstens dadurch verschieden sind, dass die einen Demonstrativstämme das näher liegende, die anderen das ferner liegende ausdrücken, die Stämme von „hier" und „da", von „dieser" und jener". Welcher begriffliche Zusammenhang ist nun aber zwischen „Berg da" und dem Nominativ, zwischen „Berg da" und dem Genitiv, zwischen „Berg da" und dem Accusativ u. s. w.? Muss man nicht sagen, dass die alten Ur-Indogermanen, als sie die Verschiedenheiten der Nominativ-, der Genitiv-, der Locativ-Beziehung an dem Nominalstamme durch Anfügung von Demonstrativstämmen ausdrücken wollten, dass sie damals um keinen Schritt weiter gekommen sind als vorher? denn von den verschiedenen

Beziehungen wurde die eine gerade so ausgedrückt wie die andere, der Nominativ-Begriff wurde durch Hinzufügung eines gleichbedeutenden Demonstrativstammes ausgedrückt wie der Genitivbegriff u. s. w. Etwas Anderes ist es, wenn die Ur-Indogermanen in der Epoche, wo sie die Flexionen gewannen, die drei Personalbeziehungen des Verbums an der Wurzel dadurch unterschieden, dass sie für die erste Person der Verbalwurzel den Stamm des Pronomens „ich, mich", für die zweite Person den Stamm des Pronomens „du, dich", für die dritte Person den Stamm des Pronomens „der" hinzufügten, also ausdrückten

„ich gehe" durch „gehen ich"
„du gehst" durch „gehen du"
„er geht" durch „gehen der".

Hier ist in der That ein augenscheinlicher Zusammenhang zwischen der Bedeutung des Pronominalstammes und der entsprechenden Beziehung, in welche der Verbalbegriff gesetzt wird. Aber bei der Zurückführung der Casusendungen auf Pronominalstämme kann von einem begrifflichen Zusammenhange zwischen der zu bezeichnenden begrifflichen Beziehung und dem Mittel, welches die Sprechenden zu dieser Bezeichnung gewählt haben sollen, nicht im entferntesten die Rede sein.

Es ist wohl die allgemeine Annahme, dass bei dem Fortschritte der anfänglichen Wurzel-Sprache zu einer flectirenden Sprache die Elemente des Conjugirens, also der Ausdruck der drei Personalbestimmtheiten an der Verbalwurzel den Anfang gebildet habe, dass dann erst weiterhin die Casus am Nominalstamme ausgedrückt seien. Wird man von dieser Voraussetzung aus vielleicht Folgendes annehmen wollen: Nachdem einmal die sprachbildenden Ur-Indogermanen bei der Bezeichnung der Personalendungen angefangen hatten, die Pronominalstämme an die bereits vorhandenen Lautcomplexe zu fügen, seitdem haben sie dies Princip der Bildung weiter fortgesetzt und die gesammte älteste Verbal- und Nominalflexion aus angefügten Pronominalstämmen auferbaut? Das ist in der That eine weitverbreitete Ansicht. Dieselbe schliesst aber ein, dass unsere sprachbildenden Urahnen im ersten Anfange ihrer Flexions-Arbeit mit Verstand, weiterhin aber mit Unverstand verfahren haben —, im ersten Anfange mit Verstand, denn da ist ein Zusammenhang zwischen der zu bezeichnenden begrifflichen Beziehung und dem für diese Beziehung gewählten Pronominalstamme, bei der Casusbildung aber nicht mehr, denn da fehlt jede Ratio, jeder Zusammenhang zwischen dem einzelnen Casusbegriffe und dem Pronominalstamme, welcher zur Bezeichnung dieses Begriffes verwandt sein soll.

Für Einen Casus, für den Nominativ, führt Schleicher einen Beweis an für die Richtigkeit der von ihm vertretenen Ansicht über die Genesis der Casusendungen. Wir wollen seine schon oben angeführten Worte wiederholen: „Das s des Nominativs ist ohne Zweifel Rest des Pronominalstammes sa (griech. ὁ). Beweis für die Richtigkeit dieser Annahme liefert die pronominale Declination, welche den Nom. Acc. neutr. durch t bezeichnet. Die Pronominalwurzel sa wird nämlich im vorliegenden Stande des Indogermanischen nur für Nom. sg. msc. fem. gebraucht, fürs Neutrum und für alle anderen Casus tritt eine andere Pronominalwurzel, nämlich ta ein; nun zeigt aber t als Rest von ta in der pronominalen Declination den Nom. Acc. Neutr. an, vgl. z. B. quis quid. Da hier als Casuselemente s und t gerade so wechseln wie im selbstständigen Pronomen sa und ta, so ist die Wahrscheinlichkeit der Identität beider eine sehr grosse.“ Schleicher geht von dem vorliegenden Stande unserer Sprachen aus. Aber auch im vorliegenden Stande ist die Ausdehnung des Stammes sa eine weitere als auf Nom. sg. msc. fem., und umgekehrt kommt der Stamm ta auch für den hier bezeichneten Casus vor. Im Lateinischen kommt der einfache Stamm ta in den Adverbien tum, tam u. s. w. vor, der einfache Stamm sa im Acc. msc. fem. sum, sam, sās; im Germanischen erscheint ta auch im Nom. sg. msc. „der“ u. s. w., sa auch im adverbialen Instrumentalis „sō“ u. s. w. Nun sind aber die Stämme sa und ta häufig mit anderen Pronominalstämmen combinirt, und hier hört die von Schleicher hervorgehobene Erscheinung ganz und gar auf, wie in αὐ-τός, αὐ-τή, αὐ-τό. Alles weist darauf hin, dass sich jene Eigenthümlichkeit vieler Sprachen, sa für den Nom. msc. fem. sg. zu verwenden, für die übrigen Casus aber ta, erst im weiteren Verlaufe der Sprachgeschichte herausgestellt hat. Die Entstehung der Nominativbezeichnung fällt aber sicherlich vor diese Zeit.

Doch auch bei der Annahme, dass schon in der frühesten Zeit im singularen Nominativ die Wurzel sa der männliche, die Wurzel ta der neutrale Pronominalstamm gewesen sei, ist das Verhältniss dieser beiden Stämme zu einander keineswegs dasselbe wie in der singularen Nominativendung des männlichen und neutralen Substantivs. Die männlichen Substantiva gehen hier allerdings auf s aus, aber niemals die neutralen, vgl.

| Nom. sing. | masc. | neutr. |
|---|---|---|
| Pronominalstamm | sa | ta |
| Substantiv | vicu-s | tectu-m |
| | οἶκο-ς | τέκνο-ν |

und so nehmen in allen verwandten Sprachen die neutralen a-Stämme, die häufigsten von allen, im Nom. sg. die Endung m oder n an. Wenn aber die in Rede stehende Annahme richtig wäre, dass die zu s und t (d) verkürzten Pronominalstämme sa und ta das singulare Nominativzeichen bildeten, so müsste man statt tectu-m ein tectu-t oder tectu-d erwarten. Als neutrales Nominativzeichen kommt aber t in der gesammten Substantiv-Declination nicht vor, sondern der Nasal. Die wenigen neutralen Pronomina, welche im Nom. sg. die Endung t hatten (im Griechischen τό[δ], ὅ[δ], τί[δ], ἄλλο[δ] nebst den hiervon ausgehenden Zusammensetzungen), sind den fast unzählbaren neutralen Substantiven gegenüber von keinerlei Beweiskraft.

Die Schleicher'sche Auffassung ist bisher die im Allgemeinen geltende, wenn auch Andere in einzelnen Punkten abweichen. So nimmt Bopp zur Erklärung der Casussuffixe ausser zu Demonstrativstämmen für einzelne Casus auch zu Präpositionen seine Zuflucht, z. B. zu der indischen Präposition abhi, aus welcher er den Casus auf bhi (Ἰλιόφι, tibi, sibi, mihi, nobīs, vobīs u. s. w.) erklärt. Ein Zusammenhang der Bedeutung zwischen Präposition und Casus lässt sich begreiflich machen, aber es erhebt sich von selber die Frage, ob nicht jene Präposition in ihrer Genesis dem genannten Casussuffixe durchaus coordinirt steht, dergestalt, dass in abhi der Demonstrativstamm a mit derselben Casusendung bhi, die auch bei anderen Pronominalstämmen und bei Nominalstämmen angefügt wird, verbunden sei. Und man wird diese Frage durchaus bejahen müssen. Somit ist denn für eine Erklärung des Suffixes bhi nichts gewonnen, die Frage ist nur hinausgeschoben. — Düntzer in seiner Schrift über die Declination der indogermanischen Sprachen nahm in allen Casusendungen Pronominalstämme an, aber ausser den demonstrativen auch die persönlichen der ersten und zweiten Person. Doch wird man leicht zugeben müssen, dass eine Composition, welche ursprünglich

Berg — ich
Berg — du

bedeutet, wohl zum Ausdrucke des Begriffes „mein Berg", „dein Berg" verwandt werden kann, wie dies in den semitischen Sprachen in ähnlicher Weise der Fall ist, dass aber daraus nimmermehr z. B. der Begriff des nominativen oder accusativen Casusverhältnisses „der Berg", „den Berg" hervorgehen kann.

§. 14.

Soviel sich nun auch die vergleichende Grammatik der indogermanischen Sprachen mit der Entstehung der Casusendungen abgemüht hat, der Unbefangene wird sicherlich zugeben, dass bisher noch kein ansprechendes Resultat gewonnen ist und dass die Herbeiziehung des Sanskrit hier um keinen Schritt über den Standpunkt Buttmann's u. s. w. hinausgeführt hat. Die Linguistik würde sich eine allzu enge Grenze setzen, wenn sie sich in ihrem Streben, die Grundbedeutung der sprachlichen Formen zu enträthseln, nicht auch die übrigen Sprachfamilien herbeiziehen würde, in denen es analoge Flexionsformen giebt. Eine Sprachfamilie, in welcher das Flexionssystem des Casus mit möglichster Schärfe ausgeprägt ist, ist die semitische. Die Zahl der Casussuffixe ist hier zwar ungleich beschränkter als im Indogermanischen, aber eben dies wird die Sachlage vereinfachen und die Arbeit erleichtern.

In der Form, wie uns das Semitische im Altarabischen vorliegt, hat es ungleich mehr Flexionsendungen als in dem Hebräischen und den übrigen semitischen Sprachen, und die Wissenschaft der letzten Decennien hat den unwiderleglichen Nachweis geführt, dass jene grössere Flexionsfülle des Arabischen nicht etwa, wie man wohl früher meinte, erst eine Neuerung der arabischen Nationalgrammatiker sei, sondern dass das Arabische, trotz seines späten

Auftretens, den Flexionsorganismus der ursemitischen Sprachperiode treuer als alle Schwestersprachen bewahrt hat. Ursprünglich müssen auch die übrigen semitischen Sprachen denselben Flexionsbestand wie das Arabische gehabt haben.

Wir sagten oben, dass für das Indogermanische blos in Bezug auf die zur Personalbezeichnung an den Verbalstamm antretenden Laute ein Zusammenhang mit Pronominalstämmen besteht. So ist auch im Semitischen ein genetischer Zusammenhang zwischen den zum Ausdruck der ersten und zweiten Person an den Verbalstamm hinzugefügten Lautelementen und den zum Ausdruck der ersten und zweiten Person dienenden Pronominalstämmen niemals verkannt worden (in der dritten Person entbehrt das semitische Verbum abweichend vom Indogermanischen eines Personalaffixes). Alle übrigen Flexionsendungen des Semitischen aber sind der Art, dass noch kein Forscher auf den Gedanken gekommen ist, dieselben aus irgend welchen semitischen Pronominalstämmen herzuleiten. Ganz insbesondere gilt dies von der Casusflexion.

Als Nominalstamm kommt im Indogermanischen nur sehr selten die reine Wurzel vor, z. B. *ποδ-ός* reg-is rē-s; fast durchgängig ist an die Wurzel noch ein Stammsuffix angetreten. Im Semitischen giebt es umgekehrt nur eine geringe Zahl von nominalen Stammsuffixen, z. B. at für den feminalen Begriff, ān für Abstrakta, ī für abgeleitete Adjectiva. In den bei weitem häufigsten Fällen besteht der Nominalstamm aus der unerweiterten Wurzel. Die semitische Wurzel hat meist eine Form, wie das griechische *περϑ*, *τρεπ*, d. h. sie enthält drei Consonanten und der Vocalismus derselben wechselt seine Stelle, wie in *πέρϑ-ειν* und *πραϑ-εῖν*, *ταρπ-ῆναι* und *τραπ-είομεν*. Dieser Wechsel in der Stellung des Wurzelvocales ist im Semitischen ein unbeschränkter. Sowohl durch die Annahme des Vocales an erster oder zweiter oder zugleich an beiden Stellen der Wurzel, als auch durch die verschiedene Qualität und Quantität dieser Vocale ist jede Wurzel fähig, in einer mehrfachen, bald einsilbigen, bald zweisilbigen Gestalt zu erscheinen, und eben diese Verschiedenheit der Wurzelform ist für die semitische Sprache das hauptsächlichste Mittel, um die verschiedenen, von ein und derselben Wurzel ausgehenden Stämme, je nach ihrer verschiedenen Bedeutung, von einander zu sondern.

Die innerhalb der semitischen Wurzel verwandten Vocale sind die drei kurzen Grundvocale a, i, u, sowie deren Verlängerung und endlich, jedoch sehr selten, auch der Diphthong ai. Eine Ablautung, Umlautung, Trübung, Contraction des Vocales kennt das frühere Arabische nicht. Erst auf einer späteren Stufe seines Lebens hat das Arabische jene eine grössere qualitative Mannigfaltigkeit des Vocalismus hervorrufenden Lautänderungen erfahren.

Die nämliche Heptas der Vocale a i u ā ī ū ai, welche innerhalb der als Nominalstamm fungirenden Wurzel vorkommen kann, wird aber auch verwandt, um die verschiedenen Casus der Einheit und der Mehrheit zu bezeichnen. Zu diesem Zwecke werden sie dem Auslaute der Nominalform hinzugefügt. Das Altarabische kennt nur drei Casus, den Nominativ, den Accusativ und den Genitiv; was ausserdem im Indogermanischen noch durch besondere Casus bezeichnet wird, wird dort durch eine stets mit dem Genitive verbundene Präposition ausgedrückt. Jene Vocale vertheilen sich nun in der Weise unter die verschiedenen Casus, dass die drei kurzen Vocale die drei verschiedenen Casus des Singulars darstellen, a den Accusativ, i den Genitiv, u den Nominativ, während die drei monophthongischen Längen ā ī ū und der Diphthong ai in folgender Weise für die dualen und pluralen Casus verwandt werden: ā für den Nominativ des Duals, ī zugleich für Genitiv und Accusativ des Plurals, ū für den Nominativ des Plurals, ai zugleich für Genitiv und Accusativ des Duals.

Der arabische Plural und der Dual hat je nur zwei Casus, einen Casus rectus (Nominativ) und einen Casus obliquus (für den Accusativ- und Genitivbegriff zugleich). Bei einer Anzahl von Wörtern (den sogenannten Diptota) hat auch der Singular nur zwei Casusendungen, indem die Genitivform zugleich für den Accusativ gebraucht wird. Die Consequenz, mit welcher in der uns vorliegenden ältesten Form des Semitischen der gesammte Vocalismus, welcher innerhalb der Wurzel erscheinen kann, für die Casusbildung ausgebeutet ist, stellt es als zweifellos hin, dass das Casussystem des Alt-Arabischen in der That das Ur-Semitische ist, oder mit andern Worten: Es lässt sich nicht voraussetzen, dass das Ur-Semitische einen grösseren Reichthum an Casusformen als das Alt-Arabische gehabt hat; man machte zunächst die lautlich zu sondernden Unterschiede eines Casus rectus und eines Casus obliquus, für den Casus obliquus aber bezeichnete man, wenn auch nicht überall, den Gegensatz des Accusativs und Genitivs durch besondere sprachliche Formen.

Im Indogermanischen, wie es uns in seiner verhältnissmässig ältesten Form durch das Sanskrit vertreten ist, ist von den drei Vocalen a i u der erstere unstreitig der häufigste und beliebteste. Wir dürfen wohl sagen, dass er derjenige Vocallaut war, welcher dem Sprachorgane unserer Urahnen der leichteste und zunächstliegende war. Gerade so verhält es sich auch mit dem a im Alt-Arabischen. Wir sehen das namentlich aus der Verwendung des a im Inlaute der Wurzel.

Es ist Regel, dass die Wurzel den Vocal a hat, wenn der durch sie bezeichnete Begriff der einfachere, näherliegende ist, wie z. B. beim Activum des transitiven Verbums: kataba scripsit, wogegen der entwickeltere, weniger einfache Begriff durch den Vocal u und i charakterisirt ist, z. B. das Passivum des intransitiven Verbums: kutiba scriptus est, und ähnlich auch bei dem (einem Passivum sich annähernden) intransitiven Verbum: chazina tristis fuit, chasuna pulcher fuit. Ebenso verhält es sich beim Unterschiede der Tempora; dasselbe Princip der Verwendung der drei Vocale a i u lässt sich auch sonst vielfach wahrnehmen.

Nun sollte man erwarten, dass auch da, wo die Vocale als Wurzelaffixe zur Bezeichnung der Casus gebraucht sind, dass da der Vocal a zur Kennzeichnung des Nominativs, der Vocal u für den Casus obliquus gebraucht worden sei. Aber es findet hier das Umgekehrte statt: kidch-a sagittam, kidch-i sagittae, kidch-u sagitta. Von unserem modernen Standpunkte aus will uns der Nominativ als der näherliegende Casus erscheinen, der Accusativ als der fernerliegende; aber bei der Entstehung des Casus fand gewissermassen das umgekehrte Verhältniss statt. Setzen wir hier wieder, wie es oben §. 13 für das Ur-Indogermanische geschehen ist, eine Sprachepoche voraus, in der es noch keine mit Casuszeichen versehene Nominalstämme gab. Der casuslose Stamm trat zunächst als Subject des activen Satzes auf: der dadurch ausgedrückte Gegenstand wurde als solcher hingestellt, an welchem eine Thätigkeit zur Erscheinung kommt („der Pfeil fliegt, trifft“ u. s. w.).

Zum Ausdrucke dieses Nominalverhältnisses genügte in der That der einfache Stamm. Das erste Bedürfniss einer Casusbezeichnung stellte sich für den Fall heraus, dass nicht das Subject, sondern ein abhängiges Casusverhältniss bezeichnet werden sollte. Es war der Gegenstand auszudrücken, den der Pfeil trifft u. s. w. Dieses als Object des Satzes gesetzte Nomen war es, welches zunächst des Casuszeichens bedurfte, und so ist es durchaus natürlich, wenn im Semitischen der Accusativ, als der zunächst zu bezeichnende Casus den zunächst liegenden Vocal a zu seinem lautlichen Exponenten erhalten hat.

Bei einer nicht geringen Zahl von Nomina (den sogenannten Diptota, vgl. S. 73) ist das singulare Accusativzeichen a zugleich der Ausdruck für den singularen Genitiv, und ähnlich ist es, wie oben bemerkt, bei den durch gedehnte Vocalaffixe bezeichneten Pluralen und Dualen. Diejenigen Substantiva aber, welche zwei Arten des Casus obliquus, den Accusativ und Genitiv, von einander scheiden, lassen für den Genitiv den Vocal i an den Stamm antreten. Der dritte Laut der Vocalreihe a i u wird bei allen Stämmen für den Nominativ verwandt. Es ist dies der Casus, der nach unserer obigen Auseinandersetzung zunächst gar keines besonderen Zeichens bedurfte: der durch a und i erweiterte Stamm bezeichnete den Casus obliquus, der unerweiterte Stamm war Casus rectus — das Fehlen des an den Stamm angefügten a und i war das Zeichen, dass der Stamm nicht Casus obliquus, also Subjectscasus war. Auf der Sprachstufe, in welcher uns das älteste Semitische vorliegt, ist aber auch der Nominativ seiner allgemeinen Wortgestalt nach dem Casus obliquus coordinirt; es musste dies dadurch geschehen, dass er den dritten, noch nicht zur Casusbezeichnung verbrauchten Vocal u zu seiner Endung erhalten hat.

Von den Casusvocalen a i u hat demnach keiner an und für sich gefasst mit der Casusbedeutung, deren Function er übernommen hat, einen inneren Zusammenhang, so wenig wie die wurzelinlautenden Vocale des Activums kataba mit der Activbedeutung und die wurzelinlautenden Vocale des Passivums kutiba mit der Passivbedeutung an und für sich genommen einen begrifflichen Zusammenhang haben. In der That ist noch Niemand darauf verfallen, dem Accusativzeichen a an und für sich, etwa als einem mit dem Substantivstamme componirten Formworte (einem Pronomen oder einer Präposition u. s. w.) eine selbstständige, mit dem Accusativbegriffe in Verwandtschaft stehende Bedeutung zu vindiciren. Der Zusammenhang dieser Flexionslaute mit der durch sie ausgedrückten begrifflichen Beziehung ist schwerlich eine andere als eine symbolische. Begriffliche Beziehungen, welche einer und derselben Kategorie, demselben *γένος*, angehören, haben einen gleichartigen Ausdruck gefunden, wie z. B. der transitive, intransitive, active, passive Verbalbegriff, — der Modus Indicativus und die Modi Subjunctivi, — Casus rectus und Casus obliqui u. s. w. Es ist anzunehmen, dass in dem langdauernden Processe der Sprachentstehung ein zeitliches Nacheinander dieser lautlich zu verkörpernden Kategorieen stattgefunden hat. Die zu einer jeden Kategorie gehörenden, dem *γένος* nach verwandten, aber dem *εἶδος* nach verschiedenen und einander entgegengesetzten Begriffe wurden auf homogene Weise, aber im Einzelnen verschieden ausgedrückt, und zwar so, dass der der Auffassung zunächst liegende Begriff, oder auch derjenige, für welchen die lautliche Bezeichnung am nothwendigsten war, dass dieser den nächstliegenden Laut zu seinem functionellen Elemente erhalten hat, während das fernerliegende *εἶδος* desselben *γένος* einen entsprechenden fernerliegenden Laut zu seinem Träger empfangen hat.

Dieselben Casusendungen a i u, welche an den wurzelhaften (suffixlosen) Nominalstamm treten, werden auch den durch eine Bildungssilbe erweiterten Stämmen angefügt. So z. B. den auf at ausgehenden Femininalstämmen, also mit dem indeclinabeln Artikel al verbunden: al-sārik-u *ὁ κλέπτων* (*κλέψας*), *ὁ κλέπτης*, al-sārikat-u *ἡ κλέπτουσα* (*κλέψᾶσα*), *ἡ κλέπτρια*, al-sārik-i *τοῦ κλέπτοντος*, al-sārikat-i *τῆς κλεπτούσης* u. s. w. Dieselben Casusendungen erhalten aber auch die Plurale einer sehr umfangreichen Klasse von Nominalstämmen. Das mehrfache Vorhandensein eines Nominalbegriffs wird nämlich von dem einmaligen durch Veränderung des dem Nominalstamme eigenthümlichen Vocalismus unterschieden, und zwar gewöhnlich so, dass der Plural durch langen Vocal charakterisirt wird. So al-kidch-u sagitta, al-kidāch-u sagittae; al-bachr-u mare, al-bichār-u maria; al-kidāch-i sagittarum, al-kidāch-a sagittas. Ein Theil der Feminina auf at, insbesondere Participia und davon ausgehende Nomina agentis, verändert nicht den Vocalismus der Wurzel, sondern den Vocal der Femininalendung at, indem sie denselben zu ā verlängert, z. B. al-sārikat-u ἡ κλέπτουσα, al-sārikāt-u αἱ κλέπτουσαι.

Wie manche Singulare, so hat auch eine Anzahl der durch veränderten Wurzelvocalismus gebildeten Plurale nur zwei Casuszeichen, u für den Casus rectus, a für beide Casus obliqui. Doch gilt dies sowohl für die Singulare wie für die Plurale nur dann, wenn sie weder mit dem Artikel, noch mit einem darauf folgenden Genitiv verbunden sind. In den beiden letzteren Fällen wird auch an den in Rede stehenden Wörtern ein jeder der beiden Casus obliqui durch ein besonderes Casuszeichen a und i ausgedrückt. Jene anderen Nomina aber, welche stets drei Casus bilden (die sogenannten triptota) verstärken, wenn sie nicht mit dem Artikel oder einem Genitiv verbunden sind, die auslautenden Casuszeichen a i u durch einen hinzugefügten Nasal (sie erhalten die Nunnation): al-bachr-u ἡ θάλασσα, bachr-un θάλασσα; al-bachr-a τὴν θάλασσαν, bachr-an θάλασσαν.

Die durch Affigirung der langen Vocale ā ī ū ai gebildeten Mehrheitsformen fügen, wenn kein Genitiv darauf folgt, gleich den zuletzt besprochenen Singularen dem langen Vocale ein n hinzu, wodurch zunächst die Ausgänge ān īn ūn ain entstehen. Doch wird eine lange geschlossene Silbe nach den Lautgesetzen des Alt-Arabischen im Auslaute nicht geduldet, und somit muss hier zu dem n noch ein schliessender Hülfsvocal hinzutreten, zu ān und ain ein i, zu īn und ūn ein a, daher die Ausgänge āni aini für den Dual, ūna und īna für den Plural.

Nehmen wir an, dass die durch veränderten Wurzelvocalismus gebildeten Plurale die ältesten sind, so ist eine (wenn auch noch so kurze) Epoche der semitischen Sprachentwickelung anzunehmen, in welcher für die Declination des Nomens am Ende des Stammes nur die kurzen Vocale a i u gebraucht wurden, die sowohl dem Singular wie dem Plural gemein waren, während die beiden Numeri dadurch unterschieden werden, dass dem mit kurzen Wurzelvocalen versehenen Singular eine Pluralform gegenübertritt, welche durch langen Vocal in der Wurzel charakterisirt ist. Es handelt sich nun zunächst darum, von diesem älteren Plural den Dual zu unterscheiden. Dies geschieht dadurch, dass für den Dual ein analoges Verfahren wie für den Plural eingeschlagen wird; auch für den Dual wird eine Vocallänge gebraucht, die aber hier nicht in die Wurzel treten kann (denn alsdann würde kein Unterschied vom Plural bestehen), und somit dem Auslaute des Stammes als Affix angefügt wird. Und zwar ist es der Laut ā, der hier als der erste Laut der Vocaltrias ā ī ū seine nächste Anwendung findet.

Wie es nun gekommen ist, dass das Semitische ausser der bereits besprochenen Pluralform noch eine zweite nach Analogie des Duals gebildet hat, wird sich schwer sagen lassen. Darf man vielleicht annehmen, dass die ältere, wesentlich durch innere Vocallänge gebildete Pluralform zunächst nur von kurzvocaligen Wurzelwörtern ausging und dass die zweite, dem Dual analoge Pluralform zuerst für solche Nomina aufkam, welche schon im Singular einen langen Wurzelvocal zeigten? Doch wie dem auch sei, sichtlich ist in diesem zweiten Falle der Plural durch Verlängerung des Casuszeichens gebildet worden: das u (un) des singularen Casus rectus wurde zu ū (ūna), das i (in) des singularen Casus obliquus wurde zu ī (īna), welches letztere für beide Arten des Casus obliquus, sowohl den Genitiv wie den Accusativ, verwandt wurde. Das lange ā (āni) hatte bereits, wie gesagt, die Function des Duals übernommen, und zwar bezeichnet es hier den Casus rectus; um den Genitiv-Accusativ dieses Numerus zu bilden, wurde der Dualvocal ā mit dem Genitivvocal i zum Diphthongen ai combinirt.

Die hier skizzirte Nominalflexion ist so klar und durchsichtig, dass wir alle einzelnen Momente, die hier in Anschlag kommen, mit Sicherheit überschauen und die Genesis dieser sprachlichen Formen von Anfang bis zu Ende verfolgen können. Der für die Casusendungen des Singulars eingeschlagene Weg, die rein symbolische Andeutung, ist auch für die Mehrheit eingehalten worden, sofern das mehrfach Vorhandene dem nur einmal Vorhandenen gegenüber durch dehnende Vocalerweiterung ausgedrückt ist, gleichviel, ob diese Dehnung innerhalb der Wurzel (bachr-un mare, bichār-un maria) oder in dem Nominalsuffixe (sārik-at-un *κλέπτουσα*, sārik-āt-un *κλέπτουσαι*), oder in der Casusendung (sārik-un *κλέπτων*, sārik-ūn[a] *κλέπτοντες*) vorgenommen wurde.

§. 15.

Ausser beim semitischen Sprachstamme können wir bloss noch beim indogermanischen die Geschichte der Flexionsendungen historisch an der Hand geschriebener Ueberlieferung aufwärts verfolgen und mit annähernder Sicherheit oder doch Wahrscheinlichkeit das Flexionssystem der Urzeit feststellen. Viele Forscher wollen nur diese beiden Sprachstämme als organisch flectirende Sprachen gelten lassen, indem sie alle übrigen, sei es als synthetische und analytische, sei es als isolirende und zusammenfügende Sprachen bezeichnen. Jedenfalls bietet das Indogermanische und Semitische, ohne historisch mit einander verwandt zu sein, eine viel grössere Zahl von Vergleichungspunkten unter einander als mit den übrigen bekannten Sprachfamilien dar.

So würde denn auch die Frage am Orte sein, ob das Indogermanische bei der Gewinnung seiner Nominal-Declination denselben Weg eingeschlagen hat wie das Semitische. Ist dies der Fall, so sind auch die alten indogermanischen Casusendungen ihrer Genesis nach symbolische Laute, von denen keiner an und für sich genommen eine begriffliche Beziehung zu dem durch ihn ausgedrückten Casusverhältnisse hat. Im anderen Falle würde sich die indogermanische Declination ihrer Genesis nach darin von der semitischen Declination unterscheiden, dass die zur Casusbezeichnung verwandten Lautelemente schon an und für sich eine bestimmte Bedeutung gehabt hätten, was wiederum nur dann der Fall sein könnte, wenn diese Lautelemente aus ursprünglich selbstständigen mit dem Nominalstamme zu einer Composition vereinten Wörtern hervorgegangen wären. Diese letztere Auffassung ist die bisher für die indogermanische Declination übliche und beliebte. Wir haben §. 13 kurz angegeben, wie man versucht hat, die indogermanischen Casuszeichen historisch auf selbstständige Pronominalstämme zurückzuführen. Doch wird der Unbefangene uns sicherlich darin beistimmen, dass ein begrifflicher Zusammenhang der Casusendung mit dem ihm angeblich historisch zu Grunde liegenden Pronominalstamme in keiner Weise vorhanden ist. Die Bedeutung der verschiedenen Casus ist eine verschiedene, aber die Bedeutung der verschiedenen, für sie herbeigezogenen Demonstrativstämme ist dieselbe. Oder wenn für die letzteren eine Verschiedenheit stattfindet, so ist es die, dass die einen Demonstrativstämme das „dieser“ oder „hier“, die anderen das „jener“ oder „dort“ bezeichnen. Doch wenn man im Einzelnen angeben soll, welche von den angeblich zur Casusbezeichnung angewandten Demonstrativstämmen das „dies“, welche das „jenes“ bezeichnen, so wird man wohl kaum eine Antwort geben können. In den historisch uns vorliegenden Sprachen giebt es allerdings für diese beiden demonstrativen Beziehungen verschiedene Pronomina, wie im Griechischen *οὗτος, ὅδε, ἐκεῖνος*, wie im Lateinischen hic und ille, wie im Deutschen „dieser“ und „jener“, aber keine der verwandten Sprachen stimmt in diesen Ausdrücken mit einander überein, ein deutlicher Beweis, dass diese nicht schon in der Urzeit, sondern erst nach der Sprachtrennung entstanden sind. Zudem sind dieselben niemals einfache Stämme, sondern complicirtere, sei es abgeleitete oder zusammengesetzte Pronominalbildungen, und schon dies weist auf die spätere Entstehung der Ausdrücke für „dieser“ und „jener“ hin. Von den der frühesten Zeit angehörenden einfachen Pronominalwurzeln kann man durchaus nicht annehmen, dass sie bereits diese verschiedenen Bedeutungen gehabt haben, und eben diese einfachen alten Stämme sind es doch, welche der in Rede stehende Erklärungsversuch der Declinationsausgänge in den Casussuffixen hat finden wollen.

Nach diesem Allen wird im Indogermanischen für die Erklärung der Casusendungen derselbe Weg wie im Semitischen eingeschlagen werden dürfen.

Den Nominativ und Accusativ unterscheidet das Semitische für den Singular durch die beiden Vocale a und u. Im Indogermanischen ist dies nicht der Fall. An Stelle des semitischen a fungirt hier ein nasaler Consonant (Accusativ Singularis), an Stelle des semitischen u der Sibilant (Nominativ Singularis):

al-kidch-a *τὸν διστό-ν*
al-kidch-u *ὁ διστό-ς.*

Zunächst zeigt sich zwischen Semitischem und Indogermanischem der Unterschied, dass jenes die beiden Casus durch Vocale, dieses durch Consonanten bezeichnet. Der Grund hiervon lässt sich aus der Beschaffenheit der beiderseitigen ältesten Nominalstämme entnehmen. Im Semitischen gehen dieselben auf den Wurzelconsonanten, im Indogermanischen auf ein vocalisches Stammsuffix, meist den Vocal a aus *). Sollte hinter diesem Nominalstamme das Casusverhältniss durch ein lautliches Element ausgedrückt werden, so musste dies bei den consonantisch auslautenden Stämmen des Semitischen zunächst ein vocalisches, bei den vocalisch auslautenden Stämmen des Indogermanischen zunächst ein consonantisches sein.

Das Casuszeichen des Accusativs, welches wir vorher als n, also als dentalen Nasal angesetzt haben, war aber ursprünglich ein nicht lediglich der Dentalklasse angehörender, sondern zunächst ein unbestimmter Nasal, der vor folgendem Dental-Laute zu einem dentalen, vor folgender Gutturalis zu gutturalem, vor folgender Labialis zu labialem Nasal wurde. So war es auch im Griechischen, denn obwohl hier gewöhnlich *ν* geschrieben wird, kommt doch auch eine die genauere Aussprache bezeichnende Schreibweise *τὴγ κεφαλήν, τὸμ πόλεμον* vor. Ebenso ist es im Sanskrit. Vor folgendem Vocale wendet die erstere Sprache den dentalen, die andere den labialen Nasal an; vermuthlich war hier die im Lateinischen bestehende Weise die ursprüngliche, die den Nasal des Accusativs zwar stets als labiales m schreibt, denselben aber vor folgendem Vocale in der Aussprache verschwinden lässt, also hier jedenfalls eine sehr schwache und unbestimmte Nasalirung gehabt hat.

Vom Nominativzeichen s dürfen wir annehmen, dass es wie jedes auslautende Flexions-s in den indogermanischen Sprachen aus einer dentalen Muta entstanden ist. Man vergleiche das auslautende s der zweiten singularen Verbalperson mit dem anlautenden t oder th in der Endung der zweiten Person der Mehrheit, — das auslautende s in der Endung der ersten Pluralperson Activi (*μες*) mit der entsprechenden Medialendung (*μεϑα*). Auch im Wechsel der mit s und t anlautenden Pronominalstämme ist die Form mit t

---

*) Es giebt zwar auch im Indogermanischen Nominalstämme, welche auf den Wurzelconsonanten auslauten (*ποδ-ός*), und auch solche, deren Stammsuffix mit einem Consonanten schliesst (*μή-τηρ, ὀνο-μαν*), aber jene sind überhaupt sehr selten und diese haben erst im weiteren Fortschritte eine grössere Häufigkeit erlangt.

als die ursprüngliche anzusehen, sa und ta (ὁ und τό, vgl. S. 69), σύ und τί.

Demnach dürfen wir annehmen, dass das singulare Accusativzeichen ursprünglich in dem unbestimmten Nasale, das Nominativzeichen in der zum Zischlaute erweichten dentalen Muta bestand.

Wir weisen darauf hin, dass die in der gesammten älteren Verbalflexion und Verbalbildung verwandten Consonanten sich lediglich auf die hier angegebenen, den Nasal und die mit dem Zischlaute wechselnde dentale Muta beschränken, denn wo hier j oder v erscheint, da sind diese aus den Vocalen i und u hervorgegangen, und gutturale und labiale Consonanten sind sicherlich in der Urzeit beim Verbum nicht gebraucht worden, vgl. das κ der griechischen Perfectendungen, das p der indischen Causativa In der Casusbildung kommen zwar auch labiale und gutturale Consonanten vor, nämlich in den S. 63 aufgeführten Endungen φι χι u. s. w., aber wir haben schon oben angedeutet, dass dieselben keine für die semasiologische Function wesentlichen und charakteristischen Laute sind, — schon das blosse in ϑι φι enthaltene i ist ausreichend, den betreffenden Casus auszudrücken.

So lässt sich der Satz aufstellen, dass die ältesten zur indogermanischen Flexion verwandten Consonanten sich auf eine Dyas beschränken, auf den Nasal und die mit der Sibilans wechselnde dentale Muta; neben diesen zwei consonantischen Elementen haben die drei Vocale a i u (als Kürzen oder Längen) dieselbe Verwendung, aber keiner der übrigen Consonanten, man müsste denn etwa die aus i und u hervorgegangenen Laute j und v hierher ziehen *).

Nun wird für die Vocal-Trias a i u ein Jeder gern anerkennen, dass die oben für das Semitische hingestellte Thatsache, dass a der zunächst liegende, i und u die ferner liegenden Laute dieser Reihe sind, in der Physiologie dieser Laute allgemeine Begründung hat und in derselben Weise wie für das Alt-Semitische auch für das Alt-Indogermanische vorauszusetzen ist. Aber gilt etwas Aehnliches auch für die in der ältesten Flexion in analoger Weise wie die Vocal-Trias verwandte Consonanten-Dyas? Wir werden nicht

*) Die Bildung der Nominalstämme, die zu den genannten Lauten auch noch r, l und k herbeizieht, muss hier unberücksichtigt bleiben.

minder bejahen müssen, dass aus dieser Consonanten-Dyas der Nasal der den Organen zunächst liegende, die dentale Muta der ferner liegende Laut ist. Im heutigen Chinesischen ist der Nasal der einzige Consonant, welcher neben den Vocalen im Ausgange der Wörter oder Wurzeln gesprochen wird; im Alt-Semitischen ist es der einzige Consonant, welcher den Auslaut einer Flexionssilbe bildet*), im Indogermanischen der einzige Consonant, welcher im Flexionssystem für den Inlaut der Wurzel als erweiterndes Element (*λαγχάνω* linquo) zur Verwendung kommt. Dies Alles weist darauf hin, dass der Nasal in derselben Weise der nächstliegende Consonant, wie das a der nächstliegende vocalische Laut ist. Daraus folgt dann ohne Weiteres, dass sich in der alten Dyas der Flexionsconsonanten der Nasal zur dentalen Muta (resp. der mit dieser wechselnden Sibilans) gerade so verhält wie unter den alten Flexionsvocalen das a zum u (resp. i).

Das Ergebniss dieser Auseinandersetzung würde also folgendes sein:

Zum Ausdrucke des Accusativs und des Nominativs ist sowohl im Semitischen wie im Indogermanischen der Nominalstamm um ein Lautelement erweitert worden, eines für den Accusativ, ein anderes für den Nominativ. Diese Laute haben an sich mit den durch sie bezeichneten Casusbegriffen nicht den mindesten Zusammenhang, sie bekommen ihn bloss durch den Gegensatz, in den sie in der sprachlichen Verwendung zu einander gestellt sind. Die Differenzirung ein und desselben Wortstammes durch eine zweifache Art der Erweiterung im Auslaute ist der Ausdruck für die zwei verschiedenen Beziehungen, in welche der durch den Wortstamm ausgedrückte Person- oder Sach-Begriff gesetzt wird. Diejenige Casusbeziehung, welche nach S. 75 zuerst eine lautliche Bezeichnung verlangte, war der Accusativ — die Semiten gaben ihm den zunächst liegenden vocalischen Laut, das a, — die Indogermanen gaben ihm den zunächst liegenden consonantischen Laut,

*) Das auslautende t für das Femininum der dritten Singular-Person gehört nicht in die Kategorie der Flexions-, sondern der zur Stammbildung verwandten Laute, die, wie bereits in der vorhergehenden Anmerkung bemerkt, nicht hierher zu ziehen sind.

den Nasal. Dem Nominativ wurde in analoger Weise bei den Semiten der ferner liegende Vocal u, bei den Indogermanen der ferner liegende Consonant t resp. s zu Theil.

Wir haben oben S. 71 der Ansicht Düntzer's Erwähnung gethan, wonach der Accusativ und Nominativ durch Anfügung der beiden Pronominalstämme der ersten und zweiten Person an den Wortstamm ausgedrückt sind, der Accusativ durch ma, der Nominativ durch ein zu su erweichtes tu. Auch hiernach würden die Gegensätze des Näher- und Fernerliegenden bei den beiden Casus zum Ausdruck gekommen sein, denn dem Standpunkte des Denkenden und Sprechenden (und auf diesen kommt es hier ja allein an) ist das Personalpronomen ma als die Bezeichnung der eigenen Person das näher liegende, das Pronomen tu als die Bezeichnung einer anderen Person, mit welcher ich rede, das ferner liegende. Es soll nun die von Düntzer vorausgesetzte Composition

ἄνθρωπο-μ'
ἄνθρωπο-σ',

in welcher das letzte Glied μ', σ' der verkürzte Stamm μο, σϝο ist, nicht unter Festhaltung der wirklichen Bedeutung des zweiten Gliedes die Bedeutung haben

ich Mensch
du Mensch,

auch nicht

mein Mensch
dein Mensch,

sondern die wirkliche Bedeutung des zweiten Gliedes wird aufgegeben und nur die Bedeutung des μο und σϝο als des „näher liegenden" und des „ferner liegenden" festgehalten. So haben denn auch hier die zur Bezeichnung des Accusativs und Nominativs angefügten Laute nur eine symbolische Bedeutung, aber sie haben diese erst dadurch gewonnen, dass die Stämme ma und tu sich ihrer in der Sprache bereits vorhandenen Bedeutung „ich" und „du" entäusserten.

Ist es nicht ungleich einfacher, für die Herleitung des Nominativ- und Accusativzeichens die selbstständigen Stämme des Ich und Du zur Seite lassen und statt dessen dem Indogermanischen einen analogen Entstehungsprocess dieser Casusendungen zu vindiciren wie denjenigen, welcher hier für das Semitische unwiderleglich feststeht? Dann werden wir auch des bisher noch nicht einmal versuchten Nachweises überhoben sein, dass hinter den consonantischen Casuszeichen der Abfall eines Vocales stattgefunden habe, desselben Vocales, der den für ihre Erklärung herbeigezogenen Pronominalstämmen eigen ist. Eine innere Beziehung zwischen den einander gleichen consonantischen Elementen der Casusendung und den Consonanten der Pronominalstämme braucht von unserem Standpunkte durchaus nicht in Abrede gestellt zu werden. Es wird diese Beziehung folgende sein: weil der Nasal der nächstliegende consonantische Laut ist, ist er sowohl für das Pronomen der ersten Person wie für den zuerst zu bezeichnenden Casus angewandt worden, und ebenso gilt das Entgegengesetzte von der mit dem Zischlaute wechselnden dentalen Muta der Casusendung und des Pronomens.

Grösseren Beifall als die Düntzer'sche scheint die S. 65 aufgeführte Ansicht, wonach Nominativ- und Accusativ-Flexion nicht minder wie die Ausgänge der übrigen Casus durch Anfügung von Demonstrativstämmen gebildet sind, zu finden. Die Nominativendung hat mit dem Pronominalstamme sa ta wohl mehr Aehnlichkeit als mit tu, aber für den Accusativ will sich, offen zu gestehen, kein Demonstrativstamm ergeben, der hier formell gleich passend wie der Stamm des ersten Personalpronomens wäre. Schleicher hält die Identität des Nominativzeichens mit dem Stamme sa für eine sichere Thatsache, vom Accusativzeichen aber sagt er, es scheine verwandt mit dem in Stammbildungen häufig gebrauchten Elemente m, und demnach müsse es einen Pronominalstamm geben, dessen Hauptelement m sei; wahrscheinlich sei dies die im indischen amum u. s. w. sich darbietende Silbe am. Schleicher selber hält es also nicht für ganz sicher, auf welchen Demonstrativstamm das Accusativzeichen zurückzuführen sei. Doch setzen wir den Fall, dass die hier ausgesprochene Vermuthung eine feststehende Thatsache sei: wie wollen wir uns den Process dieser componirenden Bezeichnungsweise des Nominativs und Accusativs erklären?

Es gab nach den Vertretern dieser Ansicht eine Zeit, wo die Sprache Nominalstämme und demonstrative Pronominalstämme, aber noch keine Casusflexion besass. Fügte man auf diesem Standpunkte zum Nominalstamme einen Pronominalstamm hinzu, so that man dies, um auszudrücken, dass man aus der ganzen Zahl der mit dem Nominalstamme bezeichneten Personen oder Sachen eine einzelne bestimmte meinte; es war dies das Mittel, einen umfassenderen Begriff zu specialisiren. Man konnte zu diesem Zwecke den Pronominalstamm dem Nomen sowohl vorausgehen als nachfolgen lassen. Nun trat aber in der Entwickelungsgeschichte der Sprache eine Periode ein, wo man dem Nominalstamme einen Pronominalstamm folgen liess, um den Nominativ, und einen andern, um den Accusativ auszudrücken. Man sagte „Baum da", nicht um wie sonst einen bestimmten unter den Bäumen zu bezeichnen, sondern um unter Hinzufügung eines (— zunächst activen —) Verbums anzuzeigen, dass der Baum — und zwar der Baum schlechthin, nicht ein bestimmter Baum — der Gegenstand ist, welcher sich in der durch das Verbum ausgedrückten Thätigkeit oder Zustande befindet oder von dem die Thätigkeit ausgeht. Und ebenfalls sagte man „Baum da", um anzugeben, dass es ein Baum (doch kein bestimmter Baum) ist, der von der Thätigkeit eines anderen Gegenstandes oder einer anderen Person betroffen, beeinflusst, verändert wird. So wird dem zur Casusbezeichnung verwandten Pronominalstamme seine ursprüngliche Bedeutung entzogen, er hört auf, die Gattung zu individualisiren, er übernimmt eine durchaus neue Function, die mit seiner alten in gar keinem Zusammenhange steht. Wenn irgend ein Zusammenhang statt fände, so könnte es höchstens nur derselbe sein wie bei Düntzer's Verfahren, nämlich der, dass der für den einen Casus verwandte Demonstrativstamm den näher stehenden Gegenstand (hier), der für den anderen Casus verwandte den ferner stehenden (da oder dort) bezeichnete, und dass dann das „hier" und „dort" symbolisch auf den Gegensatz der beiden zu bezeichnenden Casusverhältnisse übertragen wäre.

Demnach würden auch bei Düntzer's und Schleicher's Auffassung die den Gegensatz der Casus bezeichnenden Endungen des Indogermanischen schliesslich nichts anderes als differentiirende, auf das Casusverhältniss bloss symbolisch hindeutende Laute sein und insofern das Indogermanische mit dem Semitischen auf demselben Standpunkte stehen. Ein Unterschied aber würde der sein, dass die semitische Casusbildung direct auf das Ziel losgegangen ist und zur Differenzirung des Begriffes den Gegensatz an sich bedeutungsloser Laute verwandt hat, während die indogermanische einen unbegreiflichen Umweg gemacht haben müsste. Sie fügte, um die Casus lautlich von einander zu scheiden, verschiedene Pronominalwurzeln an den Nominalstamm, entäusserte dieselben in dieser Composition ihres Pronominalbegriffes und gab ihnen statt dessen die Function lediglich differenzirender Laute, die eine rein symbolische Beziehung zu den durch sie zu bezeichnenden logischen Gegensätzen ausdrückten; weiterhin wurden dann noch die aus einem Consonanten mit folgendem Vocale bestehenden Pronominalwurzeln auch ihres auslautenden Vocales beraubt *).

Von den Semiten wird Niemand sagen, dass sie Pronominalstämme oder selbstständige Wörter irgend welcher anderer Art mit dem Nominalstamme componirten, wenn sie diesen durch die Laute a i u oder an in un zur Bezeichnung der verschiedenen Casus erweiterten. Weshalb will man da von den Indogermanen glauben, dass ihre Casuszeichen nothwendig aus Pronominalstämmen hervorgegangen sein müssen? Es ist leicht zu sagen, wodurch dieser Glaube veranlasst ist. Sicherlich durch nichts Anderes, als weil man eine Beziehung zwischen den Personalzeichen der Verbalflexion und den Pronominalwurzeln ma tu ta entdeckt hatte, die man zunächst so auffasste, dass die genannten Pronominalwurzeln mit der Verbalwurzel componirt seien. Man glaubte hierauf fussend auch alle übrigen Flexionen für Compositionen und insbesondere für Compositionen mit Pronominalwurzeln halten zu müssen, ähnlich wie wenn die Alten die Zahlenverhältnisse, welche sie als massgebend für die Akustik aufgefunden hatten, nun ohne Weiteres als Regulatoren für das gesammte φυσικὸν hinstellten.

---

*) Würde nicht der ein Thor zu nennen sein, der um einen Brief zu schreiben die vor ihm liegendende Fülle von Briefbogen ohne Grund verschmäht und sein Vorhaben auf einer Bleistiftzeichnung ausführt, von der er vorher das Bild ausradiren und die er schliesslich noch zum passenden Formate beschneiden muss? Ganz ähnlich würden die Ur-Indogermanen bei ihrer Casusbildung nach der bisher geltenden Auffassung verfahren haben.

§. 16.

Fehlt es dem Indogermanischen an Bildungen, bei denen es sich ganz von selbst versteht, dass das zu Grunde liegende genetische Princip unmöglich etwas Anderes sein kann, als symbolisirende Differenzirung, dergestalt, dass man unmöglich darauf kommen kann, an eine Zusammensetzung zu denken? Dergleichen Bildungen giebt es freilich. Dahin gehört, wenn die Sprache den femininalen Begriff von dem entsprechenden männlichen dadurch unterscheidet, dass sie den auslautenden kurzen Stammvocal des Masculinums für das Femininum verlängert, wie *μακρό-ς μακρά*, eine Art der Genusbezeichnung, welche allen indogermanischen Sprachen gemeinsam ist. Der kurze Vocal ist sicherlich das Zunächstliegende, der verlängerte Vocal das Fernerliegende. Und ebenso sicher ist es, dass die Bezeichnung der Geschlechtsverschiedenheit ein Moment ist, welches das Vorhandensein des Stammes bereits zu seiner Voraussetzung hat: der einfache unveränderte Stamm wird gebraucht, um das zunächst liegende männliche Geschlecht zu bezeichnen, das weibliche Geschlecht wird durch eine auf dem Wege der Vocaldehnung erreichte Differenzirung des Stammes gewonnen. Etwas Aehnliches ist es, wenn in der indischen Sprache das Patronymicum, Gentilicium und ähnliche derivirte Nominalbegriffe durch eine am zu Grunde liegenden Stamme vorgenommene Vocalsteigerung bezeichnet werden: çiva der Gott Çiva, çaiva der Çiva-Verehrer.

Auffallend ist es, dass die Femininal-Stämme auf â zwar den Accusativ durch den Nasal bezeichnen, aber dem Nominativ das Casuszeichen s nicht hinzufügen. Von allen indogermanischen Sprachen macht hier bloss das Latein insofern eine Ausnahme, als es denjenigen femininalen Stämmen, bei denen das lange â (in Folge eines vorausgehenden i) zu ê abgelautet ist, das Nominativzeichen s giebt: avaritiê-s neben avaritia, colluviê-s u. s. w. Aber gerade diese Bildungen sind nicht geeignet, zu dem Glauben zu bewegen, dass das Lateinische hier eine über den Bestand der verwandten Sprachen hinausgehende Alterthümlichkeit in der Festhaltung des Nominativzeichens bewahrt, vielmehr scheint sich dies s bei avaritiê nur in Folge der ähnlich auslautenden Wurzel-Substantiva rē-s diē-s aufgekommen zu sein, in denen das aus ā entstandene ē kein femininales Stammsuffix, sondern Wurzelvocal ist, der hier auch im Sanskrit das nominativische s erhält (Lat. rē-s, Sanskr. rā-s u. s. w.). Auch der weibliche Stammvocal ī bleibt im Sanskrit fast durchgängig, im Zend nicht selten ohne Nominativzeichen, wogegen das analoge weibliche ū (bis auf einige Wörter im Zend) stets das nominativische s erhält.

Es ist möglich, dass die weiblichen Stämme auf ā schon in einer sehr frühen Zeit des Ur-Indogermanischen (vor der Epoche der Völkertrennung) den Abfall des Nominativzeichens erlitten haben. Doch steht auch schwerlich der Annahme etwas entgegen, dass bei diesen Stämmen das nominativische s niemals angenommen worden ist. Blicken wir auf das S. 75. 83 Ausgeführte zurück. Im Indogermanischen muss einmal eine Periode bestanden haben, wo die Casus überhaupt noch nicht bezeichnet waren. Man verband damals die Verbalwurzel — oder auch vielleicht schon eine flectirte Verbalwurzel — mit dem Nominalstamme, um die einfachsten aus Subject und Prädicat bestehenden Sätze auszudrücken. Der unerweiterte Nominalstamm hatte hier bereits die Function des Nominativs. Zunächst war es das accusative Casusverhältniss, welches eine lautliche Modification des Stammes erheischte und zu diesem Zwecke durch Anfügung des Nasales als des zunächst liegenden consonantischen Lautes erweitert wurde. Erst im Gegensatze zu dem Accusativ erhielt auch der Nominativ seine Endung. Es lässt sich denken, dass diese an sich keineswegs nothwendige Bezeichnung des Nominativs nicht überall durchgeführt wurde, und so insbesondere bei den weiblichen ā-Stämmen (auch bei einigen männlichen Pronominalwurzeln) unterblieben ist.

Zu einer Bezeichnung des neutralen Geschlechts sind die semitischen Sprachen nicht gelangt (das Femininum muss hier nicht selten die Function des neutralen Begriffes übernehmen). Bei den Indogermanen hat sich die Sonderung zwischen Masculinum und Femininum ohne Zweifel früher als die Bezeichnung neutraler Begriffe vollzogen. Eine eigens entwickelte Gestalt des Stammes wie beim Femininum ist dem Neutrum nicht zu Theil geworden; derselben unverlängerten Form des Stammes, welcher dem Masculinum als Ausdruck dient, wird auch die Function des neutralen Begriffes übertragen. Erst durch die Casusbildung werden die beiden Geschlechter von einander geschieden, und zwar bloss für die in Rede stehenden Casus, den Accusativ und Nominativ, sowie den damit zusammenhängenden Vocativ, während für die übrigen Casus Identität stattfindet.

1) Nominalstämme auf i, u und auf einen Consonanten lassen im Neutrum sowohl Nominativ wie Accusativ unbezeichnet (ὁ ἴδρι-ς τὸ ἴδρι, ὁ ἡδύς τὸ ἡδύ).

2) Nominalstämme auf a bezeichnen beim Neutrum den Accusativ wie bei den übrigen Geschlechtern durch den Nasal, denselben Ausgang aber wenden sie auch für den Nominativ an.

3) Pronominalstämme auf a und i bezeichnen beide Casus durch die dentale Muta, die hier zunächst in der Gestalt der Media erscheint: quo-d qui-d, durch Einfluss des folgenden Wortes aber auch zur Tenuis werden kann (das letztere zunächst im Sanskrit, aber auch im Lateinischen ist durch ältere Handschriften die Form quo-t u. s. w. für quo-d gesichert; es ist kaum zu zweifeln, dass hier der Eintritt des t ursprünglich nur vor einem harten Consonanten erfolgen konnte).

Wenn man in der activen Ausdrucksweise, die sicherlich die älteste war, eine Person oder Sache als Nominativ bezeichnete, so that man dies, um dieselbe als das Thätige hinzustellen, wie man ihr das Accusativzeichen gab, um sie als das durch eine Thätigkeit betroffene, modificirte, hervorgebrachte erscheinen zu lassen. Unmittelbar aus diesem Acte der Sprachentstehung geht die Unterscheidung des Neutrums hervor, denn es handelt sich um eine Anzahl meist gegenständlicher Begriffe, bei denen man den Gegensatz des nominativen und accusativen Verhältnisses zu bezeichnen für unnöthig fand. Die Unterscheidung männlicher und weiblicher Stämme bezieht sich ursprünglich auf den Geschlechtsunterschied im eigentlichen Sinne, auf lebende Wesen und in allererster Instanz auf Personen. Auf leblose Wesen, auf Gegenstände kann die Kategorie des Männlichen und Weiblichen zunächst nur durch eine Art von Personificirung übertragen sein (die Bäume als fruchttragende Wesen wurden weiblich gedacht u. s. w.). Diese Personen und persönlich gedachten Wesen sind es, bei denen man durch bestimmte lautliche Exponenten bezeichnen zu müssen glaubte, ob sie thätig oder ob sie leidend (von einer Thätigkeit betroffen u. s. w.) erscheinen. Die übrigen Wesen können als selbstständig thätige nicht auftreten und jener an den Personen und persönlich gedachten Wesen bezeichnete Unterschied des Thätigen und Leidenden wird daher bei ihnen — den neutralen Stämmen — unbezeichnet gelassen. Wie es kommt, dass die neutralen Substantivstämme je nach ihrem Stammsuffixe entweder für beide Casus der Flexionsendung entbehren oder den accusativen Nasalausgang erhalten, vermag ich nicht anzugeben. Wenn aber die auf einen neutralen Begriff hinweisenden Pronominalstämme in beiden Casus eine dentale Muta zur Endung erhalten, so hängt dies mit dem alten Nominativzeichen zusammen, welches einst auch den Nominalstämmen zukam, sich aber hier zur Sibilans s abgeschwächt hat, während es im neutralen Pronomen vor dieser Umformung geschützt blieb. Wie es aber kommt, dass die auf einen neutralen Begriff bezogenen Pronomina vor den neutralen Nomina dies voraus haben, dass sie nicht nur im Nominativ die ursprünglich hier auch dem männlichen Geschlechte zukommende Endung in ihrer ältesten Gestalt bewahren, sondern dieselbe Endung auch für den Accusativ anwenden, davon weiter unten, wenn wir das Verhältniss des Nominativzeichens zum Ablativ- und Genitivzeichen erörtern.

Die nominative Sibilans s kann nicht bloss hinter Vocalen, sondern auch hinter Consonanten gesprochen werden. In ihrem weiteren Fortgange haben freilich die indogermanischen Sprachen die auslautenden Consonantengruppen beschränkt, auch an Verbindung eines Consonanten mit folgendem s haben sie mehrfach Anstoss genommen und entweder den auslautenden Stammconsonanten oder das nominative s aufgegeben. Die Griechen sagen *κόλακ-ς μέροπ-ς ἅλ-ς*, aber nicht *πόδ-ς ἐσθήτ-ς λέξαντ-ς ποιμήν-ς πατήρ-ς*; die Inder sind noch empfindlicher für consonantische Härten geworden und würden auch eine Form wie *κόλακ-ς* nicht dulden. Doch wird wohl die Annahme richtig sein, dass diese in Folge des Strebens nach Weichheit eingetretenen Consonanten-Abfälle und Consonanten-Ausfälle in der frühesten Zeit noch nicht stattgefunden hatten.

Aber der den Accusativ bezeichnende Nasal ist weniger leicht hinter Consonanten zu sprechen. Soviel wir sehen, gehören Ausgänge wie „fern, vereiteln" erst den neueren Sprachperioden an, auf einen anderen Consonanten als r und l lässt aber auch unser heutiges Deutsch unmittelbar kein n folgen, und wo man in Dialecten solche Consonantenverbindungen hört, da ist überall die Elimination eines in der neuhochdeutschen Schriftsprache noch nicht verdrängten Vocales eingetreten.

Für die Urzeit dürfen wir solche Consonantenverbindungen nicht voraussetzen. Bopp sagt Vergl. Gr. 1 S. 313 (2. Aufl.): „Consonantisch endigende Stämme setzen dem Casuszeichen m einen Bindevocal vor, nämlich a im Sanskrit, ĕ im Lateinischen: bhrâtar-a-m fratr-e-m. Das Griechische hat hinter dem als Bindevocal angefügten *α* den wirklichen Casus-Charakter aufgegeben, Sanskr. bharant-a-m, Griech. *φέροντ-α*." Also um die Aussprache des accusativen Nasales hinter consonantischen Stämmen möglich zu machen oder zu erleichtern, sprach man schon in der Periode des Ur-Indogermanischen den Nasal mit dem vorausgehenden Vocale a aus — Bopp nennt ihn Bindevocal, Andere haben ihn Hülfsvocal genannt, — es ist ein Laut, der nicht der Exponent einer begrifflichen Beziehung sein soll, sondern lediglich phonetische Bedeutung und Ursprung hat. Aber der Begriff eines Binde- oder Hülfsvocales, an welchem die frühere vergleichende Grammatik keinen Anstoss nahm, ist späterhin vielfach angefeindet worden. Auch das *α* in *πατέρ-α*, früher *πατέρ-αν*, soll nicht Hülfsvocal, sondern so gut wie das auf ihn folgende *ν* ein integrirender Theil der Accusativendung sein. Schleicher sagt Compend. der vergl. Gr. S. 540 (2. Aufl.): „Casuszeichen des singularen Accusativs ist nach consonantischem Stammauslaute am, nach vocalischem fast überall m, worin wohl eine Verkürzung von am zu sehen ist." Also wo in der Endung des singularen Accusativs der Vocal a fehlt, da ist er ausgefallen. Es müsste also eigentlich heissen bei Stämmen auf a:

Nom. sg. *ἀγαθά-ς*, abgelautet *ἀγαθό-ς*,

Acc. sg. *ἀγαθά-αν*, contr. *ἀγαθάν*, abgelautet *ἀγαθῶν*,

bei Stämmen auf u:

Nom. sg. senatu-s,

Acc. sg. senatu-am, abgelautet senatu-om u. s. w.

So wenigstens würden die Accusative lauten, wenn die gewöhnlichen Lautgesetze in Anwendung gebracht wären. Aber der Accusativvocal a, so meint Schleicher, ist, wo er nicht vorhanden ist, bei vorausgehendem Vocale ausgefallen, also stets ausgefallen bei vorausgehendem Vocale a, gewöhnlich bei i und u.

Dürfen wir aber einen solchen Vocalausfall bei einer mit a anlautenden Casusendung annehmen? Wie wird bei den übrigen derartigen Casusendungen verfahren? Wie verhält es sich z. B. mit dem at des Ablativs, welches Schleicher ja in eben derselben Weise für die vollere Form der Ablativendung hält, wie am für die vollere Form der Accusativendung? Hier tritt überall eine Contraction des at mit dem vorausgehenden a des Nominalstammes zum langen â ein, welche im Lateinischen und Griechischen zu ω abgelautet wird: bonôd, ἀγαθῶς. Ebenso die Endung as des Genitivs, die Endung ai des Dativs. Müssten wir nach dieser Analogie nicht auch nothwendig als Accusativ ein ἀγαθῶν, ein älteres bonôm voraussetzen, wenn das Accusativzeichen hier ein am gewesen wäre? *). Daraus folgt nun aber, dass im Accusativ nicht am, sondern m die ursprüngliche Endung ist, und dass da, wo in dem Accusativ ein (nicht zum Stamme gehörendes) a vorkommt, wie in πόδ-α[ν], dies a etwas wesentlich anderes ist, als das a der Ablativendung at, nämlich kein functionelles, sondern ein lediglich euphonisches Element, ein Hülfs- oder Bindevocal. Die neuerlich aufgekommene Aversion gegen die bisherige Annahme von Bindevocalen ist wenigstens bei dem a des Accusativs in keiner Weise gerechtfertigt. Und weshalb soll es denn keinen Hülfsvocal a, sondern höchstens nur einen Hülfsvocal i oder u geben? Wenn in der späteren Geschichte der Sprache ein Hülfsvocal a ganz entschieden an solchen Stellen auftritt, wo früher kein Vocal gesprochen wurde, wenn z. B. das Gotische, welches alle älteren Schlussconsonanten mit Ausnahme von s und r abfallen lässt, da, wo es

*) Dass für die Behandlung eines Casuszeichens die Analogieen aus der Kategorie der übrigen Casuszeichen, nicht aber aus der Bildung der componirten Nomina zu entnehmen sind, liegt am Tage. Aber selbst bei der Composition kommt nur der Verlust des auslautenden Stammsuffixes a vor folgendem anlautenden a vor (im Sanskrit freilich selten genug), nicht aber Verlust des a hinter auslautendem Stammsuffixe i und u.

das n des Accusativs festhalten will, demselben einen Hülfsvocal a hinzufügt (than = τὸν zu thana), weshalb soll da die ältere Sprache keinen Bindevocal a gekannt haben?

Bleiben wir also für das Accusativzeichen bei der früheren (Bopp'schen) Ansicht, dass das functionelle Element desselben lediglich der Nasal ist, und dass der ihm bei einem consonantisch auslautenden Stamme und auch wohl bei einem i- und u-Stamme vorausgehende Vocal euphonischen Ursprungs und wie früher sei es als Bindevocal, sei es als Hülfsvocal zu bezeichnen ist.

§. 17.

Ablativ und Genitiv sind ursprünglich zwei in der Form durchweg von einander gesonderte Casus. Doch nur das Lateinische und die altiranische Avesta-Sprache haben diesen Unterschied für alle Stämme beibehalten. Das Sanskrit bildet nur von den kurzvocaligen a-Stämmen den Genitiv und Ablativ, von allen übrigen nur den Genitiv, der hier zugleich die Function des Ablativs übernehmen muss (es ist dies so, wie wenn im Lateinischen die Ablative puerō damnō, aber kein mensā patre quercū gebildet und statt dieser Ablative die Genitive mensae patris quercūs gebraucht würden). Das Griechische hat von dem Ablativ nur die I. §. 200. 109 angegebenen Adverbialbildungen bewahrt, im übrigen diesen Casus durch die Genitivform ausgedrückt, so dass der griechische Genitiv gleich dem singularen Genitiv der indischen ā- i- u- und Consonantenstämme eine doppelte Function hat, die des Genitivs und des Ablativs.

Wenn der lateinische Ablativ zur Angabe des wo? und wann? gebraucht wird, so ist dies eine Function, in welcher dieser Casus als Stellvertreter eines im Lateinischen erloschenen Locativs erscheint. In analoger Weise hat derselbe auch bisweilen die Function des gleichfalls erloschenen Instrumentalis übernommen, obwohl hier die Sachlage nicht so einfach ist, denn es ist nicht leicht, das ursprüngliche Gebiet des alten Instrumentalis von dem des Ablativs zu trennen. In seiner eigentlichen Bedeutung erscheint der lateinische Ablativ jedenfalls da, wo er den Ausgangspunkt einer Thätigkeit bezeichnet, sei es den räumlichen (auch zeitlichen) Ausgangspunkt, sei es den Urheber und die Veranlassung einer Handlung resp. eines Zustandes. Dass sich der Casus in diesen Bedeutungen häufig mit einer Präposition verbindet, ist wohl eine erst im Verlaufe der Sprachgeschichte aufgekommene Neuerung. Zu diesem eigentlichen Ablativ tritt stets ein Verbum oder ein eine verbale Thätigkeit bezeichnendes Adjectiv oder wohl auch Substantiv, — etwa mit Ausnahme des zu einem Comparativ gestellten Ablativs. Das Nähere hierüber unten bei dem statt des Ablativs gebrauchten griechischen Genitiv.

Wir haben S. 81 angenommen, dass das Nominativzeichen s aus einer dentalen Muta, und zwar zunächst der Tenuis hervorgegangen sei, dergestalt, dass der älteste und ursprünglichste Ausdruck des Subjectes in dem Consonanten t bestanden habe. Bei der einfachsten durch Subject und actives Verbum ausgedrückten Form des Satzes ist das als Nominativ gesetzte Nomen stets der Ausgangspunkt der durch das Verbum bezeichneten Thätigkeit. Anders, wenn das Verbum ins Passivum gesetzt oder wenn das (active) Verbum einen Zustand bezeichnet: sole mundus illustratur, ardebant cives cupiditate. Hier ist das als Ablativ gesetzte Nomen der Ausgangspunkt der Bewegung oder des Zustandes.

Den Ausgangspunkt der Bewegung bezeichnete man in der einfachsten, d. i. der activen Satzform mit einem späterhin zu s abgeschwächten t.

Den Ausgangspunkt der Bewegung bei passiver oder dem Passivum ähnlicher intransitiver Satzform mit einem durch vorgeschobenes a verstärkten t (d).

Der Ablativ ist seiner Entstehung nach ein verstärkter Nominativ, der die alte dentale Mutaform des Nominativs länger als der (einfache, unverstärkte, eigentliche) Nominativ festgehalten hat.

Wir müssen hier auf die Art der Verstärkung einen Blick richten. Da der Ablativ im Griechischen gänzlich, im Sanskrit bei allen nicht auf a auslautenden Stämmen verschwunden ist, in der Latinität aber bis auf einige wenige alte Sprachreste seinen auslautenden Dental verloren hat, so müssen wir von den Ablativ-Bildungen der Avesta-Sprache ausgehen. Von den a-Stämmen z. B. equo ἵππο, wird als Ablativ gebildet im Zend açpāt, oder auch mit Distraction des langen Vocales açpāat und umgekehrt mit Verkürzung açpat, — im Sanskrit stets açvât (d), — im Lateinischen equōd und mit Abfall des d equō.

Bei den i-Stämmen wird im Zend die dem Ablative eigene Vocalverstärkung durch Diphthongisirung des Stammsuffixes i zu oi bewirkt; bei angefügtem ća = que nimmt der Diphthong die Form ae an: Stamm gari (Berg), garoit, garaet-ća. Latein. marīd, marī, gewöhnlich mit Verkürzung: ove. Weibliche Stämme auf i gehen im Zend-Ablativ auf jāt aus, mit langem Ablativvocale ā: barethri (das Tragen) barethrj-āt.

u-Stämme: Endung des Zend aot oder vat, im Latein. ūd, verkürzt zu ū.

ā-Stämme: Endung des Zend ajāt („der Stamm ist hier wie häufig durch j erweitert" Schleicher Compend. S. 552), Latein. ād ā (pugnād pugnā).

Consonantische Stämme: Endung im Zend at, im Latein. ed e.

Der Ablativ tritt also in seiner Bildung in genaue Analogie zum Genitiv. Wie bei weiblichen i-Stämmen die Genitivendung as zu ās wird (πόλιος πόλεως), so hier im Ablativ at zu āt. Und ferner wird bei den i- und u-Stämmen, wie das bei diesen auch im Genitiv vorkommt, die vocalische Verstärkung nicht immer unmittelbar vor dem consonantischen Casuselemente angenommen (Ausgang v-at), sondern auch so, dass der Stammvocal i und u mit vorhergesetztem a zum Diphthongen ai und au (Zend oi ae, ao) verstärkt wird.

Die Verstärkung des ablativischen t ist somit eine zweifache: entweder wird zwischen dem Stammausgange und dem Consonanten ein a angenommen, oder es wird der stammauslautende Vocal zum Diphthongen verstärkt.

Im Indischen kommen nur zwei Beispiele von dem Unterlassen der Verstärkung vor, nämlich beim Personalpronomen ich und du: mat und tvat vom Stamme ma und tva. Die Verstärkung hatte den Zweck, den Ablativ von dem ursprünglich auf den gleichen Consonanten ausgehenden Nominativ zu unterscheiden; der Nominativ des ersten und zweiten Personalpronomens aber wird abweichend von der sonstigen Nominativbildung ausgedrückt und daher bedurfte es für dieselben keiner Verstärkung für den Ablativ-Consonanten.

Diese indischen Ablative ma-t und tva-t (ma-d, tva-d) zeigen die nämliche Bildung wie die singularen Nominative des neutralen Pronomens, denn auch diese fügen an den Stammvocal als Neutralendung ein t (d), Griech. τό-[δ] τί-[δ] ἄλλο-[δ], Latein. is-tu-d qui-d aliu-d, Sanskr. ta-d anja-d. Wir haben schon oben auf den Zusammenhang dieser Neutralformation mit dem Ablativ hingewiesen. Ein neutraler Nominalstamm — so mussten wir S. 90 definiren — ist ein solcher, bei welchem die Sprache von Anfang an nicht durch Flexionsausgänge unterschieden hat, ob er die Stellung des Subjectes oder des (accusativen) Objectes einnimmt, und ihn entweder in beiden Beziehungen ohne Casuszeichen lässt (den neutralen Stamm auf i, u und einen Consonanten) — oder ihm nicht bloss in der Stellung des (accusativen) Objectes, sondern auch des Subjectes das Accusativzeichen m (n) giebt. Wird ein Pronominalstamm, z. B. der Demonstrativstamm ta gebraucht, um auf ein als Nominativ oder als Accusativ fungirendes neutrales Nomen hinzuweisen, so wird demselben die dentale Muta als Endung gegeben: τό[δ] ὕδωρ. Ursprünglich (und so auch noch durchgehends in der homerischen Sprache) heisst das: „dies Wasser" oder „jenes Wasser", d. i. das an einer bestimmten Stelle, auf die ich hindeute, befindliche Wasser. Wir nehmen nun freilich an, dass das Nominativzeichen in seiner ältesten Gestalt eine dentale Muta war und erst von hier aus zu einer Sibilans erweicht ist. Aber das alte δ von τό[δ] können wir unmöglich als Nominativzeichen im eigentlichen Sinne auffassen. Denn der den neutralen Begriff bezeichnende Substantivstamm hat die charakteristische Eigenthümlichkeit, dass er niemals das Nominativzeichen empfängt; wie sollte es da kommen, dass das auf ein solches Neutrum hinweisende Pronomen die Nominativendung erhalten habe, nicht nur dann, wenn der neutrale Nominalbegriff die Stelle des Nominativs, sondern sogar dann, wenn er die Stelle des Accusativs hat? Dagegen erklärt sich das dem Demonstrativstamme τό in beiden Fällen zukommende Casuszeichen δ, wenn wir dies wie bei dem vorher angeführten ma-t und tva-t (von mir, von dir) als Ablativzeichen fassen. Die Grundbedeutung von τό[δ] ὕδωρ ist dann folgende: „Wasser von dort", „Wasser von dieser oder jener Seite", — und mit einem sich hier und auch sonst bei adverbialen Ablativformen leicht ergebenden Uebergange: „Wasser auf dieser oder jener Seite befindlich". Das homerische τό[δ] ὕδωρ würde also seiner ursprünglichen Bedeutung nach genau dasselbe sein, was die spätere griechische Sprache, in welcher der Pronominalstamm τὸ seine alte Demonstrativ-Bedeutung verloren hat, durch τὸ τόθεν ὕδωρ ausdrückt. Dasselbe gilt von den auf die nämliche Weise wie τό[δ] istud gebildeten Pronominalformen wie z. B. τί[δ] quid quod, ἄλλο[δ] aliud illud, ἐκεῖνο[δ]; der Grundbedeutung nach ist τί[δ] ὕδωρ = „von welcher Seite kommendes, auf welcher Seite befindliches Wasser?" u. s. w.; (das relative ὅ[δ], Skr. jad aber hatte zur Zeit, wo diese Casusform zuerst aufkam, gleich allen übrigen Casus dieses Stammes noch nicht Relativ-, sondern Demonstrativ-Bedeutung, die erst später in die Relativ-Bedeutung überging).

Mit dem Nominativ oder Accusativ eines neutralen Nomens verbunden hat also das demonstrative τό[δ], Skr. tad dieselbe Grundbedeutung wie das absolut gesetzte (adverbiale) τό[δ] der homerischen Sprache, wie das absolut gesetzte tad des Sanskrit, nämlich die Ablativ-Bedeutung „daher" (Il. Γ 176 u. s. w.), — es sind dies nicht adverbiale Accusative, sondern adverbiale Ablative. Ebenso das Skr. jad „weshalb" und das causale quod des Lateinischen. Die Frage, weshalb in diesem ablativischen Casus, einerlei ob sie mit dem Nominativ oder Accusativ eines neutralen Nomens verbunden oder absolut (adverbial) gebraucht werden, die sonst vor dem d des Ablativs eintretende Vocalverstärkung unterblieben ist, ist auf die nämliche Weise wie oben bei dem kurzvocaligen ma-d und tva-d des Sanskrit zu beantworten. Die Vocalverstärkung hatte den Zweck, den Ablativ von dem Nominativ, der ursprünglich auf den gleichen — später zu s erweichten — Consonanten ausging, zu unterscheiden; von den ältesten Pronominalstämmen aber wurde, wenn sie auf ein Neutrum bezogen wurden, kein Nominativ und Accusativ gebildet, sondern die auf einen Dental ausgehende Neutralform hatte ursprünglich nur die ablative Bedeutung, und deshalb bedurfte es keiner Vocalverstärkung für den Ablativ, der diesen Casus vom Nominativ unterscheiden sollte. Dass neben den kurzvocaligen Ablativformen ausserdem auch noch langvocalige vorkommen, dass neben dem adverbialen Skr. tad auch noch ein tād, neben jad ein jād (Vedensprache) erscheint, dass im

Griechischen in ähnlicher Weise auch ein demonstratives ὡς τώς, ein relatives ὥς (aus ὤδ τώδ ὥδ entstanden) vorkommt u. s. w., dies kann unserer Auseinandersetzung nicht als Einwand entgegengehalten werden; die Thatsache ist eben die, dass man vor dem ablativen d den Vocal der als Neutra gefassten Pronominalstämme ebenso wohl kurz als lang gebrauchte, dass also eine Verlängerung hier wenigstens nicht nöthig war.

Von den zu neutralen Nomina hinzutretenden Pronominalstämmen wurde also ursprünglich weder ein Nominativ noch ein Accusativ gebildet, vielmehr wurden sie für beide Fälle im Ablativ gebraucht, der dann freilich im weiteren Verlaufe der Sprache für das Bewusstsein der Redenden diese seine ursprüngliche Casusbedeutung verlor und je nachdem das neutrale Nomen im Nominativ oder Accusativ stand, durchaus als Nominativ oder Accusativ empfunden wurde, dergestalt, dass das Germanische jene neutrale Pronominalendung in den beiden genannten Casus auch für das neutrale Adjectivum anzuwenden keine Scheu trug (das Gotische sagt gōdata „bonum“ u. s. w. nach Analogie von thata). — Einen Nominativ und Accusativ bildete man vom Pronominalstamme nur dann, wenn er männliche oder weibliche Bedeutung hatte:

| | Nominativ. | Accusativ. |
|---|---|---|
| Mascul. | ὁ, Skr. sa | τόν, Skr. tam |
| Femin. | ἁ, ἡ, Skr. sā | τάν, τήν, Skr. tām |
| Neutr. | Beide Casus durch den kurzvocaligen Ablativ ausgedrückt: τό[δ], Skr. tad. | |

Wir haben §. 15 ausgeführt, dass von beiden Casus streng genommen nur der Accusativ eines Casuszeichens bedurfte, der Nominativ aber nicht. Es scheint, als ob nicht bloss beim weiblichen, sondern auch beim männlichen Pronomen die besondere Bezeichnung des Nominativs unterblieben ist. Man denkt zunächst daran, dass beim griechischen Nominativ ὁ das Casuszeichen ς abgefallen sei, aber auch in den verwandten Sprachen fehlt hier das Nominativzeichen und dies weist auf ursprüngliche Uebereinstimmung hin. Im Gotischen entspricht dem ὁ die Form sa, im

7 *

Sanskrit kommt dieselbe endungslose Form neben der volleren Form sas vor; im Lateinischen ist für den singularen Nominativ fast bei allen alten Pronominalstämmen das Nominativzeichen weggelassen: iste, ille, ipse neben ipsus, quī aus que-ī, hīc aus he-ic, īdem neben isdem. So auch im Sanskrit ēsha neben ēshas, aj-am (vom Pronominalstamme i mit demselben erweiternden am wie in tuam). Wir können bei dieser Uebereinstimmung in Beziehung auf das Fehlen des s schwerlich der Annahme entgehen, dass bei den männlichen Pronominalstämmen, wenn sie als Nominativ standen, ursprünglich ein doppeltes Verfahren eingehalten wurde: es wurde hier entweder der nackte unveränderte Stamm gebraucht oder es wurde in Analogie mit den Nominalstämmen das Casuszeichen s hinzugefügt.

§. 18.

Der Genitiv steht in seiner Form dem Ablativ durchaus parallel. Er unterscheidet sich von ihm bloss dadurch, dass statt des Ablativconsonanten d im Genitiv ein s erscheint, ein Unterschied, der im weiteren Verlaufe dadurch noch mehr verwischt werden kann, dass die auslautende dentale Muta des Ablativs in den dentalen Zischlaut übergeht (die griechischen adverbialen Ablative auf ursprüngliches ωδ haben hierdurch einen scheinbar genitivischen Ausgang ως erhalten). — Vor dem s des Genitivs wird der Stamm des Wortes im Allgemeinen ganz auf die nämliche Art wie vor dem d des Ablativs behandelt. Consonantisch auslautende Stämme erweitern das s regelmässig durch ein demselben vorausgehendes a, welches zu o e resp. u i abgelautet werden kann: ποδ-ός ped-is Vener-is und Vener-us. Bei auslautendem i und u (ī und ū) wird wie beim Ablativ statt des kurzen auch langes ā angenommen (πόλεως), oder die Annahme des verstärkenden a unterbleibt und statt dessen wird i und u diphthongisirt. (Das kurze is in avis ist aus aviis entstanden wie inīcio aus iniicio.) Bei auslautendem ā kann der Stamm durch i (j) erweitert werden (wie im Ablativ des Iranischen); daher im Altlateinischen neben ās (d. i. ā-as) die Endung āīs (Prosepnāis) aus āias, verkürzt zu āī, ae. Auch bei den lateinischen a-Stämmen erscheint dieselbe Bildung in illīus istīus (aus illai-as istai-as). Nur darin findet eine Eigenthümlichkeit der Genitivbildung statt, dass die a-Stämme im Sanskrit die Endung sja anfügen; dieselbe Endung liegt bei den nämlichen Stämmen auch dem Iranischen zu Grunde, auch hat man dieselbe in dem Griechischen οιο εισ (aus οσιο) wiederfinden wollen, obwohl es viel wahrscheinlicher ist, dass dieser Ausgang wie im lateinischen illīus zu erklären ist: wie dieses aus illai-as, so οἴκοιο aus οἴκοιο[ς]; der Abfall des griechischen ς hat hier seine Analogie im lateinischen illī, vicī neben illīus (aus vicaia[s]); erhalten hat sich das genitivische s im griechischen ἐμεῦς u. s. w. wie im altlateinischen mīs tīs. Bopp nimmt an (Vgl. Gr. 1 §. 189): „in den äolisch-dorischen Formen ἐμοῦς u. s. w. seien offenbar zwei Genitivendungen vereinigt", die dem Sanskrit entsprechende Genitivform ἐμο[σ]ιο habe noch die Genitivendung s zu sich genommen, aber offenbar ist dies sicherlich nicht. Auf dieselbe Weise hat man auch illīus erklärt (aus illo[s]io + s), aber ist nicht die im oskischen Dialecte vorkommende Genitivendung aller a-Stämme, eis, genau dieselbe wie die lateinische Genitivendung īus (aias ist oskisch zu eis, lateinisch zu īus geworden)? Auch die Genitivendung der gotischen a-Stämme gehört hierher, denn das i in stōlis ist ein ursprünglich langes (sonst wäre es ausgefallen), also stōlīs, welches ebenfalls nur aus stōlaias entstanden sein kann.

Wir lassen es dahin gestellt, in wie weit die im Sanskrit und Zend vorkommende Genitivendung der a-Stämme, nämlich sja, mit der Genitivendung der übrigen Stämme verwandt ist, — ob dies Uebertragung der Pronominal-Declination auf das Nomen ist oder nicht. Für alle übrigen Nominalstämme aber lässt sich die Genitivbildung dahin feststellen, dass für diesen Casus derselbe Consonant s an den Stamm getreten ist, welcher im Nominativ erscheint, jedoch mit dem Unterschiede, dass der Zischlaut im Nominativ unmittelbar an den Stamm, im Genitiv aber mit vocalischer Verstärkung angefügt wird, entweder so, dass zwischen Stamm und Casusconsonant ein a (ā) eintritt, oder so, dass der Stammvocal diphthongisch gedehnt wird.

Jedenfalls besteht also zwischen Nominativ und Genitiv eine Verwandtschaft der Formbildung, und zwar dieselbe wie zwischen dem auf i ausgehenden Locativ und dem auf ai, d. i. a + i ausgehenden Dativ. Die Formverwandtschaft zwischen Nominativ und Genitiv für die Semasiologie dieser Casus unbeachtet zu lassen wäre ebenso ungerechtfertigt, als wenn wir uns um den Zusammenhang des Dativs mit dem Locativ zur Ermittelung des semasiologischen Zusammenhanges nicht kümmern wollten.

Nun lässt sich freilich zwischen der Bedeutung des Genitivs und des Nominativs kein gemeinsames Band finden. Dagegen ergiebt sich sofort ein begrifflicher Zusammenhang, wenn wir den mit dem Nominativ semasiologisch verwandten Accusativ zur Vermittelung herbeiziehen. Unter der oben angenommenen Voraussetzung, dass der Sibilant des Nominativs aus der dentalen Tenuis hervorgegangen sei, drücken wir das Verhältniss der drei in Rede stehenden Casus durch folgende Formel aus:

t zu s : Nominativzeichen,<br>
∧ t zu { ∧ d : Ablativzeichen,<br>
∧ t zu { ∧ s : Genitivzeichen,

d. h. das einfache, unmittelbar an den Stamm antretende t ist, zu s geworden, das Zeichen des Nominativs. Es wurde dies t aber auch mit einer verstärkenden Erweiterung (von uns durch ∧ t bezeichnet) an den Stamm gehängt, und dieses verstärkte t hat sich in einer zweifachen Weise umgeformt. Es ist einerseits die Tenuis t zur Media d geworden, andererseits wie im Nominativ in den Zischlaut übergegangen, in der ersteren Umformung (zur dentalen Media) dient es zum Ausdrucke des Ablativs, in der letzteren (zur dentalen Sibilans) dient es zum Ausdrucke des Genitivs.

Die beiden Casus also, die wir auch für den weiteren Fortschritt der Sprachen im nächsten Zusammenhange erblicken, dergestalt, dass der eine durch den andern sei es für bestimmte Klassen von Stämmen, sei es für sämmtliche Stämme, ersetzt werden kann, der G e n i t i v und A b l a t i v, sind auch in ihrer Entstehung aufs engste mit einander verwandt, indem sie aus einer gemeinsamen Grundform durch lautliche Differenzirung des consonantischen Elementes hervorgegangen sind, der Art, dass das ursprüngliche t das eine mal zu d, das andere mal zu s geschwächt worden ist. Wir nehmen hierbei an, dass das Ablativzeichen ebenso wie das Zeichen des neutralen Pronomens nicht t, sondern d ist, und werden hierzu weniger durch die lateinische Ablativform auf ōd ād u. s w., als vielmehr durch die Art der Lautverschiebung, welche die dentale Muta der älteren Sprachen im Germanischen erfahren hat, veranlasst. Doch wird der Zusammenhang der in Rede stehenden Casus nicht geändert, wenn man dem Ablativ und dem gleich auslautenden Nominativ und Accusativ des neutralen Pronomens die mediale Tenuis als charakteristischen Consonanten vindicirt, denn auch so wird der Unterschied des Genitivs und Ablativs in der lautlichen Differenzirung eines einst gemeinsamen consonantischen Elementes bestehen, der Ablativ hat alsdann die ursprüngliche Beschaffenheit des Endconsonanten behalten, der Genitiv hat ihn zum Zischlaute geändert. Dass nun aber die Sprache auch sonst an die Differenzirung desselben Lautes verschiedene Beziehungen derselben Grundbedeutung anschliesst, dafür fehlt es nicht an Nachweisen. Im Dual des Präsens und Conjunctivs hat die 2. und 3. Person für das Sanskrit den gemeinsamen Ausgang tam, im Dual des Präteritums, Optativs und Imperativs wird die 3. von der 2. Person durch Verlängerung des Vocales a geschieden: tam und tām. Aehnlich, aber nicht durchgängig auch im Griechischen. Der Consonant in der Endung der 2. Person ist ursprünglich ein t, unverändert bleibt derselbe für den Skr. Plural des Präteritums, durch Veränderung des t in th hat das Sanskrit eine feste Sonderung der 2. Plural-Person des Präsens von derselben Person des Präteritums gewonnen. Zeichen der 1. Person ist der Nasal; durch Differenzirung des Nasales in den dentalen und labialen Endungen (āni und āmi) gewinnt das Sanskrit den lautlichen Unterschied für die erste Singular-Person des Conjunctivs vom Indicativ Präsentis. Durch den Uebergang des labialen Nasals in den labialen Halbvocal (in den Endungen mas und vas) erhält es den Unterschied des Plurals und Duals der ersten Person. Und um noch ein den Consonanten t betreffendes Beispiel anzuführen: je nachdem es denselben in der mit i auslautenden Personalendung zu dh (ϑ) oder s abschwächt, bezeichnet derselbe die zweite Singular-Person des activen Imperativs oder des activen Präsens. Genau in der nämlichen Weise wie hier bei dem das eine mal in die Aspirata, das andere mal in den Zischlaut abgewandelten Personal-Zeichen t fassen wir es auf, wenn wir sagen, dass das alte mit Vocalverstärkung verbundene Casus-Zeichen t das eine mal in die dentale Media, das andere mal in die dentale Sibilans verändert sei und im ersteren Falle die Function des Ablativs, im zweiten die Function des Genitivs erhalten habe. Im ersten Anfange der Casusbildung waren beide Casus so wenig von einander geschieden, wie (nach jetzt wohl allgemeiner Annahme) im ersten Anfange der Numerusbildung der Dual vom Plural — dann trat noch während des Zusammenlebens der indogermanischen Völker eine Periode ein, wo die beiden Casus wie die beiden Mehrheitsbegriffe (mas und vas) durch Differenzizung des alten gemeinsamen Lautes von einander gesondert wurden, — endlich aber kamen die von einander getrennten Sprachen in ihrem weiteren Fortgange auf einer Stufe an, wo sie die eine der durch Differenzirung gewonnenen Formen aufgaben und sowohl für die beiden Casus- wie für die beiden Numerusbegriffe nur eine einzige der beiden Formen beibehielten, d. h. die Genitivform auch für den Ablativbegriff, die Pluralform μες mus auch für den Dualbegriff verwandten. So im Griechischen. Spätere Sprachen lassen bezüglich der beiden in Rede stehenden Casus gewissermassen das umgekehrte Verfahren eintreten, indem sie nach Verlust der Casusendungen den Genitivbegriff durch eine genau dem Ablativ entsprechende Umschreibung mit einer Präposition ausdrücken (die romanischen Sprachen mit de, das Englische mit der dem lateinischen ab etymologisch und begrifflich entsprechenden Präposition of). Es erhellt hieraus zugleich, dass dem Sprachgefühle Ablativ und Genitiv zu jeder Zeit zwei in nächster Verwandtschaft stehende Casusbeziehungen waren. Diese Verwandtschaft näher darzulegen, muss der speciellen Casusdarstellung überlassen bleiben.

§. 19.

Ueberblicken wir die soweit für die Genesis der Casus gewonnenen Ergebnisse.

1. Der zunächst zu bezeichnende Casus war der Objectscasus des activen Satzes, der Accusativ. Die Semiten kennzeichnen ihn durch den zum Stamme hinzutretenden zunächst liegenden Vocal, den Laut a, die Indogermanen durch den zunächst liegenden consonantischen Laut, den Nasal.

2. Das Subject des Satzes findet schon in dem unerweiterten Stamme einen entsprechenden Ausdruck. Aber beide Sprachen hatten den Trieb, das Subject in seiner lautlichen Form dem Objecte adaequat zu setzen. Die Semiten wenden dafür den ferner ab liegenden Vocal u an, die Indogermanen die dentale Tenuis, die hier im weiteren Verlaufe zur dentalen Sibilans geworden ist. Die Indogermanen lassen diese lautliche Erweiterung des Subjectes aber nur dann eintreten, wenn dasselbe ein Nominalbegriff ist, welcher als ein selbstständig thätiger gefasst wird, sei es eine Person oder ein personificirter Gegenstand. Insbesondere werden die als geschlechtslos gefassten Nominalbegriffe ohne Nominativzeichen gelassen, entweder so, dass sie auch als Subject mit demselben Casuszeichen wie das Object bezeichnet oder in beiden Satzbeziehungen ganz ohne Casuszeichen gelassen werden.

3. Da der Nominativ der Ausgangspunkt der Thätigkeit ist, so wird der sprachliche Ausdruck desselben, der dentale Laut, auch für den nicht als Subject gesetzten Ausgangspunkt der Thätigkeit gebraucht, jedoch von dem Subjectscasus dadurch unterschieden, dass dann zu dem Dental ein verstärkender Vocal hinzutritt. Die grössere lautliche Fülle erklärt sich der einfacheren Form des Nominativs gegenüber insofern, als sie einem Begriffe zukommt, von welchem das Subject des Satzes abhängig ist. Der auf diese Weise erweiterte Nominalstamm hat nicht bloss die Bedeutung des als räumlichen Ausgangspunkt und als Urheber und Veranlassung der Thätigkeit gesetzten Ablativs, sondern auch des Genitivs. Unter sich aber werden beide Casus dadurch geschieden, dass bei dem einen die Mutaform des dentalen Consonanten beibehalten, bei dem andern dagegen zum Zischlaute geschwächt wird.

Das Verfahren der Indogermanen geht hier von dem der Semiten weiter aus einander, indem die letzteren für den Genitiv aus der alten Vocal-Trias den Laut i verwenden und demselben zur Bezeichnung des ablativen Verhältnisses eine den Ausgangspunkt bezeichnende Präposition hinzufügen, während die Indogermanen beide Casus durch vocalische Verstärkung der dem Nominativ zu Grunde liegenden Form gewinnen.

§. 20.

Den Semiten war vocalische Verstärkung (Dehnung des Wurzelvocales oder des Affixvocales oder des Casusvocales) das Mittel, um den pluralen Begriff vom singularen lautlich zu scheiden. Die indogermanische Mehrheitsbezeichnung ist nicht minder eine symbolische als die semitische. Wie die Mehrheit der Einheit gegenüber der erweiterte Begriff ist, so wird die singulare Casusform, wenn sie in den Plural umgewandelt werden soll, durch einen dem Casuszeichen hinzugefügten Laut erweitert. An und für sich genommen haben diese Mehrheitslaute mit dem Begriffe der Mehrheit so wenig Zusammenhang, wie die Casuslaute mit dem Begriffe des Casus. Die nämlichen consonantischen Laute, welche zum differenzirenden Ausdrucke der Casus verwandt worden sind, erscheinen auch als die Bildungslaute der Mehrheit.

| | Singular. | Plural. |
|---|---|---|
| Acc. | N (M) | N**s** |
| Nom. | S | Sa**s** |
| Gen. | ∧ S | Sā**n** (Sā**m**). |

Der singulare Casuslaut bildet auch das Anfangselement der jedesmal entsprechenden Flexionsendung des pluralen Casus; wir haben ihn in der vorstehenden Uebersicht durch einen Uncialbuchstaben ausgezeichnet. Der die Mehrzahl symbolisirende Laut ist beim Accusativ und Nominativ der Zischlaut, beim Genitiv der Nasal; wir haben ihn jedesmal durch einen fetten Typus hervorgehoben. Hinter dem Nasale des Accusativs konnte die pluralische Sibilans ohne Bindevocal gesprochen werden; um den pluralen Laut hinter dem s des singularen Nominativs und Genitivs sprechbar und hörbar zu machen, musste ein Hülfsvocal angenommen werden; es ist dies derselbe Hülfsvocal a, welcher angewendet wurde, um das singulare Accusativzeichen n (m) hinter einem Consonanten auszusprechen. Hinter dem Nominativzeichen s ist der Hülfsvocal ein kurzes, hinter dem Genitivzeichen ein verlängertes a; doch ehe wir auf diesen Unterschied eingehen können, haben wir auf die verschiedene Natur der Plural-Consonanten einen Blick zu werfen.

Es zeigt sich, dass, so viel dies möglich war, der Plural-Consonant im Gegensatze zum singularen Casus-Consonanten gewählt ist: der Nasal des Accusativs erhält im Plural nicht wiederum einen Nasal, sondern den Sibilanten, der Sibilant des Genitivs im Plural nicht wiederum einen Sibilanten, sondern einen Nasal. Da aber zwei Singular-Casus, Nominativ und Genitiv, durch denselben Laut bezeichnet sind, so wurde, um eine verschiedene Pluralform für beide Casus zu gewinnen, nur dem genitivischen s der Nasal, dagegen dem nominativischen s ein Sibilant als Plural-Ausdruck hinzugefügt. Im Singular sind die beiden durch s bezeichneten Casus dadurch gesondert, dass das s im Nominativ unmittelbar antritt, im Genitiv aber mit vocalischer Verstärkung (die wir in der vorstehenden Uebersicht ebenso wie es S. 102 geschehen ist, durch ein dem s vorgesetztes Dehnungszeichen angedeutet haben). Dieser Unterschied, dass der Gen. sg. eine Vocalverstärkung erfahren hat, der Nom. sg. aber nicht, wird auch in den entsprechenden Pluralendungen insoweit fortgeführt, als der Vocal in der pluralen Genitivendung verlängert ist (Sâm), in der nominativen Pluralendung dagegen eine Kürze bleibt.

Noch ist auf die Eigenthümlichkeit der Pluralendungen hinzuweisen, dass das ihnen vorausgehende vocalische Stammsuffix im Allgemeinen die Neigung hat, sich zu verlängern. So gehen im Sanskrit die kurzen a-, i-, u-Stämme im pluralen Accusativ nicht auf

a-ns i-ns u-ns,

sondern auf

â-ns î-ns û-ns

aus, so wird vor der pluralen Nominativendung sas das Stammsuffix zu â, so dass die Endung nicht

a-sas,

sondern

â-sas

ist (bei i- und u-Stämmen ist die unversehrte Endung sas nicht nachzuweisen). Auch beim Genitiv pluralis tritt eine analoge Verlängerung der kurzen Suffixvocale ein (vgl. unten). Ist diese Vocaldehnung etwas ähnliches, wie wenn beim Sanskrit-Verbum der ersten Conjugationsklasse der Vocal a vor den mit m und v beginnenden Endungssilben zu â verlängert wird? Dann ist sie ein rein phonetischer Process, dessen Veranlassung wir bis jetzt noch nicht kennen. Oder ist sie etwas für die Pluralbezeichnung Functionelles, soll auch sie dazu dienen, die lautliche Erweiterung des Pluralbegriffes gegenüber dem Singular lautlich zu symbolisiren? Für sich allein freilich würde dies der semitischen Pluralbildung analoge Verfahren nicht ausreichen, um die Mehrheitscasus zu bezeichnen, denn nur die auf kurzen Vocal, aber nicht die auf langen Vocal und auf Consonanten ausgehenden Stämme können dadurch dem Singular gegenüber differenzirt werden.

Die Pluralendungen ns sas sān sind sämmtlich in dieser ihrer vollen Form in den indogermanischen Sprachen nachzuweisen. Ueber das Vorkommen von ns im Griechischen vgl. I. §. 99; im Gotischen hat sie sich für alle kurzvocaligen a-, i-, u-Stämme erhalten; für dieselben Stämme ist sie auch im Sanskrit nachzuweisen, nur dass hier den Auslautsgesetzen gemäss das auf das n folgende s sich nur vor gewissen Lauten erhalten hat. — Die plurale Nominativendung sas kommt bloss im älteren Sanskrit und Zend bei den kurzvocaligen a-Stämmen vor. Die Endung sān liegt in den pluralen Genitiv-Ausgängen der lateinischen Stämme auf a und ā zu Grunde: ōrum, ārum, ērum, ferner der griechischen Stämme auf ᾱ, vgl. I. §. 102; ausserdem kommt sie im indischen, germanischen und altiranischen Pronomen vor.

Für alle übrigen Stämme der betreffenden Sprachen haben die drei in Rede stehenden Pluralendungen insgesammt die Verkürzung erfahren, dass das den Casus bezeichnende Lautelement zu Anfang der Endung aufgegeben und somit nur der den Mehrheitsbegriff bezeichnende Consonant mit sammt dem Hülfsvocale, der ihn mit dem Casuszeichen verband, übrig geblieben ist.

| | Singular-endung. | Volle Pluralendung. | Abgekürzte Pluralendung. |
|---|---|---|---|
| Acc. | N (M) | **Ns** | **s** |
| Nom. | S | **Sas** | **as** |
| Gen. | S | **Sān** (**Sām**) | **ān** (**ām**). |

Es ist nicht unbeachtet zu lassen, wie principiell und systematisch die Sprache bei diesen Verstümmelungen der alten Formen (Verstümmelungen sind es ja immerhin) verfahren ist; denn alles, was für die Casusbeziehungen functionell war, ist hier aufgegeben worden, bloss die der Mehrheitsbezeichnung angehörigen Laute sind den Mehrheitsendungen verblieben. Die sämmtlichen

Stämme auf i ū und auf einen Consonanten (mit Ausnahme der indischen Stämme auf ar) zeigen diese abgekürzten Pluralausgänge. Dabei musste hinter einem Consonanten das plurale Accusativzeichen s mit einem Hülfszocale a an den Stamm treten, wodurch vielfache Gleichheit des pluralen Nominativ- und Accusativ-Ausganges entsteht; nur das Griechische gewinnt durch Ablautung des im Nominativausgange befindlichen Vocals *α* zu *ε* ein Mittel, den Accusativ vom Nominativ zu scheiden. Eigenthümlich ist es, dass die indogermanischen Sprachen bei den a-Stämmen den gänzlichen Abfall der Nominativendung lieben, nachdem sie den Stammvocal a durch Hinzufügung eines i in einen Diphthongen verwandelt haben. Und eine fernere Eigenthümlichkeit ist es, dass das Sanskrit die aus sâm verkürzte Genitivendung âm mit Einschiebung eines n an den vocalisch auslautenden Stamm anfügt. Dass dies n keine functionelle Bedeutung hat, ist auch die Ansicht Bopp's (Vgl. Gr. 1 §. 246: „Vocalisch endigende Stämme ... setzen im Sanskrit ein euphonisches n zwischen Endung und Stamm, dessen Endvocal, wenn er kurz ist, verlängert wird") und auch wohl Schleicher's (Compend. §. 253: „Vocalische Stämme erweitern den Stamm durch n, vor welchem sie den Stammauslaut dehnen. Diese Bildungsweise ist eine indische Neubildung; in der älteren Sprache zeigen sich noch die älteren Formen.").

Wenn die vorstehende Darstellung der Pluralbildung das semitische Princip symbolischer Flexion auch für das Indogermanische festhält, so wird dies dem bisherigen Standpunkte gegenüber kaum als eine wirkliche Neuerung erscheinen. Gerade die indogermanische Mehrheitsbezeichnung ist ein Theil des Flexionssystemes, auf dem auch bereits früher schon von den vergleichenden Grammatikern eine lediglich symbolisirende Bedeutung grammatischer Endungen angenommen worden ist. Bopp sagt von dem ns des pluralen Accusativs (Vgl. Gr. 1 §. 236): „Ich fasse bei diesem ns das blosse s als das wahre Casus- und Persönlichkeitszeichen (wie im Nom. sg. und plur.) und nehme an, dass wie in der dritten Pluralperson der Verba die Mehrheit symbolisch durch eine Formerweiterung, nämlich durch Einfügung eines Nasales, was fast einer blossen Vocalverlängerung gleichkommt, angedeutet sei". Also dem Begründer der vergleichenden Grammatik sagt es hier durchaus zu, dass die Mehrheit durch ein Lautelement bezeichnet sei, welches an und für sich gefasst zu dem Mehrheitsbegriffe gar keine Beziehung hat; auch im Indogermanischen würde nach seiner Auffassung die Mehrheit auf dieselbe Weise wie im Semitischen bezeichnet sein können, denn das geht ja aus den Schlussworten: „was einer blossen Vocalverlängerung gleichkommt" hervor. Doch vermisst man bei Bopp's Auffassung der symbolisirenden Bezeichnungsweise des pluralen Accusativs den nothwendig vorauszusetzenden Zusammenhang der Endung ns mit dem accusativischen Casuselemente des Singular n oder m; Bopp spricht von dem die Endung ns schliessenden Zischlaute als dem „wahren Casuszeichen wie im Nom. sg. und plur." Der Zischlaut ist freilich „wahres Casuszeichen" des Nominativs, aber nicht des Accusativs.

Schleicher fasst bei seiner Analyse der Pluralendungen die verschiedenen Elemente derselben etwa in gleicher Weise, wie wir es gethan, einerseits als functionellen Laut des Casus-, andrerseits des Mehrheitsbegriffes. Er lehrt:

„Zum Nominativzeichen s aus sa tritt noch das Pluralzeichen s hinzu, das wohl ebenfalls eine Verkürzung von sa ist, so dass ursprünglich wohl sasa, dann sas das den Nominativ Pluralis bildende Element ist. Das Pluralzeichen s, sa ist vielleicht mit altindischem sa, sa-m (mit) zusammenzustellen.

Masculina und Feminina fügen das Pluralzeichen s zum Accusativ des Singulars hinzu. Neutra haben die in ihrem Ursprunge dunkele Endung ā, die zugleich als Nominativ Pluralis gilt.

Der Genitiv Pluralis endigt sich auf ām und sām, letzteres ist jedoch fast nur in der pronominalen Declination erhalten. Es scheint, dass ām aus sām entstanden ist, wie im Nominativ Pluralis as aus sas. Wahrscheinlich ist sām eine vollere und gedehnte Form des ursprünglichen Genitivsuffixes und das Pluralzeichen ist verloren. Nach dieser Vermuthung wäre also gen. plur. sām aus sāms oder sams entstanden, vgl. den dualen Dativ bhjām aus bhjāms neben dem pluralen Dativ bhjas aus bhjams; wie neben dem Casussuffixe bhi ein bhj-am erscheint, so neben dem Genitivsuffixe s, as ein gleichbedeutendes sam. An dieses sam muss nun früher das plurale s sich angeschlossen haben wie an jenes bhjam."

| | Sing. | Plur. |
|---|---|---|
| Nom. | s (aus sa) | sa + sa zu sas |
| Acc. | am | am + sa zu ans |
| Gen. | s (aus sa) | sâm + sa zu sâm |

Das schliessende sa, welches hier allen vorliegenden Pluralformen als ursprünglicher Ausgang vindicirt wird, ist ein ursprünglich selbstständiges Wort von der Bedeutung „mit", welches mit dem singularen Casus componirt wird, um den Singular in den Plural zu verwandeln. Man sieht aber nicht ein, wie die Composition mit „mit" den Singular zum Plural machen kann. Suchen wir uns die Sache möglichst anschaulich zu machen. Das s des Plurals ist nach Schleicher dasselbe Element, welches im griechischen σύν erscheint. Denken wir uns folgende Composition:

| | | |
|---|---|---|
| Nom. | οἰκο-ς + συν | zu οἴκοσες, οἴκοι-ες, οἶκοι |
| Acc. | οἶκον + συν | zu οἴκονς, οἴκους |
| Gen. | ποδός + συν | |
| alt | ποδοςᾱν + συν | zu ποδσᾱνς, ποδῶν. |

Indem von dem zugefügten Worte nur der anlautende Consonant übrig blieb, entstanden die vorliegenden Formen, vorausgesetzt dass der singulare Genitiv ursprünglich nicht auf s, sondern auf σαν ausgieng. Wir wollen einstweilen auch dies letztere zugeben. Aber wie wird die Zusammensetzung οἶκος + συν die Bedeutung von οἶκοι, οἶκον + συν die Bedeutung οἴκους erhalten können? Das „mit" bezeichnet ein Hinzukommen von etwas andrem zum Singular, aber dass das Hinzukommende in mehreren Gegenständen derselben Art besteht, das ist durch eine solche Composition nie und nimmer ausgedrückt.

Wir können aber noch einen Schritt weiter gehen. Sagen wir — und das wird wohl Schleicher's Gedanke sein —: das mit singularem Casus componirte Wort bedeutet „zusammen" oder „Gesammtheit". Das scheint etwas weiter zu führen, lässt aber die Sache dennoch beim Alten. Ja, würde ein solches Wort an eine bereits vorhandene Pluralform gehängt, so käme ein passender Sinn heraus: οἶκοι + ἅμα, domus + simul d. h. die Häuser in Gesammtheit: — dies würde ein noch mehr verallgemeinernder Plural sein, eine Verstärkung des Plurals, aber sie wäre doch aus einer schon existirenden Pluralform hervorgegangen und um die Hervorbildung des Plurals aus dem Singular zu erklären, wäre sie ganz unnütz. Ein singularer Casus mit „zusammen" oder „insgesammt" componirt, würde nur das „ganze Haus", „das Haus mit allem, was es enthält" und dergleichen, niemals aber mehrere Häuser bedeuten können.

Nun müssen wir aber auch die von Schleicher aufgestellte Hypothese, dass der singulare Genitiv ursprünglich auf sam ausgegangen und hinter diesem sam das pluralische Suffix sa abgefallen sei, durchaus in Abrede stellen. Hat Schleicher nicht für die singulare Genitivendung § 252 den Satz aufgestellt, dass das Element derselben as, s ist, auf's nächste dem at, t des Ablativs verwandt, und dass wie das t des Ablativs, so auch das s des Genitivs pronominalen Ursprungs, nämlich aus dem demonstrativen Pronominalstamme sa hervorgegangen sei? Und jetzt wird dem Plurale zu Lieb nicht sa, sondern sâm als vollere und gedehntere Form des ursprünglichen Genitivsuffixes angenommen? Das kann doch nur heissen: ausser dem das Genitivsuffix bildenden Demonstrativstamme sa gab es auch noch einen gleichbedeutenden Demonstrativstamm sâm, welcher ebenso wie der einfachere sa zur Genitivbildung an den Nominalstamm angefügt worden ist. Von einem Demonstrativstamme sâm ist uns aber nicht das mindeste bekannt; sâm konnte höchstens ein bestimmter Casus des Demonstrativstammes sa sein, nämlich der weibliche Accusativ Singularis, und in der That ist aus der älteren Latinität ein sâm in dieser Bedeutung nachzuweisen. Dann wäre der Genitiv des Nomens dadurch gebildet, dass dem Nominalstamme entweder der reine Demonstrativstamm sa oder der weibliche Accusativ dieses Demonstrativums sâm angefügt sei. Das kann aber unmöglich im Ernst Schleicher's Ansicht sein. Schleicher selber sagt, dass sich sa zu dem postulirten sâm gerade so verhalte, wie das Casussuffix bhi zu bhj-am. Dies Suffix bhj-am (ein Dativ des ersten und zweiten indischen Personalpronomens) bezeichnet er §. 265 als eine Weiterbildung des Instrumentalsuffixes bhi, §. 261 als ein durch am vermehrtes bhi. Die Dativendung bhjam ist hiernach aus der Instrumentalendung bhi durch weiterbildende Hinzufügung der Silbe am entstanden. Damit sind wir vollkommen einverstanden. Aber welche Berechtigung gibt uns das Vorhandensein des instrumentalen bhi und eines daraus durch Hinzufügung der Silbe am entstandenen dativen bhj-am zu der Annahme, dass von dem angeblich zur Bildung des Genitivs an den Nominalstamm angetretenen Demonstrativum sa durch Anfügung desselben am, welches in bhj-am vorkommt, eine Endung sâm (= sa + am) gebildet sei? Die wirklich existirende Erweiterung des bhi zu bhj-am hat ihren guten Grund, es soll auf diese Weise der Dativ vom Instrumentalis unterschieden werden, aber welchen Grund hätte die postulirte Weiterbildung der Genitivendung sa zur Endung sâm, welcher von Schleicher ebenfalls die Genitivbedeutung beigelegt wird? Es liegt auf der Hand, dass sich die Annahme einer singularen Genitivendung sâm weder durch bhj-am noch durch sonst etwas plausibel machen lässt.

Schleicher's Ansicht ist also in der That die, dass familiârum nicht minder wie familiâs den Elementen seiner Endung nach ein Gen. Sing. sei; familiâs sei durch Anfügung des zu s verkürzten singularen Genitivzeichens sa, familiârum durch Anfügung des im Lateinischen zu rum umgestalteten singularen Genitivzeichens sâm entstanden. Dass familiârum im vorliegenden Stande der Sprache die Bedeutung eines pluralen, nicht eines singularen Genitivs hat, habe darin seinen Grund, dass hinter dem ârum ein ursprünglich hier stehendes s abgefallen sei, jenes s, welches wie das singulare Genitivzeichen s aus einem Stamme sa hervorgegangen sei, der aber hier nicht demonstrative, sondern die Bedeutung „mit" habe. — Es ist keine Frage, dass dies lauter Hypothesen sind, die eine so unergiebig wie die andere.

Wir haben noch Folgendes hinzuzufügen. Eine Analogie für den Abfall des Mehrheitszeichens s hinter einem Nasale liegt vor im pluralen Accusative des Sanskrit:

dêvam, pl. dêvâns, abgekürzt dêvân.

Nach Schleicher verhält sich der plurale Genitiv auf sâm gerade so zu dem hypothetisch vorausgesetzten Singular auf sâm, wie die plurale Accusativendung ân (in dêvân) zur singularen Accusativendung am (in dêvam), denn auch sâm soll aus sâm + s entstanden sein. Wäre dies der Fall, so müssten auch die lautlichen Verhältnisse der in Rede stehenden Pluralendungen in Beziehung auf den Consonanten einander gleich sein:

| | | | |
|---|---|---|---|
| acc. sing. | am | gen. sing. | sâm |
| acc. plur. | ân-s | gen. pl. | sân-s |
| verkürzt zu | ân | verkürzt zu | sân |

d. h. wie der unbestimmte Nasal m des singularen Accusativs vor dem s des Plurals zu n geworden ist und diese Nasalform auch nach Abfall des Pluralzeichens bewahrt hat, so müsste auch die hypothetisch vorausgesetzte singulare Genitivendung sâm ihren Nasal vor dem Pluralzeichen s zu n verändert haben, müsste zu sân-s geworden sein und die nasale Form n auch nach Abfall des Pluralzeichens s bewahrt haben, wir müssten also für das Sanskrit nothwendig eine plurale Genitivendung sân, aber nicht sâm voraussetzen, wenn wir anders den Lautgesetzen gebührende Rechnung tragen wollen. So geht aus der im Sanskrit vorliegenden Nasalform der pluralen Genitivendung sâm hervor, dass dieselbe keine Apokope eines Pluralzeichens s erlitten hat, dass sie vielmehr eine unversehrte Endung ist, und dass wenn ihr anlautendes Element s (wie ja auch Schleicher annimmt) das Zeichen des Genitivs ist, dass dann das auf s folgende âm nothwendig als das für den Pluralbegriff charakteristisch functionelle Element angesehen werden muss.

Da Schleicher die Sibilans als das einzige Mehrheitszeichen auffasst, muss er alle Mehrheitsformen, in denen kein s vorkommt, als Verstümmelungen ansehen oder unerklärt lassen. Vgl. oben S. 110: „Neutra haben die in ihrem Ursprunge dunkele Endung â". Wir geben umstehend eine vorläufige Uebersicht von unserer Auffassung der Mehrheitscasus und ihrem Verhältnisse zur betreffenden Singularform; erst nach Erörterung des singularen Instrumentalis, Locativ und Dativ können wir näher darauf eingehen.

| | Singular. | Plural und Dual. | |
|---|---|---|---|
| Nom. Acc. neutr. | Endungslos | a (pl.)<br>i (pl.) | ā, ām, āu (dl.)<br>ī (dl.) |
| Accus. m. f. | M | Ns (pl.) | (Dl. wie neutr.) |
| Nomin. m. f. | S | Sas (pl.) | (Dl. wie neutr.) |
| Genitiv. | 'S | Sām (pl.) | |
| Locativ, Dativ, Instrumentalis. | A | | |
| | I, verstärkt AI | { sI (pl.)<br>{ Is (pl.) | *Iv* (dl.) |
| | BHI | BHIs (pl.), verstärkt BHIas (pl.)<br>BHIām (dl.) | |
| | [U] | { sU (pl.), verstärkt sVa<br>{ [Us], verstärkt aUs (Loc. dl.) | |

§. 21.

Den alten aus der Zahl der Consonanten hergenommenen Flexionselementen, dem Nasale und der mit der Sibilans vertauschbaren Muta, stehen im Allgemeinen coordinirt die drei Vocale a i u. Die früheste Verwendung haben dieselben auf dem Gebiete des indogermanischen Nomens bei der Bildung der Nominalstämme erhalten, und eben deswegen, weil eine Wurzel, um zur Bezeichnung eines Nominalbegriffes zu dienen, durch einen dieser Vocale erweitert war, hat das Indogermanische zum Zwecke der Nominativ-, Accusativ- und Genitiv-Bildung sich zu den Consonanten wenden müssen, während die Semiten hier vocalische Endungen bildeten. Vgl. S. 80. Da das Semitische keine anderen Casus als diese drei gebildet hat, so wird man wohl mit Recht annehmen dürfen, dass eben diese Casus die frühesten des Indogermanischen sind (selbstverständlich mit Einschluss des vom Genitiv ursprünglich nicht geschiedenen Ablativs). Das denselben gemeinsame Bildungsprincip, bestehend in der Verwendung consonantischer Elemente, deutet ohnedies darauf hin, dass sie ein und derselben Gesammt-Periode der Sprachentstehung angehören, wenn auch in ihrem Auftreten ein historisches Nacheinander angenommen werden muss (der Accusativ ist früher bezeichnet als der Nominativ, der Nominativ seinerseits wiederum früher als der von demselben ausgehende Genitiv-Ablativ).

Der indogermanische Sprachgeist zeigt sich aber insofern reicher als der semitische, als er sich nicht an jenen Casus hat genügen lassen. Denn zu den den beiden Sprachen gemeinsamen drei Casus (Accusativ, Nominativ, Genitiv-Ablativ *)) hat das Indogermanische noch drei andere Casus gewonnen, den Instrumentalis, den Locativ und den Dativ. Zum Ausdrucke eines jeden derselben verwendet die Sprache einen Vocal als das eigentlich charakteristische und functionelle Lautelement, wir können sie daher als die vocalischen Casus bezeichnen gegenüber den drei älteren consonantischen. Reden wir aber hier von früher und später gebildeten Casus, so sind wir selbstverständlich nicht etwa der Ansicht, dass

*) Es möge erlaubt sein, den Genitiv und Ablativ mit Rücksicht auf Genesis und Gebrauch als Casus-Einheit zu fassen.

der Instrumentalis, Locativ und Dativ aus der Zeit nach der Sprachtrennung stammen, ja wir wollen ihre Entstehung nicht einmal in eine verhältnissmässig späte Periode der vor der Sprachtrennung liegenden Sprachentwickelung verweisen, wir wollen damit nur dies sagen, dass die Entstehung der vocalischen Casus die Entstehung der consonantischen zu ihrer historischen Voraussetzung hat. So wird man auch auf dem Gebiete der Verbalflexion etwas Analoges finden, nämlich dass die durch consonantische Elemente ausgedrückten semasiologischen Kategorieen (die erste, die dritte Person) die für diejenigen historische Voraussetzung bilden, welche lediglich durch Vocale ausgedrückt sind, z. B. für den Conjunctiv und Optativ.

Wenn nun aber ein jeder der späteren Casus in einem vocalischen Elemente seinen lautlichen Träger gefunden hat, so ist dies doch keineswegs in genau analoger Weise geschehen wie der Ausdruck der älteren Casus durch Consonanten. Es giebt drei Urvocale, a i u, aber die drei späteren Casus, Instrumentalis, Locativ und Dativ, erscheinen nicht in gleicher Weise wie z. B. Nominativ und Accusativ als entgegengesetzte begriffliche Beziehungen, dergestalt, dass in einer dem begrifflichen Gegensatze entsprechenden symbolisch differencirenden Ausdrucksweise dem ersten Casus der Vocal a, dem zweiten der Vocal i, dem dritten der Vocal u zuertheilt worden wäre. Es ist hier zunächst der Instrumentalis und der Locativ zu berücksichtigen. Jener drückt dem uns in den indogermanischen Sprachen vorliegenden Gebrauche zufolge das wie? und womit?, dieser das wo? und wohin? aus. Man kann sich leicht vorstellig machen, dass die Sprache die beiden Begriffe, „auf welche Weise“ und „mit welchem Mittel“ eine Thätigkeit zur Erscheinung kommt, durch eine und dieselbe Flexion bezeichnet, nicht minder auch, weshalb ihr eine und dieselbe Flexion genügt hat, um auszudrücken, dass ein Gegenstand der Ort ist, an welchem oder bei welchem eine Handlung zur Erscheinung kommt (Locativ der Ruhe), oder dass er der Ort ist, bis zu welchem eine Bewegung fortschreitet (Locativ der Bewegung oder des Zieles), und dass erst ein späterer Standpunkt der Sprache es für nöthig findet, diese in einem jeden der beiden Casus noch indifferent gebliebenen Gegensätze genauer von einander zu sondern, sei es durch Anwendung von Präpositionen, sei es auf andere Weise.

Die älteste Sprache scheint nun

den Instrumental durch den Vocal a,

den Locativ durch den Vocal i

bezeichnet zu haben. Die griechische Sprache hat den Casus auf i für fast alle Substantiv-, Adjectiv- und Pronominalstämme erhalten, den Casus auf a aber nur bei verhältnissmässig wenig Wörtern, und zwar hier stets in adverbialer Bedeutung, d. h. es hat dieser Casus auf a im Verlaufe der Sprache die Fähigkeit verloren, mit dem Casus eines anderen Wortes attributiv verbunden zu werden: der a-Casus eines Substantivs verschmäht die Hinzufügung eines näher bestimmenden attributiven Adjectivums, Pronomens oder Zahlwortes, und umgekehrt kann der von einem Adjectivum oder Pronomen gebildete Casus auf a nicht attributiv zu einem Substantivum hinzugefügt werden.

Es ist in der Formenlehre (§. 200. 109) gezeigt, dass der griechische a-Casus fast nur von a- und ā-Stämmen gebildet wird, dass das Casuszeichen a sich mit dem Vocale des Stammes zu langem ᾱ vereint, welches dialectisch zu η abgelautet werden kann. Von den beiden oben besprochenen Bedeutungen des alten Instrumentalis hat das Griechische die Bedeutung „womit? mit welchem Mittel?", welche die im Sanskrit durchaus vorwaltende geblieben ist, für den a-Casus aufgegeben und nur die zweite Bedeutung „wie? auf welche Weise?" festgehalten. Wir haben ihn daher in der Formenlehre als Modalis bezeichnet. So: *ἡσυχῇ* ruhig, *κοινῇ* in Gemeinsamkeit, *ἰδίᾱ* in Gesammtheit, *πεζῇ* zu Fuss (alles a-Casus von neutralen Adjectiven), — *σπουδῇ* mit Mühe, Laune, *σχολῇ* schwerlich, *σιωπῇ* in Stille, *κομιδῇ* mit Sorgfalt, *ἐνοπῇ* offenbar. Modale Bedeutung hat auch der a-Casus der Pronomina: *ᾗ* wie, *πῇ* wie? *πῄ* irgendwie, *ὅπη* wie, aber diese pronominalen Instrumentale haben ausserdem auch noch Locativbedeutung: *ᾗ* heisst auch „wohin", *τῇ* hat die Bedeutung von „da"; *ἄλλῃ* heisst „auf andere Weise", aber auch zugleich „anderswo" und „anderswohin". Besonders verdient hier noch *πάντῃ*, dor. *παντᾶ*, angeführt zu werden „auf alle Art und Weise, gänzlich" und „überall", ein zugleich als Modalis und als Locativ gebrauchter Instrumentalis eines consonantischen Stammes, der den entschiedenen Beweis liefert, dass die Adverbia auf η ᾱ nicht etwa, wie man noch immer hin und wieder annimmt, ihrem Ursprunge nach Dative des Femininums und nicht mit Jota subscriptum zu schreiben sind (denn in diesem Falle müsste von πᾶς ein πάσῃ, nicht πάντη gebildet sein). Lässt sich das lange η ᾱ der von ă-Stämmen gebildeten Instrumentale dadurch erklären, dass das a des Stammes mit kurzem Instrumentalvocale ă zur Länge combinirt sei, so zeigt sich in πανταῖ πάντη entschieden ein langes ᾱ als Instrumentalvocal, wie dies auch bei den consonantischen Stämmen des Sanskrit erscheint. Doch fehlt es umgekehrt bei den a-Stämmen nicht an Beispielen eines verkürzten Instrumental-Ausganges. Dahin gehört das vom Artikel gebildete τῆ, genau unserem „da" entsprechend (aber kein Imperativ, wie man wohl angenommen); von diesem Instrumentalis τῆ ist das enklitische τε eine Verkürzung, und die doppelte Bedeutung dieses τε steht mit τῆ im genauesten Zusammenhange, sowohl die bei Homer vorkommende sogenannte demonstrative Bedeutung: ὅς τε „wer da", als auch die gewöhnliche Bedeutung der anreihenden Partikel „und"; denn τε „und" ist seinem Ursprunge nach nichts anderes als ein anreihendes „dazu" (ἰοῖσι λάεσσί τε heisst: „mit Pfeilen, dazu mit Steinen"). Man sieht, dass diese Instrumentalformen des Artikels, τῆ und τε, die instrumentale Bedeutung gänzlich verloren haben und lediglich Locative sind („da" und „dazu").

Sollen wir nun annehmen, dass das Griechische eine Neuerung gemacht, wenn es wie in den angeführten Pronominalformen dem Instrumentalis auch die Function des Locativs übertragen hat? Oder ist diese Doppelbedeutung ein Rest des ursprünglichsten Sprachzustandes, dergestalt, dass dem a-Casus von Anfang an sowohl die instrumentale (modale) wie die locale Bedeutung zugekommen wäre und dass die Sprache erst in ihrem weiteren Fortgange darauf gekommen sei, den a-Casus vorzugsweise für das instrumentale Verhältniss und ebenso den i-Casus für das locale anzuwenden? Es fehlt nicht an anderen Erscheinungen, die für die letztere Auffassung sprechen, doch kann von diesen erst späterhin die Rede sein.

Wie weit der i-Casus (Locativ) sich im Griechischen erhalten, ist I. §. 109, §. 134 b, 5 und §. 200 angegeben. Die sogenannten Dative der zweiten Declinationsklasse (ι-, υ- und consonantische Stämme) und des Pronomens erster und zweiter Person wie des einfachen Reflectivpronomens (μοί σοί οἱ) sind durchweg Locative auf ι. Aus der ersten Declinationsklasse gehören hierher die Adverbialbildungen auf οι (αι). Die letzteren haben etwa bis auf den Locativ des Artikels τοι durchgehend ihre Locativbedeutung behalten und zwar werden sie nur als Locative gebraucht (ἀρμοῖ „neulich, eben" mit der sich von selbst verstehenden Uebertragung des Orts- auf den Zeit-Begriff). Hierbei ist es nun eigenthümlich, dass die von Pronominalstämmen gebildeten Locative auf οι die Richtung („wohin?") angeben, wie ποῖ οἱ ὅποι, dagegen die von Nominalstämmen ausgehenden die Ruhe („wo?") bezeichnen: οἴκοι, Ἰσθμοῖ, μέσοι, jedoch mit Ausnahme von πεδοῖ (πέδοι) und des in beiden Bedeutungen stehenden Locativs χαμαί. Diese Trennung der Bedeutung kann nicht ursprünglich sein: wir haben anzunehmen, dass in der ältesten Zeit jeder dieser Locative, einerlei ob von Pronominibus oder Nominibus formirt, zugleich das „wo" und das „wohin" ausgedrückt habe.

Eigenthümlichkeit des Dorismus war es, dass dieser Dialect auch von den Pronominalstämmen Locativ-Adverbien auf die Frage wo? bildete. In diesem Falle wurde aber der dem Locativsuffix ι vorhergehende Stammvocal zu ε abgelautet. So sagten die Dorer: πεῖ wo? εἰ wo, αὐτεῖ daselbst, τουτεί hier, τηνεί dort. Das ει dieser Locative muss ebenso wie das οι des die Richtung angebenden ποῖ u. s. w. aus ursprünglichem ai entstanden sein; das in dem Diphthongen enthaltene a ist das eine mal zu ο, das andere mal zu ε abgelautet. Eine sichtlich erst auf griechischem Boden entstandene Lautdifferencirung ist hier zur Unterscheidung der beiden im Locativ liegenden Beziehungen benutzt worden.

Auf dieselbe Weise wie diese dorischen Formen ist von den Stämmen der ersten Declinationsklasse eine Anzahl zusammengesetzter Locative mit modaler Bedeutung gebildet. Von ο-Stämmen: ἀθεεί (statt ἀθεοί), πανστρατεί (statt πανστρατοί), πανοικεί, πανδημεί, πανομιλεί; von ᾱ-Stämmen: αὐτοβοεί (statt αὐτοβοαί), αὐθωρεί, ἀβουλεί, ἀναιεί, ἀμαχεί, ἀσπουδεί, νηποινεί, ὀλοῤῥιζεί. Ist hier der Locativausgang ει statt des zu erwartenden οι und αι eine

Folge der Composition und ähnlich aufzufassen wie *μήτηρ παμμήτωρ* u. s. w.? Oder ist dies eine beabsichtigte Differenzirung, um den modal gebrauchten Locativ von dem in seiner eigentlichen Bedeutung stehenden Locativ (*οἴκοι*) zu sondern? Auch von den Stämmen der zweiten Declinationsklasse werden modale Locative dieser Art formirt: *αὐτοψεί αὐτολεξεί — παμπληθεί πανεθνεί — αὐτοχειρί αὐτανδρί αὐτονυχί ἑκοντί.*

§. 22.

Nur die Stämme der ersten Declinationsklasse bilden neben dem Locativ auch einen Dativ. Es ist nothwendig, als Dativendung den Diphthongen ai anzunehmen:

Locativendung *ι*: *οἰκο-ι* zu *οἰκοι* contrahirt,
Dativendung *αι*: *οἰκο-αι* zu *οἰκῳ* contrahirt.

Dieselbe Endung ai liegt auch dem Dativ der alten indogermanischen Sprachen Asiens, dem Sanskrit und Zend zu Grunde, in denen der Dativ abweichend vom Griech. von sämmtlichen Nominal- und Pronominalstämmen gebildet wird. Der Locativ und Dativ stehen der Form nach sichtlich in einem nahen Zusammenhange, und zwar in demselben wie Nominativ und Genitiv:

Nominativendung s: *κόλακ-ς*, *κόλαξ*,
Genitivendung as: *κόλακ-ας*, zu *κόλακ-ος* abgelautet.

Das Genitivsuffix as ist eine lautliche Verstärkung, eine Steigerung des Nominativsuffixes s, das Dativsuffix ai in gleicher Weise eine Steigerung des Locativsuffixes *ι* *). Da die gesteigerte Form die einfachere als das Prius voraussetzt, so können wir sagen, der historischen Entwicklung nach ist die Dativform aus der Locativform wie die Genitiv- aus der Nominativform hervorgegangen. Der Zusammenhang der Form weist auch auf einen ursprünglichen Zusammenhang der Bedeutung. Für Locativ und Dativ hat man den letzteren folgendermassen gefasst. Der Locativ bezeichnet ursprünglich nicht bloss den Ort, wo eine Bewegung geschieht, sondern auch den Ort, wohin sie sich erstreckt.

*) Wir machen noch einmal darauf aufmerksam, dass das im Genitivsuffixe liegende verstärkende Element nicht überall in der Hinzufügung eines a vor dem Consonanten s besteht, sondern auch in der Diphthongisirung des Stammvocales i oder u zu ai, au.

Von dieser zweiten Bedeutung des Locativs, vom Locativ der Richtung geht der Dativ aus. Setzt man eine Sache oder eine Person als das räumliche Moment, bis zu welchem sich die Bewegung erstreckt, also als Locativ, so ist dieselbe gewissermassen als etwas unselbstständiges, passives hingestellt. Es kann aber auch der räumliche Zielpunkt der Handlung als ein Moment hingestellt werden, in dessen Interesse, zu dessen Besten oder Schaden die Thätigkeit vollbracht wird; in diesem Falle gewinnt die als Zielpunkt gesetzte Person oder Sache an Bedeutung, an innerer Selbstständigkeit und eigenem Leben, und eben dies ist es, was in einer formellen Steigerung des zum Ausdrucke des Zielpunktes gebrauchten Casuszeichens i seine lautliche Bezeichnung findet. Es ist dann freilich die Steigerung des Locativzeichens i zum Dativzeichen ai nur ein symbolischer, kein direct angebender Flexionsvorgang, aber das gesammte alte Flexionssystem der Declination hält sich innerhalb der Grenzen einer bloss andeutenden Symbolik — erst neuere Sprachen haben für den Dativ eine unmittelbar bezeichnende Ausdrucksweise gefunden, indem sie ihn durch die Präposition à (ad) oder to kenntlich machen. — Schleicher Comp. § 255 sagt vom Dativsuffixe ai, es sei vielleicht Steigerung des locativen i oder etwa aus abhi entstanden. Demnach scheint ihm die erstere Auffassung, die auch von uns adoptirt wird, die wahrscheinlichere zu sein. Was die Herleitung aus abhi betrifft, so kann dieselbe wieder in einer doppelten Weise gefasst werden. Entweder so, dass das hier zu Grunde gelegte abhi identisch ist mit der gleichlautenden Präposition des Sanskrit. Wir haben uns schon S. 70 dagegen aussprechen müssen; auch wird dies nicht Schleicher's Ansicht sein, der vielmehr das dem Dativ zu Grunde gelegte abhi mit dem bhi des Instrumentalis, „einem — wie er sagt — in seiner Abstammung dunkelen Elemente" (§. 258), in Zusammenhang bringt. Dann würde also die Dativendung aus der Instrumentalendung bhi durch Steigerung derselben zu abhi hervorgegangen sein. Also mittels Voransetzung eines steigernden a wäre nach dieser Auffassung der Dativ genau in derselben Weise aus dem Instrumentalis hervorgegangen, wie er nach der von uns getheilten Ansicht aus dem Locativ hervorgegangen ist:

Instrument.: bhi, Dativ: a-bhi (zu ai synkopirt)
Locativ: i, Dativ: a-i.

Dass aber die Entstehung des dativischen ai aus dem locativen i annehmlicher ist als die aus dem instrumentalen abhi, liegt wohl am Tage. Denn einmal bedürfen wir im ersteren Falle nicht der Hypothese, dass zwischen dem a und i des Dativs ein bh geschwunden sei, sodann aber lässt sich, wie es oben gezeigt ist, der Dativbegriff genetisch auf's leichteste an den Locativ-, nicht aber an den Instrumentalbegriff anknüpfen.

Begrifflich verwandte Flexionsformen, welche erst im Verlaufe der Sprachentwicklung auf dem Wege der Lautdifferenzirung aus einer gemeinsamen älteren Grundform gewonnen sind, haben das Schicksal, dass sie in einer noch späteren (diesseits der Sprachtrennung liegenden) Periode für einander gebraucht werden. Es hat sich dies oben beim Genitiv und Ablativ gezeigt. Aehnlichkeit der Form und Verwandtschaft der Bedeutung führte die Griechen dahin, den Ablativ bis auf adverbiale Ueberbleibsel aufzugeben und durch den Genitiv zu ersetzen. So haben sich auch die jetzt in Rede stehenden Casus, der Locativ und der begrifflich verwandte und formell aus ihm hervorgegangene Dativ zwar im Sanskrit und Zend, aber nicht im Griechischen und den übrigen Sprachen neben einander erhalten. Für die Stämme der zweiten Declinationsklasse hat der Locativ zugleich die Function des Dativs übernommen und diesen Casus gänzlich verdrängt, für die Stämme der ersten Declinationsklasse haben sich zwar beide Casus gehalten, aber der Locativ nur in dem vorher angegebenen adverbialen Gebrauche; als eine πτῶσις κοινή ist hier der Locativ verschwunden, und umgekehrt wie in der zweiten Declinationsklasse ist der Dativ zugleich der Stellvertreter des Locativs geworden. Abgesehen also von Adverbial-Locativen sind die beiden Casus in der griechischen Syntax durchweg identisch geworden: der Form nach gibt es einen griechischen Dativ (ἀνθρώπῳ) und einen griechischen Locativ (ἀνδρί), aber der Bedeutung nach nur einen einheitlichen Locativ-Dativ. Dies ist eine wichtige Eigenthümlichkeit im Gegensatze der griechischen und lateinischen Casus. Nach Schleicher's Auffassung freilich würden die beiden Sprachen in dieser Beziehung genau auf demselben Standpunkte sich befinden (Compend.

§. 255. 254). „Im Lateinischen haben wie im Griechischen nur die a-Stämme den ächten Dativ, equō aus equōi, equāi, equae, diēi. Der auf ī, ē, ei ausgehende Dativ der i-Stämme und der consonantischen ist kein ächter Dativ, da wir bei diesen Stämmen den ächten Dativ überhaupt nur im Sanskrit und Zend finden: avei, avē, avī ist wohl aus avaji zu erklären, wie griech. πόλει aus πολεϳι, und ebenso bei den consonantischen (patrei, patrī, patrē), welche der Analogie der i-Stämme folgen. Dieselbe Form gieng aber auch auf die u-Stämme über, die ja auch sonst mit den consonantischen gehen: senatu-ei, senatu-ī, senatū." Für die Stämme der ersten Declinationsklasse herrscht in der That volle Uebereinstimmung des Lateinischen und Griechischen: die sogenannten Dative beider Sprachen sind hier wirkliche, ächte, d. h. durch Anfügung von ai an den Stamm gebildete Dative, und ausserdem haben hier beide Sprachen adverbiale Locative. Aber in der zweiten Declinationsklasse gehen sie aus einander. Das griechische σuΐ, πατρί ist ein Locativ; ist auch das scheinbar übereinstimmende sui, patri des Latein ein Locativ? Schleicher behauptet es, „da wir bei diesen (i-, u- und consonantischen) Stämmen den ächten Dativ nur im Sanskrit und Zend finden". Das ist ein wunderlicher Grund, um dem Latein den Dativ abzusprechen; die Wissenschaft hat ja eben festzustellen, ob bloss das Sanskrit und Zend, ob auch andere Sprachen von den in Rede stehenden Stämmen den Dativ bilden. Man kann nur dies sagen, dass die beiden asiatischen Sprachen die einzigen sind, welche von diesen Stämmen sowohl den Locativ wie den Dativ bilden: von consonantischen Stämmen den Locativ auf kurzes i, den Dativ auf eine aus ai contrahirte Länge. Das griechische πατρί, σuί documentirt sich der vergleichenden Sprachwissenschaft lediglich aus dem Grunde, weil sein i ein kurzes i ist, der Form nach nicht als Dativ, sondern als Locativ. Aber im lateinischen suī, patrī ist das an den Stamm tretende Casuszeichen ein langes, wie auch Schleicher sagt, aus dem Diphthongen ei entstandenes ī, welches aus dem nämlichen Grunde der Form nach als eigentlicher Dativ gefasst werden muss, welcher verlangt das griechische πατρί dem Locativ zuzuweisen:

| Sanskrit. | Griech. | Latein. |
|---|---|---|
| Loc. mâtar-i | Loc. μητέϱ-ι | Loc. fehlt |
| Dat. mâtr-ê | Dat. fehlt | Dat. mâtr-ī *). |

Ausser den locativen Adverbien (denn auch die Städtenamen auf ī und ae sind adverbial) hat das Lateinische gar keinen Locativ, sondern nur eigentliche Dative, während die sogenannten Dative des Griechischen bald eigentliche Dative, bald Locative sind. Und dem entspricht auf's genaueste der syntactische Gebrauch. Das Lateinische construirt seine Dative, eben weil sie der Form nach Dative, aber keine Locative sind, stets als eigentliche Dative, niemals als Locative, während die sogenannten Dative des Griechischen, in denen der Form nach sowohl eigentliche Dative wie Locative gemischt sind, nicht bloss als eigentliche Dative, sondern auch als Locative construirt werden. Das Griechische sagt ἐν μητϱί, σὺν μητϱί, das Lateinische niemals in matrī, cum matrī. Das Griechische hat seinen Locativ behalten, das Lateinische hat ihn ausser bei Adverbialien eingebüsst und muss ihn durch den Ablativ ersetzen.

Die Bedeutung des griechischen Locativ-Dativs ist nun aber noch näher dahin zu bestimmen, dass derselbe die Function nicht bloss von zwei, sondern von drei Casus hat: 1) die Function des eigentlichen Dativs, 2) des Locativs, jedoch meist nur des Locativs der Ruhe, 3) des Instrumentalis, insbesondere als Ausdruckes des Mittels oder Werkzeuges:

| | Griech. | Latein. |
|---|---|---|
| Eigentlicher Dativ | Locat.-Dativ | Dativ |
| Locativ | Locat.-Dativ | Ablativ |
| Instrumentalis | Locat.-Dativ | Ablativ. |

*) Für die lateinischen i-Stämme könnte man allenfalls den Dativ auf ī als Locativ gelten lassen, avī aus avī-ī, aber wie im Genitiv avī-īs zu avīs geworden ist (conīīcio zu conīcio), so wäre voraussätzlich auch ein locativisches avī-ī zu avī und dies zu avē geworden, und avī ist daher wahrscheinlich auf avī-ī zurückzuführen, also eigentlicher Dativ. Aber für die consonantischen und die u-Stämme! Schleicher sagt zwar, die consonantischen folgen der Analogie der i-Stämme. Doch das ist unrichtig, vgl. den pluralen Genitiv auf ium und um! Und ebenso unrichtig ist es, wenn er sagt, dass die u-Stämme ja auch sonst mit den consonantischen gehen.

Wenn das Lateinische zur Bezeichnung des Locativs und Instrumentalis den Ablativ verwendet, so ist dies ein Nothbehelf, denn die beiden eigenen Casusformen, welche das Lateinische auf einer früheren Stufe seines Lebens gleich dem Sanskrit für diese beiden Casusbegriffe besass, sind im weiteren Fortgange der Sprache erloschen. Wenn aber das Griechische den Locativbegriff auf dieselbe Weise wie den Dativbegriff ausdrückt, so ist dies kein Nothbehelf, denn der sogenannte Dativ des Griechischen ist nicht bloss Dativ, sondern Dative und Locative sind hier zu einer Einheit gemischt. Aber wenn das Griechische diesen seinen Locativ-Dativ auch zum Ausdrucke des Instrumentalbegriffes verwendet, ist dies — so fragen wir weiter — ein Nothbehelf oder nicht? Das Sanskrit hat für jeden der drei S. 125 angegebenen Casusbegriffe eine besondere Form, auch für den Instrumentalis. Dass das Griechische nicht minder einst eine besondere Instrumentalform besass, die wie dort durch das Suffix a bezeichnet wurde, geht daraus hervor, dass es eine wenn auch nicht grosse Zahl adverbialer Instrumentalformen in die uns vorliegende Periode seines Lebens mit hinübergenommen hat. Dass dieselben nur adverbialen Gebrauch haben, ist gleichgültig. Aber Berücksichtigung verdient die Thatsache, dass sie bloss Instrumentale der Art und Weise, aber nicht Instrumentale des Werkzeugs und Mittels sind, und dass ein Theil von ihnen auch noch die Bedeutung des sonst durch den i-Casus ausgedrückten Locativs hat. Scheint es nicht, als ob das Griechische ursprünglich

den a-Casus für den modalen Instrumentalis und den Locativ,
den i-Casus für den Locativ und den eigentlichen Instrumentalis (Werkzeug)

verwandt hätte? Die angegebenen Bedeutungen des a-Casus müssen wir zunächst als die dem Griechischen ursprünglichen gelten lassen und werden auch weiterhin noch eine Bestätigung dafür finden. Dass aber der i-Casus von Anfang an nicht bloss den Locativ, sondern zugleich auch den eigentlichen Instrumentalis (das Werkzeug) bezeichnet habe, dem widerstreitet nicht, dass die alten adverbialen Locative auf οι nur das Wo? und Wohin?, aber nicht das Mittel bezeichnen (S. 120). Denn ausser den Adverbialien auf οι gibt es eine nicht geringe Zahl homogener Bildungen auf ει, ι, welche sämmtlich instrumental-modale Bedeutung haben. Meist sind sie componirte Formen und gehören der grösseren Zahl nach der späteren Sprache an, aber nichtsdestoweniger können wir nicht umhin, wenn auch nicht allen einzelnen Beispielen, welche uns vorliegen, so doch dem Bildungsprincipe an sich ein hohes Alter zuzuschreiben. Vgl. die homerischen Formen *ἀναιμωτί*, *μελεϊστί*, *ἐγρηγορτί* u. s. w. Man mag nun immerhin sagen, dass die von Wörtern der ersten Declinationsklasse derivirten Bildungen auf *εί*, welche sämmtlich Composita sind, den durch den Vocal *ε* charakterisirten Auslaut eben in Folge der Composition erhalten haben, die zu Grunde liegende Form wird doch immerhin der alten Zeit angehören, und eben dasselbe wird gegen den Einwand geltend zu machen sein, dass der Ausgang *εί* angenommen ist um die modale Bedeutung dieser Form durch lautliche Differenzirung von der locativen auf *οι* zu sondern. Genug, wir haben eine Anzahl durch den Casusvocal *ι* gebildeter Adverbia, welche nicht locative, sondern instrumental-modale Bedeutung haben.

Das Resultat wird hiernach folgendes sein:

Die griechische Sprache hat den i-Casus nicht bloss in localer, sondern auch in instrumental-modaler Bedeutung von Alters her verwandt. Und wenn die als *πτώσεις κοιναί* gebrauchten Bildungen auf *ι* in der griechischen Sprache neben der locativen auch instrumentale Bedeutung haben und zum Ausdrucke des Werkes oder Mittels gebraucht werden, so scheint dies nicht, um den früheren Ausdruck zu wiederholen, ein Nothbehelf zu sein, dergestalt, dass die Function des für die Mehrzahl der Nomina verschollenen a-Casus auf den i-Casus übertragen sei, sondern wir haben genügenden Grund zu der Annahme, dass schon in der Urzeit der *ι*-Casus nicht bloss zum Ausdrucke der locativen, sondern auch der instrumentalen Bedeutung verwandt worden sei, analog wie der a-Casus ausser für die instrumentale Bedeutung auch der Träger des locativen Verhältnisses ist. Eben dasselbe wird nun auch aus den sofort zu betrachtenden lautlichen Erweiterungen, welche der a- und i-Casus erfahren hat, erhellen.

§. 23.

Eine eigenthümliche und immerhin schwer zu erklärende Thatsache ist es, dass die Casusvocale a und i durch ein diesen Ausgängen präfigirtes consonantisches Element erweitert werden. Sämmtliche Mutae ausser der gutturalen und labialen Media sehen wir als erweiternde Consonanten dieser Art verwandt. Schon §. 12 ist der allgemeine Sachverhalt angegeben. Ganz besonders sind es die a-Stämme, welche den Casuszeichen a und i einen solchen Consonanten zu präfigiren lieben; und man könnte hieraus den Schluss machen, dass die eingeschalteten Consonanten zunächst den Zweck hätten, das vocalische Casuszeichen a und i von dem vocalisch auslautenden Stamme zu trennen, dergestalt, dass jene Consonanten zunächst eine lediglich euphonische Bedeutung hätten, aber keineswegs für den Begriff des Casus ein charakteristisches functionelles Element seien. Der Terminus technicus „Trennungsconsonant" würde hier durchaus berechtigt sein und mit dem sogenannten Hülfs- oder Bindevocale trotz der Verschiedenheit der äusseren Veranlassung in dieselbe grammatische Kategorie gehören. Franz Bopp, der Begründer der vergleichenden Grammatik, nimmt ebenso wenig an dem Begriffe des euphonischen Bindevocals wie des euphonischen Trennungsconsonanten Anstoss. Wir verweisen auf die S. 109 herbeigezogene Stelle aus Bopp's vergleichender Grammatik, worin das vor der pluralen Genitivendung âm so häufig vom Sanskrit inserirte n als euphonischer Einsatz bezeichnet ist. Auch in Betreff des zwischen der Casusendung und dem Stammvocale a oder â erscheinenden j oder i hat Bopp die nämliche Auffassung. Die späteren Forscher haben vor dem Trennungsconsonanten dieselbe Aversion wie vor dem Bindevocale. Schleicher, Compendium §. 253, nennt die Einschiebung des n vor dem âm des pluralen Genitivs eine indische Neubildung; auch nach seiner Ansicht ist dies n kein ursprüngliches functionelles Element. Das j oder i, auf welches wir soeben verwiesen, ist nach Schleicher eine Stammerweiterung. Jedenfalls aber hat auch dies stammerweiternde Element auf den Begriff des Themas keinen Einfluss, ist also im eigentlichen Sinne bedeutungslos, und ich denke, dass es ziemlich gleichgültig sein wird, ob wir den betreffenden Laut eine die Bedeutung nicht modificirende Erweiterung des Stammvocals oder einen Hülfs- resp. Trennungslaut nennen wollen; jedenfalls rangirt derselbe in Beziehung auf seine grammatische Function weder mit dem Stammvocale noch mit der Casus- oder Numerusendung in dieselbe Kategorie.

Die vor den Casusvocalen a und i eingefügten Mutae haben dieselbe Natur wie das hinter einem vocalischen Stammsuffixe erscheinende n oder j, und wir brauchen nicht darüber zu rechten, ob diese Laute euphonische Trennuugsconsonanten oder bedeutungslose Stammerweiterungen sind. Diejenige Muta, welche in diesem Sinne am häufigsten vor dem Casuszeichen a und i angenommen wird, ist die labiale Aspirata φ (bh, b, f); sie erscheint nicht bloss vor dem Casuszeichen i, sondern auch vor a und nimmt in dieser letzteren Verwendung namentlich im Gotischen eine hervorragende Stellung ein; denn die Flexionssilbe ba (aus bhā) wird hier in derselben Weise wie im Griechischen die Endung ως verwandt, um von Adjectivstämmen aller Art die modalen Adverbia zu bilden: harduba = hart u. s. w.

## §. 24.

Wir müssen zuerst auf das durch dentale Muta erweiterte Casuszeichen a eingehen, ta tha dha da. Es bezeichnet das wie? und das wo?, welche letztere Bedeutung in die des wann? übergeht (der Localis ist dann zum Temporalis geworden). Es ist hier nothwendiger als an irgend einem anderen Punkte, zu den griechischen Bildungen auch die der verwandten Sprachen hinzuzuziehen. Im Allgemeinen ist in sämmtlichen indogermanischen Sprachen die in Rede stehende Formation auf Pronominalstämme beschränkt.

Das Sanskrit hat hinter dentaler Muta nur selten kurzes a: a-tha (Grundbedeutung „dazu, darauf", vom Demonstrativstamme a). Gewöhnlich wird a zu ā verlängert. So entsteht die Endung thā zur Bezeichnung der Art und Weise: ta-thā so; ja-thā auf welche Weise, wie, dass; ka-thā wie?; anja-thā auf alle Weise; sarva-thā auf jede Weise. Es kommt aber ausser der vocalischen auch eine nasalirende Verstärkung des Casuszeichens a vor, bestehend in der Hinzufügung eines auslautenden m: ka-tham wie? und ittham so.

Zum Ausdruck der Zeit verbindet das Sanskrit verlängertes ā mit vorausgehender dentalen Media: i-dā jetzt; ta-dā dann; ja-dā wann; ka-dā wann? sa-dā immer; anja-dā zu anderer Zeit; sarva-dā zu jeder Zeit; ēka-dā einmal.

Die aspirirte Media dh wird dem ā präfigirt in Numeral-Adverbien: tri-dhā dreifach (an drei Stellen, in drei Theile, auf dreierlei Art) u. s. w.; auch in Adjectiv-Adverbien: bahu-dhā vielfach.

Die Avesta-Sprache steht hier fast ganz auf dem Standpunkte des Sanskrit, nur dass die modale, locale und temporale Bedeutung im Ganzen weniger streng als dort gesondert sind. Dabei kann das Casuszeichen a durchgängig eine Kürze sein, ja die Kürze scheint der daneben vorkommenden Länge gegenüber das ursprüngliche zu sein. Endung tha: a-tha dann, ferner; i-tha so; ja-tha wie; ku-tha wie?; ava-tha so, nun, deshalb; anjā-tha ausserdem; ka-thā wie? wo? wann? — Endung dha: a-dha ā-dha dann, aeta-dha dann, dort, so; anja-dha anderswo, anderswie; ava-dha dort, i-dha hier, ta-dha dann, ja-dha wann, ka-dha wann? — Endung dā: ku-dā wann?

Das Latein gebraucht die in den verwandten asiatischen Sprachen vor a nicht erscheinende Tenuis: i-tă so, aliu-tă auf andere Weise. Dem indischen katham ittham analog tritt auch nasale Verstärkung ein: i-tem, auf diese Weise, au-tem.

Im Gotischen findet sich von der Bildung mit thā ein Rest in dem nominalen Adverb dala-tha (aus dala-thā verkürzt) infra. Vielleicht auch ūta = ἐκτός, foris.

Im Griechischen begegnen wir zunächst den aus tā hervorgegangenen Bildungen auf τα, att. τε, stets mit temporaler Bedeutung, also den indischen auf dā entsprechend: ὅ-τε, τό-τε, πό-τε, κό-τε, ἄλλο-τε u. s. w. — Sodann zeigt sich vor dem Vocale auch die Aspirata ϑ, zunächst in der Endung ϑα (ἔν-ϑα u. s. w. S. 64), sodann in der Endung ϑε ϑε(ν), vgl. I. §. 200; wir werden auf die letztere, welche weder Locativ- noch Instrumental-Bedeutung hat, späterhin zurückkommen. — Endlich die dentale Media δ in drei verschiedenen, aber formell aufs allernächste verwandten Ausgängen, welche insgesammt modale Bedeutung haben:

a) δα mit unabgelautetem Instrumental-Vocal hinter Nominal- und Verbalstämmen: ἀγελη-δά heerdenweise, ἀναφαν-δά sichtbar.

b) Der Ausgang da ist nasalirt (vgl. sanskr. katha-m, latein. ite-m) und der Vocal a zugleich zu o abgelautet, also Endung δον: ἀγελη-δόν = ἀγελη-δά, βοτρυ-δόν traubenartig; πλινθη-δόν ziegelförmig; κυνη-δόν wie ein Hund. Dieselbe Endung δόν tritt auch unmittelbar an Verbalendungen an: ἀναφαν-δόν sichtbar.

c) Endlich tritt nasalische Erweiterung an die langvocalige Endung dā, mit Ablaut des ᾱ zu η, also Endung δην. Sie wird analog dem δον in ἀναφαν-δόν gebraucht: βλή-δην im Wurf, βά-δην im Schritt, ἀνέ-δην ausgelassen, συλλήβ-δην im Ganzen (d. i. zusammenfassend), γράβ-δην geschrieben.

Eine andere als die dentale Muta kommt im Griechischen und Gotischen vor, und zwar im Griechischen die gutturale, im Gotischen die labiale. Das letztere bildet, wie schon S. 129 bemerkt, aus dem Adjectivum ein Adverbium der Art und Weise (dem griechischen Adverbium auf ως entsprechend), indem es die Endung ba anfügt. Das auslautende kurze a muss den Auslautsgesetzen zufolge ursprünglich ein langes ā gewesen sein, für die Media b ist als älterer Consonant die Aspirata anzusetzen. So raihta-ba recte; ubila-ba male; analaugni-ba occulte, hardu-ba prompte. Im Griechischen würde diese Endung die Form φη (oder mit kurzem Vocale die Form φα) haben, ein Pendant zu der vom Locativvocale ι ausgehenden Endung φι. Den übrigen germanischen Dialecten fehlt diese Bildung; das Altdeutsche wendet dafür einfachen vocalischen Ausgang o (d. i. verkürzten Instrumentalausgang ā) an: rehto recte; ubilo male u. s. w.

Im Griechischen zeigt sich gutturales κ statt des dentalen τ in den dorischen Nebenformen der Temporal-Adverbien: πύ-κα, ἄλλο-κα u. s. w., in denen das Casuszeichen a vor der Ablautung zu ε bewahrt geblieben ist. — Ferner gutturales χ in dem Numeral-Suffixe χα χη: τρί-χα τρι-χῆ, wo das Skr. dhā gebraucht (tri-dhā). In der Form τρι-χθά scheint das zu χ hinzugefügte θ secundärer Natur wie in χθών, χθές.

Das Auffallendste bei der Erweiterung des Casuszeichens a ist die den meisten Sprachen gemeinsame Eigenthümlichkeit, dass im Ausgange noch der Consonant r hinzugefügt wird. Im Sanskrit zeigt sich derselbe in der Endung tra, durch welche von Pronominalstämmen Adverbia des Ortes auf die Frage wo? gebildet werden: a-tra hier; ta-tra hier, dort; ja-tra wo; ku-tra wo?; anja-tra anderswo. Das auslautende Casuszeichen a wird hierbei auch in verlängerter Form angewandt, doch in etwas veränderter Bedeutung: dēva-trā unter oder zu den Göttern, manuschja-trā zu oder unter den Menschen u. s. w.

Im Zend erscheint das tra des Sanskrit den Lautgesetzen gemäss als thra (mit Aspirirung der Tenuis): a-thra dort, dorthin (auch von dort); ava-thra dort; i-thra nun; ku-thra ku-thrā wie? wo? wohin?; ja-thra wo.

Von den germanischen Dialecten hat das Gotische ein dem indischen trā entsprechendes Pronominal-Adverbium auf drē in der Bedeutung des Zieles: hvadrē quo?, hidrē huc. Im Altnordischen lautet diese Form auf dhra aus: hedhra huc, thadhra eo. — Ausserdem gebraucht das Germanische den Ausgang thrō (gotisch), dhra (altnordisch) in derselben Bedeutung wie das griechische θε, θεν. Auch diese Endung entspricht scheinbar dem indischen trā, vielleicht aber geht sie ebenso wenig wie θε auf den a-Casus zurück. Darin aber weicht das Altgermanische von allen verwandten Sprachen ab, dass die Pronominal-Adverbien auf die Frage wo? auf ar ār ausgehen: gotisch thar ibi; hēr hic; hvar ubi?; aljar alibi; althochdeutsch dār ibi; hiar hic; huār ubi?; das Mittel- und Neuhochdeutsche hat das auslautende r abgeworfen: dā u. s. w. Sind diese Formen alte a-Casus, welche im Ausgange durch r erweitert sind? oder ist hinter dem r ein auslautender i-Vocal abgefallen? Es wird sich das schwerlich entscheiden lassen.

Im Griechischen wird das ϱ in der Weise des sanskritischen tra, jedoch äusserst sparsam angewandt. Wir finden dasselbe nämlich in der Endung der Temporal-Partikeln τό-φϱα und ὄ-φϱα (statt ὅ-φϱα). Die griechischen Zeit-Adverbia auf τε (κα) und φϱα:

| | |
|---|---|
| τό-τε (τό-κα) | τό-φϱα |
| ὅ-τε (ὅ-κα) | ὄ-φϱα |

unterscheiden sich begrifflich von einander nach Analogie der beiden Gegensätze, welche im Locativ-Begriffe enthalten sind; die auf τε (κα) bedeuten den Zeitpunkt der Handlung (wann), die auf φϱα den Zielpunkt in der Zeit (bis wann); alle übrigen Bedeutungen von τόφϱα und ὄφϱα sind aus dieser Grundbedeutung ausgegangen.

Ueberblick der vom a-Casus ausgegangenen Formen:

ta, tam, tā; tra, trā:

u-ta skr. znd. (dazu, d. h. und); πό-τε (wann); i-ta, i-tem lat. (so); dala-tha got. (aus dala-thā, unten);

ta-tra skr. (dort); ja-thra znd. (wo); hva-drē got. (wohin); tha-dhra altnord. (dahin); dēva-trā skr. (unter, zu den Göttern).

tha, tham, thā:

a-tha skr. (dazu, d. h. und); ta-thā skr. (so); ka-tham skr. (wie?).

dha, dhā:

ta-dhā skr. (damals); ἀγελη-δά; ἀγελη-δόν; βά-δην.

ka:

πό-κα (wann).

χα, χᾶ:

τρί-χα, τρι-χῆ (dreifach).

bhā, φρα:

hardu-ba got. (hart); τό-φρα (bis dann).

Es zeigt sich somit

1) dass der Casusvocal a häufig dehnende Erweiterung (zu ā), bisweilen nasalirende Erweiterung erfährt: Sanskr. katha-m, Lat. i-tem, Gr. ἀγελη-δόν; beide Arten der Erweiterung vereinen sich in βάδη-ν.

2) In Beziehung auf die an den Stamm tretende Muta gehen die einzelnen Sprachen, ja die Dialecte aus einander. Das Ionisch-Attische gebraucht die dentale Tenuis zum Ausdrucke von Zeitadverbien (τό-τε), wo das Dorische die gutturale Tenuis (τό-κα), das Sanskrit die dentale Media hat (ta-dā); für die Zahladverbia wendet das Sanskrit die dentale Aspirata (tri-dhā), das Griechische die gutturale Aspirata an (τρι-χῆ) u. s. w. Es ist anzunehmen, dass der frühesten Zeit mehrere Bildungsarten gleichbedeutend zu Gebote standen, wo späterhin die einzelnen Sprachen und Dialecte je nur Eine Bildungsweise festhielten.

3) So mannigfach die lautliche Gestaltung ist, so bleibt doch der Casusvocal a (ā) die in Allem deutlich erkennbare Grundlage. Ebenso sicher aber ist es, dass die Bedeutung nicht bloss die modal-instrumentale, sondern auch die locale und die aus hier hervorgehende temporale ist (sowohl für das wo? wie für das wohin?, sowohl für das wann? wie für das bis wann?. Das Schwanken der einzelnen Sprachen in der Anwendung der auf den Casusvocal

a zurückgehenden Suffixe lehrt, dass ursprünglich die Art der Erweiterung für den Casusbegriff bedeutungslos ist; erst im Verlaufe ihrer Geschichte haben die einzelnen Sprachen besondere Formen für besondere Bedeutungen fixirt. Das functionelle Casuszeichen, d. h. der charakteristische Laut für die Bezeichnung des wer? wo? wohin? wann? ist lediglich das Casuszeichen a.

4) Vorwiegend sind es Pronominalstämme (und etwa Zahlwörter), welchen die in Rede stehenden Casussuffixe angefügt werden; es ist daraus zu schliessen, dass sie sich zunächst nur für das Gebiet der Pronomina entwickelt haben. Wenn das indische trā, das gotische ba, das griechische *δα δον* an Nominalstämme antritt, so ist dies wohl als Uebertragung der Pronominal- auf die Nominal-Flexion zu fassen. Die Verbindung des griechischen *δον* und *δην* mit dem Verbalstamme scheint eine verhältnissmässig späte individuell-griechische Neuerung zu sein.

§. 25.

Bei dieser sich fast von selber darbietenden Auffassung, dass die Annahme der dem Casuszeichen a vorausgehenden Muta ursprünglich den Pronominalstämmen eigenthümlich gewesen und erst später auf die Nominalstämme ausgedehnt worden sei (etwa in der Weise, wie in den germanischen Dialecten die gesammte ursprünglich den Pronominalstämmen eigenthümliche Flexion auch auf die sämmtlichen Adjectivstämme auf a ā übertragen worden ist), so bietet sich für die Erklärung jener Muta-Einschiebung ein weiterer Gesichtspunkt dar. Die Pronomina haben nämlich in den meisten indogermanischen Sprachen, wie im Sanskrit, im Zend, im Germanischen (— aber nicht im Griechischen —) die Eigenthümlichkeit, dass sie das Casuszeichen des singularen Locativs, Dativs, Ablativs und des weiblichen Genitivs nicht unmittelbar an den Stamm treten lassen, sondern für das Masculinum und das Neutrum die Lautcombination sm, für das Femininum die Lautcombination smi oder si zwischen Pronominalstamm und Casusendung einschalten. Bopp hat darin einen eigenen Pronominalstamm erkannt (msc. neutr. sma, fem. smī), es würde also z. B. der Dativ des Pronominalstammes ta, welcher im Sanskrit tasmāi lautet, in Wirklichkeit nicht ein Pronomen simplex, sondern ein Compositum sein:

ta-smâi,

während der singulare Nominativ und Accusativ desselben Pronominalstammes ta

ta-s, ta-m

ein Pronomen simplex sein würde. Ein Bedeutungsunterschied des Stammes findet zwischen den einfachen Casus (ta-s, ta-m) einerseits und den componirten oder erweiterten Casus (ta-smâi) andererseits nicht statt, es ist also der Hinzutritt des sm (smî) etwas bedeutungsloses, etwas accidententelles, nicht ursprüngliches und nothwendiges, wie sich denn auch das griechische Pronomen einer solchen Erweiterung enthält. Immerhin aber muss die Sprache eine Veranlassung gehabt haben, den Pronominalstamm vor der Anfügung der Casusendung in der angegebenen Weise zu erweitern. Und diese dürfte schwerlich eine andere sein als die Thatsache, dass die ältesten und ursprünglichsten Pronominalstämme entweder aus einer rein vocalischen Silbe wie i (Nom. i-s i-d) oder aus einer mit einfachem Consonanten anlautenden offenen Silbe bestehen (wie ta, ja, ka u. s. w.); die fortschreitende Sprache hatte den Trieb, diese wenig umfangreichen Lautcombinationen zu verstärken und nahm ebendeshalb zur Hinzufügung des demonstrativen sm(a), fem. smî seine Zuflucht, welche im Grunde nichts anderes ist, als wenn der Grieche dem οὗτος ὅδε das ī demonstrativum hinzusetzt, doch immer mit dem Unterschiede, dass sich mit dem griechischen οὑτοσί eine fühlbare Verstärkung des demonstrativen Pronominalbegriffes verbindet, während dies bei dem indischen tasmâi u. s. w. nicht der Fall ist.

Und wenn nun der Pronominalstamm vor dem Casuszeichen a â (der Instrumental-Endung) in gewissen adverbialen Bedeutungen durch eine vorher eingefügte Muta verstärkt wird, wie ta-th-â, ta-d-â u. s. w., so werden wir dieser denselben Ursprung wie jenem sm oder smî vindiciren dürfen. Der auf â ausgehende Instrumentalis der Pronomina entbehrt im Indischen, im Zend u. s. w. des verstärkenden sm, aber da, wo er adverbiale Bedeutung hat, wo er also absolut gebraucht ist, wird eine Verstärkung angemessen erscheinen. Wenn diese Verstärkung nicht sm, sondern eine einfache Muta ist, so erklärt sich dies dadurch, dass das ta-thâ ta-dâ in einer anderen Sprachperiode als ta-smâi aufgekommen ist. Sagen wir dreist, in einer früheren, denn das verstärkende sm kommt nicht in allen, die Muta-Verstärkung aber in allen indogermanischen Sprachen vor. Es bleibt nun aber immer noch die Frage offen, ob die Verwandtschaft zwischen dem sm und der Muta bloss eine principielle ist, d. h. bloss auf dem Triebe nach Verstärkung des Pronominalstammes beruht, oder ob die verstärkenden Elemente unter sich verwandt sind. Das letztere würde der Fall sein, wenn die Muta ebensowohl wie die Lautcombination sm aus einem ursprünglich selbstständigen Pronominalstamme hervorgegangen wäre, dann würde auch die Bildung

ta-thâ, ta-dâ, πότα (πό-τε), πόκα

ebenso wie ta-smâi eine Composition sein: um den Begriff des Pronominalstammes, von welchem man den adverbialen Casus auf a bilden wollte, zu verstärken, wäre ein anderer Pronominalstamm oder wenigstens das anlautende consonantische Element desselben hinzugefügt. Und was für ein Pronominalstamm ist es, der zur Verstärkung hinzutrat? Entweder ein mit dentaler oder mit gutturaler oder mit labialer Muta, entweder ein mit der Tenuis oder mit der Aspirata oder der Media anlautender Pronominalstamm (vgl. die Uebersicht auf S. 135): ta, tha, dha, ka, gha (χα), bha. In der That sind fast alle diese Lautcombinationen als wirklich existirende (selbstständige) Pronominalstämme mit demonstrativer Bedeutung nachzuweisen (auch der gewöhnlich als Interrogativum dienende Stamm ka); für bha könnte man das von Zenodot dem Homer vindicirte φῆ (= ὡς) geltend machen; für tha und dha fehlen die Belege, doch wäre es möglich, sie als eine aspirirende Erweichung von ta aufzufassen, wie das t des Pronominalstammes ta in der Verbalendung auch als th und dh erscheint. Aber wie ist es, wenn zu der Muta noch ein r hinzutritt, wie in der im Sanskrit und Zend so häufigen Endung tra trâ, im germanischen hvadrê, im griechischen τόφρα? Dergleichen mit r gebildete Pronominalstämme giebt es nicht, und doch gehören diese Endungen mit den übrigen wie ta, tha, da, bha u. s. w. durchaus in eine einheitliche Kategorie. Es liegt hier eine zusammenhängende Reihe von sprachlichen Erscheinungen vor, welche sich bis jetzt einer befriedigenden Analyse entziehen. So viel können wir mit Sicherheit sagen, dass die Einfügung einer Muta oder einer Muta mit r zwischen den Pronominalstamm und den Casusvocal a â aus demselben Streben nach Verstärkung des Stammes hervorgegangen ist wie die höchstwahrscheinlich erst später aufgekommene Einschaltung des sm, und insofern beruhen beide auf demselben Principe; aber ob auch die Einschaltungslaute der ersten Art ebenso wie sm aus Pronominalstämmen hervorgegangen sind, dies lässt sich bei sorgsamer Erwägung des Sachverhaltes keineswegs als eine feste Thatsache hinstellen.

§. 26.

Als feste Thatsache aber hat sich aus den vorausgehenden Untersuchungen ergeben, dass das Casuszeichen a â überall da, wo es in adverbialen Bildungen erscheint, einerlei ob es unmittelbar oder vermittelst einer Muta oder einer von der Liquida r begleiteten Muta an den Stamm tritt, nicht bloss als Zeichen des Instrumentalis (Modalis), sondern auch des Locativs auf die Frage wo? und wohin? und des davon ausgehenden Zeitcasus fungirt. Da diese Adverbialbildungen in allen alten indogermanischen Sprachen vorkommen, so muss denselben selbstverständlich ein hohes Alter vindicirt werden, und demnach haben wir anzunehmen, dass der a-Casus schon in frühester Zeit zugleich instrumentale und locative Bedeutung gehabt hat.

Wie ist es nun aber in den Sprachen, in welchen der a-Casus sich nicht bloss in Adverbien, sondern als wirklicher Casus (*πτῶσις κοινή* I. §. 87) erhalten hat? Also namentlich im Sanskrit und Zend? Hat derselbe auch hier wie in den vorher behandelten adverbialen Bildungen ausser der Instrumental- zugleich die Locativ-Bedeutung? Es ist diese Frage für die Grundbedeutung der griechischen Casus von so grosser Wichtigkeit, dass wir sie hier nicht umgehen können.

Im Sanskrit wird der Instrumentalis bei allen Stämmen durch den a-Casus ausgedrückt, pad-â mit dem Fusse u. s. w., der Locativ bei den consonantischen und den a-Stämmen durch den i-Casus: pad-i in dem Fusse, dêvê (aus dêva-i vom Nominativ dêva-s) in dem Gotte, bei den auf langen Themavocal â î û ausgehenden Stämmen dagegen wird der Locativ nicht durch i, sondern durch die Lautcombination âm bezeichnet:

sutā Tochter, Loc. sutājām (aus sutā-ām)
dēvī Göttin, — dēvjām (aus dēvī-ām)
vadhū-s Gattin, — vadhvām (aus vadhū-ām).

Willkürlich wird dies ām neben i für den Locativ der Wurzelwörter auf ī und ū gebraucht, z. B.

bhrū-s, ὀφρύ-ς, Loc. bhruv-ām und bhruv-i,

und kann auch bei den auf kurzen Themavocal i und u ausgehenden Femininalstämmen angewandt werden. Die Instrumentale dieser Wörter lauten sutajā dēvjā vadhvā bhruvā, so dass der Locativ mit dem Instrumental den Vocal ā gemeinsam hat, sich von diesem aber dadurch unterscheidet, dass er dem Vocale noch einen Nasal hinzufügt.

Zwischen dem Locativzeichen i und dem Locativzeichen ām besteht durchaus keine formale Verwandtschaft, dergestalt, dass ām aus i hervorgegangen sein könnte. Dagegen liegt die Verwandtschaft des locativen ām mit dem Instrumentalzeichen ā am Tage. Beides sind verschiedene Gestaltungen des a-Casus. Es hat sich bei den §. 24 behandelten Adverbialbildungen des a-Casus gezeigt, dass das a durch einen hinzugesetzten Nasal erweitert werden kann, vgl. Skr. katha-m, lat. ite-m neben ita, griech. ἀναφανδό-ν neben ἀναφανδά. Und eine gleichartige Erweiterung des a-Casus ist die indische Locativendung ām, dergestalt, dass sich das nasalirte vadhvā-m (Locativ) zum einfacheren vadhvā genau so verhält wie ἀναφανδό-ν zu ἀναφανδά. Der griechische a-Casus ἄλλᾱ (ἄλλῃ) hat zugleich instrumentale (modale) und locative Bedeutung, und ebenso hat der indische a-Casus dēvj-ā vadhv-ā ursprünglich zugleich als Instrumentalis und als Locativ fungirt. Der dem a-Casus auch sonst zu Theil werdende Nasalirung des Auslauts, welche in katha-m, ita und item, ἀναφανδά und ἀναφανδόν ohne Unterschied der Bedeutung erscheint, ist bei dēvj-ā vadhv-ā u. s. w. eine Modificirung des Casusbegriffes gegeben:

| | | | |
|---|---|---|---|
| a-Casus | Instrumentalbedeutung | ἄλλᾱ | dēvjā |
| | Locativbedeutung | ἄλλᾱ | dēvjā-m. |

Auch die Declination der Zendsprache wendet sich zum Ausdrucke des Locativbegriffes zum a-Casus, und zwar bei denselben Stämmen, bei denen dies im Sanskrit der Fall ist. Der hauptsächlichste Unterschied zwischen beiden Sprachen besteht hier aber darin, dass das Zend für den Locativ nicht âm, sondern die rein vocalische Endung â (gewöhnlich zu a verkürzt) verwendet. Es steht also auf demselben Standpunkte wie das griechische ἀλλᾶ, wo a als Locativzeichen von dem den Instrumentalis ausdrückenden a nicht verschieden ist.

Und somit dürfte denn der Satz feststehen: die indogermanische Sprache hat durch das Casuszeichen a ursprünglich sowohl den Instrumental- wie den Locativbegriff bezeichnet; erst die weitere Sprachentwicklung hat hier das Bedürfniss gefühlt, die beiden verschiedenen Casusbegriffe durch lautliche Differenzirung zu sondern, doch ist dies keineswegs überall geschehen.

§. 27.

Wir wenden uns zum Casuszeichen i zurück, welches wir §. 22 verlassen haben. Schon im Voraus ist anzunehmen, dass es eine dem Casuszeichen a vielfach analoge Gestaltung aufzuweisen habe.

Zunächst kommt auch hier auslautende Erweiterung durch den Nasal vor wie in katha-m, i-tem. Im Sanskrit wird dieselbe durchgängig beim Locativ der männlichen Pronomina angewandt, welcher nach S. 134 durch Einschiebung eines sm vor dem Casuszeichen i gebildet wird. Doch hat der auslautende Nasal nicht die Form m, sondern n: ta-sm-in (in diesem), ja-sm-in in welchem, ka-sm-in in welchem?, anja-sm-in in anderem.

Wie das Sanskrit, so bildet auch das Griechische von seinen Pronominalstämmen einen (zugleich als Dativ gebrauchten) Locativ auf ιν, jedoch nur vom Pronomen der beiden ersten Personen, und vom Reflexivum. Neben dem in einfacher Weise (wie οἴκοι) gebildeten Locative ἐμοί, τεοί, ἑοῖ (οἱ Ϝοῖ) kommt nämlich auch die Form ἐμίν, τεΐν (τίν), σφίν (ἵν) vor; dieselben Endungen auch im Plural, da hier der Plural durch blosse Verschiedenheit des Stammes gebildet werden kann: ἡμῖν ἧμιν ἄμμιν ὑμῖν ὕμιν ὔμμι. Wie im Plural ist auch im Singular das i der Endung nicht bloss eine Länge, sondern auch eine Kürze. Der in I §. 185. 188 gegebenen Erklärung dieser Formen ist hier noch Folgendes hinzuzufügen. Wie die Locativform ἐμοί sich an οἴκοι anschliesst, so geht die Form ἐμίν u. s. w. auf die Locativform πανοικεί zurück, in welcher der alte Stammvocal ă von dem folgenden i nicht zu ο, sondern zu ε abgelautet ist. Statt der Endung ει kommt hier auch langes ῑ, ja sogar kurzes ι vor: πανδημί neben πανδημεί (vom Stamme δῆμο), ἀμισθί (vom Stamme μισθό), worüber das Nähere S. 145. So würden sich nun folgende Formen parallel stehen:

| Locativ auf ι. | | Locat. auf ιν. |
|---|---|---|
| οἴκοι | ἐμοί | |
| πανοικεί | [ἐμεί] | [ἐμεῖν] |
| πανδημί | [ἐμί] | ἐμῖν |
| ἀμισθί | [ἐμί] | ἐμίν |

Die eingeklammerten Formen des ersten Personalpronomens kommen nicht vor, doch dienen sie den vorkommenden Formen auf ῑν und ιν zur nothwendigen Voraussetzung, wie denn in der That die dem [ἐμί] entsprechende Bildung in ἄμμι, ὕμμι, σφί, ἄσφι vorliegt. — Dieselbe schwankende Prosodie des ιν auch in dem auf die nämliche Weise zu erklärenden πρίν πρώ. Die gleichbedeutende dorische Form πράν ist ein in locativem Sinn gebrauchter a-Casus mit hinzugefügtem Nasale, vgl. §. 26.

Im Lateinischen lautet die durch Nasal erweiterte Locativendung im; sie kommt vor in pronominalen Adverbien: ōlim damals (vom alten Pronomen ollus), im alten Locativ des Pronomens i-s, welcher im lautet, aber nur in Verbindung mit Präpositionen vorkommt: inter-im, ex-im, in-de (statt im-de), — ferner in Ortsadverbien: illim, verstärkt illin-c; — in istim, verstärkt istin-c und in hin-c, welches ein einfacheres him voraussetzt. Das dem m, resp. dem n vorausgehende i ist sicherlich als ursprünglich lang anzusetzen. Man hat in olim im iṣtim u. s. w. eine aus olibim ibim istibim synkopirte Bildung finden wollen, doch ist dies lediglich Vermuthung, und die Form erklärt sich auch ohne diese Annahme so gut, wie das griechische ἐμίν zu seiner Erklärung keines ἐμίφιν bedarf. Was nun die von ille iste hic ausgehenden Ortsadverbien auf im (in) betrifft, so erheischt sowohl Etymologie wie Bedeutung eine Zusammenstellung derselben mit zwei anderen von denselben Pronominalstämmen ausgehenden Ortsadverbien:

| | | | |
|---|---|---|---|
| wo? | illī<br>illī-c | —<br>istī-c | —<br>hī-c |
| woher? | illīm<br>illīn-c | istīm<br>istīn-c | —<br>hīn-c |
| wohin? | illō<br>illo-c<br>illu-c | istō<br>isto-c<br>istu-c | —<br>ho-c<br>hu-c |

Wir treffen hier zunächst Formen auf ī (ī-c) in der Bedeutung „dort, hier". Dies sind adverbiale Locative wie domī Corinthī, gebildet durch Antritt des rein vocalischen Casuszeichens i an den Stammvocal. Die auf im (in-c) ausgehenden Formen der zweiten Reihe verhalten sich zu jenen ersten, wie ἐμίν zu ἐμοί, sie haben mit jenen das Casuszeichen i gemeinsam, nur ist dieses durch einen Nasal erweitert, wie dies regelmässig bei dem locativen i der indischen Demonstrative vorkommt (tasmin). In dritter Reihe stehen Bildungen auf ō (o-c, u-c), welche der Form nach Ablative zu sein scheinen. Man sollte nun erwarten, dass die dritte (ablativische) Reihe das woher?, die zweite (locative) das wohin? bezeichne: das würde der etymologischen Bildung entsprechen. Vielleicht wird sich weiterhin eine ansprechende Erklärung dieser scheinbaren Verrückung der Bedeutung ergeben. Doch wie dem auch sei, so viel steht fest, dass während die Griechen ihr ἐμοί und ἐμίν unterschiedslos gebrauchen, die Lateiner die genau entsprechenden Formationen illī und illim, istī-c und istim istin-c u. s. w. zur lautlichen Differenzirung begrifflicher Beziehungen verwandt haben, wie dies im Griechischen bei ποῖ und πεῖ und in durchaus entsprechender Analogie der Formation im Indischen bei dem Casusausgange â und âm geschehen ist:

| | | | |
|---|---|---|---|
| dêvjâ | mit der Göttin | illī | dort |
| dêvjâ-m | in der Göttin | illī-m | von dort |

§. 28.

Wie in der Hinzufügung des Nasals, so steht der i-Casus dem a-Casus auch in der Einschaltung einer Muta zwischen Stamm und Endungsvocal analog.

I. Vor allem ist hier eine Anzahl alter Präpositionen und Conjunctionen anzuführen, welche von den Demonstrativstämmen a, i, u, ja, ku durch das mit t, dh, d, p, bh verstärkte Casuszeichen i gebildet sind.

| Skr. | Zend. | Griech. | Lat. |
|---|---|---|---|
| 1) Vom Demonstrativstamme a: | | | |
| a-ti darüber hinaus | ăi-ti darüber hinaus | ἔ-τι dazu | e-t[i] |
| a-dhi hin | — | — | a-d[i] |
| a-pi auch | ai-pi auch | ἐ-πί dazu | — |
| a-bhi an, hinzu | ai-bi an, hinzu | ἀ-μφί um | ămbi, amb, am. |
| 2) Vom Demonstrativstamme i: | | | |
| i-ti so | — | — | i-ti-dem so |
| — | ui-ti so | — | au-t[i] oder |
| 3) u. 4) Vom Relativstamme ja, ku: | | | |
| — | — | ὅ-τι weil | [c]u-tī, [c]u-t |
| ja-di wenn | jē-dhi wenn | — | — |
| 5) Vom Präpositionalstamme pra: | | | |
| pra-ti gegen, hin | pai-ti zu | προ-τί, πο-τί | — |

Vielleicht gehört hierher auch noch das lateinische re red, dessen älteste Gestalt redi war (erhalten in redi-vivus); vermuthlich ist am Anlaute ein Consonant, möglicher Weise p abgefallen. Der lateinische Casusvocal i hat sich in uti erhalten, wo er sowohl lang wie kurz ist, sonst ist er apokopirt, wenn er nicht durch eine Zusammensetzung wie im obigen redi-vivus gehalten wird: iti-dem, ambi-farius, ambi-genus; das für aut als ursprünglicher Auslaut anzunehmende i hat sich im gleichlautenden auti des Oskischen erhalten.

Fast alle vom Demonstrativstamme a ausgehenden Casusformen bezeichnen ursprünglich den Locativ des Zieles: „zu etwas hin": ἔτι, ἐπί, abhi, aibi, adhi, ad. Die Wörter ἔ-τι und ἐ-πί sind also auch in der Bedeutung auf's nächste mit einander verwandt. Die Bedeutung: „hinzu" geht in die Copula über in et, api, aipi.

Die vom Demonstrativstamme i und ut ausgehenden haben modale Bedeutung: „auf diese Weise", die auch dem lateinischen aut (oskisch auti) zu Grunde liegt („oder" = „auf die nämliche Weise"). Doch geht aut nicht auf den einfachen Stamm u, sondern auf ein daraus verstärktes ava zurück.

II. Einen viel weiteren Gebrauch als die übrigen Sprachen macht das Griechische von der durch eine Muta erweiterten Casus-Endung i. Vgl. §. 200.

1. Adverbial-Endung *θι*. Sie wird hauptsächlich an Stämme der ersten Declinationsklasse angefügt: *ὄθι*, *ἦθι*. Sie kommt bloss bei Dichtern, namentlich im Epos vor und hat hier bei Substantiv- und Adjectivstämmen dieselbe Bedeutung wie die auch in der attischen Prosa gebräuchliche Endung *οι*: *μεσσόθι* neben *μέσσοι*, *μακρό-θι*, *οὐρανό-θι*, *οὐρανόθι πρό*, *Ἰλιόθι*, *Ἰλιόθι πρό*, *θύρᾱ-θι*, ebenso *ἄλλο-θι*. Bei den eigentlichen Pronominalstämmen dagegen findet zwischen *οθι* und blossem *οι* ein begrifflicher Unterschied statt, denn während *οι* das wohin ausdrückt, wird *οθι* für das wo?, also in derselben Bedeutung wie der dorische Adverbial-Casus auf *ει* angewandt: *οἷ* wohin, *ὅθι* wo, *ποῖ* wohin?, *πόθι* wo?, *τόθι* da.

Mit diesen griechischen Bildungen sind die gotischen Adverbien auf th, d, eine aus den gotischen Lautgesetzen sich erklärende Abkürzung des thi zusammenzustellen. Sie bezeichnen das wohin: hva-th (aus hva-thi) quo?, tha-th eo, hi-th huc, jain-d illo, alja-th alio, dala-th *κάτω* (eigentlich „zu Thal"). Wahrscheinlich hatte diese Endung vor dem Eintritt der gotischen Lautverschiebung die Form ti, war also nicht wie griechisches *θι* mit einer Aspirata, sondern mit der Tenuis gebildet. Vielleicht kommen mit diesen gotischen Formen die vorstehend zu ihrer Erklärung hinzugefügten lateinischen Adverbia überein, so dass also die das Wohin bezeichnenden Wörter eo, quo, illo, isto, illoc, istoc, hoc; illuc, istuc, huc nicht auf eōd, quōd, illōd, sondern auf eōdi, quōdi, illōdi zurückzuführen sein würden und also ursprünglich nicht Ablative wären, sondern Locativformen; die Discrepanz zwischen Form und Bedeutung (vgl. S. 141) wird auf diese Weise wegfallen. Der Uebergang eines alten quōdi zu quō ist genau der nämliche wie der des alten redi zu re.

2. Endung *χι*; sehr selten. Sie ist locativ in *ἦχι* wo, ausserdem noch in *οὐχί ναίχι*. Mit *ἦχι* sind die indischen Adverbialien auf ăhi zusammenzustellen.

Ausserdem kommt im Sanskrit noch eine Endung hi mit vorausgehendem r vor auf die Frage wo? und wann?: ka-rhi wann, ja-rhi wo, a-rhi da, ēta-rhi einmal. Dem ka-rhi entspricht das altnordische hve-rt wohin?, gleichbedeutend mit gotischem hva-drē (S. 132) und hvath. Da das indische h sich auch aus der dentalen Aspirata dh entwickelt haben kann, so ist die lautliche Uebereinstimmung zwischen ka-rhi und hve-rt[i] so gross wie möglich. Die Einschaltung des r kam auch bei dem Casuszeichen a vor (§. 24), stand hier aber nicht vor, sondern hinter der dentalen Muta.

| | |
|---|---|
| Got. | hva-drā (zu hva-drē) |
| Altnord. | hve-rt aus hva-rti |
| Skr. | ka-rhi aus ka-rdhi. |

Wir haben also die Uebersicht über die Entwickelung des a- und i-Casus dahin zu erweitern, dass das zur eingeschalteten Muta noch hinzugefügte r ebenso wohl hinter dem Stammvocale wie vor dem Casusvocale stehen kann.

3. Endung *τι*. Sie wird wie die Endung *δον* gebraucht zur Bezeichnung der Art und Weise. Dahin gehört: *μελεϊστί* gliederweis, *ἀνδριστί* nach Männerart, *βοϊστί* nach Rinderart, wie ein Rind, *γυναικιστί* weibischer Weise; *ἀνδραποδιστί* nach Sklavenart, *ἑλληνιστί* hellenisch, *Δωριστί* dorisch, *Αἰολιστί* äolisch, *Ἰαστί* ionisch, *ὀνομαστί* bei Namen. Allen diesen auf *ιστί* und *αστί* ausgehenden Wörtern stehen Verba auf *ίζειν* oder *άζειν* zur Seite; sie werden daher von Verbalstämmen durch Hinzufügung eines *τι* gebildet sein (ähnlich wie *ἀνα-φανδόν* von *ἀνα-φανῆναι*). Von einfachen Verbalwurzeln sind gebildet *ἐγερ-τί* erweckend, wach, *ἐγρηγορ-τί* Hom. wachend, *ἀ-στακ-τί* nicht tropfenweise. Endlich sind noch zu erwähnen *ἀν-αιμωτί* (*ἀναιμωτεί*) ohne Blutvergiessen, *ἀνουτητί* ohne Verwundung, *ἀν-ιδρωτί* und *ἀνιδρωτί* ohne Schweiss, *ἀν-ιδιτί* ohne Schweiss (*ἶδος, ἰδίειν*), *ἀ-κονιτί* ohne Staub (*κόνις, κονίειν*).

Es ist fraglich, ob die zuletzt angeführten Wörter wie *ἀ-στακ-τί* von einem Verbalstamme (Verbalwurzel) gebildet sind, oder ob sie als Adverbialformen des neutralen Verbaladjectivs auf *τόν* aufgefasst werden müssen: *ἀκόνιτον ἀκονιτί, ἀναίμωτον ἀναιμωτί*. Im letzteren Falle würden sie mit den oben angeführten *πανδημεί πανδημί* zusammenzustellen sein, insofern sie von Nomina der ersten Declinationsklasse ausgingen und das dem *ι* vorausgehende *τ* dem zu Grunde liegenden Verbaladjectiv angehörte. Dann erklärt sich die Länge von *ἀναιμωτί, ἀνουτητί* u. s. w., denn sie wäre als Contraction der Endung *ει* aufzufassen.

Zur Bezeichnung des Modalis wird also sowohl einfaches *ι*, vor welchem der Stammvocal *ο* und *ᾱ* zu *ε* wird, wie *τι* angefügt, — *ι* ist nur für Compositionen, *τι* für uncomponirte Bildungen üblich (bei Compositis zog man die einfache, unerweiterte Casusform vor). Eigenthümlich ist die schwankende Form und Prosodie der Endung. Zunächst kann der Ausgang *ει* der *ο*- und *α*-Stämme zu *ι* werden (doch ist *ει* die attische Form): *ἀσπουδεί ἀσπουδί, νηποινεί νηποινί, πανοικεί πανοικί, πανδημεί πανδημί, πανομιλεί πανομιλί*. In solchen Fällen muss das *ι* seiner Entstehung gemäss eine Länge sein. Es kommt hier indess auch kurzes *ι* vor: *ἀμισθί* (statt *ἀμισθεί*) bei Archiloch., häufig *ἀωρί* neben *ἀϋθωρεί*. Wörter der zweiten Declinationsklasse dagegen haben kurzes *ι* (wie *αὐτοχειρί*), ausser wenn dieses bei *ες*-Stämmen mit dem Vocale *ε* zu *ει* contrahirt ist (*παμπληθεί*). Von den auf *τι* ausgehenden Formen mussten wir *ἀνουτητί ἀναιμωτί* abscheiden, da diese von Verbal-Adjectiven auf *το-ς* herkommen. Dagegen erscheint die Adverbialendung *τι* in langer Prosodie bei *ἀστακτί* neben *ἀστακτί* (beides bei Sophokles), *ἐγρηγορτί* Hom. neben *ἐγερτί*. Die Verlängerung ist hier ebenso auffallend wie die Verkürzung bei *ἀμιστί*. Im letzteren Falle müssen wir annehmen, dass der Stammvocal (*ε*) vor dem Casusvocale *ι* elidirt ist, aber die Verlängerung in *ἀστακτί* ist unerklärlich, wenn man nicht annimmt, dass hier die Endungen *τι* und *τῑ* in derselben Weise sich zu einander verhalten wie *χα* und *χᾱ* in *τρί-χα τριχῆ* und ähnliche Bildungen des *α*-Casus. Vgl. das lateinische ibi und ibī.

Die Endung *τι* wurde im weiteren Verlaufe der Sprache immer häufiger, wie denn die Bildungen von Verben auf *ίζειν άζειν* fast sämmtlich späteren Ursprungs sind. So lässt es sich erklären, dass sie nicht wie in den bisher erwähnten Fällen an die Stammform, sondern selbst an eine Casusform angetreten sind, nämlich an den Adverbial-Ablativ auf *ως*: *μεγαλως-τί* Hom., *νεως-τί, ἱερως-τί, δημιως-τί*. Denn dass das *τι* hier mit dem *τι* von *ὀνομαστί* u. s. w. identisch und nicht etwa ein angefügtes Indefinitiv-Pronomen *τι* ist, darüber kann kein Zweifel mehr walten.

Statt τι kommt nun endlich auch noch die Form δι vor in πανσυ-δί von dem Verbum σεύω. Auch hier die Nebenform παν-συ-δεί, aber auch Bildungen, in welchen an den ι-Vocal scheinbar noch der Vocal des a-Casus angefügt ist: πανσυ-δίη πανσυ-δίην. Es scheint dies etwas ähnliches, als wenn neben πανοικεί πανοικί auch noch die Form πανοικιᾶ vorkommt, welche aber nicht mit πανοικεί zusammenhängt, sondern ein von dem Adjectiv πανοίκιος gebildeter α-Casus ist (entsprechend dem ἰδίᾳ von ἴδιος).

4) Endung φι. Vgl. §. 108. Sie ist formell dem gotischen Adverbialausgange ba (S. 131) am nächsten verwandt, von welchem sie sich nur durch die Verschiedenheit des Casuszeichens unterscheidet. Von allen Entwickelungen des a- und i-Casus ist φι die einzige, welche nicht auf adverbiale Bedeutung beschränkt, sondern als eigentlicher Casus festgehalten ist. Denn sie wird in der epischen Sprache bei den ο- und ᾱ-Stämmen, sowie auch bei einigen Wörtern der zweiten Declinationsklasse zum Ausdrucke des singularen Locativs und Ablativs gebraucht (über den Gebrauch im Plurale s. unten), daher Casus epicus genannt. Das ν, welches der Endung φι hinzugefügt wird, scheint mit dem ν ἐφελκυστικόν der Endungen ουσι, σι u. s. w. in dieselbe Kategorie zu gehören, d. h. eine erst auf griechischem Boden zur Vermeidung des Hiatus entstandene Erweiterung zu sein, aber nicht wie das m in olim u. s. w. eine aus der Urzeit herstammende Nasalirung des vocalischen Casuszeichens.

Der Gebrauch von φι im Einzelnen kann erst später behandelt werden. Hier sei nur im Allgemeinen bemerkt, dass diese Form sämmtliche Casusbegriffe mit Ausnahme des Nominativs, des eigentlichen Accusativs und des Vocativs vertreten kann:

Locativ wo?: ὄρεσφι im Gebirge, θύρηφι an der Thür, κεφαλῆφι λαβεῖν am Kopfe nehmen, παρ' ὄχεσφι am Wagen, ἐπ' ἰκριόφι auf dem Verdecke.

Locativ wohin?: διὰ στήθεσφι durch die Brust, κατ' ὄρεσφι das Gebirge hinab, ἐς ἐννηφιν (Hesiod.) bis übermorgen.

Dativ: ἀγλαΐηφι πεποιθώς auf den Glanz vertrauend, παλάμηφιν ἀρήρει war passend für die Hand, ναῦφιν ἀμυνόμενοι für die Schiffe abwehrend.

Instrumental. wie? womit?: *βίηφι* mit Gewalt, *δακρυόφιν πίμπλαντο* füllten sich mit Thränen, *σὺν ὄχεσφι* mit dem Wagen, *ὁπλότερος γενεῆφι* jünger an Geburt.

Ablativ: *ἐκ θεόφι*, *ἀπὸ ναῦφι*.

Genitiv: Hier ist die Form auf *φι* am seltensten: *Ἰλιόφιν κλυτὰ τείχεα* Ilions Mauer, *ὀστεόφιν θίς* ein Haufen Knochen.

Doch gehen diese verschiedenen Casusbeziehungen auf zwei Grundbedeutungen zurück. 1) Auf den Locativ (wo? wohin?). Wie der mit einfachem *ι* gebildete Locativ der zweiten Declinationsklasse zugleich die Function des Dativs übernommen hat, gerade so auch der durch *θι* gebildete Locativ. Wir sagen demnach, dass die Form auf *φι* in erster Bedeutung ein Locativ-Dativ sei wie *πατρί* u. s. w. — 2) Auf den Instrumentalis (auf welche Weise? durch welches Mittel?). Die das Werkzeug bezeichnende instrumentale Form ist aber zugleich auf den Ablativbegriff, d. h. auf den Begriff des Ausgangspunktes der Handlung übertragen worden. — Was endlich die seltene Verwendung des Genitivs betrifft, so verweisen wir auf den Genitiv des Duals, wie wir denn überhaupt von der Endung *φι* sagen können, dass sie für alle Casus-Beziehungen verwandt werden kann, welche durch die Dualform auf *ιν* bezeichnet werden.

In den verwandten Sprachen hat die Endung bhi für den Singular (— denn vom Plural muss besonders gehandelt werden —) eine viel geringere Verwendung als im Griechischen. Abgesehen von der Präposition abhi aibi (S. 142) kommt sie im Sanskrit, im Zend, im Latein und dessen Nebendialecten als Dativ für das Pronomen erster und zweiter Person, im Latein und Umbrischen ausserdem auch noch als Dativ des Reflexivstammes und für den locativen Adverbialis des Demonstrativstammes i und des Interrogativstammes vor:

| | Dativ. | | | Locat. | Adv. |
|---|---|---|---|---|---|
| Latein. | mihī, | tibī, | sibi | ibī, | [c]ubī |
| Umbr. | mehe, | tefe | | ife, | pufe |
| Sanskr. | mahjam, | tubja(m) | | abhi | |
| Zend | maibja, | taibja | | aibi | |

In allen vier Sprachen fungiren die betreffenden Formen der Pronominalstämme nur als Dative, nicht als Locative: das hohe Alter derselben zeigt sich in der dem Sanskrit, Umbrischen und Lateinischen gemeinsamen Abschwächung des für die erste Person verwandten bhi zu hi. Auslautendes m erscheint bloss im Sanskrit, aber auch hier nicht durchgängig, denn gerade im ältesten Sanskrit (Vedensprache) kommt neben tubhjam ein einfacheres tubhja vor. Dieser Ausgang bhja des Veden-Sanskrit und des Zend liegt auch dem Lateinischen und Umbrischen zu Grunde. Die Quantität des Schlussvocales von mihi tibi sibi ist nämlich eine schwankende. Wir brauchen weder anzunehmen, dass mihī die ältere, mihĭ erst eine daraus abgekürzte Form, noch auch, dass mihī eine unorganische Verlängerung von mihĭ sei. Vielmehr wurde das nach den verwandten Sprachen vorauszusetzende mihja tibja entweder wie in in-jacio con-quatio behandelt und also zu mihĭ verkürzt (wie in-ĭcio), oder es trat dieselbe Contraction zu ī ein wie in Antonī (aus Antonië, ursprünglich Antoniă).

Während das willkürliche m in tubhjam derselbe Nasal ist wie in katham skr. (S. 129), olīm, ἰμῖν und als eine für die Casusbedeutung unwesentliche Erweiterung angesehen werden muss, liegt in dem auf bhi folgendem Vocale augenscheinlich eine Beziehung auf den Dativbegriff. Nach §. 22 ist die Dativform aus der Locativform hervorgegangen, und zwar durch Steigerung des locativen i vermittelst des Vocales a. Das einfache Locativzeichen i wird durch vorgesetztes a zu ai gesteigert, das mit bh gebildete Locativzeichen bhi (im Skr. abhi, griech. θύρηφι) ist durch ein ihm folgendes a zum Dativzeichen bhja gesteigert *). Der Dativbildung tubhja liegt also wesentlich derselbe Vorgang zu Grunde, wie z. B. dem Dativ skr. padai (pedī):

Loc. pad-i Dat. pad-ai
[Loc. tu-bh-i] Dat. tu-bh-ia, nasalirt tu-bh-ia-m.

(Der Locativausgang bhi ist zwar nicht für das zweite Personalpronomen, wohl aber für das Demonstrativum a in der skr. Präposition abhi erhalten S. 142.) Auch ibī und ubī müssen wie tibī aus

*) Vgl. die analoge Behandlung des Genitivs, welcher ähnlich als ein durch a gesteigerter Nominativ anzusehen ist §. 18.

ibia, [c]ubia entstanden sein, ohne dass aber hier die dem bhi ursprünglich zukommende Locativbedeutung durch den Zusatz des a geändert ist.

Die Endung bhia vermittelt das Verständniss des dem Griechischen eigenthümlichen Locativzeichens σε:

πό-σε wohin?, ὁπό-σε wohin, αὐτόσε eben dahin, ἄλλο-σε anders wohin, ἑτέρω-σε, οὐρανό-σε gen Himmel, κυκλό-σε in die Runde, πεδό-σε auf den Boden.

Diese das wohin? bezeichnende Endung steht zu dem das wo? ausdrückenden Casuszeichen θι in demselben Verhältnisse wie bhia zu bhi:

| | |
|---|---|
| ἄλλο-θι | [ἄλλο-θιε zu] ἄλλο-σε |
| anderswo | anderswohin |
| οὐρανό-θι | [οὐρανό-θιε zu] οὐρανό-σε |
| am Himmel | gen Himmel. |

Der lautliche Uebergang des θιε in σε ist derselbe wie in μέσος aus μέθιος (skr. madhjas, lat. medius) u. s. w. Dass aber das auslautende ε aus α hervorgegangen ist, kann keine Frage sein. Es ergiebt sich also folgende Parallele:

| | |
|---|---|
| bhi φι Locat. | bhia Dat. |
| dhi θι Locat. wo? | dhia σε Locat. wohin? |

Die Endung σε kommt bloss bei ο-Stämmen vor, bei ᾱ-Stämmen tritt statt σε das gleichbedeutende ζε ein:

θύρα-ζε die Thür hinaus, ἔρα-ζε auf den Boden, χαμά(ᾶ)-ζε auf die Erde, Ὀλυμπία-ζε nach Olympia, Ἀθήνα-ζε nach Athen, Θήβα-ζε, Ἀφίδνα-ζε, Μουνυχία-ζε, Βήσσα-ζε.

Man erklärt Ἀθήνα-ζε gewöhnlich als aus Ἀθήνασ-δε entstanden. Buttmann wendet dagegen mit Recht die verschiedene Quantität von Ἀθήναζε und Ἀθήνᾱσδε ein. Ausserdem lässt sich schwerlich für ἔρα-ζε χαμά-ζε eine Pluralform ἔρασ-δε χαμάσ-δε voraussetzen, während umgekehrt bei den pluralischen Städtenamen eine singulare Locativform durchaus gewöhnlich ist: vgl. Μέγαρα und Μεγαροῖ. Auch ζε ist wahrscheinlich aus θιε, oder wenn man will aus διε entstanden.

Ueberblick der vom Casuszeichen *ι* ausgegangenen Formen:

| | |
|---|---|
| i wo? *οἴκοι, πεῖ.*<br>wohin? *ποῖ.*<br>wie? *πανοικεί.* | ai wem? *οἴκῳ.* |
| bhi, *φι* wo? wie? u. s. w.<br>*ὄρεσφι.* | bhja, bhja-m wem?<br>tubhia-[m]. |
| dhi, *θι* wo? *πόθι.* | dhja, (*θιε*) *σε* wohin? *πόσε.* |
| ti, *τι* wie? *ἀστακτί.* | |
| rhi wo? wann? ētarhi. | |

§. 29.

Von den durch eine Muta erweiterten vocalischen Casusendungen ist bhi die einzige, die auch für die Mehrheit gebraucht wird, alle übrigen kommen nur für die Einheit vor. Die Mehrheitscasus, in welchen das Lautelement bhi Anwendung gefunden hat, sind im Sanskrit und Zend der Dativ und Ablativ des Plurals und des Duals und der Instrumentalis des Duals (aber nicht des Plurals). Indem wir zugleich den Singularcasus, in welchem sich bhi vorfindet (es war dies der Dativ des Personalpronomens), hinzufügen, geben wir für das Sanskrit eine Uebersicht der gesammten hierher gehörenden Bildungen an dem Paradigma pad (Fuss):

| | Sing. | Plur. | Dual. |
|---|---|---|---|
| Instr. | — | pad-bhis | pad-bhiām |
| Dat. | tu-bhia, bhiam | pad-bhias | pad-bhiām |
| Abl. | — | pad-bhias | pad-bhiām |

Im Zend lauten diese Formen folgendermassen:

| | Sing. | Plur. | Dual. |
|---|---|---|---|
| Instr. | — | pad-ĕ-bīs | pad-ĕ-bia |
| Dat. | tu-bia | pad-ĕ-bias | pad-ĕ-bia |
| Abl. | — | pad-ĕ-bias | pad-ĕ-bia |

Die hier angewandte Schreibart bhia bhias u. s. w. statt des gewöhnlichen bhja bhjas ist durch die Aussprache der ältesten Sanskrit-Poesie gerechtfertigt. Ebenso im Zend bia statt des gewöhnlichen bja.

Das Lateinische hat ein pluralisches bi bloss in den Wörtern, welche im singularen Dativ die Endung bi haben, die übrigen Wörter haben im Plural statt bi ein bu:

| | | |
|---|---|---|
| Dat. | t[v]i-bī | [t]vō-bīs, ped-i-bus |
| Abl. | — | [t]vō-bīs, ped-i-bus. |

Von grossem Interesse ist der umbrische Nebendialect des Latein. Das Lautelement bhi wird hier im Singular ebenso wie im Latein, Sanskrit und Zend gebraucht, im Plural aber nicht für den Dativ und auch nicht für den Ablativ, sondern vielmehr 1) für den Locativ der Mehrheit. Die Endung lautet hier fe oder f: veru-fe, krematru-f, ebetra-fe; auch kommt statt fe ein fem vor: vape-fe und vape-fem. Bisweilen aber ist das plurale Locativzeichen (doch nur in den späteren Denkmälern) ganz abgefallen. 2) Für den Accusativ der Mehrheit bei männlichen und weiblichen (nicht neutralen Stämmen). Die Endung lautet f: apru-f abro-f (= lat. apros), feliu-f (= filios), vitlu-f (= vitulos), turu-f (= tauros), vitla-f (= vitulas), oder es ist Abfall der Endung eingetreten: filiu, vitlu, toru. Obwohl beim Accusativ als Endung nur das abgekürzte Locativzeichen f, aber nicht das vollere Locativzeichen fem erscheint, so kann es doch keine Frage sein, dass für beide Plural-Casus Identität der Bezeichnung besteht. Dass der Locativ auch für den Dativ oder den Instrumentalis angewandt wird, ist eine auch sonst in den indogermanischen Sprachen vorkommende Erscheinung, doch Verwendung der Locativbezeichnung für den Accusativ des Masculinums und Femininums ist Eigenthümlichkeit des Umbrischen. Die neueren Sprachen aber handeln nach demselben Gefühle wie hier das Umbrische, wenn sie auch den Accusativ durch die sonst für den Dativ verwandte Präposition ad (à) ausdrücken, wie dies z. B. im Spanischen geschieht, wobei zu bemerken, dass dieses Idiom des Spanischen auch insofern mit jenem des Umbrischen übereinkommt, als Bezeichnung des Accusativs mit à nur bei persönlichen Wesen, nicht bei unpersönlichen angewandt wird, ähnlich wie das Umbrische den Accusativ auf f nur bei Masculinis und Femininis, nicht bei Wörtern neutralen Geschlechtes in Anwendung bringt. Der Locativ bezeichnet ausser dem Wo? auch das Wohin?, also den räumlichen Zielpunkt der Handlung. Da der Accusativ ebenfalls der Zielpunkt der Thätigkeit, so müssen wir einer Sprache auch die Berechtigung zuerkennen, wenn sie den Ausdruck des Wohin? auch auf das Wen? anwendet, wie dies im Umbrischen durchgängig für die beiden ersten Geschlechter geschehen ist. Umgekehrt drückt das Griechische und das Lateinische oft genug das locale Wohin? durch den Accusativ aus.

Im Griechischen geht die Anwendung des bh für den Plural noch weiter als in den verwandten Sprachen. Denn dieselben Casus, welche die episch-poetische Sprache im Singular durch die Endung φι resp. φιν bezeichnet, die nämlichen Casus können in ihr auch für den Plural durch die nämliche Endung φι resp. φιν ausgedrückt werden. Eine formelle Unterscheidung des Plurals vom Singular findet hier also nicht statt, nur darin besteht zwischen beiden Numeri eine Verschiedenheit, dass in der ersten Declinationsklasse bloss die o-Stämme, aber nicht die â-Stämme Pluralcasus auf φι bilden. In der Identität der für Singular und für Plural gebrauchten Casusendung φι steht das Griechische mit dem Umbrischen auf demselben Standpunkte, in welchem die Endung fe sowohl für singulare Locativadverbien (ife = ibi, pufe = ubi), wie auch allgemein für den pluralen Locativ verwandt wird. Dass auf einer früheren Stufe sowohl im Griechischen wie im Umbrischen ein formeller Unterschied zwischen der singularen und pluralen Casusendung statt fand, wird mit Recht von Allen angenommen: das plurale φι muss einen Schlussconsonanten verloren haben, welcher wohl kein anderer als das in den analogen Pluralendungen der verwandten Sprachen vorliegende s ist, also

sing. ναῦ-φι, plur. ursprünglich ναῦ-φις,

abgekürzt zu ναῦ-φι und gleich dem ναῦ-φι des Singulars durch ν ἐφελκυστικὸν erweitert.

Indem wir zur näheren Erörterung der mit bhi gebildeten Mehrheitscasus übergehen, stellen wir für die herbeigezogenen Sprachen den pluralen Formen die etymologisch entsprechenden Singularformen zur Seite, lassen aber die Dualformen zunächst unberücksichtigt.

| | Skr. | Zend. | Lat. | Umbr. | Gr. |
|---|---|---|---|---|---|
| Loc. sg. | a-bhi | ai-bi | i-bi | i-fe | ναῦ-φι |
| — pl. | . . . . . | . . . . . | wie Abl. | veru-fe | ναῦ-φι |
| Instr. sg. | . . . . . | . . . . . | . . . . . . | . . . . | ναῦ-φι |
| — pl. | pad-bhis | padě-bīs | wie Abl. | . . . . | ναῦ-φι |
| Dat. sg. | tu-bhia-(m) | tu-bia | ti-bi | te-fe | ναῦ-φι |
| — pl. | pad-bhias | padě-bias | vō-bīs pedi-bus | . . . . | ναῦ-φι |
| Abl. sg. | . . . . . | . . . . . | . . . . . . | . . . . | ναῦ-φι |
| — pl. | pad-bhias | padě-bias | vō-bīs pedi-bus | . . . . | ναῦ-φι |

Einen singularen Locativ als wirklichen Casus auf φι besitzt das Griechische, die übrigen Sprachen nur als pronominalen Adverbialis: abhi skr., ai-bi znd., i-bi u-bi lat., i-fe u-fe umbr. Aber nicht allein das Griechische, sondern auch das Umbrische hat einen pluralen Locativ auf φι, fe (aut φις, fis verkürzt).

Ein singularer Instrumentalis auf φι lässt sich bloss im Griechischen nachweisen, ein pluraler Instrumental auf φις nicht bloss im Griechischen, sondern auch im Sanskrit pad-bhis, und im Zend padě-bīs. Das Sanskrit hat in seiner Pluralendung bhis das singulare bhi ohne weiteres durch das Pluralelement s (S. 108) erweitert, ebenso auch das Griechische für das vorauszusetzende φις, das Zend hat ausser der Anfügung des s auch noch Verlängerung des Casuszeichens i eintreten lassen.

Genau genommen gibt es auch im Lateinischen einen analog gebildeten Locativ und Instrumentalis (vōbīs, pedibus); da jedoch das Lateinische sonst überall den Locativ- und Instrumentalbegriff stets durch den Ablativ ausdrückt, so dürfen wir auch im vorliegenden Falle annehmen, dass die in locativer und instrumentaler Bedeutung stehenden Casusformen vōbīs und pedibus nichts anderes als Ablative sind.

Einen mit bhi gebildeten Dativ Singularis besitzt das Sanskrit, Zend, Lateinische und Umbrische für das Personalpronomen. Doch gebrauchen hier diese Sprachen, soweit sich dies erkennen lässt, nicht das einfache Casuszeichen bhi, sondern es ist das auslautende i noch durch den Vocal a erweitert worden, dem sich für das ältere Sanskrit willkürlich noch ein (im späteren Sanskrit fest gewordenes) m anschliesst. Eben dies bhja erscheint auch im entsprechenden Dativ Pluralis, und zwar dem Mehrheitsbegriffe angemessen durch das Pluralzeichen s erweitert: Skr. bhia-s, Zend. bia-s, Lat. t(v)ō-bīs mit demselben Uebergange des bia-s zu bī-s wie im singularen Dativ t(v)i-bī aus t(v)i-bia.

Von einem Ablativ Singularis auf bhi (S. 146) zeigen die ausser dem Griechischen herbeigezogenen vier Sprachen keine Spur, ein mit bhi gebildeter Ablativ Pluralis ist dem Sanskrit, Zend und Lateinischen gemeinsam. Und zwar besteht für alle drei die gleichmässige Erscheinung, dass der plurale Ablativ stets identisch mit dem pluralen Dativ ist. Es ist dies auf den ersten Augenblick auffallend genug, denn Dativ und Ablativ sind zwei Casus, welche nicht die mindeste begriffliche Verwandtschaft zu haben scheinen. Ehe wir näher darauf eingehen, müssen wir den Thatbestand des Griechischen berücksichtigen.

Das Griechische gebraucht in seiner gesammten zweiten Declinationsklasse den durch *ι* gebildeten Locativ (*πατρ-ί*) auch zum Ausdrucke des Dativs. Es kann daher nicht befremden, dass auch das Locativzeichen *φι* sowohl im Singular wie im Plural ohne Hinzutritt eines differentiirenden Elementes zugleich die Function des Dativs übernimmt. Diejenigen Sprachen dagegen, welche auch sonst den Dativ vom Locative durch vocalische Erweiterung sondern, haben von dem Locativzeichen bhi (in abhi) ein Dativzeichen durch Hinzufügung von a unterschieden (tubhia) und gebrauchen diese Dativbildung auch für den Plural (pad-bhia-s).

| | Sing. Skr. | | Sing. Griech. |
|---|---|---|---|
| Loc. | pad-i | a-bhi | *ποδ-ί* *ναῦ-φι* |
| Dat. | pad-ai | tu-bhia(m) | wie Locat. sing. |
| | Plur. Skr. | | Plur. Griech. |
| Loc. | .... | [pad-bhis] | *ναῦ-φι*[*ς*] |
| Dat. | .... | pad-bhias | wie Locat. plur. |

Die skr. plurale Dativendung bhias setzt eine plurale Locativendung bhis voraus, wie die skr. singulare Dativendung bhia(m) aus einer sigularen Locativendung bhi entwickelt ist. Die singularen Endungen bhi und bhia(m) sind im Skr. sehr spärlich vertreten, während die gleichbedeutende Singular-Endung φι im ältesten Griechisch häufig genug vorkommt. Eine plurale Locativendung bhis kommt im Skr. gar nicht vor, die plurale Dativendung bhias ist hier die allgemein und einzig gebräuchliche; doch werden wir für eine frühere Stufe des Skr. auch eine plurale Locativendung bhis um so mehr voraussetzen dürfen, als auch im Griechischen die Endung φι[ς] als Locativ vorkommt und im Umbrischen dieselbe Endung fe[s] lediglich in der Bedeutung des Locativs angewandt wird.

Einen singularen Instrumental auf φι kennt das Griechische, aber nicht das Sanskrit, dagegen ist der plurale Instrumentalis auf bhis im Sanskrit ungleich häufiger als im Griechischen. Wir haben oben S. 146 darauf hinweisen müssen, dass der griechische Instrumentalis auf φι φι[ς] zugleich als Ablativ gebraucht wird. Es hat dies deshalb geschehen können, weil beide Casusbegriffe mit einander verwandt sind, denn jener bedeutet das Werkzeug, dieser den Urheber und den räumlichen Ausgangspunkt der Handlung, und wenn aus diesem Grunde das Lateinische das ursprünglich durch den Instrumentalis zu bezeichnende Werkzeug durch den Ablativ ausdrückt, so hat das Griechische aus demselben Grunde in umgekehrter Weise den das Werkzeug bezeichnenden Casus auf φι auch zum Ausdrucke des Ablativbegriffes angewandt.

Diese im Griechischen für den Singular und Plural stattfindende Uebertragung des Instrumentalcasus φι φι[ς] auf den Ablativ ist fast allen verwandten Sprachen für den Plural gemeinsam. Von der singularen Ablativendung at oder ᴧt (S. 95) aus hat sich keine plurale Ablativendung entwickelt, vielmehr hat das Indogermanische zur Bildung des pluralen Ablativs durchgängig seine Zuflucht zur Instrumentalform genommen, und zwar so, dass dem pluralen Instrumental-Ausgange bhis eine Erweiterung durch den Vocal a gegeben wurde:

| | | |
|---|---|---|
| Instrum. | plur. | bhi-s |
| Ablativ | plur. | bhia-s. |

Der Ablativ verhält sich in dieser Bildung zum Instrumentalis, wie der Dativ zum Locativ: der plurale Ablativ ist ein gesteigerter Instrumentalis, wie der Dativ ein gesteigerter Locativ ist:

| | | | |
|---|---|---|---|
| Loc. sg.: i, bhi. | pl.: bhis. | Instr. pl.: | bhis |
| Dat. sg.: ai, bhia. | pl.: bhias. | Abl. pl.: | bhias. |

Man wird gegen diese Entwickelung nicht geltend machen, dass ein Locativ auf bhi und bhis im Griechischen, aber nicht im Sanskrit, und umgekehrt der Casus auf bhias nicht im Griechischen, sondern nur in den übrigen Sprachen vorkommt; wir haben diesen Punkt früher ausführlich besprochen.

Die in fast allen indogermanischen Sprachen vorkommende Erscheinung, dass pluraler Dativ und pluraler Ablativ eine gemeinsame auf bhias ausgehende Form haben, ist nicht so zu erklären, dass diese ursprünglich nur dem einen der beiden Casus angehört und von diesem auf den anderen Casus übertragen sei, sondern die gemeinsame Form ist jedem der beiden Casus, dem Dativ wie dem Ablativ gleich ursprünglich, und ist in beiden Fällen eine vocalische Steigerung aus der ursprünglich zugleich als Locativ und als Instrumentalis dienenden (in mehreren Sprachen aber nur für den Instrumentalis erhaltenen) Form auf bhis:

das zu bhias gesteigerte bhis des Locativs bezeichnet den Dativ,
das zu bhias gesteigerte bhis des Instrumentalis den Ablativ.

Das Griechische aber hat die durch Steigerung gewonnene Form wieder aufgegeben und gebraucht das einfache φι[ς] des Locativs auch für den Dativ, das einfache φι[ς] des Instrumentalis auch für den Ablativ, während das Umbrische sein dem griechischen φι[ς] entsprechendes fe von allen vier Casus nur als Locativ-Bezeichnung behalten, zugleich aber bei männlichen und weiblichen Stämmen auch an Stelle des Accusativs angewandt hat (S. 151). Der lateinische Casus auf bīs (nōbīs, vōbīs) entspricht formell nicht dem indischen Casus auf bhis, nicht dem griechischen auf φι[ς], sondern dem indischen auf bhias, ist also in seiner Grundbedeutung zugleich Dativ und Ablativ; sein locativer und instrumentaler Gebrauch erklärt sich daraus, dass das Lateinische auch sonst diese beiden Casus-Beziehungen dem Ablativ übertragen hat. Die vulgäre Casusform auf bus, die wir im Vorausgehenden zur Seite gelassen haben, lässt sich aus bhjas erklären, mit Ausfall des j, wie in in-icio, und Uebergang des a in u (wie in Venerus).

Das s in bhis bhias ist selbstverständlich dasselbe wie das s im Plural des consonantischen Casus (S. 108) und ebenso wie dieses zu erklären. Bei den consonantischen Casus fungirte ausser der Sibilans s auch der Nasal als Mehrheitszeichen (gen. pl. sâm): der singulare Nominativ auf s ist für die Mehrheit durch s, der singulare Genitiv auf s durch m erweitert worden. Das Casuszeichen bhia aber wird in der Mehrheit sowohl durch den Sibilanten wie durch den Nasal erweitert, im letzten Falle mit derselben Verlängerung des vorhergehenden a wie im Genitiv pluralis:

Casus auf s: sas sâm,
Casus auf bhia: bhias bhiâm,

die verschiedene Ausdrucksweise der Mehrheit bald durch s, bald durch m ist aber beim Casus auf bhia zur lautlichen Differenzirung eines innerhalb des Mehrheitsbegriffes gemachten Unterschiedes, des zweimaligen und des mehrmaligen Vorhandenseins desselben Gegenstandes verwandt worden: bhias ist für den Plural, bhiâm für den Dual fixirt. So wenigstens im Sanskrit, denn das Zend hat das m des Duals apokopirt (S. 150). Beide Sprachen haben hier nun noch die Eigenthümlichkeit, dass sie den Ausgang des pluralen Ablativs (bhiâm bia) auch für den Instrumentalis verwenden, nach derselben Uebertragung, wie sie beim Ablativ des Lateinischen vorkommt.

§. 30.

Den Casus auf φι φι[ς] hat das spätere Griechisch sowohl für die Einheit wie für die Mehrheit aufgegeben. Für den Locativ-Dativ der Mehrheit hat sich dasselbe auf folgende ebenfalls schon in der frühesten Sprache vorkommende Casusbildungen beschränkt:

1) Loc.-Dat. pluralis auf σι (mit ν ἐφελκυστικόν: σι-ν): θεοῖσι, θεαῖσι (hom. auch θεῇσι), πο[δ]σί (hom. auch ποσσί πόδ-εσσι).

Von den Stämmen der ersten Declinationsklasse wird schon in der frühesten Zeit ausser der Form auf σι auch eine kürzere Form auf blosses ς gebildet: θεοῖς neben θεοῖσι, θεαῖς (hom. auch θεῇς) neben θεαῖσι. Die gewöhnliche attische Prosa hat die Bildung auf σι für die erste Declinationsklasse gänzlich aufgegeben, sie behält dieselbe nur für einige lange ᾱ-Stämme bei, um einen adverbialen Locativ zu bilden:

Ἀθήνησι Θήβησι Πλαταιᾶσι von Ἀθῆναι Θῆβαι Πλαταιαί,
Ὀλυμπίᾱσι Πεϱγασῆσι von Ὀλυμπία Πεϱγασή,
θύϱᾱσι foris von θύϱα.

Die Formation dieser Locativ-Adverbia unterscheidet sich vom Dativ-Locativ der ᾱ-Stämme dadurch, dass sie auf ᾱσι ησι, nicht auf αισι ῃσι ausgeht; der ältere attische Dialect wandte aber die Endung ᾱσι auch für αις an (ταμίᾱσι auf altattischen Inschriften statt ταμίαις).

| ο-Stämme. | ᾱ-Stämme fem. | ᾱ-Stämme msc. |
|---|---|---|
| θεοῖς | θύϱαις, hom. θύϱῃς | ταμίαις, hom. ταμίῃς |
| θεοῖσι | θύϱαισι, hom. θύϱῃσι | ταμίαισι, hom. ταμίῃσι |
| | θύϱᾱσι, att. Locat. | ταμίᾱσι, altattisch. |

Von den beiden Formen der ersten Declinationsklasse lässt also die kürzere stets ein Jota auf den Stammvocal folgen, die längere aber fügt die Endung σι an den Stammvocal ο ebenfalls mit Iota, an den Stammvocal ᾱ dagegen sowohl mit wie ohne Iota. Die zweite Declinationsklasse hat nur die längere Form, und zwar stets ohne Jota, dagegen dialectisch mit willkürlich eingeschaltetem ε (oder auch α, vgl. I. §. 134c), hinter welchem das σ verdoppelt werden kann. Wir werden schwerlich umhin können, das ε α in οἴ-εσι πολίεσσι ὑπαϱχόντασσι als Hülfs- oder Bindevocal zu fassen. Schleicher meint, dass auch das dem σι vorangestellte Iota ein bloss phonetisches sei (§. 574), eine Ansicht, der auch wir beistimmen (nicht bloss für θύϱαισι θύϱῃσι, ταμίαισι ταμίῃσι, neben denen auch die iotalosen Bildungen vorkommen, sondern auch für θεοῖσι.

2) Loc. Dat. Abl. Gen. dualis auf ιν:

Die ο-Stämme fügen die Endung im Attischen unmittelbar an den Stammvocal: θεο-ῖν, im homerischen Dialecte auch vermittelst eines Iota („einer Stammvermehrung durch ι", Schleicher Compend. §. 262): θεοῖ-ιν. Bei den ᾱ-Stämmen kommt diese Dualform nur im Attischen vor, und zwar wie bei den ο-Stämmen ohne Iota, θεα-ῖν ταμία-ιν; die übrigen Dialecte gebrauchen hier statt des

Duals stets die entsprechende Pluralform. — Die Stämme der zweiten Declinationsklasse lauten hier gerade wie die o-Stämme aus: ποδοῖν, hom. ποδοῖιν („die Formen θεοῖν θεοῖιν gingen durch Analogie auf andere Stämme über" Schleicher §. 262).

| | Ohne Iota. | Mit Iota. |
|---|---|---|
| | o-Stämme. | |
| Plur. auf φι[ς]: | θεό-φι[ς] | . . . . . |
| Plur. auf σι : | . . . . . | θεοῖ-σι |
| Dual auf ιν : | θεο-ῖν att. | θεοῖ-ιν ep. |
| | weibliche ᾱ-Stämme. | |
| Plur. auf φι[ς]: | . . . . . | . . . . . |
| Plur. auf σι : | θύρᾱ-σι att. | θύραι-σι, η-σι |
| Dual auf ιν : | θύρα-ιν att. | . . . . . |
| | männliche ᾱ-Stämme. | |
| Plur. auf φι[ς]: | . . . . . | . . . . . |
| Plur. auf σι : | ταμίᾱ-σι alt-att. | ταμίαι-σι, η-σι |
| Dual auf ιν : | ταμία-ιν | . . . . . |

In der vorstehenden Uebersicht ist auch der Plural auf φι[ς] berücksichtigt, der eine weitschichtigere Bedeutung als der Plural auf σι hat, dagegen mit der Casus-Bedeutung des Duals auf ιν genau übereinkommt. Dass er bloss von ă- (ŏ-), nicht von ā-Stämmen gebildet wird, kann nicht ursprünglich sein. Im Griechischen sind die ă-Stämme vor der Endung φι[ς] niemals durch Iota erweitert, im Sanskrit stets: dēvē-bhis (aus devai-bhis), während hier die ā-Stämme das Iota verschmähen (dēvā-bhis = deābus). Ebenso ist es im Sanskrit bei der dem griechischen σι entsprechenden pluralen Locativendung su: devē-shu (aus dēvai-shu) = θεοῖσι, dagegen dēvā-su (wie θύρᾱ-σι ταμίᾱ-σι gebildet) = θεαῖ-σι. Vor der dem griechischen ιν entsprechenden indischen Dualendung bjām (S. 150) tritt niemals der Zusatz eines i ein, vielmehr wird vor derselben auch kurzer Stammvocal ă verlängert: dēvā-bhjām = θεο-ῖν, θεοῖ-ιν.

So zeigt sich sowohl aus der Vergleichung der griechischen Dialecte unter einander wie aus der Herbeiziehung des Sanskrit, dass die Einfügung eines Iota vor den betreffenden Mehrheitsendungen ursprünglich etwas willkürliches ist, dass dieser zum Stammvocale ᾰ ᾱ hinzutretende Vocal kein für den Casusbegriff functionelles Element ist. Schleicher (vgl. S. 158. 159) ist geneigt, das ι vor der Endung σι als eine phonetische Entwickelung aufzufassen (als Epenthese des i vgl. §. 40a), in den übrigen Fällen bezeichnet er das zu ο ᾱ hinzutretende ι als ein stammerweiterndes, so dass sich also die Stämme auf ο und ᾱ vor gewissen Casusendungen zu Stämmen auf οι und ᾱι verstärkt hätten. Wir können diese Auffassung adoptiren, immerhin aber werden wir sagen müssen, dass neben den zu οι und ᾱι erweiterten Stammformen vor den betreffenden Casus auch die nicht erweiterten auf α und ᾱ vorkommen oder ursprünglich vorgekommen sind, und die ältesten Formen der ο- und ᾱ-Stämme werden für die genannten Casus folgende sein:

θεό-φι[ς]
θεύ-σι, zu θεοῖ-σι
θεο-ῖν, daneben θεοῖ-ιν

θεᾱ-φι[ς] (erloschen)
θεᾱ-σι, daneben θεαῖ-σι
θεα-ῖν.

Diese Erörterung ergiebt, dass θύρᾱσι ursprünglicher als θύραισι ist, und wenn θύρᾱσι lediglich locative Bedeutung hat, so werden wir diese als die ursprüngliche und eigentliche Bedeutung des Plurals auf σι aufzufassen haben. Somit entspricht die Pluralendung σι semasiologisch genau der Singularendung ι (in ποδ-ί πατρ-ί συ-ί): wie die locative Singularendung ι hat auch die locative Pluralendung zu ihrer eigentlichen Function als Locativ die Function des Dativs übernommen.

Um das Verhältniss der Formen auf οισι αισι zu den gleichbedeutenden auf οις und αις zu erkennen, bedarf es eines Ueberblicks über die analogen Bildungen der verwandten Sprachen. Wir bezeichnen durch 1a die kurzvocaligen, durch 1b die langvocaligen Stämme (ă und ā) der ersten Declinationsklasse, durch 2 die zweite.

| | | Instr. | Instr. | Locat. |
|---|---|---|---|---|
| Sanskrit: | 1a | dēvē-bhis | dēvāis | dēvē-shu |
| | 1b | dēvā-bhis | | dēvā-su |
| | 2 | pad-bhis | | pat-su |
| Zend: | | | | |
| | 1a | daevaei-bīs | daevāis | daevae-shu, shva |
| | 1b | daevā-bīs | | daevā-hu, hva |
| | 2 | padĕ-bīs | | padĕ-su, sva |
| Latein: | | | | |
| | 1a | dii-bus | diīs (deois) | |
| | 1b | deā-bus | diīs (deais) | |
| | 2 | pedi-bus | | |
| Griech.: | | | | |
| | 1a | θεό-φι[ς] | θεοῖς | θεοῖσι |
| | 1b | θεή-φι[ς] | θεαῖς, θεῇς | θεαῖσι, θεῇσι |
| | 2 | ναῦ-φι[ς] | | ναῦσι |

In der zweiten Declinationsklasse d. h. bei den i- u- und consonantischen Stämmen des Sanskrit und Zend wird der plurale Instrumentalis durchgängig durch die Endung bhis bīs gebildet. Das Lateinische hat in derselben Declinationsklasse die Endung bus (für Dativ und Ablativ). Die Endung bhis bīs bus kommt für diese Sprachen in derselben Bedeutung auch in der ersten Declinationsklasse (Stämme auf a und ā) vor, im Sanskrit dēvāis für das bloss der Vedensprache angehörige dēvēbhis, im Zend daevāis ziemlich gleich häufig wie dēvaebhis, im Lateinischen diīs filiīs amicīs (aus deois filiois amicois) für die meist der früheren Latinität angehörenden Formen diibus, filibus, amicibus u. s. w., in gleicher Weise bildet das Lateinische auch für die ā-Stämme die Doppelformen ancillis (aus ancillais) ancillābus u. s. w.

Dem diibus entspricht griechisches θεό-φι[ς], dem ancillā-bus ein vorauszusetzendes, aber nicht nachzuweisendes θεᾱ-φι[ς], θεή-φι[ς], dem deois (deoes diīs) ein θεοῖς, dem ancillīs (aus ancillais) ein θεαῖς, θεῇς.

Die auf *ις* (*οις* und *αις*) ausgehenden Casus des Griechischen sollen nach der gewöhnlichen Annahme aus denen auf *οισι* und *αισι* durch Abfall des Schlussvocales entstanden sein. So auch Schleicher Compend. §. 256: „*ἵπποισι*, daraus *ἵπποις*; — *χώραισι* *χώραις*".

Die analog ausgehenden Casus der übrigen Sprachen sollen dagegen aus den Casusformen auf bhis bīs bus durch Ausfall der labialen Muta gebildet sein. Skr. dēvāis aus dēvēbhis. Schleicher §. 260: „Die Stämme auf a vermehren in den Veden vor der Instrumentalendung bhis ihr a durch i (also dēva-s dēvai-bhis, contr. dēvē-bhis), im späteren Sanskrit aber fällt das bh, wie öfters bei diesem Suffixe in verschiedenen Sprachen, aus und es tritt Zusammenziehung des vielleicht vor bhis gedehnten Stammauslautes mit dem i ein. Dieser Schwund von bh, wohl durch h vermittelt, muss spät statt gefunden haben, da in āi mehr nur Zusammenrückung als Zusammenziehung von a (ā) und i vorliegt." Schon Bopp wies darauf hin, dass aus dem uns vorliegenden dēvēbhis nach Ausstossung des bh kein devāis, sondern nur ein devēs hätte entstehen können. Deshalb wird neben dēvēbhis eine Nebenform dēvābhis vorausgesetzt, aus welcher dēvāis hervorgegangen sei. Derselbe Ausfall des bh wird seit Bopp im zendischen daevāis angenommen und nicht minder im lateinischen amicīs ancillīs, worüber Schleicher §. 261: „Formen wie parvi-bus amīci-bus dii-bus beweisen, dass vor dem Suffixe bus der Stammauslaut o zu i geschwächt ward. Die gewöhnliche Form mit geschwundenem b scheint Formen wie equo-fios equo-hios vorauszusetzen, aus welchen dann equo-ios und mit dem häufigen Verluste des o von ios (ali-s = alio-s) equo-is ward; equois ist nachweislich älteste Form; aus ois ward oes in oloes privicloes und im Oskischen, und dann das gewöhnliche eis īs. Ebenso mensīs aus mensābios mensais menseis."

Einen Ausfall des bh nimmt man seit Bopp auch im griechischen Duale auf *ιν* an, nach Massgabe des indischen Duals auf bhiām. Schleicher §. 262: „Das Suffix lautete in einer älteren Epoche wohl *φιν*, eine Verkürzung und Veränderung einer älteren Form, die etwa *φιων* gelautet hat. Alle Stämme folgen der Analogie der a-Stämme und haben also die Endung *ο-φιν*. Im vorliegenden Stande der Sprache ist *φ* überall ausgefallen und Zusammenziehung eingetreten: ἱππο-φιν zu ἱππο-ιν, χώρᾱ-φιν zu χώρα-ιν, ... τοῖ-φιν zu τοῖ-ιν."

Wir dürfen es als Eigenthümlichkeit der a-Stämme bezeichnen, dass sie im Sanskrit, Zend, Griechischen und Latein neben dem mit bh (b) gebildeten Pluralcasus auf bhis bīs φι[ς] bus eine Nebenform ohne bh (b) haben, in den beiden asiatischen Sprachen bloss für die kurzen ă-Stämme:

| | | |
|---|---|---|
| Skr. | ē-bhis (aus ai-bhis) und āis, | |
| Zend. | aei-bīs (aus ai-bīs) und āis, | |

in den beiden europäischen auch für die langen ā-Stämme:

| | | |
|---|---|---|
| Lat. | ī-bus (aus o-bus) | und ois, oes, eis *), |
| | ā-bus | und [ais zu] eis, |
| Griech. | ο-φι[ς] | und οις, |
| | [η-φι[ς]] | und αις, ῃς. |

Die Formen mit bh (b) sind die selteneren, nicht bloss im Latein, sondern auch im Sanskrit und Griechischen, wo sie nur in der ältesten Periode (Veda und homerisch-epische Sprache) vorkommen; die Pluralform η-φι[ς] ist auch aus der homerischen Sprache nicht zu belegen, doch nach Massgabe des Singulars auf ηφι mit Sicherheit als verschollene Form vorauszusetzen. Bei anderen als ă- (resp. ā-) Stämmen kommen die der labialen Muta entbehrenden Formen auf is nicht vor.

So lange man die griechischen Formen bloss vom Standpunkte der griechischen Sprache aus erklärte, war es kaum anders möglich, als dass man den Satz aufstellte, dass „αις οις nur Abkürzungen der älteren Formen αισιν οισιν oder αισι οισι sind", — „dass die kürzere Form, da sie bei jener im Ganzen nur selten vor Consonanten erscheint, vor Vocalen als elidirt anzusehen ist, obgleich man, gewöhnt an die Endung αις οις aus der jüngeren Prosa, den Apostroph dort nicht setzt". So Buttmann. Auch vergleichende Grammatiker haben diese Auffassung, dass οις αις aus οισι αισι abgekürzt sei, beibehalten. Vgl. das S. 162 angeführte Citat aus Schleicher. Und doch ist die vorher vorgeführte Uebereinstimmung des Griechischen mit den übrigen ältesten indoger-

*) Die Nebenform īs nicht bloss für bus, sondern auch für bīs in dem nach Fest. s. v. callim für nobīs vorkommenden nīs.

manischen Sprachen eine so genaue, dass das griechische οις αις ης nicht bloss mit dem lateinischen ois oes eis, sondern auch mit dem indischen und zendischen âis unmittelbar zu identificiren und auf denselben Ursprung zurückzuführen ist. Niemand aber wird annehmen, dass jener Ableitung von οις αις ης aus dem ursprünglich locativen οισι αισι ησι analog auch das lateinische eis aus einem vorauszusetzenden Locativ auf oisi aisi eisi, das indische und zendische âis aus dem in diesen Sprachen erhaltenen Locativ auf êshu aeshu (ursprünglich aisu) entstanden sei, was an sich ebenso möglich sein würde, als dass οις aus οισι hervorgegangen ist. Vielmehr werden diese Formen des Sanskrit, Zend und Latein allgemein mit den Ausgängen auf ēbhis aeibīs ibus âbus zusammengestellt. Muss da nicht bei der entschiedenen Identität der Formen auch das griechische οις αις ης mit οφι[ς] und dem bloss für den Singular gebrauchten ηφι genetisch zusammengestellt werden? Es lässt sich dies schlechterdings nicht umgehen, und die bei den älteren griechischen Grammatikern übliche Herleitung des οις aus οισι u. s. w. ist von der sprachvergleichenden Grammatik nicht länger zu propagiren. Dass das οις αις ης in der Bedeutung etwas beschränkter ist als die Form auf φι[ς], wird für Schleicher um so weniger ein Grund gewesen sein, jene Ausgänge nicht wie die analogen Bildungen der verwandten Sprachen mit φι[ς], sondern mit σι in Zusammenhang zu bringen, als er §. 259 ausdrücklich erklärt, die griechische Endung φι sei nicht auf die instrumentale und sociative Function beschränkt, sondern werde wie öfters auch in anderen Sprachen in locativer und einer dem Ablativ ähnlichen Function gebraucht, und um diesen ablativen Gebrauch von φι[ς] zu erklären, auf die Anwendung des indischen Instrumentalis beim Passivum verweist. Wir werden auf diese Differenz der Bedeutung sogleich zurückkommen.

Das griechische θεοῖς steht also mit θεόφι[ς] in demselben verwandtschaftlichen Zusammenhange wie diīs mit diibus, wie skr. dēvâis mit dēvēbhis, wie zend. daevâis mit daevaeibīs, wie der Dual θεοῖν oder θεοῖιν mit einer dem skr. dēvâbhjâm entsprechenden durch φ gebildeten Form (S. 162). Welcher Art aber ist der verwandtschaftliche Zusammenhang? Bopp nimmt eine unmittelbare Abstammung der kürzeren aus der längeren Endung an, und diese Erklärung ist allgemein recipirt worden: pueris aus puerofies pueroies puerois puereis. Griechisches θεοῖς würde also aus θεόφι[ς] durch Ausfall des φ verkürzt sein, doch nicht erst auf griechischem Boden, sondern schon in der ur-indogermanischen Heimath, in Gemeinsamkeit mit den Vorfahren der Inder, Iranier und Italiker, also wohl so, dass der noch nicht zu οφις abgelautete Ausgang âbhis sein bh verloren habe, dann zu ais contrahirt und endlich zu ois abgelautet worden sei. Kurzvocaliges ăbhis oder ăbhias würde auch dem lateinischen ois oes eis zu Grunde liegen, während indisches und zendisches âis aus langvocaligem âbhis abgekürzt sein müsste, einer Form, welche vor dem folgenden bh in derselben Weise eine Verlängerung des Stammvocales â erlitten hätte wie in der Dualendung â-bhiâm. Der Ausfall des anlautenden Consonanten in der Pluralendung bhis wurde in dem S. 108 besprochenen Verluste des anlautenden Consonanten in den Pluralendungen ns, sas, sâm seine Parallele haben. Also gegen die Möglichkeit einer Entstehung der Endungen âis ois aus âbhis abhis (οφις) ist nichts einzuwenden.

Aber dies schliesst nicht die Möglichkeit einer anderen verwandtschaftlichen Beziehung zwischen den beiden Formen aus. Als Bopp die vorher angegebene Erklärung aufstellte, dass nämlich die labiale Aspirata ausgefallen sei, ging er von der Voraussetzung aus, dass dieser Laut ein für die Bildung des betreffenden Casus — im Indischen und Zend des Instrumentalis, im Latein des Dativ-Ablativs, im Griechischen des Locativ-Dativs — charakteristisches und nothwendiges Element sei. Denn er erblickte in den betreffenden Casusformen sowohl der Einheit wie der Mehrheit eine Composition des Stammes mit der indischen Präposition abhi (S. 70); wo dort also die labiale Aspirata fehlte, musste sie consequenter Weise ursprünglich vorhanden gewesen und erst im weiteren Verlaufe der Sprachbildung ausgefallen sein. Von dieser Composition aus abhi ist man mehr und mehr zurückgekommen. Schleicher lässt für die Dativendung ai zwar auch noch die Möglichkeit einer Entstehung aus abhi offen, aber voran stellt er die auch von uns recipirte Auffassung, dass ai vielleicht eine Steigerung des (nicht aus abhi hergeleiteten) Locativzeichens i sei. Das instrumentale Casuszeichen bhi, auch das bhi des Dativs tubhiam tibi bezeichnet er S. 259 als ein in seiner Abstammung dunkeles Element. Unsere Auseinandersetzung hat im Vorhergehenden den Nachweis gegeben, dass das bh (φ) der Endung bhi dasselbe Element ist, wie das b in den germanischen Modalitätsadverbien auf ba, wie das dh (ϑ) in den Locativen auf ϑι und dhā, wie das dh der den Locativen auf σι zu Grunde liegenden Endung ϑιε (dhja), wie das h in den indischen Adverbien auf rhi, wie das τ in ati ἔτι ἀσταχ-τί, u-ta i-ta ἄλλο-τα ἄλλο-τε, wie das th in a-tha, ka-tham, wie das δ in ἀγελη-δά, wie das χ in ἦχι τρίχα τριχῆ, wie das κ in πόκα, wie das p in api ἐπί u. s. w. Kurz, das eigentliche functionelle Element aller dieser Endungen ist der Casusvocal i oder a, welcher durch eine an den Stamm des Wortes angefügte Muta eine Verstärkung erhalten hat. Dass das bh bei der Casusbildung vor den übrigen Mutae bevorzugt ist, dass es namentlich für den Plural eine reiche Verwendung gefunden hat, kann die solidarische Zusammengehörigkeit desselben mit den übrigen vor dem Casusvocale i und a angenommenen Mutae nicht beeinträchtigen.

Bei den Stämmen auf ο lässt sich der singulare Locativ sowohl durch den Ausgang οι als auch durch οϑι und οφι bezeichnen: οἴκοι und οἴκοϑι heisst „im Hause“, Ἰλιόϑι und Ἰλιόφι heisst „in Ilion“. Wer möchte annehmen, dass die einfachere Endung οι aus οϑι oder οφι durch Ausfall des Consonanten entstanden sei? Dem indischen Dativ mahiam tubhiam zu Liebe erklärt man zwar den griechischen Locativ-Dativ ἐμίν aus ἐμεφῖν und dieses wieder aus ἐμεφιεν, und dem mit tubhiam tibī analog stehenden ibi zu Liebe will man auch die lateinischen Locative īm ōlim istim aus ibim olibim (oder ibiem olibiem) herleiten, aber im als Locativendung ist durch indisches tasm-in u. s. w. gesichert und eines ἐμεφῖν oder ἐμεφιεν für ἐμίν bedarf es keinesweges, zumal da die Contraction von ιε ie zu ῑ (Schleicher §. 265) wohl lateinisch, aber nicht griechisch ist (denn διδοῖ-μεν ist nicht aus διδο-ίη-μεν, sondern aus διδό-ι-μεν contrahirt.

Das Casuszeichen a (ā) hat nicht bloss instrumentale, sondern auch locative Function, und umgekehrt wurde das Casuszeichen i ausser seiner locativen Bedeutung ursprünglich auch zur Bezeichnung des instrumentalen Verhältnisses gebraucht (S. 126. 133. 137). Dies letztere ist namentlich der Fall, wenn es mit eingefügtem bh für den Plural verwandt wird, doch nur in der Endung bhis des Sanskrit und Zend, denn das griechische φι[ς] hat neben der instrumentalen auch noch die locative Bedeutung. Wenn wir nun im Indischen bei den a-Stämmen neben dem pluralen Instrumentalis auf ēbhis auch noch eine Instrumentalform auf āis finden, weshalb ist es da nöthig anzunehmen, dass das letztere aus einem von ēbhis nur durch Fehlen des Jota (S. 159) und Verlängerung des Stammvocales verschiedenen ābhis durch Ausfall des bh entstanden sei? Ist es nöthig, dass griechisches θεοῖς aus θεόφι[ς] entstanden ist? Verhält sich nicht die plurale Endung ο-ις zu ο-φι[ς] gerade so, wie die singulare Endung ο-ι zu ο-φι und ο-θι?

| | | | |
|---|---|---|---|
| Sing. | — ο-ι | Plur. | — ο-ις |
| | — ο-φι | | — ο-φι[ς] |
| | — ο-θι | | |

Von dem einfachen ο-ι ist der Plural auf die nämliche Weise, durch Zusatz eines ς gebildet, wie er von dem durch eingefügtes φ erweiterten ο-φι ursprünglich durch ein in dem uns jetzt vorliegende Stande der Gräcität wieder verschwundenes ς gebildet wurde. Im Lateinischen haben wir vom demonstrativen ille einen Locativ illī (dort), aus ursprünglichem illo-i (illei), vom Zahladjectiv prīmus einen nicht adverbial gebrauchten Locativ posterī in postrī-diē. Steht die Pluralform illīs posterīs (aus altem illois posterois) zu diesen Singularen trotz der nicht auf das locative Verhältniss beschränkten Bedeutung genau in demselben Verhältnisse wie pl. ο-φι[ς] zu sg. οφι u. s. w.?

| | | |
|---|---|---|
| sg. | illī (aus illoi) | pl. illīs (aus illois), |
| | post(e)rī | pl. posterīs, |
| wie | οἴκοι | pl. οἴκοις. |

Und wird nicht die Endung āis (für den pluralen Instrumental der ă-Stämme) sich am nächsten an die singulare Form auf ē (aus ai zusammengezogen) anschliessen?

sg. dēvai (in dem Gotte) pl. dēvāis (mit dem Gotte).

Die Bedeutung der singularen und der pluralen Form geht hier zwar aus einander (Locativ und Instrumentalis), aber es hat auch eine Modification der in dēvāis liegenden Casusbezeichnung gegenüber dem dēvai des Singulars statt gefunden, denn der Vocal a in dēvāis ist ein verlängerter: es ist eine Steigerung eingetreten, ähnlich derjenigen, welche im Dativ vorliegt, aber wir haben S. 148 gesehen, dass vocalische Erweiterung des Casuszeichens i keineswegs immer den Dativ bezeichnet.

Der wesentliche Unterschied des pluralischen dēvē-bhias zum dualischen dēvā-bhiām beruht in der Verschiedenheit des schliessenden Consonanten: der Dual hat einen Nasal, wo der Plural einen Zischlaut hat. In demselben Verhältnisse wie

dēvē-bhias zu dēvā-bhiām

steht im Griechischen

*οἴκο-ις* zu *οἴκο-ιν*.

Lässt sich der Plural *οἴκοις* unmittelbar auf eine durch *οι* gebildete Singularform zurückführen, so ist dies natürlich auch für den Dual *οἴκοιν* der Fall. Wir stellen die sämmtlichen hier in Betracht kommenden Formen des Griechischen und Sanskrit vergleichend neben einander:

| | Sing. | | Plur. | | Dual. |
|---|---|---|---|---|---|
| 1. | *οἰκο-ι* | dēva-i (zu ē) | *οἰκο-ις* | dēvāis | *οἰκο-ιν* |
| 2. | ..... | maj-i | ..... | ..... | *οἰκοι-ιν* |
| 3. | *οἰκο-φι* | a-bhi (S. 142) | *οἰκο-φι[ς]* | dēvē-bhis | ..... |
| 4. | ..... | tu-bhia | ..... | dēvē-bhias | dēvā-bhiām |

In der Reihe 1 stehen die mit dem einfachen Casuszeichen i gebildeten Formen des Griechischen und Sanskrit; im Plural ist dem Vocale *ι* ein *ς*, im Dual ein *ν* hinzugefügt, wobei das skr. dēvāis eine vocalische Steigerung erfahren hat.

In der Reihe 2 hat der Stammvocal *ο* vor dem Casuszeichen *ι* eine Erweiterung durch Jota erhalten, vgl. S. 159 u. 160. Dieselbe findet nicht bloss statt im homerischen Duale *οἴκοι-ιν*, sondern auch im Singulare des indischen Personalpronomens maj-i = *μοί*, tvaj-i = *τϝοί σϝοί*, denn das j von maj-i ist mit dem ersten *ι* von *οἴκοι-ιν* durchaus identisch.

In der Reihe 3 ist das einfache Casuszeichen durch ein den Stamm erweiterndes bh verstärkt, häufig im Singulare des Griechischen, nur einmal im Singulare des Indischen: a-bhi S. 142; mit dem Pluralzeichen *ς* versehen als *φι[ς]* und bhis in der älteren Gräcität wie im älteren Sanskrit.

In der Reihe 4 ist das Suffix bhi noch durch einen folgenden Vocal a erweitert: für den Singular im altindischen tu-bhia, wofür das spätere Indische nur die ebenfalls schon im Veda vorkommende nasalirte Form tubhiam gebraucht; im Plural und Dual in den vulgären Bildungen dēvē-bhias und dēvā-bhiām. Im Griechischen fehlen diese Bildungen.

Nach dieser Auffassung besteht also freilich zwischen *οἴκοις* und *οἴκοφι*[*ς*], zwischen devāis und dēvē-bhis, zwischen *οἴκοιν οἴκοιιν* und devābhiām eine nahe Verwandtschaft, doch nicht die der unmittelbaren Abstammung der kürzeren aus den volleren mit bh gebildeten, vielmehr dieselbe Verwandtschaft, welche zwischen dem attischen *οἴκοι* und dem homerischen *οἴκοφι*, zwischen dem S. 131 angeführten altdeutschen Adverbial-Instrumentalis rehto (aus rehtā) und dem gleichbedeutenden gotischen raihtaba (aus raihtabā) besteht, — eine ähnliche Verwandtschaft wie diejenige, welche zwischen *οἴκοι* und *οἴκοθι* statt findet. So wenig das einfachere *οἴκοι* aus *οἴκοφι* oder *οἴκοθι* entstanden ist, so wenig ist altgermanisches rehto aus rehtaba, *οἴκοις* aus *οἴκοφις*, devāis aus devēbhis, *οἴκοιν* und *οἴκοιιν* aus einer dem dēvābhiām ähnlichen Form hervorgegangen. Wenn es uns gelingt, die sprachlichen Formen in der Weise, wie sie uns thatsächlich überkommen sind, auf eine befriedigende Art zu erklären, so ist die Hypothese unnütz, dass sie aus volleren Formen verstümmelt seien. Eine befriedigende Erklärung aber haben die Formen *οἴκοις οἴκοιν οἴκοιιν* dēvāis und die sonst aus dem Griechischen und den verwandten Sprachen hierher gehörenden Bildungen auf dieselbe Weise wie die volleren bh-Formen in der obigen Auseinandersetzung gefunden.

Hier ist nun weiter noch auf einige semasiologische Eigenheiten aufmerksam zu machen. Es ist ein ursprünglicher Unterschied zwischen *οἴκο-ι* und *οἴκῳ* d. i. *οἴκο-αι*: jenes war ursprünglich, was es geblieben ist, Locativ, aber nicht Dativ, dieses war umgekehrt nur Dativ, nicht Locativ, hat aber im weiteren Verlaufe der Sprache, wo *οἴκοι* adverbial wurde und aus der Reihe der *πτώσεις κοιναί* ausschied, auch die locative Bedeutung von *οἴκοι* übernommen. Mit dem Pluralzeichen versehen wird der alte Locativ *οἴκοι* zu *οἴκοι-ς*; in dieser Mehrheitserweiterung hat er dieselbe Function wie die Locative der zweiten Declinationsklasse, wie *πατρ-ί* u. s. w.,

d. h. er hat zu seiner ursprünglichen Locativ-Bedeutung auch noch die des Dativs übernommen.

sg. οἴκοι Locativ, ist adverbial geworden.

οἴκῳ ursprünglich Dativ, hat auch die Casusbedeutung von οἴκοι übernommen.

pl. οἴκοι-ς Locativ, hat auch die Function des Dativs übernommen.

Nun werden wir dem οἴκοι und seinem Plurale οἴκοις aber ausser seiner ursprünglichen Locativbedeutung als gleich alt auch die Instrumentalbedeutung zu vindiciren haben, dafür spricht einmal die modale Instrumentalbedeutung von Adverbien wie παν-οικεί, welches eine erst im weiteren Laufe der Sprachentwicklung von οἴκοι gesonderte Form ist (ursprünglich war sowohl der Ausgang οι wie ει ein αι), dafür spricht ferner die Thatsache, dass in der Gräcität durchweg der mit einfachem ι gebildete Casus (πατρ-ί), abgesehen von der ihm übertragenen Dativbedeutung, sowohl für das locative wie für das instrumentale Verhältniss gebraucht wird.

·Dem durch φ verstärkten ι hat aber die Sprache sowohl im Singular wie im Plural ausser der dem einfachen ι zukommenden Casusbedeutung auch noch die des Ablativ-Genitivs vindicirt. Wir sagten oben, dass diese letztere von der Instrumentalbedeutung ausgeht (auch Schleicher §. 259 weist darauf hin). Im Sanskrit kommt bhi als Casus nur im Plural vor (bhis), ist hier in der vorliegenden Sprache lediglich Instrumentalis; um den Ablativ daraus zu bilden, ist verstärkendes a angenommen und somit bhis zu bhias geworden, welchem das lateinische bis und bus formell genau entspricht. Es ist anzunehmen, dass auch die Griechen neben φι[ς] eine dem Ablativ bhias entsprechende Verstärkung von φι[ς], etwa in der Form von φιος, besessen haben. Aber diese verstärkte Form ist dem Griechischen entschwunden, das einfache φι[ς] hat die ablative Function derselben übernehmen müssen. So kommt es, dass sich die Casus auf οφι[ς] und οις in ihrer Bedeutung nicht ganz und gar decken, dass οφι[ς] auch noch die ablativisch-genitivische Bedeutung hat.

Unsere Untersuchung ist noch nicht zum Abschlusse gelangt. Für den Loc. Dat. Instr. Abl. des Duals gibt es ausser der Endung ιν noch eine Form οιν. Jene wird bei den Stämmen der ersten, diese bei denen der zweiten Declinationsklasse gebraucht.

ιν: οἴκο-ιν und hom. οἴκοι-ιν
χώρα-ιν.

οιν: πορτί-οιν, πολέ-οιν
νεκύ-οιν, πηχέ-οιν, βασιλέ-οιν
ποδ-οῖν und hom. ποδ-οῖιν.

Es kommt vor, besonders im dorischen und äolischen Dialecte, dass der plurale Locativ-Dativ von Wörtern der zweiten Declinationsklasse mit demselben Ausgange wie bei den o-Stämmen gebildet wird: ἀγώνοις, γερόντοις, ἀλαστόροις, παθημάτοις. Auf dieselbe Weise will Schleicher §. 262 den Dual πορτί-οιν, πατέρ-οιν u. s. w. erklärt wissen. Doch ist in beiden Fällen der Thatbestand keineswegs derselbe. Denn die Formen ἀλαστόρ-οις γερόντοις sind immerhin eine Abweichung von der Regel, aber die duale Endung οιν statt ιν ist bei den i-, u- und den consonantischen Stämmen die allein übliche, die in οἴκο-ιν, χώρα-ιν erscheinende Flexionsendung ιν kommt hier niemals vor. Deshalb ist es gerathener, von der Ansicht abzugehen, dass das οιν von οἴκοιν, in dem das ο zum Stamme und nur die Lautcombination ιν zur Endung gehört, unorganisch und missbräuchlich auf alle übrigen Stämme übertragen sei. Fehlt es ja auch sonst nicht an wesentlichen Verschiedenheiten in der Casusbildung der beiden Declinationsklassen: in der ersten sind die langvocaligen Feminina im Nom. sing. endungslos, in der zweiten nicht — in der ersten hat das Neutrum im Nom. Acc. sing. das Casuszeichen ν, in der zweiten ist es endungslos —, in der ersten kommt neben der Plural-Endung σι ein ις vor, in der zweiten nicht, — in der ersten giebt es einen durch ai gebildeten singularen Dativ, aber keinen als wirklichen Casus fungirenden Locativ, in der zweiten umgekehrt einen Locativ, aber keinen Dativ —, der Nom. plur. geht in der zweiten auf ες aus, in der ersten nicht —, ebenso herrscht für den singularen Accusativ und noch mehr für den singularen Genitiv Verschiedenheit. Und zu eben diesen Unterschieden der beiden Declinationsklassen haben wir auch dies zu rechnen, dass die erste die Dualendung ιν, die zweite die Dualendung οιν hat. Zu erklären ist dies ohne

Zweifel so, dass es ursprünglich in jeder Declinationsklasse beide Arten von Endungen, die auf ιν und die auf οιν gab, bis dann in der vorliegenden Gräcität die erste Declinationsklasse die Endung οιν, die zweite die Endung ιν aufgegeben hat. Den Beweis für die Richtigkeit dieser Auffassung liefert die Thatsache, dass in der ersten Declinationsklasse wenigstens noch zwei Beispiele als Reste von einer ursprünglich auch hier vorkommenden Flexionsendung οιν sich erhalten haben. Es ist der Dual der persönlichen Pronomina: νῷν σφῷν νῶϊν σφῶϊν. Für eine genaue Analyse der in Rede stehenden Dualbildungen haben wir festzuhalten, dass die Endung οιν eine Ablautung von ain ist.

ποδ-αῖν zu ποδ-οῖν
νό-αιν zu νῷν contrahirt
σφό-αιν zu σφῷν contrahirt.

Die homerischen und zugleich auch dorischen Formen νῶϊν σφῶϊν erklären sich wie die homerische Nebenform ποδοῖιν:

ποδ-αjιν zu ποδ-οῖιν
νο-αjιν zu νῶjιν, νῶϊν
σφο-αjιν zu σφῶjιν, σφῶϊν,

d. h. hinter kurzem Vocale (ο) ist das j der alten Endung αjιν zu ι geworden, hinter langem aus der Contraction von οα entstandenen Vocale ω ist j ausgefallen *).

Die für ποδοῖιν νῶϊν vorauszusetzende Form ποδ-αjιν νο-αjιν entspricht im Principe dem indischen maj-i an Stelle des griechischen μο-ί. Wie in maji das Casuszeichen i durch j von dem a des Stammes getrennt ist, so in jener Dualendung dasselbe Casuszeichen von dem vortretenden Steigerungsvocale a.

Es ergiebt sich nun alsbald, dass während οἴκο-ιν genau dem οἴκο-ις entspricht, die Form νῷν ποδοῖν eine Bildung ist, welche dem indischen Instrumental-Pluralis devâis durchaus analog steht:

| | | |
|---|---|---|
| plur. | οἴκο-ις zu οἴκοις | dēva-ais zu dēvāis |
| dual | οἴκο-ιν zu οἴκοιν | νο-αιν zu νῷν |
| | | ποδ-αιν zu ποδοῖν, |

*) Die von den Grammatikern als attischer Dual statt πηχέοιν angeführte Form πηχέφν ist, wenn sie richtig ist — in den Handschriften ist sie nicht nachzuweisen — mit dem Genitiv πήχεως statt πήχεος zusammenzustellen.

denn der Vocal *ι* ist in *οἴκοις οἴκοιν* ohne Steigerung, in dēvāis *νῷν ποδοῖν* dagegen durch a gesteigert. Die letzteren Mehrheitsformen setzen ein zu ai gesteigertes Mehrheitszeichen voraus. Dies hat dem ungesteigerten, als Locativzeichen fungirendem *ι* gegenüber die Bedeutung des Dativs. So durchgehends im Zend, im Lateinischen und ursprünglich auch im Griechischen (*οἴκῳ* aus *οἴκο-αι*), und gewöhnlich auch im Sanskrit. Aber gerade bei denjenigen Stämmen, welche im pluralen Instrumentalis die Endung āis haben, bei den kurzvocalig auslautenden a-Stämmen heisst der Dativ im Sanskrit nicht dēvāi, sondern er hat die abweichende Form dēvāja, aus dēvāia entstanden. Deutet dies nicht darauf hin, dass das Locativzeichen bei den a-Stämmen des Sanskrit eine doppelte Steigerung erfahren hat? Einmal die Steigerung durch vorangesetztes a (Gunirung): devāi aus dēva-ai. Diese Form ist bloss im Plural als Instrumentalis erhalten: das einfache Casuszeichen i ist der Ausdruck des Locativs, das durch Gunirung gesteigerte der Ausdruck des Instrumentalis geworden. Sodann wird das zu ai gunirte i noch weiter durch ein im Auslaute hinzutretendes a gesteigert (ai zu aia wie bhi zu bhia).

Während im Sanskrit das einfache i Locativbedeutung hat,

deva-i zu dēvē,

ist bei den a-Stämmen sowohl dem durch präfigirtes bh wie dem durch präfigirtes a erweiterten Locativzeichen i (beides nur im Plural gebräuchlich) die instrumentale Bedeutung zu Theil geworden. Weitere Verstärkung durch Hinzufügung eines a zu dem i giebt diesen beiden Formen dative Bedeutung*).

---

*) Die Genealogie dieser aus dem Casusvocale i entwickelten Flexionsendungen wird durch folgendes Stemma veranschaulicht:

dēva-i zu dēvē
(Locativ)

| | |
|---|---|
| deva-ai zu devāi<br>nur im pl. dēvāis<br>(Instrumentalis) | devē-bhi<br>nur im pl. devēbhis<br>(Instrumentalis) |
| \| | \| |
| devāi-a<br><br>(Dativ) | devē-bhi-a<br>im pl. devē-bhias<br>(Dativ). |

Auch die dem devāis analog gebildete griechische Dualform auf οιν in νῷν ποδοῖν muss wohl ursprünglich eine von dem einfachen ιν verschiedene Bedeutung gehabt haben. Νῷν verhält sich zum singularen Dativ οἴκῳ gerade so, wie οἴκοιν zum singularen Locativ οἴκοι. Doch das Nähere lässt sich hier nicht mehr entscheiden.

Nunmehr ergiebt sich ein vollständiges System für die Numeri des einfachen und des durch vorhergehendes a gesteigerten Casuszeichens i, welches wir S. 175 vorführen.

Für den Singular haben wir dort ausser den vocalisch auslautenden Endungen auch noch die durch eine Nasalirung erweiterten angemerkt. Es ist dieses m oder n am Ende des Singulars etwas wesentlich anderes als im Ausgange des Duals — hier ist es functionelles Numeruszeichen, dort wesentlich dasselbe wie das ν in Ἰλιόφιν, λόγοισιν, wie in λέγουσιν, ἐστίν, ἦν, πατρόθεν, wenn auch auf einer früheren Stufe der Sprachentwickelung als das ν ἐφελκυστικὸν dieser griechischen Formen entstanden. Wenn sich mit dem schliessenden Nasal des Singulars eine Bedeutung verbindet, so ist es die, dass eine Modification des Casusbegriffes ausgedrückt werden soll: das einfache Casuszeichen ā bedeutet in der Sanskritdeclination den Instrumentalis, das durch Nasalirung erweiterte ā (ām) den Lokativ, wie dies S. 139 gezeigt ist. Für gewöhnlich aber ist die Hinzufügung des Nasal zum Singular ohne Bedeutung. Auch darauf ist bereits aufmerksam gemacht, dass das m auch bei der indischen Dativendung bhiam kein wesentliches Element ist, da sich dasselbe erst im späteren Sanskrit, aber noch nicht in der Vedensprache fixirt hat.

---

Die Fixirung der jedesmaligen Bedeutung wird nicht in die früheste Zeit der Casusentwickelung fallen, sie ist zum Theil individuell sanskritisch und zeigt — was auch sonst die Nominal- wie die Verbalflexion häufig genug bekundet — dass nicht immer die Form der Bedeutung wegen gebildet worden ist, sondern dass an bereits vorhandene Formen sich erst späterhin eine bestimmte Bedeutung anschloss.

| | | Mit einfachem i. | | Mit Steigerung des i durch a. |
|---|---|---|---|---|
| Sing. | *ι*: | *οἰκο-ι* zu *οἴκοι* | *αι*: | *οἰκο-αι* zu *οἴκῳ* Dat. |
| | | dēva-i zu dēvē . | | |
| | | ma-i zu maj-i | | |
| | | nasalirt: *ἐμε-ιν* zu *ἐμίν* | | |
| Plur. | *ις*: | *οἰκο-ις* zu *οἴκοις* | ais: | dēva-ais zu dēvāis Instr. |
| Dual | *ιν*: | *οἰκο-ιν* zu *οἴκοιν* | *αιν*: | *νό-αιν* zu *νῷν* |
| | | *οἰκοj-ιν* zu *οἰκοιιν* | | *ποδ-αῖν* zu *ποδ-οῖν* |
| | | | | *νό-αjιν* zu *νῶjιν*, *νῶϊν* |
| | | | | *ποδ-αjιν* zu *ποδοῦιν*. |

Wir stellen diesem Systeme der Numeri des rein vocalischen Casuszeichens i diejenigen des mit bh erweiterten Casuszeichens i zur Seite: (Wird hier der Vocal i durch den Vocal a gesteigert, so tritt dieser nicht wie bei dem einfachen i vor, sondern hinter dasselbe.)

| | | | | |
|---|---|---|---|---|
| Sing. | bhi: | *οἰκο-φι* | bhia: | tu-bhia Dat. tibī |
| | | skr. a-bhi | | nasalirt: tu-bhiam |
| Plur. | bhis: | *οἰκο-φι[ς]* | bhias: | dēvē-bhia Dat., vōbīs |
| | | dēvē-bhis Instr. | | dēvē-bhias Abl., vōbīs |
| Dual | | . . . . . . . . | bhiām: | dēva-bhiām Dat. |
| | | | | dēvā-bhiām Abl. Instr. |

In gleicher Weise das durch dh erweiterte Casuszeichen i in der einfacheren und der durch a gesteigerten Form (hier giebt es nur einen Singular):

| | | | | |
|---|---|---|---|---|
| Sing. | dhi: | *οἰκο-θι* | dhia: | *οἰκο-θια* (zu *οἰκο-θιε*) |
| | | skr. a-dhi | | *οἰκο-σε*. |

Schleicher §. 262 setzt als ablative, dative und instrumentale Dualendung des Sanskrit bhiām-s, als dative Pluralendung die Form bhiam-s an. Die beiden Mehrheitsformen hätten demnach ursprünglich ein und dieselbe Endung gehabt (über die verschiedene Prosodie des Vocals a hat sich Schleicher nicht ausgesprochen) und erst im weiteren Verlaufe der Sprachgeschichte wäre durch eine zweifache Verstümmelung des alten bhiam-s der Plural vom Dual unterschieden worden, indem die Endung in der einen Mehrheitsform den Nasal, in der andern den Zischlaut aufgegeben hätte. Es ist diese Annahme aber ganz und gar eine Hypothese, denn keine Spur weist darauf hin, dass das plurale bhia-s einst ein inlautendes m, das duale bhiam einst ein auslautendes s besessen habe. Da Schleicher in dem Mehrheitszeichen ein ursprünglich selbstständiges Wort erblicken zu müssen vermeint, so vermag er bloss den Zischlaut, aber nicht den Nasal als Mehrheitszeichen anzuerkennen, und nur dies ist der Grund, dass er die meisten der uns in der Sprache thatsächlich entgegentretenden Plural- und Dualendungen als Verstümmelungen ansieht. Unsere Auffassung schliesst sich soviel wie möglich an den in den ältesten Sprachdenkmälern vorliegenden Sprachbestand an und sucht von hier aus eine genetische Analyse der Formen zu gewinnen, ohne dass sie nöthig hat, von hypothetisch vorauszusetzenden Lautcomplexen auszugehen, und jeder Unbefangene wird zugeben, dass dies die sicherere Methode für grammatische Analysen ist. Man wird aber zu gleicher Zeit zugestehen müssen, dass die von diesem Standpunkte aus für die Mehrheitsformen der vocalischen Casus gewonnenen Erklärungen aufs Genaueste in Einklang stehen mit denjenigen, welche sich für die Mehrheit der consonantischen Casus (Acc. Nom. Gen.) ergeben haben (S. 106 ff.).

| | | Mehrheitsbezeichnung durch **s** | Mehrheitsbezeichnung durch **m** |
|---|---|---|---|
| Acc. | N | N**s** pl. | . . . . . . . |
| Nom. | S | Sa**s** pl. | . . . . . . . |
| Gen. | S | . . . . . | Sā**m** pl. |
| Abl. | T | . . . . . | . . . . . . . |
| Loc. Dat. Instr. | I | I**s** | I**m** (*Iv*) |
| | AI | AI**s** pl. | AI**m** (*OIv*) |
| | BHI | BHI**s** | . . . . . . . |
| | BHIA | BHIA**s** | BHIA**m** |

Es mag mehr als eine Plural- und Dualendung der ältesten Sprachstufe verloren gegangen sein, aber immerhin lässt sich in dem uns zugekommenen Sprachgute ein festes und durchaus principiell ausgebildetes System erkennen, wie wir dies in der vorangestellten Tabelle angedeutet haben.

Auch wir nehmen an, dass es ursprünglich nur eine Mehrheit schlechthin gegeben habe (gleichviel ob nur zwei oder mehr als zwei Gegenstände als vorhanden bezeichnet wurden). Als functionelles Sprachelement des Mehrheitsbegriffes wurde sowohl der Sibilant wie der Nasal verwandt. Es lag in der Natur der consonantischen Casuszeichen, dass zu einem jeden von ihnen als Mehrheitszeichen entweder der Nasal oder der Zischlaut hinzugefügt werden musste (vergleiche die nähere Ausführung S. 107). Die auf einen Vocal ausgehenden Casuszeichen verstatteten dagegen für die Mehrheit sowohl den Nasal wie auch den Zischlaut, beide Laute auf früherer Stufe der Sprachbildung zum Ausdrucke des Mehrheitsbegriffes schlechthin gebraucht, aber im weiteren Fortschritte der Sprache dergestalt nach dem Gesetze der Differenzirung von einander gesondert, dass der Nasal für die Bezeichnung der dualen, der Zischlaut für die der pluralen Mehrheit fixirt wurde. Wer aber es für unmöglich hält, dass Plural und Dual auf dem Wege rein symbolischer Differenzirung ihre lautlichen Träger gefunden haben, ohne dass diese an und für sich eine mit dem Mehrheitsbegriffe in Zusammenhang stehende bestimmte Bedeutung besassen, den verweisen wir auf den früher von uns dargelegten Process, welchen die zweite unter den organischen oder flectirenden Sprachen, die semitische, für die Bezeichnung der beiden Numeri eingeschlagen hat.

§. 31.

Für den Locativ plur. erscheint im Sanskrit die Endung su; dieselbe auch im Zend mit dem hier nothwendigen Uebergange des s in h, als hu und su. Griechisch die Endung *σι* (euphonisch vor einem Vocale *σιν*), welche wie die Singularendung i auch zur Bezeichnung des Dativ und Instrumentalis verwandt wird, aber in ihrer ursprünglichen Locativbedeutung sich deutlich in den Formen *Ἀθήνησι, Ὀλυμπίασι, Πλαταιᾶσι, θύρασι* darstellt wie die singulare in *Ἰσθμοῖ, Πυθοῖ, οἴκοι*. Wie vor der Endung su, so wird auch vor dieser griechischen ein auslautendes a in den Mischlaut (*οι*) verwandelt und ausser den angeführten *Ἀθήνησι, θύρασι* u. s. w.

auch ein auslautendes femininales â (*αη*) in ai. Litauisch die Endung sa, in welcher das s hinter einem kurzen Stammsuffixe zu ss verdoppelt werden kann, wie in dem gleichen Falle bei der griechischen Endung *σι*. Nur die litauischen Stämme auf a haben die Endung se mit Verstärkung des Stammvocales zu ū.

Es fragt sich nach dem Verhältnisse der sich somit ergebenden Loc.-plur.-Endungen su, si, sa, se. Allen ist der anlautende Zischlaut gemeinschaftlich, Verschiedenheit ist in dem auslautenden Vocale. Ist einer dieser Vocale aus dem andern hervorgegangen? Nur das litauische se zeigt sich als nicht ursprünglich, es kann sowohl aus si als aus sa entstanden sein, da auch sonst im Lithauischen der Vocal e entweder aus a oder aus i sich entwickelt hat. Aber von den übrigen Formen su, si, sa kann keine eine ursprüngliche sein, und keine aus einer der andern hervorgegangen. Die Grammatik zeigt sonst keinen einzigen Fall, wo im Sanskrit ein auslautendes u aus i oder a, ein auslautendes griechisches *ι* aus u oder a, ein auslautendes lithauisches a aus i oder u hervorgegangen wäre. Und wenn man vielleicht für die Entstehung des Sanskrit su aus si die Imperativendung dritter Person tu anführen möchte, so ist deren Entstehung aus der entsprechenden Indicativform ti eine noch keineswegs erwiesene Thatsache, vielmehr wird jene Imperativendung auf eine ganz andere Weise erklärt werden müssen. Wir können bei einem strengen Festhalten an den Gesetzen der vergleichenden Grammatik nicht umhin, die drei Endungen des Loc. plur. sa, si, su für gleich ursprünglich zu erklären.

Zur Bestimmung des Verhältnisses zwischen dem Ausdrucke des pluralen Locativs zu dem des singularen Locativs dient zunächst die Vergleichung der im Griechischen üblichen Form *σι* mit der gewöhnlichen singularen Locativendung i. Die singulare Locativendung i ist in der entsprechenden pluralen si als ein Element enthalten. Ebenso verhält sich die neben si erscheinende Endung sa zu dem singularen Casuszeichen a, welches zwar gewöhnlich als Ausdruck des Instrumentalis gilt, dessen Gebrauch für den Locativ aber aus der femininalen Locativ-Endung âm und aus den Adverbien tadā, jadā, *ἄλλοτα*, *ποτά*, *ἄλλοτε*, *ποτέ*, iha u. s. w. zu schliessen ist. Aus den zuletzt angeführten Formen ergiebt sich auch die ursprüngliche oder wenigstens neben der Länge auch sonst übliche Kürze der singularen Casusendung a, also dieselbe Form, in welcher das a in der Endung des pluralen Locativ sa erscheint. Wir können nun umgekehrt aus dieser Pluralendung sa einen ferneren Grund für die Annahme entnehmen, dass die singulare Casusendung â ursprünglich nicht bloss den Instrumentalis bezeichnet habe, sondern auch den Locativ ebenso wie die Endung i nicht bloss für den Locativ, sondern auch zum Ausdruck des Instrumentalis und Dativs verwandt worden ist.

Der dritten Endung des Loc. plur. su gegenüber sollte man eine singulare Locativendung u erwarten, wie dem pluralen si und sa die singularen Endungen i und a gegenüber stehen. Eine Locativendung u finden wir nicht, aber wohl die Locativendung au, in welcher schon S. 63 eine Verstärkung von u vermuthet wurde, wie die Dativendung ai âi als Verstärkung von i. Dieser für âu vorauszusetzende einfache Vocal u zeigt sich uns nun in su der pluralen Locativendung derselben Sprache (Sanskrit), in welcher jenes singulare âu gebräuchlich ist, und wir müssen nun auch aus dieser Form des Loc. plur. die Folgerung ziehen, dass ursprünglich für den entsprechenden singularen Casus anstatt oder neben der verstärkten Endung âu auch die einfache Endung u gebräuchlich gewesen sein muss. Uebrigens erscheint im Zend der Vocal der Endung su auch in verstärkter Form, denn hier kommen neben der Endung su oder hu auch die Endungen sû oder hû und sva und hva vor, wo der Vocal einmal verlängert, sodann durch ein hinzutretendes a erweitert ist. Die letztere Verstärkung des su verhält sich zu dem entsprechenden singularen au ebenso wie die des i in der alsbald näher zu betrachtenden pluralen Dativform bhjas zu der entsprechenden singularen ai und âi. Im Singular wird für beide Casus der erweiternde Vocal a vor dem Vocal i und u gesprochen ai, âi und âu, im Plural hinter demselben, sva und bhjas.

§. 32.

In der indischen Endung der Locat. dualis ôs erscheint ebenfalls eine verstärkte Form des Vocals u, die gunirte, während im Singular die Vriddhiform âu gebraucht ist. Beide Verstärkungen ō und āu verhalten sich der Form nach zu einander wie die pronominale und femininale Dativendung āi zu der nominalen männlichen ē. Es ist diese indische Locat.-dual.-Endung ōs zugleich auch der Ausdruck für den Genit. Dual., aber ihre eigentliche und ursprüngliche Bedeutung muss die des Locativs gewesen sein, wie sich aus dem Zusammenhange der Formen āu, ōs, su, sva ergiebt. Ganz in derselben Weise ist die griechische Locat.-Dual.-Endung ιν auf den Gen. dual. übertragen, die plurale Dativ-Endung in bhjas, bus, φι(ς) auf den pluralen Ablativ. Ihre Anwendung zum Ausdrucke des Genitivs steht im Zusammenhange mit der Art und Weise, wie im Vedensanskrit und Zend auch der Locativ gebraucht wird. Hier kann mit dem singularen Locativ eines Nomens das Adjectiv im Genitiv verbunden werden, und in den Veden hat in manchen Verbindungen die Locativform genitivische Bedeutung.

§. 33.

Der Vocal also, welcher zur Bezeichnung des Locativverhältnisses als Auslaut eines Nominalstammes gesprochen wird, — a oder i oder u, sei es nun in verstärkter Form oder einfacher —, derselbe erscheint bei der Bezeichnung des Locativverhältnisses hinter dem Nominalstamme, wenn das mehrfache Vorhandensein des Nominalbegriffes gesetzt wird, und zwar ebenfalls entweder in einfacher oder verstärkter Gestalt, nur ist dann das Casuszeichen durch den Zischlaut erweitert worden. Den Zischlaut fanden wir auch als Erweiterung des Accusativ- und Nominativzeichens, wenn das mehrfache Vorhandensein des accusativen und nominativen Begriffes ausgedrückt werden sollte. In dem vorliegenden Falle ist das s nicht bloss als auslautende, sondern auch als anlautende Erweiterung des Casuszeichens gebraucht worden, während es beim Nominativ- und Accusativzeichen nur als auslautende Erweiterung erscheint; wir haben für den mehrfach vorhanden gesetzten Locativbegriff sowohl die Endung su als ōs. Die Sprache hat sich aber dieser doppelten Stellung des Mehrheitszeichens bedient, um einen Unterschied des Mehrheitsbegriffes auszudrücken, nämlich um von dem allgemeinen mehrfachen Vorhandensein ein bestimmtes, ein zweimaliges Vorhandensein zu unterscheiden. Für jenes, den Plural, ist die Mehrheitsform der Ausdruck geworden, in welcher das Mehrheitszeichen vor dem Casuszeichen steht, su oder si oder sa; für dieses, den Dual diejenige Mehrheitsform, in welcher das Mehrheitszeichen den Auslaut bildet: ôs.

## §. 34.

Das Neutrum hat für den Accusativ und Nominativ (resp. Vocativ) des Singular denselben Ausgang: bei den a-Stämmen das Accusativzeichen m (ν), bei den übrigen den unerweiterten Stamm. Auch für den Plural und Dual fallen diese Casus in der Form zusammen. In jeder der vorher behandelten Plural- und Dualausgänge zeigten sich zwei verschiedene Lautelemente, das eine zur Bezeichnung des Numerus, das andere zur Bezeichnung des Casus (das letztere gewöhnlich identisch mit dem betreffenden singularen Casuszeichen). Wenn beim pluralen Accus. und Nomin. des Neutrums in der auf den Stamm folgenden Endung nur ein einziges Lautelement vorhanden ist, so darf man, falls hier nicht Verstümmelung vorliegt, voraussetzen, dass dies Lautelement die Function des Numerus, nicht des Casus haben soll (denn alle Stämme mit Ausnahme der auf a ausgehenden bieten auch schon im Singular für den Accusativ und Nominativ den blossen Stamm dar). Und so dürfte das a im Ausgange des pluralen Nom. Acc. der Neutra als Mehrheitszeichen gefasst werden:

| | | | | |
|---|---|---|---|---|
| Lat. | corpor-a | genu-a | mari-a | juga (aus juga-a) |
| Gr. | φέροντ-α | τραχέ-α | ἴδρι-α | ζυγά (aus ζυγά-α). |

Abweichende Ausgänge hat das Indische, und zwar in zwei verschiedenen Gestalten, a und b (a kommt bloss in den Veden vor):

| | | | | |
|---|---|---|---|---|
| a) | | madhû | varî | jugâ |
| b) | bharant-i | madhû-ni | varî-ni | jugâ-ni. |

Schleicher (§. 250) erklärt madhû varî aus madhu-â vari-â. Das i in bharanti jugâni scheint ihm eine Schwächung des ursprünglichen â zu sein. Das n in b ist nach seiner Auffassung eine Stammerweiterung wie das n vor dem âm des gen. plur. (S. 107). Das vedische jugâ ist also entstanden aus juga-â, das später allein übliche jugâni ist eine Schwächung aus jugâ-n-â.

Im Dual hat nicht nur beim Neutrum, sondern auch beim Masculinum der Accusativ mit dem Nominativ (resp. Vocativ) gleiche Endung:

Griech. φέροντ-ε    νέκυ-ε    πόρτι-ε    θεώ, f. θεά
Latein.   —         —         —          ambo
Skr. a) bharant-ā  sunū      patī       açvā, f. sutē
     b) bharant-āu sunū      patī       açvāu.

Die Formen b kommen sowohl im Veda wie im späteren Sanskrit vor, die Formen auf ā gehören lediglich der Veda-Sprache an. Die Neutra haben die Ausgänge:

bharant-ī    madhu-nī    vārinī    jugē.

Diese dualen Neutra auf ī sind nach Schleicher (S. 248) wahrscheinlich aus den pluralen Neutra auf i entstanden, so dass also Dehnung des Pluralvocales den Dual ergiebt. Die indischen Duale auf āu sind nach ihm aus denen auf ā gebildet, also açvāu aus açvā entstanden. Die Endung ā aber ist Verstümmelung eines ursprünglichen sās, welches seinerseits durch Dehnung aus der pluralen Nominativendung sas entstanden ist. So die Ansicht Schleicher's §. 248.

Wir stimmen Schleicher entschieden bei, wenn er das kurze i des skr. Plurals und das lange ī des skr. Duals in Zusammenhang bringt. Derselbe Zusammenhang wird aber auch zwischen dem u des Plurals und Duals stattfinden. Dem Thatbestande, wie er uns hier in den ältesten Denkmälern vorliegt, folgend, werden wir den Satz aufstellen dürfen:

Für den Dual ist der Nominativ- und Accusativ-Begriff so wenig wie für den neutralen Plural durch besondere Casuszeichen ausgedrückt; für beide Casus hat hier dem sprachbildenden Geiste der einfache Stamm genügt: dasjenige, was hier lautlich auszudrücken war, war lediglich der Mehrheits-Begriff. Und zwar ergiebt sich als Mehrheitszeichen der blosse Vocal, entweder a oder i.

Die Neutra nehmen für den Plural kurzes a oder kurzes i an, das letztere an die secundäre Stammerweiterung n angefügt; für den Dual fügen sämmtliche Stämme ohne Unterschied des Genus ein ā oder ī an, so dass also bei dem griechischen ε in φέροντε-ε eine

Vocalkürzung eingetreten sein müsste. Das duale i aber beschränkt sich nicht auf die Neutra, sondern kommt auch für die übrigen Genera vor, nicht bloss im Sanskrit, wo vom Femininum auf ā (z. B. sutā Tochter) der Dual sutē (d. i. sutā-ī) lautet, sondern auch im Griechischen. Denn das Pronomen erster und zweiter Person heisst im Dual (I §. 186):

νώ, νῶε, νῶι; σφώ, σφῶι.

Die Form νῶε lässt sich wohl als pleonastische Formation auffassen (ebenso die analog gebildete duale Reflexivform σφωέ), aber in νῶι σφῶι können wir schwerlich umhin, dasselbe Dualzeichen i wie im skr. sutē, jugē zu erkennen. Und so kann ich das auch für das Griechische gesicherte Dual-i nicht als Schwächung des Dualzeichens a erkennen, sondern muss beide Laute als gleichberechtigte und ursprünglich coordinirt für einander gebrauchte Dualzeichen auffassen. Auf diese Weise wird man auch der von Schleicher vorgeschlagenen Herleitung des Dualzeichens ā aus sās entgehen, die allzu wenig Wahrscheinlichkeit hat.

## II.

### Uebersicht der Bedeutung der Verbalflexionen.

§. 36.

Dass in der Mehrheitsform zugleich dasjenige Element, welches den analogen Einheitsbegriff ausdrückt, enthalten sei, darin sind alle Auffassungen einig, ebenso auch darin, dass die Unterscheidung zweier Mehrheitsformen, eines Plurals und Duals, zwar schon der Zeit vor der Sprachtrennung angehört, aber immerhin eine verhältnissmässig späte, keine ursprüngliche Spracherscheinung ist. Verschiedenheit aber besteht in Bezug auf die Natur des weiteren lautlichen Momentes, welches in der Mehrheitsendung neben dem den Singularbegriff bezeichnenden Elemente enthalten ist.

Nach der von mir oben angegebenen Erklärung ist die Mehrheitsendung nichts anderes, als eine lautliche Erweiterung der entsprechenden Singularendung. Die Erweiterung der Form soll die im Plural und Dual gegenüber dem Singular enthaltene Erweiterung des Begriffes ausdrücken, das lautliche Element aber, welches zum singularen Flexionszeichen hinzutritt, hat an sich durchaus keine bestimmende, keine mit dem Dual- oder Pluralbegriffe zusammenhängende Bedeutung. Es besteht entweder in den am nächsten liegenden und auch sonst zur Flexion am häufigsten verwandten Consonanten, dem Nasale und der mit dem Zischlaute wechselnden dentalen Muta, oder den beiden nächsten Vocalen a und i. Der Mehrheitsausdruck ist also ein symbolischer.

Dass eine derartige symbolische Bezeichnung der Mehrheit im Allgemeinen dem Wesen der Sprache überhaupt angemessen ist, lässt sich durch Herbeiziehung der semitischen Sprachen zur höchsten Evidenz bringen. Hier wird die Mehrheit durch Verlängerung eines für den Begriff der Singularform charakteristischen Vocals ausgedrückt, und zwar so, dass die Qualität des zu verlängernden Vocales häufig genug wechselt (z. B. statt eines singularen kurzen i oder u im Plural ein langes ā). So im Arabischen. Zunächst tritt die Vocalverlängerung innerhalb der Wurzel auf:

Nom. Sing. raǵul-un ein Mann
Plur. riǵāl-un (mehrere) Männer.

Gen. Sing. raǵul-in eines Mannes
Plur. riǵāl-in (mehrerer Männer).

Sodann in einem für den Wortbegriff charakteristischen Nominalsuffixe. Dies ist der Fall beim Femininalsuffixe at:

Nom. Sing. zauǵ-at-un eine Gattin
Plur. zauǵ-āt-un (mehrere) Gattinnen.

Gen. Sing. zauǵ-at-in einer Gattin
Plur. zauǵ-āt-in (mehrerer) Gattinnen.

Endlich trifft die das Mehrheitsverhältniss bezeichnende Vocalverlängerung das Casuszeichen:

Gen. Sing. raǵul-in eines Mannes
Plur. raǵul-īna (mehrerer) Männer
Dual. raǵul-aina zweier Männer.

Nom. Sing. raǵ-ūl-un ein Mann
Plur. raǵ-ul-ūna (mehrerer) Männer.

Hierbei sei bemerkt, dass der im letzteren Falle hinter der verlängerten Silbe īn, ain, ūn erscheinende kurze Schlussvocal ein lediglich euphonisches Element ist. Es kann im Arabischen niemals eine geschlossene lange Silbe den Auslaut bilden, sondern bedarf hinter sich eines euphonischen Hülfsvocals.

Dass Vocalverlängerung keineswegs etwas den Mehrheitsbegriff direct und unmittelbar Bezeichnendes, dass mithin die dem Arabischen und ursprünglich auch den übrigen semitischen Sprachen eigenen Ausdrucksweisen des Plurals und Duals nichts anderes als symbolische Bezeichnungen sind, liegt am Tage.

Der von den semitischen Sprachen zum Ausdruck der Mehrheit eingeschlagene Weg ist aber auch derselbe, den die indogermanischen Sprachen gewählt haben, so verschieden sich auch das beiden Sprachen gemeinsame Princip im Einzelnen gestalten musste. Im Indogermanischen nämlich ist schon in der singularen Form die Prosodie des Vocals sowohl in der Wurzel wie in den Endungen eine für den Begriff derselben charakteristische (so unterscheidet sich der männlich-neutrale Stamm von dem weiblichen dadurch, dass jener ein kurzes a, dieser ein langes â zum Stammsuffixe hat u. s. w.). Durch Vocalverlängerung die singulare Form zur Mehrheitsform umzubilden, war den indogermanischen Sprachen mithin unmöglich, weil hier die Vocalverlängerung bereits eine andere grammatische Function hat. Daher wird die für die Mehrheitsform postulirte Erweiterung des Singulars durch Hinzufügung neuer Laute, die dem Singular an dieser Stelle fremd sind, ausgedrückt.

Ich denke, dass ich hiermit für die oben von mir gegebene genetische Erklärung der verbalen Mehrheitsformen auch die innere begriffliche Berechtigung aufgezeigt habe. Auch der bisher von der vergleichenden Grammatik (zuerst von Bopp) gegebenen Erklärung des verbalen Plurals und Duals fehlt es nicht an innerer Berechtigung. Sie sagt: Für die Einheit wird das „Ich, Du, Er" durch die Endungen ma, tva, ta ausgedrückt. Um das „Wir, Ihr, Sie" am Verbum zu bezeichnen, nimmt die Sprache eine Combination zweier Singularendungen vor; sie bezeichnet:

1. das „Wir" durch „Ich + Du"
2. das „Ihr" durch „Du + Du"
3. das „Sie" durch „Er + Er";

somit sind die ur-indogermanischen Endungen sowohl des Plurals wie des Duals für das Activum folgende:

1. bhara-ma + tva wir tragen = ich und du tragend
2. bhara-tva + tva ihr tragt = du und du tragend
3. bhar-an-ta sie tragen = er und er tragend,

aus denen mit derselben Aenderung des auslautenden a wie im Singular die in den getrennten indogermanischen Sprachen uns vorliegenden Endungen:

1. bhara-ma-si, abhara-mas
2. bhara-tha-si (zunächst als Dual)
3. bhar-an-ti, bhar-an-tu, abhar-an-t

hervorgegangen sind.

Aber auch von der medialen Form muss die Mehrheit bezeichnet werden. Es geschieht dies auf dem nämlichen Wege, welcher zum Ausdruck der singularen Medialform eingeschlagen ist. Hier wurde der Pronominalstamm zweimal gesetzt, das eine Mal zur Bezeichnung des Subjectes, das andere Mal zur Bezeichnung des Objectes: bhara-ma + ma = ich mich tragend. Ebenso sind auch für die mediale Mehrheit die aus Combination zweier Personalstämme entstandenen Mehrheitsendungen des Activums zweimal gesetzt worden, das eine Mal als Subject (wir, ihr, sie), das andere Mal als Object (uns, euch, sich):

1. bhara-matva-matva = wir uns tragend
2. bhara-tvatva-tvatva = ihr euch tragend
3. bhar-anta-nta = sie sich tragend.

In jeder dieser Formen sind vier Pronominalstämme enthalten:

1. bhara- (ma + tva) + (ma + tva)
   (ich + du) + (mich + dich) = wir + uns
2. bhara- (tva + tva) + (tva + tva)
   (du + du) + (dich + dich) = ihr + euch
3. bhar + (an + an) + (n-ta)
   (er + er) + (ihn + ihn) = sie + sich.

Das auslautende a am Ende des Verbums unterlag derselben Schwächung resp. Apokope wie das activ-singulare ma tva ta; darüber, ob dieser Umformung des a bloss bei dem zweiten (das Object bezeichnenden) matva tvatva uta, oder auch bei dem vorausgehenden (das Subject ausdrückenden) matva tvatva anta der Endung eingetreten ist, scheint sich keine bestimmte Ansicht gebildet zu haben (vgl. Schleicher a. a. O. S. 694). Hat sie bloss bei dem zweiten (das Object ausdrückenden) Pluralelemente statt gefunden (wie Schleicher für die dritte Person annimmt, S. 692), dann ist der geschichtliche Process, welcher aus jenen Urformen die historisch uns vorliegenden umgestaltet hat, für das Präsens folgender:

1. bhara-matva-matva zuerst geschwächt zu
   bhara-matva-matvi, dann verkürzt zu
   bhara-matva-[matv]i mit Ausfall des zweiten matv
      d. i. bhara-matvai, bhara-madhē, mahē

2. bhara-tvatva-tvatva zuerst geschwächt zu
bhara-tvatva-tvatvi, dann verkürzt zu
bhara-t[va]tva-[tvat]i mit Ausfall des ersten va und des zweiten tvatv
d. i. bhara-ttvai, bhara-tdhvē,

wobei das anlautende t der Endung im Skr. nach den hier herrschenden Lautgesetzen vor dem folgenden dh ausgefallen ist, während es sich in dem griechischen σθε als σ erhalten hat.

3. bhar-anta-nta zuerst geschwächt zu
bhar-anta-nti, dann verkürzt zu
bhar-anta-[nt]i mit Ausfall des zweiten nt
d. i. bhar-antē.

In dem medialen Präteritum sind diese Combinationen analog wie sonst, auch noch des auslautenden Vocales beraubt worden:

1. bhara-matva-i zu bhara-matva, φερό-μεθα.

Die Meisten wollen in 1 plur. auch in dem σ des griechischen μεσθα statt μεθα noch ein erhaltenes Element der früheren volleren Form finden. Dem widerspricht aber Schleicher S. 694: „Nimmt man nach dem griechischen μεσθα die Endung masdhai als älteste erreichbare Form an, so ist das dhai unerklärbar, wofern man nicht mit Umstellung der Personen eine Urform masidhami annehmen will; das griechische σθ kann aber sehr wohl Erzeugniss der Analogie anderer Medialpersonen sein." Auch hier zeigt Schleicher vor seinen Vorgängern grössere Behutsamkeit.

Was die Activformen betrifft, so hat die componirende Erklärung für die zweite Person am wenigsten Bedenken: ihr = du + du, thas = tha + sa (aus tva-tva). Freilich ist das ihr begrifflich auch oft ein du + er, nicht bloss du + du. Der Plural der ersten: „Wir" wird wohl nur in den seltneren Fällen „Ich + du", häufiger „Ich + er" oder „Ich + sie" sein. Desshalb sagt Schleicher S. 667: „Da „wir" auch „ich und ihr, ich und er, ich und sie" sein kann, so müssen wir annehmen, dass im Indogermanischen von den vielleicht in Urzeiten der Sprache vorhandenen verschiedenen Arten des „wir" nur eine einzige zu ausschliesslicher Anwendung kam, die nun für die übrigen mit fungirt." Starkes

Bedenken aber erregt die angenommene Bildung der dritten Mehrheitsperson. Man sollte hier das zweifach gesetzte „er" oder vielmehr „der" („der + der" = „die") beide Male eben durch den nämlichen Stamm ausgedrückt finden müssen, welcher in der Einheit als solcher fungirt, nämlich ta, also bhara-tata. Zöge man die dritte Dualperson bhara-tas (sie beide tragen) herbei, so liesse sich dieselbe nach der angegebenen Weise ebenso gut in bhara-ta-ta zerlegen, wie bhara-thas (ihr beide tragt) in bhara-tva-tva. Aber eine andere, allen indogermanischen Sprachen gemeinsame Mehrheitsform lautet bhara-nti abhara-nt, und hier ist es eine lautliche Unmöglichkeit, nti auf tata zurückzuführen, obwohl es nicht an einem Versuche fehlt, das n des nti als eine Umformung aus ursprünglichem ta zu erklären. So muss man für n zu einem anderen Pronomen demonstrativum seine Zuflucht nehmen, zu dem selteneren Stamme ana. Doch müsste ein durch den Stamm ana + ta ausgedrücktes „sie" nicht an-ta, sondern ana-ta lauten. Die Hauptinconvenienz aber liegt darin, dass in bhara-ti, bhara-ta und allen übrigen Formen das auf die Wurzel folgende a, wie Bopp sagt, ein Bindevocal, oder wie Bopp's Nachfolger sagen, ein Wurzelsuffix ist, das a in bhar-anti abweichend als Theil des Pronominalstammes aufgefasst wird. Müsste nicht auch hier der Bindevocal oder das Stammsuffix a vorkommen, so gut wie z. B. im Conjunctiv, und somit die angeblich mit dem Pronominalstamme ana gebildete dritte Pluralperson nicht bhar-anti, sondern bharânti, d. i. bhara-anti lauten? Weshalb aber ferner soll in 3 plur. die Sprache über den Kreis der Pronominalstämme ma tva ta hinausgehen und zu einem mit ta gleichbedeutenden Stamme ana ihre Zuflucht nehmen? Dies ist schwer einzusehen.

Blicken wir aber auf die für die Medialformen aufgestellten Erklärungen der Compositionstheorie, so ist der Boden der Wirklichkeit ganz und gar gegen ein Reich der willkürlichsten Hypothesen verlassen. Ein bharantē soll aus bhar-antanta entstanden sein u. s. w.?

§. 37.

Benfey in seiner Abhandlung: „über einige Pluralbildungen des indogermanischen Verbum" 1867 (aus den Abhandl. d. Gesellsch.

der Wissensch. zu Götting. Band 13) mag selbst die Zurückführung von ant anta aus den Stämmen ana und ta keineswegs für sicher oder auch nur sehr wahrscheinlich halten, noch weniger aber jene für mas thar u. s. w. aufgestellten Erklärungen. Er sagt, die letzt erreichbaren Formen des Duals und Plurals (im Präsens Activi) der indogermanischen Sprachen sind:

| | | | |
|---|---|---|---|
| 1 pl. masi | 2 pl. } tvasi | 3 dl. tari | |
| dl. vasi | dl. } | pl. anti. | |

Wie anti zu erklären ist, gesteht Benfey nicht zu wissen. Alle übrigen der vorstehenden Mehrheitsendungen sollen aber nach seiner Auffassung so entstanden sein, dass das singulare Personalzeichen m, tv, t (oder ma, tva, ta) mit der Endung der dritten Pluralperson anti verbunden sei:

| | |
|---|---|
| 3 pl. | anti |
| 3 dl. | t-anti zu tas |
| 2 pl. } dl. } | tu-anti zu tvas |
| 1 pl. | m-anti zu mas |
| 1 dl. | v-anti zu vas. |

„Wie auch immer die Personalendung der dritten plur. anta (anti) entstanden sein mag, wir kennen sie nur als Exponenten der dritten Person der Mehrheit; es ist aber klar, dass abgesehen von Nominibus, welche die „Vielheit" bedeuten, es schwerlich und auf keinen Fall unter den Elementen der Verbalbildungen einen Ausdruck giebt, der so sehr geeignet ist, die Mehrheit überhaupt zu bezeichnen als die Mehrheitsendung der dritten Person. So unpassend es uns auf unserem Standpunkte, der den alten germanischen Bildungen so fern liegt, auch vorkommen mag, dass eine Verbindung der Einheit erster Person (ich) mit der Mehrheit der dritten (sie), die Mehrheit der ersten (wir) bezeichnen soll, dass in dieser wesentlich determinativen Zusammensetzung der Begriff „Mehrheit der dritten Person" näher bestimmt ward dadurch, dass diese Mehrheit die erste Person betreffen soll, so ist dies doch in vollständiger Analogie mit einer keineswegs geringen Anzahl von sprachlichen Erscheinungen, ja mit dem eigentlichen Princip der begrifflichen Entwickelung der indogermanischen Sprachen. Der specielle Begriff hat sich zu dem der Mehrheit überhaupt erweitert, wesentlich in derselben Weise, wie im Sanskrit z. B. gôshtha eigentlich Kuhstall die Bedeutung „Stall" überhaupt angenommen hat, und eine Zusammensetzung, welche etymologisch „Löwenkuhstall" bedeuten würde, in Wirklichkeit nur „Löwenstall" bedeutet."

§. 38.

Diese Auffassung Benfey's, dass in den übrigen Mehrheitsformen des Verbums die der dritten Pluralperson zukommende Endung, verbunden mit dem betreffenden Personalzeichen (m, tv, t) enthalten sei, bewährt sich aufs nächste mit der für das semitische Verbum offen zu Tage liegenden Mehrheitsbildung:

| | Plural. | | Dual. | |
|---|---|---|---|---|
| 3. | katab-u | ἔγραψαν | katab-â | ἐγραψάτην |
| 2. | katab-tum-û | ἐγράψατε | katab-tum-â | ἐγράψατον |
| 1. | (katab-n-û | ἐγράψαμεν) | katab-n-â | ἐγράψαμεν. |

Die nicht eingeklammerten Formen sind die im Alt-Arabischen vorkommenden, die eingeklammerte katab-n-û haben wir aus dem Hebräischen ergänzt; sie hat mit dem arabischen katab-n-â dieselbe Bedeutung, d. h. sie ist wie dieses und wie das gleichbedeutende ἐγράψαμεν allgemeine Mehrheitsform, sowohl Plural wie Dual — oder mit anderen Worten: für 1 plur. unterscheiden die Semiten den Plural vom Dual nicht durch eine besondere Form; die Araber bezeichnen beide Mehrheitsbegriffe durch die Dualform auf â, die Hebräer durch die Pluralform auf û.

Für 3 plur. dual. fügt das Semitische den langen Vocal û, â unmittelbar an die Wurzel, für 2 plur. dual. an ein Wurzelsuffix tum, für 1 plur. dual. an ein Wurzelsuffix n; jenes hat entschieden die Function, den Begriff der zweiten Person, dieses, den Begriff der ersten Person auszudrücken. Es ist also hier im Semitischen genau so, wie sich Benfey die Mehrheit der ersten und zweiten Person im Indogermanischen entstanden denkt, dass nämlich die Mehrheitsendung der dritten Person verwandt worden sei, um dem Personalzeichen der ersten und zweiten Person angefügt die Mehrheit der ersten und zweiten Person zu bezeichnen.

Der factische, nicht erst auf Conjectur beruhende Thatbestand ist der, dass in 3 plur. neben der Endung nt (ant) auch noch eine Endung s (ns) vorkommt. Benfey sieht mit seinen Vorgängern die kürzere s (us) als eine Verstümmelung der längeren nt (ant) an. Würde er es für unmöglich halten, dass die kürzere nicht aus der längeren entstanden ist, dass beide zwei selbstständig neben einander bestehende Endungen sind, die ursprünglich die eine für die andere gebraucht werden konnten, bis sich die spätere Sprache je nach den verschiedenen Tempora und Modi für die eine oder für die andere entschieden hat? Will Benfey diese Möglichkeit zugeben, so bin ich in Allem mit ihm einverstanden. Nicht die Plural-Endung ant, sondern die Plural-Endung s (us) ist es, welche hinter das Personalzeichen der ersten und zweiten Person getreten ist, um die Mehrheit dieser beiden Personen zu bilden:

3 pl. { ant<br>as, vgl. Semit. ū, ā

1 pl. m-as, vgl. Semit. n-ū, n-ā<br>dl. v-as

2 pl. dl. tv-as, vgl. Semit. tum-ū, tum-ā.

Und mit dem s resp. as in der Mehrheit des indogermanischen Verbums verhält es sich ebenso wie mit dem ū ā in der Mehrheit des semitischen Verbums, es ist Mehrheitszeichen schlechthin (nicht specifisches Mehrheitszeichen der dritten Person). Man sieht auf den ersten Blick, dass im semitischen Verbum qatal-ū qatal-ā, qatal-n-ū qatal-n-ā, qatal-tum-ū qatal-tum-ā die Mehrheit mit demselben Lautelemente wie im semitischen Nomen al-sārik-ū, οἱ κλέπται, al-sārik-ā, τὰ κλέπτα gebildet ist. Und ebenso ist das Pluralzeichen s as im indogermanischen Verbum genau dasselbe Bildungselement wie beim indogermanischen Nomen in den Endungen n-s (acc. pl.), s-as (nom. pl.).

Im Gegensatze zu der von Bopp und seinen Nachfolgern über die Pluralbildung aufgestellten Ansicht nehmen wir also an, dass das as in der Verbalendung der ersten Pluralperson

1 plur. Mas, griech. μες

genau dasselbe sei wie z. B. das as in der Nominalendung des

Nom. plur. Sas (S. 106).

Und weshalb sollte man dies ohne weiteres als ungereimt, als unglaublich verwerfen wollen? Ist nicht in beiden Fällen das Verhältniss der Pluralendung zu der betreffenden Singularendung genau das nämliche. Der charakteristische Laut zur Bezeichnung der ersten Singular-Person des Verbums ist M, der charakteristische Laut zur Bezeichnung des singularen Nominativs ist S; beide Singularbegriffe werden dadurch zum Plural, dass den betreffenden Lauten ein **as** hinzugefügt wird — das lautliche Element also, was hinzugefügt worden ist, ist sowohl formell dasselbe, wie auch die Bedeutung die nämliche ist. Weshalb sollte man da nicht einmal die Möglichkeit des gleichen Ursprungs gelten lassen wollen?

Es kommt hinzu, dass auch die semitische Sprache, die zwar mit der indogermanischen nicht genetisch verwandt ist, aber als eine „zweite organische oder flectirende Sprache“ neben der indogermanischen als Parallele, als Analogie herbeigezogen zu werden verlangt, offenkundig und unbestreitbar bei der Mehrheitsbildung des Verbums genau dieselben lautlichen Mittel wie bei der Mehrheitsbildung des Nomens anwendet. Dem Plural-Elemente des pluralen Nomens al-sārik-ū *οἱ κλέπται* entspricht genau das Plural-Element im pluralen Verbum katab-tum-ū *ἐγράψατε*, katab-ū *ἔγραψαν*; und die nämliche Identität der Numerusbezeichnung findet statt beim dualen Nomen al-sārik-ā *τὼ κλέπτα* und dem dualen Verbum katab-tum-ā *ἐγράψατον*, katab-ā *ἐγραψάτην*. Ebenso steht der nominale Plural sārik-ūna *κλέπται* dem verbalen Plural taktūb-ūna *γράφετε*, jaktub-ūna *γράφουσι*, der nominale Dual sārik-āni *κλέπτα* dem verbalen Dual taktub-āni *γράφετον* (2 dual), jaktub-āni *γράφετον* (3 dual) durchaus analog. Angesichts dieser Uebereinstimmung in der Mehrheitsbildung bei Nomen und Verbum nahm man früher wohl an, dass das Verbum der semitischen Sprache eigentlich kein Verbum, sondern ein Nomen sei, aber seit man dem syntaktischen Gebrauche des arabischen Verbums, insonderheit der Modi des arabischen Verbums die gebührende Aufmerksamkeit gezollt hat, ist man längst von jener sich zunächst auf das Hebräische stützenden Annahme, dass das Verbum einen nominalen Charakter habe, zurückgekommen.

§. 89.

Nun ist freilich ας ebenso wenig beim Verbum wie beim Nomen die einzige Mehrheitsendung. Zunächst stehen sich einander parallel der Ausgang

μες für das Activum
μεϑα für das Medium.

Wir mussten uns bereits bei Gelegenheit des Casuszeichens s der längst von Anderen aufgestellten Ansicht anschliessen, dass der Zischlaut als Flexionszeichen oder als Bestandtheil von Pronominalwurzeln fast durchweg aus einer ursprünglichen dentalen Muta, zunächst der Tenuis, hervorgegangen ist. Die ursprüngliche Muta-Gestalt des Genitivzeichens s fanden wir wieder im Ablativzeichen d, die ursprüngliche Mutagestalt des Numeruszeichens s hat sich in der Medialform μεϑα gehalten. Der auslautende Sibilant des Activums und die dentale Aspirata des Mediums — beide Laute sind Erweichungen eines ursprünglichen t.

Ausser dem Sibilanten wurde für das Nomen auch noch der Nasal als Mehrheitszeichen gebraucht, und zwar so, dass, wenn für ein und dasselbe Casuszeichen die Mehrheit sowohl durch den Nasal, wie durch den Zischlaut ausgedrückt wurde, dann der Nasal den Dual, der Zischlaut den Plural bezeichnete. Hiernach sehen wir in dem ν, welches den Auslaut der Dualendungen τον, των, την bildet, genau dasselbe Zeichen wie im Genitiv Pluralis

Μουσῶν aus Μουσά-σων,

wie in dem Duale

Μουσα-ῖν,

dessen auslautendes ιν dieselbe Bedeutung hat wie im Sanskrit die Dualendung

bhiâm.

Also das Mehrheitszeichen ν (m) gehört wie beim Nomen so auch beim Verbum vorwiegend dem Dual an und liebt wie beim Nomen so auch beim Verbum Verlängerung des vorausgehenden Vocales a resp. des daraus abgelauteten e- und o-Vocales: vgl. των την (Skr. tâm) mit bhiâm und der aus sâm entstandenen Genitivendung ων. — Von der pluralen Endung μεν ist die fast allgemeine Ansicht die, dass hier als ursprünglichere Endung das im Dorischen übliche μες vorauszusetzen sei, dass dieses sein ς (wie die alte Pluralendung φις) verloren und zuletzt ein fest gewordenes ν ἐφελκυστικὸν angenommen habe. Es würde also das ν der Endung μεν so wenig wie das ν der Endung φιν ein Mehrheitszeichen, sondern vielmehr rein phonetischen Ursprungs sein.

Die Endung der dritten Plural-Person nt enthält wie die Endungen der ersten und zweiten Person als einen Bestandtheil denjenigen Laut, welcher für die entsprechende Singular-Person functionell ist:

1. sg. m, ν — pl. μες
2. sg. [tu], ς — pl. τε[ς] τον
3. sg. t — pl. ντ.

Wir können nicht umhin, in dem τ der 3 pl. ντο νται u. s. w. dasselbe functionelle Element wie in dem τ der Singularendung το ται zu erblicken, also das Zeichen der dritten Person. Das vorausgehende ν muss demnach der functionelle Laut des Mehrheitsbegriffes sein. Es ist schliesslich einerlei, ob man mit früheren Forschern sagt: hier ist die Mehrheit der dritten Person von der Einheit dadurch unterschieden worden, dass die Endung eine Verstärkung durch nasale Erweiterung erfahren hat: ἐλέγετο zu ἐλέγοντο, λέγεται zu λέγονται, dergestalt, dass man das ν mit dem in der Wurzel von λανθάνω, findo u. s. w. enthaltenen Nasale vergleicht, oder ob man jenes ν der dritten Pluralperson mit dem Mehrheitszeichen ν in τον, των, την identificirt: in der Dualendung τον würde das Mehrheitszeichen hinter dem Personal-Consonanten, in der Pluralendung ντ vor demselben seine Stelle haben und somit die verschiedene Stellung des Mehrheitszeichens zur Unterscheidung der beiden Dualbegriffe benutzt worden sein.

Die Medialendung ntē steht als Bezeichnung des Duals die Endung ātē zur Seite und eine analoge Endung findet auch für die zweite Person statt. Diese Bildung ist freilich auf das Sanskrit beschränkt, aber wir brauchen deshalb nicht daran zu zweifeln, dass sie aus der frühesten Urzeit stamme:

Plural ntai, ntē
Dual ātai, ātē.

Es sind bisher wenig Versuche gemacht worden, die Endung zu erklären. Wir unsererseits erblicken in der Dualendung ātē so wenig wie in der parallelen Pluralendung ntē irgend welche Verstümmelung; t ist in beiden Fällen das Personalzeichen der dritten Person, und um den Mehrheitsbegriff lautlich auszudrücken, ist für den Dual der Vocal ā gewählt. Auch in der Mehrheitsbildung des Nomens erscheint ausser dem Nasale und Sibilanten auch noch der Vocal a als Mehrheitszeichen verwandt. Wir haben am Semitischen den evidenten Nachweis geliefert, dass es im Wesen der Sprachentwickelung liegt, dem Plural und Dual beim Verbum auf dieselbe Weise wie beim Nomen auszudrücken, und haben in dem bisherigen dies Verfahren auch für das Indogermanische wahrgenommen. Wenn wir nun das lange ā im verbalen Dual ātē mit dem schliessenden langen ā des altindischen padā (griechisch πόδε) identificiren, so werden wir für diese unsere Auffassung auch noch geltend machen dürfen, dass das Mehrheitszeichen ā in beiden Fällen, sowohl beim Nomen wie beim Verbum, die Bedeutung des Duals hat. In beiden Formen tritt ferner das Mehrheitszeichen ā unmittelbar an die Wurzel oder an den Stamm; eine weitere Bestimmung des Begriffes wird beim Nomen verschmäht, denn bei padā ist die Casus-Bestimmtheit des Nominativs oder Accusativs so wenig wie für die analogen Casus des pluralen Neutrums ausgedrückt; in der Verbalform aber wird hinter dem Dualzeichen ā auch noch die Personal-Bestimmtheit u. s. w. durch die sonst dafür üblichen Laute ausgedrückt.

Wir haben hiermit alle wesentlichen Punkte aus der Numerusbildung des Verbums erörtert und brauchen auf die Einzelnheiten hier um so weniger einzugehen, als dieselben bereits in der Formenlehre zur Sprache gekommen sind. Die bisher übliche Erklärung fasst, wie wir §. 32 angedeutet, alle ausser dem Personalcharakter in den Mehrheitsendungen enthaltenen Lautelemente wiederum als Reste von Pronominalstämmen auf, und wir haben gesehen, dass auf diese Weise in der als ursprünglich vorausgesetzten Mehrheitsendung des Verbums nicht bloss zwei und drei, sondern sogar vier Pronominalstämme an einander gefügt sein müssen. Hätte man nicht die vorgefasste Meinung gehabt, dass die verbalen Mehrheitsendungen nothwendig nur auf diesem Wege der Agglutination entstehen konnten, so wäre man sicherlich nicht darauf gekommen, das indische bharā-mahē (= φερόμεθα) als eine Verstümmelung von bhara-matvamatvi hinzustellen. Man bildete früher, um das Etymologisiren zu verspotten, die berühmte Skala „ἀλώπηξ, pox, pux, Fuchs"; die Annahme eines matvamatvi für die Endung mahē kann mit der Herleitung „ἀλώπηξ Fuchs" kühn um die Palme streiten. Wer dergleichen Dinge wirklich im Ernste glaubt, ist in ein starres Dogma kaum weniger verrannt, als fanatische Dogmatiker auf theologischem Gebiete, und das starre Festhalten ist um so bedauerlicher in einer Disciplin, welche von Anfang an den freien wissenschaftlichen Fortschritt in gleicher Weise wie die Naturwissenschaften für sich in Anspruch genommen hat.

§. 40.

Wir haben unseren Abschnitt von der Bedeutung der Verbalformen mit der Numerusbezeichnung begonnen, weil sich diese unmittelbar an die analogen Erscheinungen des Nomens anschloss. Im Semitischen hat das Verbum mit dem Nomen ausser der Plural- und Dualbildung auch noch die Unterscheidung des männlichen und weiblichen Geschlechtes gemein, die im Indogermanischen bloss bei den vom Verbalstamme gebildeten Participien bezeichnet wird.

Beide Sprachfamilien stimmen darin überein, dass die zur Personalbezeichnung am Verbum verwandten Laute in unleugbarer Verwandtschaft mit den Stämmen des persönlichen Pronomens stehen. Ein Unterschied findet darin statt, dass im Semitischen die dritte Person gewöhnlich unbezeichnet bleibt, während hierfür im Indogermanischen ein mit dem Pronominalstamme *to* in Zusammenhang stehendes Lautelement verwandt wird. Es ist das Gebiet der Personalbezeichnung am Verbum von allen gerade dasjenige, wo das Recht die Verbalform durch Composition zu erklären am wenigsten bestritten werden kann; denn was sollte hindern, in dem selbstständigen Pronominalstamme das prius, in der Verbalflexion das posterius zu sehen und mithin das betreffende Verbum als ein aus der Wurzel und dem Pronominalstamme gebildetes Compositum aufzufassen? Freilich hat es auch nicht an solchen gefehlt, welche den zugleich formalen und begrifflichen Zusammenhang zwischen Personalendung und persönlichem Pronomen gerade in der umgekehrten Weise erklärten, nämlich so, dass das Verbum mit seiner Endung das prius, der Pronominalstamm das posterius sei — und auch dieser zweiten Auffassung kann ihr Recht nicht bestritten werden — es liegt ja eben eine Erscheinung vor, welche auf zweierlei Weise erklärt werden kann. Diejenigen, welche die Priorität der Verbalendung behaupten, dürfen für sich folgendes geltend machen: Die neueren Sprachen gebrauchen das Pronomen „ich" und „du" häufig genug, um so sparsamer findet sich diese Anwendung im Lateinischen, Griechischen und den übrigen älteren Sprachen; nur wenn ein besonderer Nachdruck auf dem Begriffe der ersten oder zweiten Person ruhen soll, wird das Pronomen zum Verbum hinzugesetzt, sonst genügt überall das blosse Verbum, ohne dass man, wie dies in den neueren Sprachen nothwendig ist, zum Verbum noch das persönliche Pronomen hinzufügen muss. Doch kann dies erst unten ausgeführt werden.

Der Bopp'schen Auffassung gemäss hatten die ältesten Vorfahren der indogermanischen Völker in ihrer Sprache zunächst zweierlei, nämlich einerseits Verbalwurzeln, andererseits Pronominalstämme. Um die Begriffe „ich trage, du trägst, er trägt" auszudrücken, fügten sie an die Verbalwurzel bhar (φερ) gleichsam als Enklitika die Pronominalstämme ma, tva, ta. Zwischen beide Elemente fügten sie hier wie bei den meisten Verbalwurzeln noch den Vocal a ein, dessen Ursprung und Bedeutung für jetzt gleichgültig sein mag. Die Verbalwurzel hat in der Composition mit ma, tva, ta etwa dieselbe Bedeutung, welche die spätere Sprache durch das Participium Präsentis ausdrückt:

bhara + ma tragend ich = ich trage
bhara + tva tragend du = du trägst
bhara + ta tragend der = er trägt.

Dieselbe Composition wurde auch (etwa mit Ausnahme der ersten Person) gebraucht, um einen Befehl auszudrücken (also bezeichnete sie sowohl das indicative Präsens wie den Imperativ). Um die Vergangenheit zu bezeichnen, erweiterten unsere indogermanischen Vorfahren die genannten drei Compositionen durch anlautendes a, welches von Bopp als a negativum (als Negation der Gegenwart), von den meisten Späteren als ein auf die Ferne (hier also auf die fern liegende Vergangenheit) hinweisender Pronominalstamm gefasst wird:

a + bhara + ma damals tragend ich = ich trug
a + bhara + tva damals tragend du = du trugst
a + bhara + ta damals tragend der = er trug.

Die Imperfecta sind also Verba tricomposita, Zusammensetzungen aus drei Wörtern.

Unsere Urväter gingen aber nach Bopp in dem Principe der Zusammensetzung noch weiter. Sie bezeichneten auf demselben Wege auch die Reflexivbedeutung des Verbums: „er trug sich" oder „er trug für sich". Sie setzten nämlich in diesem Falle den Pronominalstamm zwei mal, das eine mal wie in den vorher angeführten Compositis als Nominativ oder Subject, das andere mal als dativen oder accusativen Casus obliquus (als ferneres oder näheres Object):

bhara + ma + ma tragend ich mir (oder mich) = ich trage mir (oder mich)
bhara + tva + tva tragend du dir (dich) = du trägst dir (dich)
bhara + ta + ta tragend dieser diesem = er trägt sich.

Dieselben Medial- oder Reflexivformen auch mit vorangesetztem Pronominalstamme zur Bezeichnung der Vergangenheit:

a + bhara + ma + ma damals tragend ich mir = ich trug mir
a + bhara + tva + tva damals tragend du dir = du trägst dir
a + bhara + ta + ta damals tragend dieser diesem = er trug sich.

Wer möchte leugnen, dass auf diesem Wege einer zweifachen, dreifachen, vierfachen Composition die Verbalformen des singularen Präsens und Imperfectums für Activum und Passivum entstanden sein können? Sehen wir indess, wie sich diese als die ursprünglich vorausgesetzten Formen zu denjenigen verhalten, welche sich durch die Sprachvergleichung als die ältesten indogermanischen Formen ermitteln lassen.

Wir wählen zuerst die Formen der dritten Singular-Person. Ihnen allen gemeinsam ist die dentale Muta als charakteristisches Zeichen des dritten Personal-Begriffes; wo dieses t nicht vorhanden ist, geht aus den Lautgesetzen der einzelnen Sprachen der

Grund des Abfalles hervor. Aber ausser dem Personal-Begriffe bezeichnen die verschiedenen Formen der dritten Singular-Person noch andere Bestimmtheiten, theils durch vocalische Erweiterung des Wurzelanlautes, theils durch vocalische Erweiterung hinter dem Personalzeichen t.

| | | | |
|---|---|---|---|
| er trug | a-bhara-t | er trug sich | a-bhara-ta |
| er trägt | bhara-ti | er trägt sich | bhara-tai |
| er trage | bhara-tu | er trage sich | bhara-tau. |

Es steht als absolute Thatsache fest, dass sich für keine der vorliegenden sechs Formen auf dem Wege sorgfältiger Sprachvergleichung eine ältere auffinden lässt, denn auch für das nur im Gotischen erhaltene bhara-tau lässt sich keine ältere Form als eben bhara-tau ermitteln. Doch lassen wir dies bhara-tau zur Seite, wenden wir uns zu den übrigen Formen. Für „er trägt" ist die älteste nachweisbare Form der indogermanischen Sprachen bhara-ti mit dem Schlussvocale i, aber nicht das nach der obigen Hypothese von Bopp construirte bhara-ta; — für „er trägt sich" lässt sich als älteste Form nur ein bhara-tai, aber kein von Bopp aufgestelltes bhara-tata nachweisen; — ebenso wird man für den Imperativ über die Form bhara-tu an der Hand der sprachlichen Urkunden zu keinem älteren bhara-ta hinausgehen können. — In gleicher Weise wird man für das active „er trug" aus keiner Sprache eine auf den Vocal ausgehende Form entnehmen können; alle gehen hier nur bis zu einer auf consonantisches t auslautenden Form u. s. w.

Von denjenigen Formen also, welche die Compositions-Hypothese Bopp's als ursprünglich aufgestellt hat, lässt sich nicht eine einzige nachweisen.

| | | | | |
|---|---|---|---|---|
| er trug | abharat, | nach | Bopp | abhara-ta |
| er trug sich | abhara-ta, | „ | „ | abhara-tata |
| er trägt | bhara-ti, | „ | „ | bhara-ta |
| er trägt sich | bhata-tai, | „ | „ | bhara-tata |
| er trage | bhara-tu, | „ | „ | bhara-ta |
| er trage sich | bhara-tau, | „ | „ | bhara-tata. |

Von diesen Endungen Bopp's kommt zwar die Endung ta thatsächlich vor, aber nicht für diejenigen Formen, denen sie Bopp als ursprünglich vindicirt, sondern für eine Form, welcher Bopp eine andere Endung zuertheilt, nämlich für das mediale Imperfectum. Dies ist das einzige Mal, wo auslautendes a wirklich vorkommt, aber gerade hier war der frühere Ausgang nach Bopp ein anderer. Da, wo Bopp den Ausgang a als ursprünglich annimmt, ist er nach Bopp niemals als Auslaut geblieben, sondern stets etwas Anderes geworden.

Im activen Präsens ist ta zu ti geworden, niemals ist es ta geblieben. Warum das? Darauf giebt Bopp keine Antwort. Fragen wir, ob auch nur in einer einzigen der älteren indogermanischen Sprachen die Umwandlung von auslautendem a zu i irgend wo uns entgegentritt? Wir müssen das entschieden mit Nein beantworten. Enthält sich aber hier das Indogermanische nach der Zeit der Sprachtrennung einer Vocaländerung, dann dürfen wir sie noch viel weniger für die vor der Sprachtrennung liegende ur-indogermanische Sprachperiode anzunehmen uns gestatten.

Im activen Imperativ soll altes bhara-ta zu bhara-tu geworden sein. Warum zu u? Auch darauf keine Antwort. Die als fest erkannten indogermanischen Lautgesetze verstatten uns die Annahme einer Abschwächung von auslautendem a zu u ebensowenig wie zu auslautendem i.

Kehren wir noch einmal zu der im Vorigen gegebenen Uebersicht derjenigen Formen der dritten Singular-Person zurück, die durch das uns vorliegende Sprachmaterial als die ältesten zu ermitteln sind:

| | | | |
|---|---|---|---|
| er trug | abhara-t, | er trug sich | abhara-ta |
| er trägt | bhara-ti, | er trägt sich | bhara-tai |
| er trage | bharat-u, | er trage sich | bhara-tau. |

Haben wir einen Grund, anzunehmen, dass dies nicht die ältesten seien, d. h. dass eine jede von ihnen oder auch nur eine von ihnen aus einer ursprünglicheren Form, sie laute wie sie wolle, hervorgegangen sei? Wir haben keinen. Ist es wahr, dass die Formen derjenigen vor der Trennung liegenden Sprachepoche, welche die am reichsten entwickelte war, durch Klarheit und Durchsichtigkeit sich vor den später aus ihnen entstandenen auszeichnen, dass sie zugleich die verschiedenen Nuancirungen des Begriffes, welche von den späteren Sprachepochen nicht beachtet werden, durch Verschiedenheit der lautlichen Elemente scharf und fest bestimmen, so müssen in der That die vorstehenden Verbalformen jener Epoche des grössten Sprachreichthums angehören. Wir haben dort in den verschiedenen Entwickelungen einer einzigen Singular-Person die sämmtlichen in ältester Zeit möglichen Formen des Auslautes: einmal Vocallosigkeit als die einfachste Bildung (abhara-t), sodann einen jeden der drei Urvocale a, i, u (abhara-ta, bhara-ti, bhara-tu), wir haben endlich die in der Urzeit möglichen diphthongischen Vocalcombinationen ai und au (bhara-tai und bhara-tau). Alle Formen des Auslautes sind hier durchlaufen und eine jede von ihnen verleiht der dritten Person eine besondere Modification des Begriffes. Wenn irgendwo, so haben wir hier die Bildungen aus der Periode grösster Sprachvollkommenheit vor uns.

Und Bopp? Keine einzige dieser Formen soll nach ihm die ursprüngliche sein, für eine jede von ihnen wird eine angeblich ältere statuirt, ohne dass die Lautgesetze hierzu die mindeste Berechtigung geben. Wo t, ti, ta vorliegt, soll früher ein ta, wo ta, tai, tau vorliegt, ein tata gestanden haben. Bopp meint, dass die ursprünglichen Endungen durch Verlust des a, durch Abschwächung desselben zu i und u u. s. w. zertrümmert worden seien: nicht einer einzigen Form ist nach seiner Ansicht der ursprüngliche Bestand gelassen worden. Und erst durch diese zufällige Vernichtung des ursprünglichen Zustandes (denn nicht anders als zufällig ist jene angebliche Aenderung des ta in ti, des tata in tai u. s. w.), erst durch diese Zerstörung des Alten soll jener in sich so ganz und gar consequente Organismus der Endungen t, ta, ti, tai, tu, tau, der doch sicherlich ein festes und vernünftiges Princip zeigt, entstanden sein? Erst durch zufällige Depravation und Corruption soll diese reiche Fülle des Flexionsorganismus hervorgerufen sein, die vor allen anderen die Züge jener Schönheit unverletzt bewahrt hat, durch welche sich die vor der Sprachtrennung liegende Epoche grösster Sprachvollkommenheit auszeichnete?

Steht es denn aber fest, dass der von Bopp angenommene Entstehungsprocess der Flexionsendungen der einzig mögliche ist? Der Anschein ist dafür, dass die Verbalendungen durch Composition der Wurzel mit Pronominalstämmen entstanden sind, dass die letzteren das prius, die Verbalendungen das posterius sind. Doch um zur Wahrheit zu gelangen, wird sich der anscheinende Sachverhalt auch eine Umkehrung gefallen lassen dürfen. So liess sich ja lange Zeit das Auge die angebliche Bewegung der Sonne um die Erde gefallen, bis der Fortschritt der Wissenschaft zu der umgekehrten Bewegung gelangte. Alles weist darauf hin, dass auch in unserem Falle das historische Verhältniss, in welches man bisher fast allgemein Pronominalstämme und Verbalflexionen gesetzt hat, geradezu umgekehrt werden muss: nicht die Pronomina, sondern die Verbalflexionen sind das prius.

Bei welcher Gelegenheit hat der redende Indogermane wohl zum ersten Male den Begriff des Ich, des Du u. s. w. in seiner Sprache durch ein selbstständiges Wort ausgedrückt? Wir brauchen hier nur die älteren indogermanischen Sprachen, die uns vorliegen, anzusehen. Wir modernen Menschen sind freilich mit dem Worte „ich" ausserordentlich freigebig, der Redende kann bei uns niemals von sich aussagen, dass er sich in einem Zustande oder einer Thätigkeit befindet, ohne zu dem hierbei gebrauchten Verbum auch noch ein besonderes „ich" ausdrücklich hinzuzusetzen. Aber die alte indische, die alte iranische, die griechische, die lateinische Sprache lässt sich an dem blossen Verbum genügen, welches zum Zeichen, dass das redende Ich sich selber als das thätige oder bewegte Sein hinstellt, durch das charakteristische Element n oder m erweitert wird, und selbst da, wo dieses abgefallen ist, wie in der bindevocallosen Conjugation des Griechischen, selbst da fühlt man noch nicht das Bedürfniss, das Ich ausdrücklich hinzuzufügen. Hiermit ist nun auch schon gesagt, dass in der frühesten Periode der indogermanischen Sprachen der Begriff des Ich zuerst am Verbum ausgedrückt ist. Das Ich als Subject durch ein selbstständiges Wort auszudrücken, dazu war zunächst noch keine Veranlassung, vielmehr waren es gerade die Casus obliqui, der Begriff des Mich und Mir u. s. w., für welche die Verbalflexion nicht ausreichte und daher ein selbstständiges Pronominalwort erforderlich war. Wenn freilich das Mich oder das Mir im unmittelbaren Zusammenhange mit der als Subject gesetzten ersten Person stand (ein reflexives Mir und Mich), dann gab es auch eine Verbalform, welche hierfür den Ausdruck gewährte, nämlich das Medium, dessen ursprüngliche Endungen für die drei Personen des Singulars in den Silben ma, tva oder sva und ta bestanden, während die entsprechenden Activformen ursprünglich auf m, tu, t auslauteten. „Ich schlug mich" oder „ich schlug in meinem Interesse" lautete ursprünglich atudama; hier brauchte man kein besonderes selbstständiges Pronomen, um das Mir oder Mich auszudrücken. Aber wie, wenn man sagen wollte: „du schlägst mich" oder „du schlägst in meinem Interesse?" Hierfür gab es in der Verbalflexion keinen Ausdruck; denn wenn die zweite Person Subject war, dann verstattete die Medialform atuda-sva nur für den Begriff „du schlugst dich" oder „du schlugst in deinem Interesse" einen Ausdruck:

| | | | |
|---|---|---|---|
| tuda-m | ich schlug | tuda-ma | ich schlug mich oder in meinem Interesse |
| tuda-s | du schlugst | tuda-tva | du schlugst dich oder in deinem Interesse |
| tuda-t | er schlug | tuda-ta | er schlug sich oder in seinem Interesse. |

Um den Begriff „du schlugst mich" oder „er schlug mich" auszudrücken, nahm man die active Form tudas oder tudat und bezeichnete das dazu gehörige „Mich" oder „in meinem Interesse" durch dasselbe lautliche Element, durch welches in der Medialform das reflexive „mich" oder „in meinem Interesse" ausgedrückt wurde, nämlich durch die Silbe ma. Auf diesem Wege gelangte man von der Medialendung des Verbums aus zu einem Pronominalstamme, welcher das Mir, Mich, Mein u. s. w. als selbstständiges Wort darstellte; natürlich musste dieser neugewordene Stamm ma, da es ein selbstständiges isolirtes Wort geworden, nun ebenso gut der Casusbezeichnung theilhaftig werden, wie die Nominalstämme.

Ganz in der nämlichen Weise gelangte man von der medialen Endung tvă aus (denn dies ist die ursprüngliche Form für svă oder să) zu einem selbstständigen declinirbaren Pronomen der zweiten Person; ebenso wurde das mediale tă der dritten Person der Ausdruck für „er" und weiterhin ein Demonstrativpronomen und zuletzt bestimmter Artikel.

Auch diejenigen Sprachforscher, welche die Verbalflexion für eine Combination der Wurzel mit einem Pronominalstamme halten, werden den eben beschriebenen, ihrer Ansicht entgegengesetzten Sprachprocess für möglich gelten lassen. Aber nicht bloss als möglich möchte ich die im Obigen gegebene Entstehungsart der

Pronominalstämme mă, tă, svă hinstellen, denn ich habe noch ein ganz specielles Indicium, welches ich dafür geltend machen muss. Bei dem von mir eingeschlagenen Wege, den Zusammenhang der in Rede stehenden Pronominalstämme mit der Verbalendung genetisch zu erklären, ergibt sich, dass zunächst bloss die Casus obliqui der drei persönlichen Pronomina mit den entsprechenden Verbalendungen identisch sind; von einem Subjectscasus derselben ist hier noch keine Rede, denn das Subject der drei Personalpronomina wird zunächst lediglich durch die Verbalform ausgedrückt oder ist zugleich in ihm enthalten, — wir haben nur für das Mich, das Mir, das Meiner einen selbstständigen Pronominalstamm, aber nicht für das nominativische Ich, dessen Ausdruck noch an dem Verbum selber haftet. Und diese Fähigkeit, nur die Casus obliqui, aber nicht den Subjectscasus durch einen selbstständigen Pronominalstamm ausdrücken zu können, scheint lange Zeit fortgedauert zu haben. Als dann schliesslich die Nothwendigkeit sich ergab, für das als Subject gesetzte Ich einen selbstständigen Ausdruck zu haben, da wandte man sich nicht dem für die obliquen Casus geltenden ma zu, sondern nahm zu einem ganz heterogenen Sprachelemente seine Zuflucht.

Keine einzige ältere indogermanische Sprache drückt den singularen Nominativ Ich durch den Stamm ma aus. Das Sanskrit sagt dafür aham, ähnlich die Avesta-Sprache azem, das Altpersische adam, das Griechische ἐγών und ἐγώ, das Lateinische egō, das Gotische ik (aus ika oder ikam), das Hochdeutsche ich u. s. w. Das sind in der That nicht leicht zu erklärende Formen; am liebsten möchte ich der Ansicht beistimmen, die darin ein altes Perfectum eines Verbalstammes von der Bedeutung sagen erblickt, dem lateinischen inquam analog und mit ihm wurzelhaft verwandt: um den Begriff des Ich, der bereits in dem ausgesprochenen Verbum erster Person enthalten ist, bestimmter zu markiren und hervorzuheben, setzt man gleichsam parenthetisch ein: „ich sage es“ oder „ich habe es gesagt“ oder „ich, der Sprechende, bin es“ hinzu.

Nach dem von mir angegebenen Verhältnisse der Personalendungen zu den Pronominalstämmen erklärt es sich von selber, dass die gesammten indogermanischen Völker nur für die Casus obliqui einen mit der ersten Personalendung zusammenhängenden Pronominalstamm anwenden, während für den Nominativ ein gänzlich davon verschiedener Ausdruck im Gebrauche ist, welcher allem Anscheine nach eine Verbalform der ersten Person und jedenfalls viel späteren Ursprungs ist. Diejenigen aber, welche umgekehrt wie ich die Endung der ersten Verbalperson aus dem Hinzutritt eines Wortes, welches schon an sich „Ich" bedeutet, erklären, gerathen in einen argen Widerspruch, denn der Stamm ma, auf welchen sie recurriren, hat ja nur die Bedeutung von „mich, mir, meiner", aber niemals die Bedeutung von „ich". Sie werden sich gezwungen sehen, diesem Einwurfe gegenüber wiederum an eine hypothetisch vorauszusetzende ältere Sprachperiode zu recurriren, in welcher auch der Nominativ ich durch den Stamm ma ausgedrückt worden sei: — nachdem dies Wort ma, welchem die Bedeutung des nominativischen Ich vindicirt wird, an das Verbum angetreten sei (so müssen sie sagen), sei dasselbe für den Nominativ verschollen und dann ein neues Wort aham für den Nominativ gebildet worden. Einen Grund für diesen angeblichen Untergang des hypothetischen älteren Nominatives und für den Ersatz desselben durch ein neues Wort werden sie freilich nicht anzugeben im Stande sein. Die von mir eingeschlagene Erklärungsmethode hat nicht nöthig, zu dergleichen Hypothesen von nicht mehr nachweisbaren Sprachzuständen ihre Zuflucht zu nehmen, sie hält die uns thatsächlich in der Sprache entgegentretende Form fest, sie geht über den Kreis des der Beobachtung unmittelbar vorliegenden Sprachgutes nicht hinaus, — sie weiss auch den Grund anzugeben, weshalb der Nominativ „Ich" nicht durch denselben Pronominalstamm wie die obliquen Casus, sondern durch eine Form von offenbar späterem Ursprunge ausgedrückt ist.

Es möge hier nicht unerwähnt bleiben, dass auch für das Personalpronomen, welches lautlich der Verbalendung dritter Person entspricht, in den indogermanischen Sprachen in ähnlicher Weise wie bei der ersten Person für Singular ein Unterschied zwischen einem Stamme der obliquen Casus und einem Stamme des Nominativs besteht. Der letztere lautet sa: Skr. masc. sa, fem. sā, Zend. masc. ho, fem. hā, Griech. ὁ, fem. ἁ ἡ, Got. sa, fem. sō. Der erstere lautet ta: Accus. Skr. masc. tam, fem. tām, Griech.

τόν τήν u. s. w.; für den Singular kommt derselbe bloss beim Neutrum als Nominativ vor. Wo beim einfachen Pronomen der Stamm ta auch für den männlichen und weiblichen Nom. Sing. erscheint, wie im hochdeutschen der, da hat man wenigstens bisher nicht gleiche Ursprünglichkeit wie in jenen Sprachen, welche den Nominativ durch sa sā ausdrücken, angenommen. In der dritten Personalendung des Verbums aber erscheint nicht das nominativische s, sondern das dem obliquen Singularcasus zukommende t: abhara-t abhara-ta, nicht abhara-s abhara-sa — auch dies weist auf den oben bei der ersten Person nachgewiesenen Zusammenhang der verbalen Personalendung mit dem für das Object, aber nicht mit dem für das Subject verwandten Stamme des Pronomens hin. Der Unterschied zwischen dem Objectsstamme ta und dem Subjectsstamme sa ist freilich nicht so significant wie bei ma und aham, immerhin aber ein derartiger, dass er von den Anhängern der Bopp'schen Compositionstheorie nicht übersehen werden darf, um so mehr, da die letztere ihn bei ihrer Construction der Casusendungen aufs schärfste betont (sie sieht in dem singularen Nominativ des männlichen und weiblichen Nomens eine Combination des Nominalstammes mit dem für den singularen Nominativ des Demonstrativpronomens üblichen Stamme sa).

§. 41.

Als Ergebniss der vorausgehenden Erörterung darf dies in Anspruch genommen werden, dass die vorliegenden sprachlichen Erscheinungen keineswegs den Beweis für die Richtigkeit und Nothwendigkeit jener Hypothese geben, dass der Begriff „ich, du, er“ zuerst in einem selbstständigen Pronominalstamm seinen Ausdruck gefunden habe und dass die Personalendung des Verbums erst durch Composition der Verbalwurzel mit einem dieser Pronominalstämme entstanden sei. Die entgegenstehende Ansicht, dass die verbale Personalendung das Prius sei, der Pronominalstamm dagegen das erst aus der Verbalendung ins Leben gerufene Posterius, findet durch die sprachlichen Erscheinungen eine ungleich grössere Stütze, und dass sie begrifflich ebenso berechtigt ist wie jene, ist durch das Vorausgehende ebenfalls nachgewiesen. Bloss und lediglich auf die Voraussetzung hin, dass die Compositionstheorie die allein mögliche und berechtigte sei, hat man den Satz aufgestellt, dass die drei Singularpersonen aller activen Tempora und Modi im Ur-Indogermanischen auf a angelautet haben, z. B. bharata er trägt und er soll tragen (Imperativ), bharāta bharaita er trage (Conjunctiv und Optativ), abharata er trug, während doch in den vorliegenden Sprachen hier niemals die Endung ta sich nachweisen lässt, — bloss in jener Voraussetzung hat man angenommen, dass das angebliche ur-indogermanische ta des Activums im Präsens zu ti, im Imperativ zu tu geworden sei, während doch alle Lautgesetze der Möglichkeit einer Annahme von solcher Abschwächung des auslautenden a in i und u widersprechen und absolut nichts angeführt werden kann, was eine Erklärung für die Hypothese geben könnte, dass a z. B. im Präsens niemals vor der Abschwächung in i bewahrt geblieben ist. Bloss jener Compositionstheorie zu Liebe hat man angenommen, dass das auslautende a des Ur-Indogermanischen im Imperfectum und den ihm analogen Modusausgängen durchgängige Apokope erlitten habe. Um diese letztere Annahme zu erklären, hat man auf die anlautende Verstärkung des Imperfectums durch das Augment hingewiesen: die Erweiterung der Verbalform in Anlaute soll zur Verkürzung des Auslautes die Veranlassung gegeben haben. Aber nicht bloss im augmentirten, sondern auch im augmentlosen Imperfectum, welches sicherlich ebenso alt ist, und auch im stets augmentlosen Optativ bharait findet sich kein auslautendes a, — zudem muss jenes Appelliren an die mit einer Erweiterung des Anlautes verbundene Verkürzung des Auslautes gleichsam von selber zum Hinblicke auf das Perfectum nöthigen, wo die Reduplication, die doch noch eine kräftigere Verstärkung des Anlautes als die Augmentation ist, keineswegs eine Verkürzung des Auslautes (wenigstens im Medium nicht, wo die Endungen ja noch schwerer als im Activum sind) hervorgerufen hat.

Bloss die Compositionstheorie ist auch ferner der Grund, dass man ein verdoppeltes ma, tva, ta, dass man die Combination mama, tvatva, tata als die ur-indogermanische Form für den Ausgang des singularen Mediums hinstellt, deren inlautendes consonantisches Element ausgefallen und deren auslautender Vocal in derselben

Weise wie im Activ Schwächung zu i oder u und Apokope erfahren habe. Die Synkope der inlautenden Consonanten hat freilich ihre nachweisbaren Analogieen, aber der hier vorausgesetzten Umformung des Auslautes stehen dieselben Schwierigkeiten wie beim Activum entgegen. Man hat insbesondere auf zwei der vorliegenden Medialformen aufmerksam gemacht, die das hypothetische mama, tvatva, tata zu stützen scheinen, nämlich auf das griechische *ἐλεγόμην* und auf das indische abharathâs: in *μην*, *μᾱν* soll sich älteres mama, in thâs älteres tvatva zu erkennen geben. Dann hätten sich die älteren volleren Formen also gerade im Präteritum erhalten; wie stimmt das mit jenem von den Anhängern der Compositionstheorie aufgestellten Satze, dass dem Präteritum wegen seiner Erweiterung des Anlautes durch das Augment abgekürztere Endungen als dem Präsens zuertheilt worden seien? Und steht nicht die Endung *μαν μην* mit **âthâm âtâm**, mit dem imperativischen **tâm ntâm** in einem unverkennbaren Zusammenhange? Wenn sich im *μᾱν* der schliessende Nasal als Reduplication erklären lässt, so ist dies doch in **athâm**, **tâm** u. s. w. durchaus unmöglich. Für das indische thâs verweisen wir auf das griechische *θας* (Formenlehre §. 244), welches durchaus analog wie jenes gebildet, aber nicht Medial-, sondern Activ-Endung ist. Auch Schleicher, der besonnenste unter den Anhängern der Compositionstheorie, der weit mehr als Bopp den individuellen Erscheinungen ihr Recht widerfahren lässt, hält es nicht mehr für sicher, dass das auslautende *ν* und *ς* in *μᾱν* und *θᾱς* als verdoppeltes Personalzeichen zu fassen ist*).

Man wird an denjenigen, der die für die singularen Verbalendungen angenommene Entstehung aus einer Composition der Wurzel mit Pronominalstämmen bestreitet und sich der umgekehrten Auffassung zuwendet, das Verlangen stellen, er solle positiv

*) Compend. d. vgl. Gramm. S. 688: „-*μην*, wahrscheinlich aus ma so entstanden, dass a gedehnt wurde und *ν* antrat, wenn man nicht vorzieht, in *μην* das uralte mam mit unursprünglicher Dehnung zu sehen (vgl. übrigens -*την* als secundäre Endung in der 3 dual)." — S. 689: „thâs, welches möglicher Weise aus uralter Zeit erhalten ist, als der Anlaut des ersten Pronomens noch nicht zu s herabgesunken war, und als eine Veränderung von tva-s zu gelten hätte."

angeben, wie der Ursprung der singularen Verbalflexionen mi, si, ti, mai, sai, tai u. s. w. zu erklären sei. Doch wenn auch eine solche Erklärung nicht gegeben werden könnte, so würde dies der Richtigkeit des Satzes, dass die Verbalendungen das Prius, die ihnen entsprechenden Pronominalstämme das durch sie erzeugte Posterius seien, keinen Eintrag thun. Denn was die Genesis der sprachlichen Elemente anbetrifft, so befinden sich beide Auffassungen genau auf demselben Standpunkte. Die eine nimmt die Pronominalstämme als gegeben an, ohne auf die Darlegung ihrer Genesis einzugehen, und erklärt aus ihnen das Dasein der Verbalformen; die andere nimmt umgekehrt die singularen Verbalflexionen, aus denen sie die Pronominalstämme erklärt, als gegeben an. Eine genetische Erklärung der hier als Prius gesetzten sprachlichen Elemente würde eine Sache für sich sein.

§. 42.

Zuerst hat Düntzer (im 2. Bande der Höfer'schen Zeitschrift) den Satz ausgesprochen, dass das i am Ende der präsentischen Personalendungen mi si ti nti u. s. w. nicht aus a abgeschwächt, sondern von Anfang an ein i gewesen sei. Er stellt dies i mit dem Augmente a zusammen. Den activen Präsensformen ist der im activen Präteritum niemals vorkommende Vocal i als Auslaut des Verbums, den Präteritumsformen der wiederum den Präsensformen fehlende Vocal a als Auslaut des Verbums charakteristisch. Diese beiden Vocale a und i sind die beiden Pronominalwurzeln a und i, von denen die erstere die Bedeutung „jenes", die letztere die Bedeutung „dieses" hat. Es muss in der Entwicklung der sprachlichen Flexionen einen Zeitpunkt gegeben haben, wo es weder einen Augment a noch einen Präsensvocal i gab. Das war die Periode, wo das Verbum schlechtweg die auf eine bestimmte Person bezogene Thätigkeit, aber noch kein zeitliches Verhältniss ausdrückte. Als das Bedürfniss sich geltend machte, den Unterschied einer vergangenen von einer gegenwärtigen Handlung zu bezeichnen, nahm man die beiden Pronominalstämme a und i zu Hülfe, indem man deren locale Bedeutung „dort" und „hier" („jenes" und „dieses") auf die zeitlichen Gegensätze „damals" und „jetzt" übertrug; der Gegensatz der zeitlichen Bedeutung wurde durch die verschiedene Stellung der hinzugesetzten Vocale noch anschaulicher hervorgehoben:

**a**-tudat damals er schlagend
tudat-**i** er schlagend jetzt,

insofern der das „damals" bezeichnende Vocal vor die Verbalform gesetzt wurde.

Ich weiss nicht, warum die übrigen Forscher von dieser Auffassung so wenig Notiz genommen haben. Wenn irgendwo im gesammten Gebiete der Flexion, so ist hier die Herbeiziehung der Pronominalstämme in ihrem Rechte. Man hat dieselben Pronominalwurzeln a und i für die Casusbildung angewandt, a für den Instrumentalis, i für den Locativ. Aber wie das mit dem Begriffe dieser Casus vermittelt werden soll, ist absolut nicht einzusehen und auch noch von Niemand gesagt worden. Was aber Düntzer über den Zusammenhang der beiden Pronominalstämme mit dem Gegensatze der Gegenwart und Vergangenheit sagt, ist durchweg vernünftig und verständlich für Jedermann.

§. 43.

In der neuesten Zeit hat Benfey in den Abh. der Gött. Akad. XII (1867) eine zwar auf dem bisherigen Boden der Anschauung stehende, aber von ihr im Einzelnen durchaus abweichende Ansicht über die Pluralbildung ausgesprochen. Er betont die im vorhergehenden unberücksichtigt gebliebenen Formen des Zend, an sich von unbedeutendem Umfange, aber wie es scheint von einiger Tragweite für die richtige Würdigung des ganzen Systemes der Verbalflexion: cikoit-res u. s. w.

Man zweifelt nicht an der Entstehung des indischen us aus anti und ant, und zwar trotzdem, dass im Sanskrit nicht nur der Uebergang von t in s sonst gar nicht erscheint, sondern sogar umgekehrt nicht selten s in t und d übergeht; im Zend dagegen giebt es keinen weiteren Beleg für diesen Uebergang; sonst aber ist der von den t-Lauten in s ein überaus häufiger, so dass hier die Annahme auf jeden Fall noch mehr Berechtigung als im Sanskrit zu haben scheint.

Zendisches ere entsteht vorzugsweise durch den zwischen r und folgendem Consonanten eingeschobenen schwachen Vocal. So wird aus

sarǵ ein harz, dann harĕz, herez.

Die Umwandlung von harez in herez finden wir in der von Westergard für ćikoitares aufgenommenen Lesart ćikoiteres.

Dürfen wir in dem ersten e des Wortes dasselbe Element wie in dadarĕça erblicken, wozu wir doch berechtigt sind, so nehmen wir für cikoiteres die ursprünglichere Form

cikoit-res

an, die Endung ist somit ein es mit vorher eingeschobenem r.

Was nun das auslautende s betrifft, so dürfen wir darin unbedenklich eine Umwandelung des t der ursprünglichen Endung anti (anta) sehen; sie trat wahrscheinlich ein, nachdem der Vocal hinter t eingebüsst war. Es giebt zwar im Zend ausser dem vorher erwähnten us für ant (in aëurus) kein sicheres Beispiel eines unmittelbaren Ueberganges von auslautendem t in s, allein auch im Sanskrit giebt es nur den in us; denn die Verwandlung des auslautenden t im Suffixe des Perfect-Participiums vant in s in den Formen vas (vedisch), us und vans ist wohl unzweifelhaft durch den organischen Nominativ sing. masc. vants herbeigeführt; dennoch zweifelt man nicht an der Entstehung des indischen us aus anti und ant, und zwar trotzdem, dass im Sanskrit nicht nur der Uebergang von t in s sonst gar nicht erscheint, sondern sogar umgekehrt nicht selten s in t und d übergeht; im Zend dagegen giebt es keinen weiteren Beleg für diesen Uebergang.

Justi und Spiegel (Grammatik der altbaktrischen Sprache) halten die Formen auf jâres für mediale. Davon hätte schon die Auffassung von hjâre als Activum und Nebenform von hjân zurückhalten müssen; denn da Justi ćicoitares neben den Formen auf are im Activum des reduplicirenden Perfectums aufführt, so lag zunächst in der Form kein Grund, die drei Formen auf jâres oder jâris von der auf jâre zu scheiden. Noch weniger aber im Gebrauche und in der Bedeutung. Denn aiwiçać-âres gehört zum Verbum çaç „geben", von welchem keine Medialform vorkommt; von ǵam „gehen" kommt zwar ein Medium vor, aber 3 dual. praes., kein Potential: vielmehr erscheint der Potential oft, aber stets im Activum:

sing. 2. ǵam-jâo
3. ǵam-jât
plur. 1. ǵam-jâma
3. ǵam-jân,

welches letztere nach Analogie von hjâre, welches auch, wie ćikoitares, hjâres hätte lauten können, neben hjan, nur eine Nebenform oder vielmehr, da es für ǵamjânt steht, die organischere Form von ǵamjâres ist. Was bujâres betrifft, so erscheint von bû so wenig wie von çać eine Medialform, wohl aber das Activum des Potential Aoristi der einfachsten Form, wie bei ǵam:

sing. 2. bujâo
3. bujât
plur. 1. bujâma
2. bujâta
3. bujân,

als dessen Nebenform wir ebenfalls bujâres oder bujâris zu betrachten haben.

Was die Bedeutung anbetrifft, so würde sich leicht zeigen lassen, dass die Formen nichts von einem Medium haben, sondern dass ǵamjares in demselben Sinne wie ǵamjân, bujâres in demselben Sinne wie bujân und wie die betreffenden Activformen gebraucht sind.

Es ist demnach das ares are in jâres jâre genau wie im Perfectum aufzufassen. Während wir uns bei den betreffenden Perfectendungen zum griechischen *ατι ᾱσι* wenden müssen, haben wir hier die Nebenform im Zend selber vor uns, wenngleich mit verändertem oder eingebüsstem t (welches sich aber im lateinischen sient sint [= zend. hjân], im Sanskrit mit demselben Uebergange in us wie im Perfectum, nämlich in sjus erhalten hat:

Zend. hjân hjâre, Skr. sjus. Lat. sient.

Man wird nun auf jeden Fall festhalten müssen, dass die Formen mit r nur im Medium und insbesondere in passiver Bedeutung im Sanskrit vorkommen. Von den verwandten Sprachen scheinen sie in keiner, selbst nicht im Zend, vorhanden zu sein. Von den drei Formen auf airê, welche Justi als 3 plur. Perf. med. aufführt. nämlich

fra-mrav-airê, nighairê. âonhairê,

hat die erste in der einzigen Stelle, in welcher sie vorkommt (Yt. 13, 64), zwar als Variante fra-mrav-are, was fast wie ein Conjunctiv des activen Perfects aussieht, die zweite nighairê wird von Justi selber als fraglich bezeichnet. allein die dritte

âonhairê,

von âh (= skr. âs, griech. *ἡς* in *ἧμαι*) ist unzweifelhaft, da dieses Verbum sowohl im Sanskrit wie im Griechischen nur im Medium gebraucht wird. Im Zend wird es zwar auch als Activum flectirt, allein wer wollte deshalb vermuthen, dass âirê nur eine phonetisch entstandene Nebenform von are sei? Dagegen entscheidet doch wohl das damit übereinstimmend auslautende âirê in den beiden anderen Formen, zumal da mrû auch medial flectirt wird, die Conjectur nighairê sehr ansprechend ist und ǵan mit Präfix ni ebenfalls im Medium gebraucht wird.

Aber dessen ungeachtet ist noch keine Identification dieses airê mit dem rê oder irê des Sanskrit geboten. Denn wie die in den Veden nicht seltene Einbusse des anlautenden t in 3 sg. des medialen Präsens tê, z. B.

īç-ē für īç-tē

çōbh-ē für çōbh-a-tē,

dafür entscheidet, dass auch die gewöhnliche Endung 3 sg. Perf. ê für ursprüngliches t steht:

rurud-ē für rurut-tê,

so entscheiden auch die vedischen Formen in 2 sg. Praes. Act. auf rê, verglichen mit denen auf ratê, z. B.

duh-ratē und duh-rê

çē-ratē,

dass auch das rê in 3 pl. Perf. act. für ursprüngliches ratê steht. Daraus folgt, dass das i, womit dieses rē im Vulgär-Sanskrit angeschlossen wird, z B.

irê in rurud-irê,

wenngleich der indische Bindevocal i im Allgemeinen aus ursprünglichem a hervorgegangen ist, doch nicht auf einem speciell vorhergegangenen *a* beruht, wofür auch die in den Veden nicht seltenen Formen sprechen, in denen dieses i fehlt; wir haben demnach in diesem i den gewöhnlichen indischen Bindevocal zu erblicken, der sich von seiner ursprünglichen Entstehung aus a abgelöst und in der Gestalt von i festgesetzt hat, kein ihm in diesem speciellen Falle vorhergegangenes a voraussetzt (denn ein vid-aratê statt vidratê „sie wissen" würde gegen alle Analogie sein). Bei einer Zusammenstellung von āirê mit indischem rê würde demnach das zendische ā völlig unerklärt bleiben. Daher ist anzunehmen, dass wie im Zend die erste Singular-Person im medialen Imperativ ganz abweichend vom Sanskrit (wo mediales āi dem activen āni gegenübersteht), nur durch Umwandlung des im Activum auslautenden i in ê gebildet ist:

act. barāni, Med. baranê,

augenscheinlich zunächst nach der entschiedenen Analogie, welche in 2. 3 sg. und 3 pl. Praes. entgegentritt,

2 sg. hi, Med. hē
3 sg. ti, — tē
3 pl. nti, — ntē,

und weiter durch Einfluss des ē, welches auch in den übrigen belegbaren Medial-Personen den Auslaut bildet:

1 sg. Med. ē
1 pl. — maidhē
3 dl. — oithē,

so auch das auslautende ē in 3 pl. Perf. are zum Zweck der Medialbildung in ē umgewandelt ist; das lange ā in den drei erhaltenen Beispielen scheint auf den Conjunctiv zu deuten, wofür bei āonhairē wenigstens die Verbindung mit dem Relativ-Pronomen spricht, hinter welchem in den Veden wie im Zend der Conjunctiv häufig gebraucht wird.

Die Personal-Endungen des Imperfectums und der nach seiner Analogie formirten Tempora und Modi sind der allgemein geltenden Annahme nach durch Abstumpfung aus denen des Präsens entstanden. Im Sanskrit findet diese in 3 sg. und 3 pl. in der Weise statt, dass das im Präsens auslautende ē, welches eigentlich ai war, sein letztes Lautelement, nämlich den Vocal i, einbüsste, so dass also

tē (tai) zu ta
ntē (ntai) zu nta

wird. Damit stimmt auch Zend und Griechisch überein, so dass im Zend dieselben Ausgänge wie im Sanskrit vorkommen, im Griechischen

ται zu το

geworden ist.

Im Zend und Griechischen findet diese Abstumpfung auch in 2 sg. statt:

Griech. 2 sg. σαι — σο
Zend — hē — ha.

Die Zendform ist gesichert durch die Beispiele uç-zajañha und çaleajañha, wo ñh der normale Entwickelungslaut aus altem s ist. Dies s wird unter bestimmten Lautverbindungen auch im Zend bewahrt, im Präsens ist zwar keine Form der Art in den Zendschriften auf uns gekommen, sie würde aber sē lauten und im Imperfectum, Aorist und im Optativ müsste ihr sa entsprechen. Dieses sa erscheint in der That in mehreren zweiten Singular-Personen des Optativ, z. B.

ǵazae-sa,

und in einem Beispiele des Imperfectums, wo jedoch a wieder zu e geschwächt und s mit einem ursprünglich vorausgehenden d zu ç geworden ist:

raoçe aus raod-sa, raod-se.

Im Griechischen entsteht σο aus σαι: ἐτίθεσο τίθεσαι; doch wird σ zwischen zwei Vocalen gewöhnlich ausgestossen, also ἐτίθεσο zu ἐτίθεο, ἐτίθου.

In den ersten Personen hat das Sanskrit eine andere Verstümmelung des ai. Der Diphthong scheint nämlich sein erstes Element, den Vocal a, eingebüsst zu haben, so dass

1 sing. ē (ai) zu i
1 plur. mahē (mahai) zu mahi
1 dual. vahē (vahai) vahi

geworden ist. Dieselbe Abstumpfungsweise findet sich auch in 3 sing. des passiven Aoristes, wo zugleich wie in den Veden nicht selten in 3 sing. des medialen Präsens und im Vulgär-Sanskrit in 3 sing. des medialen Perfectums der Personalcharakter t eingebüsst ist:

Präs. Ved. duh-ē für duh-tē
Perf. Skr. rurud-ē für rurud-tē
Aor. Skr. aǵani für aǵanti.

In dieser Abstumpfung nimmt das Zend in 2 sing. und 3 sing. Aor. pass. Theil:

Imperf. â-mrav-i von mrû
Aorist ménhi = Skr. amânsi von man
ǵaini = Skr. aǵani von ǵan
vâci = Skr. avâći von vać.

Eine erste Dual-Person ist nicht belegbar. Die erste Plural-Person ist erhalten für den Potential, und dieser zeigt durchweg die volle Präsensform:

Zend bûidhjoimaidhê = Skr. budhjémahi.

Ebenso ham-vaenoimaidhē. Diese Optativbildung erhält Bestätigung durch die Thatsache, dass im Zend auch in 3 dual Imperf. und Optativ die im Sanskrit geltend gewordene Umwandlung von ē zu âm wie

âthē — âthâm,

âtē — âtâm,

d. h. die Abstumpfung von ē zu a und Anknüpfung von wortschliessendem m (vgl. dhvam aus dhvē) nicht vorhanden ist, vgl.

Imperf. uz-zajoithē = Skr. ud-ǵâjētâm,

aber in der Präsensform ud-ǵâjētē; ebenso Zend 3 dual. Opt. ïç-oithè. Ferner wird sie auch dadurch bestätigt, dass auch im Griechischen in 1 pl. Imperf. dieselbe Form erscheint wie im Präsens:

*ἐτυπτόμεθα* und *τυπτόμεθα*.

Es ist also anzunehmen, dass selbst bei der Trennung des Zend vom Sanskrit diese Abstumpfung von ē zu i sich noch nicht so sehr festgesetzt hatte, dass sie auch vom Zend als einzig gültige übernommen ward, dass vielmehr der Gebrauch der entsprechenden Präsensform für das Imperfectum wie vor Alters so auch damals wenigstens als Nebenform Geltung hatte.

2 sg. Imperfect hat im Sanskrit nicht eine dem griechischen *σϑ* entsprechende Endung, sondern eine dem Sanskrit ganz eigenthümliche Endung thâs. Der Imperativ ist wesentlich aus dem Conjunctiv des Präsens und dem augmentlosen Imperfectum (im conjunctivischen Sinne) hervorgegangen, und da die Endung der zweiten Singularperson des medialen Imperativs sva durch ihr auslautendes a ganz in Harmonie mit der dritten Singular- und Pluralperson auf ta und anta steht, so liegt die Vermuthung nicht fern, dass sie eine Nebenform von thâs, wahrscheinlich die ursprüngliche sei und wenigstens im Allgemeinen mit dem zendischen sa und ṅha, mit dem griechischen *σο* übereinkomme. Bestätigt wird die Vermuthung durch die Thatsache, dass im Zend, welches ja so viel Alterthümliches bewahrt hat, das Abbild dieses sva nicht bloss als zweite Singularperson des Imperativs, sondern auch des Imperfectums erscheint (vgl. ava-mairjaṅuha), wie umgekehrt ṅha (= Skr. sva, griech. *σο*) nicht bloss als Personalendung des Imper-

fectums, sondern auch als die zweite Singularendung des Imperativs vorkommt (vgl. madhaja-ṅha und viça-ṅha).

Wir sichern uns somit das Recht, sva als ursprünglichere Endung der zweiten Singularperson des medialen Imperfectum anzusehen und dadurch zugleich als Mittelform zwischen dem nur im Zend bewahrten thvā und sa (σο); in dem ursprünglichen tva ward demnach zuerst durch Einfluss des v das t ein aspirirter Laut, dann ging dieser in den Zischlaut über und endlich büsste er das folgende v ein.

Da aber die Medialformen des Imperfectums auf den entsprechenden Endungen des Präsens beruhen, so folgt daraus, dass einst auch die zweite Singularperson des medialen Präsens Formen hatte, deren geschichtliche Stufenleiter durch

tvē, thvē, svē, sē

ausgedrückt sein würde. Diese Folgerung erhält ihre Bestätigung durch 2 sg. Imperat. des ersten Aoristes auf σαι. Dieses steht für σασαι wie ἴστω für ἴσιασο. In σασαι aber ist σα das Element des Aoristes, σαι aber reflectirt die Bildung des Imperativs durch den Conjunctiv des Präsens, da dessen Auslaut sich in ai verwandeln, also statt svē auch svai eintreten kann.

Fand in 2. 3 sg. und 3 pl. die Abstumpfung der Präsensauslaute Skr. ē u. s. w. zu a statt, so darf man annehmen, dass auch in der ersten Singularperson neben i ebenfalls ein a existirte. Man vergleiche dabei die 1 sg. im Optativ des Mediums. Sie lautet im Sanskrit auf īja aus und besteht eigentlich nur aus ī und a, wie die übrigen Personen ī-thās īta darthun. Das j ist nur zur Aufhebung des Hiatus aus dem verwandten ī hervorgegangen, ähnlich wie v in 1 sg. Aor. abhūvam aus abhū-am. Das a verhält sich zur indischen Präsensendung ī genau wie sva zu dem für sē vorauszusetzenden svē, wie ta zu tē, wie anta zu antē. Wie im Sanskrit erscheint diese Form auch im Zend.

Zend. pairi-tanuja für tanu-ī-a
Skr. pari-tanvīja.

Das indische ē im Präsens des Mediums ist eine Verstümmelung von mē = griech. μαι. Demnach hätten wir eigentlich gegenüber von indischem īja oder ursprünglicherem τον im Griechischen nach Analogie von σο το ντο eine Endung ιμο zu erwarten. Statt dessen tritt uns ίμην entgegen und dessen μην erscheint auch im Imperfectum. Da nun sämmtliche Personalendungen des indischen Optativs Medii ausser der dritten Pluralperson (welche sich jedoch nur durch das vorantretende r unterscheidet, nämlich ī-ranta für ī-anta, verstümmelt zu ī-ran, vgl. vid-ratē neben vid-ratē), sowie des griechischen Optativ Medii mit dem des Imperfectum übereinstimmen, so ist kein Zweifel, dass diese Form auf a auch der ersten Person Imperfecti angehöre; ja es scheint, dass es einst die einzige Form war, und die Formen auf i erst durch die so häufige Schwächung von a zu i entstanden:

1 dual. vaha zu vahi
1 plur. maha zu mahi,

ebenso in 3 sg. Aor. Pass.:

ataud-(t)a zu ataud-i

und in

1 sg. Imperf. (m)a zu (m)i.

War aber einst a auch die Endung der ersten Singularperson des Perfectums, so entspricht ihm natürlich auch hier das griechische μην und für beide Formen ist eine gemeinsame Grundlage zu suchen.

Vergleichen wir nun das Verhältniss von skr.

dhvam zu dhvē,

so dürfen wir unbedenklich zu dessen Erklärung auf die Abstumpfung zu a (für organisches ma), sva (zend. sa, griech. σο), ta, vahi (für vaha), mahi (für maha), i (für ta) zurückblicken und als dessen Grundlage ebenfalls dhva betrachten.

Man könnte nun entgegnen, dass das Zend, während es im Dual des activen Präsens nur die von auslautendem nti zu auslautendem s umgewandelten Formen bewahrt hat, in der dritten Plural-Person des Perfects, ungeachtet das Perfect auf dem Präsens beruht, die organischere Form auf nti darbiete. Aber warum wollen wir unbeachtet lassen, dass eine Fülle von Nebenformen in der indogermanischen Ursprache und ihren Zweigen einst neben einander bestand und erst nach und nach untergegangen ist, indem sich durch den häufigen Gebrauch ihre Identität und dadurch die Ueberflüssigkeit aller bis auf eine dem Sprachbewusstsein aufdrängte und dahin wirkte, dass sich zuletzt eine einzige geltend machte und die übrigen eliminirte? Dieser Reichthum von einst gleichberechtigten Nebenformen verdient wohl eine eingehende Betrachtung.

Gerade im Perfectum finden wir im Sanskrit und damit übereinstimmend im Zend, Griechischen, Lateinischen und Gotischen in 2 sg. nicht wie im Präsens die Umwandlung des tv (von tva) in s, sondern im Sanskrit in th, im Zend t und th, im Griechischen ϑ, im Lateinischen t, Formen, welche auf jeden Fall der ursprünglichen Bildung näher stehen als das s des Präsens. Die Erscheinung kann nur durch die Annahme erklärt werden, dass sich das Perfectum in Bezug auf diese Person schon zu einer Zeit aus seinem Zusammenhange mit dem Präsens ablöste und unabhängig davon fixirte, als auch im Präsens der Uebergang des tv in s noch nicht eingetreten war.

Aehnlich könnte man in Bezug auf die Endung der dritten Dualperson

Zend **â**tare, Skr. atus

annehmen, dass sie ein Ueberrest aus der Zeit sei, wo sich das Perfectum im Sprachbewusstsein vom Präsens unabhängig zu machen begann, dass sie sich in dem arischen Dialecte, den das Zend weiter entwickelte, fixirte, während im Sanskrit der Zusammenhang des Perfectums mit dem Präsens noch fortdauerte und bewirkte, dass sich hier auch diese Dualform der im Präsens geltend gewordenen Analogie anschloss. So hätte uns das Zend eine gewissermassen ursprünglichere Bildung überliefert. Das Auffallende, das in der Bewahrung einer solchen Form im Zend zu liegen scheinen könnte, wird verschwinden, wenn wir als wahrscheinlich anerkennen müssen, dass es im Gegensatz zu allen übrigen verwandten Sprachen und gerade wiederum im Perfectum eine wirkliche Urform bewahrt hat. Eine solche ist nämlich die zweite Singular-Person des Imperativ ćićithw**â**. Zweifelhaft würde diese Annahme werden, wenn Justi Recht hätte, diese Form unter ćit zu stellen. Denn nach der mit wenigen Ausnahmen durchgreifenden Norm hätte, im Falle thw**â** statt des gewöhnlichen aus sva entstandenen hvā als Endung an ćit angetreten wäre, das auslautende t dieser Wurzel in s übergehen müssen; allein noch weniger wahrscheinlich würde die Annahme sein, dass ćićithwā aus ćićit-sva hervorgegangen sei, denn der Verlust des s wäre im Zend ohne Analogie. Wurzel der in Rede stehenden Verbalform ist nicht ćit, sondern ći, welches mit der Präposition vi die Bedeutung „erkennen" hat und in der Bedeutung „wahrnehmen" auch in den Veden vorkommt. Die Dehnung des Vocales i sowohl in der Wurzel wie in der Reduplications-Endung hat ihre Analogieen (aīviçē). Hiernach würde sich allein im Zend die Urform der zweiten Singular-Endung erhalten haben, während in den übrigen Sprachen das alte tva zu sva geworden ist.

Die dritte Singular-Person des Imperativs hat im Sanskrit zwei Endungen, tu und tāt. Im Zend hat sich von der letzteren keine Spur erhalten, umgekehrt ist in den übrigen Sprachen die erstere durchgängig verschollen. An diese schliesst sich nach Analogie von 3 plur. im Verhältnisse zu 3 sing. im Lateinischen nto (amanto, legunto), dorisch ὀντω, in den übrigen griechischen Dialecten mit ν ἐφελκυστικὸν ὀντων. Im Sanskrit hat sich die dem Lateinischen entsprechende Form nur in Einem Beispiele erhalten: hajantāt.

| | | | | |
|---|---|---|---|---|
| Praes. Act | Skr. | ti | plur. | anti |
| | Dor. | τι | — | οντι |
| | Lat. | t | — | unt |
| Med. | Skr. | tē | — | antē |
| | Gr. | ται | — | ανται |
| Imperf. Act. | Skr. | t | — | an(t) |
| Med. | Skr. | ta | — | anta |
| | Gr. | το | — | οντο |
| Imperat. Act. | Skr. | tu | — | antu |
| | Zend | tu | — | entu |
| Med. | Skr. | tām | — | antām |
| Act. | Lat. | tō(t) | — | untō(t) |
| | Gr. | τω | — | ὀντω, ὀντων |
| | Skr. | tāt | — | antāt. |

§. 44.

Nach dem bisher Dargestellten wird es kaum eine Frage sein können, dass die indogermanische Sprache, um zum lautlichen Ausdrucke der geistigen Beziehungen, in welche die Begriffe zu einander und zum denkenden Ich gesetzt werden sollen, zu gelangen, einen Weg eingeschlagen hat, der demjenigen ziemlich analog ist, auf welchem die Wurzeln und Stämme für jene Begriffe selber gewonnen worden sind. Schleicher sagt in seiner Schrift „Die Darwin'sche Theorie und die Sprachwissenschaft“ S. 22: „Der Bau aller Sprachen weist darauf hin, dass seine älteste Form im Wesentlichen dieselbe war, die sich bei einigen Sprachen einfachsten Baues, z. B. beim Chinesischen erhalten hat. Kurz, das, wovon alle Sprachen ihren Ausgang genommen haben, waren Bedeutungslaute, einfache Lautbilder für Anschauungen, Vorstellungen, Begriffe, die in jeder Beziehung, d. h. als jede grammatische Form fungiren konnten, ohne dass für diese Functionen, so zu sagen, ein Organ vorhanden war. Auf dieser urältesten Stufe sprachlichen Lebens gibt es also, lautlich unterschieden, weder Verba noch Nomina, weder Conjugation noch Declination. Versuchen wir dies wenigstens an einem einzigen Beispiele anschaulich zu machen. Die älteste Form für die Worte, die jetzt „That, gethan, thue, Thäter, thätig“ lauten, war zur Entstehungszeit der indogermanischen Ursprache dha, denn dies dha ergibt sich als die gemeinsame Wurzel aller jener Worte. In etwas späterer Entwicklungsstufe des Indogermanischen setzte man, um bestimmte Beziehungen auszudrücken, die Wurzeln, die damals noch als Worte fungirten, auch zweimal, fügte ihnen ein anderes Wort, eine andere Wurzel bei, doch war jedes dieser Elemente noch selbstständig. Um z. B. die erste Person des Präsens zu bezeichnen, sagte man

dha dha ma,

aus welchem im späteren Lebensverlaufe der Sprache durch Verschmelzung der Elemente zu einem Ganzen und durch die hinzutretende Veränderungsfähigkeit der Wurzel

dadhāmi

hervorging. In jenem ältesten dha ruhten die verschiedenen grammatischen Beziehungen noch ungeschieden und unentwickelt. Ebenso wie mit dem zufällig gewählten Beispiele verhält es sich aber mit allen Worten des Indogermanischen".

Im ersten Anfange also Lautbilder, bei denen sich das Verhältniss des Lautes zum dadurch ausgedrückten Begriffe nicht mehr ermitteln, bei dem sich keine materielle und auch keine begriffliche Congruenz zwischen Wort und Bedeutung angeben lässt. Was aber zu diesen anfänglichen Lautbildern hinzukam, die Erweiterungen der Wurzeln zur Angabe der verschiedenen Beziehungen, bei diesen Bildungs- und Flexionselementen lässt sich die Bedeutung angeben; sie sind keine Lautbilder, sondern bereits selbstständige, in der Sprache vorhandene Wurzelwörter.

Der Sprachanfang ist nach dieser Auffassung ein symbolischer, aber nicht mehr der weitere Fortgang. Alle jene Elemente, welche die Wurzel zu einem Nominalstamme machen, sind bereits feste Gestalten, sind Pronomina meist demonstrativer Natur. Das Nomen „gethan" ist die Wurzel dha, vermehrt um ein Demonstrativum, welches „dies" oder „jenes" bedeutet u. s. f. Trotzdem aber, dass hier für die Wortbildung selbstständige Pronominalstämme angenommen werden, will es aber noch immer nicht gelingen, den symbolischen Standpunkt zu verlassen, denn ist es etwas anderes als eine symbolische Ausdrucksweise, wenn „thun" und „dies" zur Bezeichnung des Begriffes „gethan", also des passiven Participiums verwandt wird? Dass die Sprache, um das passive Participium zu bezeichnen, auf directem Wege einen symbolisirenden Ausdruck gewinnen konnte, zeigt das Semitische, welches für denselben Zweck der Wurzel einen langen Vocal gab:

qatûl = interfectus.

Ist es nun aber möglich, in dem angeblich von den Indogermanen zum Ausdruck des passiven Particips an die Wurzel angefügten Pronomen „dies" oder „jenes" eine nähere begriffliche Beziehung zum passiven Particip zu entdecken, als in dem langen û der semitischen Wurzel? Sicherlich nicht. So dürfen wir denn die Pronomina für das Indogermanische wie für das Semitische völlig zur Seite lassen.

§. 45.

Wir unterscheiden beim Verbum wie beim Nomen die sich auf die Stammbildung beziehenden Lautelemente und die Flexionszeichen im engeren Sinne. Zur Stammbildung des Verbums gehört im Indogermanischen die Bezeichnung des intensiven (frequentativen, iterativen), desiderativen, inchoativen, causativen, passiven Verbalbegriffes. Dieselben Begriffsbestimmtheiten werden auch im Semitischen auf dem Wege der Stammbildung ausgedrückt, ausserdem aber auch noch die Reflexivbestimmtheit, welche im Indogermanischen nicht in der Stammbildung, sondern in der Flexion (im Medium) ihren Ausdruck gefunden hat. Das Semitische bietet für die Stammbildung des Indogermanischen wiederum eine beachtenswerthe Parallele; wir wollen daher zunächst auf einer tabellarischen Uebersicht die gewöhnlichsten semitischen Verbalstämme zusammenstellen:

| | | | |
|---|---|---|---|
| 1. farasa | zerriss (trans.). | (i)**n**farasa | zerriss sich. |
| | | (i)f**t**arasa | zerriss sich. |
| 2. far**r**asa | zerreisse stark, oft, viel | **ta**farrasa | zerriss sich stark u. s. w. |
| 3. f**ā**rasa | suchte zu zerreissen. | **ta**fārasa | suchte sich zu zerreissen. |
| 4. **a**frasa | liess zerreissen. | (i)**sta**frasa | liess sich zerreissen. |

Das vorstehende Paradigma ist in derselben Weise wie das Paradigma *τύπτω* in den griechischen Formenlehren zu verstehen, d. h. es ist von dem Verbum farasa (er zerriss, transit.) eine jede möglich e Stammform gebildet, ohne Rücksicht darauf, ob sie im Sprachgebrauche vorkommt oder nicht. Das dreimalige mit Parenthese umschlossene i ist ein Hülfsvocal, welcher nur dann gebraucht wird, wenn kein auf einen Vocal endendes Wort vorausgeht. — Die zu den semitischen Stämmen hinzugefügten Bedeutungen sind nur als Grundbedeutungen zu fassen; häufig genug gehen dieselben in andere Bedeutungen über.

Die erste (auf der linken Seite stehende) Columne enthält die einfacheren Stämme, die zweite Columne die aus den einfacheren durch hinzutretende Consonanten gebildeten Reflexivstämme: wir können nach Weise der griechischen Grammatik jene als die Activ-

Formen, diese als die Medial-Formen fassen. Die auf der Tabelle nicht angegebenen Passiv-Formen gehen aus den activen durch einen ganz gleichförmigen Vocalwechsel hervor:

| | | | | |
|---|---|---|---|---|
| act. | farasa zerriss | farrasa | fārasa | afrasa |
| pass. | furisa wurde zerrissen | furrisa | fūrisa | ufrisa. |

Mit demselben constanten Vocalwechsel kann auch aus den Formen, die wir hier mit den medialen des Griechischen verglichen haben, wenn sie, wie dies häufig vorkommt, eine active Bedeutung angenommen haben, ein Passivum gebildet werden, z. B. aus (i)nfarasa ein passives (u)nfurisa u. s. w.

Intensivum. Dem Indogermanischen und Semitischen gemeinsam ist der Ausdruck der intensiven Thätigkeit durch eine Reduplicationsform der Wurzel. Nur in seltenen Fällen reduplicirt der Indogermane die ganze Verbalwurzel, wie im skr. Intensivum ćar-kar-īti factitat, gewöhnlich wird der anlautende Consonant der Wurzel wiederholt: skr. bē-bhid-īti vehementer findit, bloss ausnahmsweise der Schlussconsonant.

Auch im Semitischen kommen Verba vor, in denen augenscheinlich wie im Skr. ćar-kar-īti eine zweiconsonantige Wurzel wiederholt ist, z. B. waswasa flüsterte, zalzala bewegte. Doch sind dies keine eigentlichen Intensiva. Die letzteren werden von dreiconsonantigen Wurzeln dadurch gebildet, dass der zweite Consonant reduplicirt wird:

farasa er zerriss (trans.)
farrasa er zerriss oft, heftig, lange u. s. w.

Die Bedeutung dieser reduplicirten Wurzel ist sowohl die des Intensivums wie auch des Iterativums und Frequentativums, — auch liegt darin das temporell und numerisch Extensive (lange ..., an vielen etwas thun). — Es kommt aber auch vor, dass zur Bezeichnung des Intensivums der letzte Consonant der Wurzel verdoppelt wird, und zwar bei solchen Wurzeln, welche fest anhaftende Zustände, Farben und Fehler bezeichnen. So wird von der Wurzel çafara gebildet:

(i)çfarra war gelb,
(i)çfārra war sehr gelb:

der Begriff der höchsten Intension, dem Elativus (Superlativ) der Adjectiva vergleichbar, ist durch eine der Consonanten-Reduplication vorausgehende Vocalverlängerung ausgedrückt. Der Form nach entspricht die hier vorkommende Reduplication des Schlussconsonanten den reduplicirten Aoristformen ἠρύκακον von ἐρύκω, ἠνίπαπον von ἐνίπτω.

Reduplication des zweiten Consonanten giebt ferner der Wurzel statt der intensiven häufig die causative Bedeutung:

| | |
|---|---|
| kataba schrieb, | kattaba lehrte schreiben |
| faricha war froh, | farracha machte froh. |

Ebenso wird im Indogermanischen die Reduplication des ersten Consonanten häufig genug zum Ausdrucke des Causativ- statt des Intensiv-Begriffes gebraucht, so im Sanskrit:

abōdhat wusste (Imperf.), abūbudhat liess wissen (Aor.).

Es ist nun freilich ein Unterschied zwischen der das Intensivum und Causativum ausdrückenden Reduplication einerseits des Semitischen und andererseits des Indogermanischen, denn von der indogermanischen Reduplication werden wir sagen können, dass sie aus der Doppelsetzung der Wurzel hervorgegangen sei, die semitische Reduplication, die den mittleren (oder auch den letzten) Consonanten betrifft, werden wir nicht aus einer Doppelsetzung der ganzen Wurzel ableiten können. Es ist im Semitischen eben nichts mehr als ein Theil der Wurzel, als ein einziges consonantisches Element, welches die Wiederholung erfährt, aber nichtsdestoweniger dürfen wir diese Reduplication der Semiten mit der ursprünglich die ganze Wurzel verdoppelnden Reduplication der Indogermanen dem Principe nach um so mehr gleichstellen, weil die Bedeutung dieser Reduplicationsformen für die Stammbildung des Verbums in beiden Sprachen genau dieselbe ist, nämlich in erster Instanz die intensive, in zweiter die causative.

Desiderativum. Diese Modification des Wurzelbegriffes wird im Semitischen durch Dehnung des ersten Wurzelvocales ausgedrückt:

| | |
|---|---|
| qatala tödtete, | qâtala suchte zu tödten, |
| sharafa übertraf, | shârafa suchte zu übertreffen. |

Diese Bedeutung wäre wohl richtiger Conativ-Bedeutung zu nennen, da sie nicht bloss den Begriff des Wunsches, sondern auch den zur Realisirung des Wunsches gemachten Versuch ausdrückt; immerhin aber kommt sie der Bedeutung der indogermanischen Desiderativ-Stämme möglichst nahe. Doch nur Wurzeln transitiver Bedeutung (welche mit unmittelbarem Objectscasus verbunden werden) erhalten durch Dehnung des ersten Vocals jene Desiderativ- oder Conativ-Bedeutung. Die übrigen Verba (— intransitive oder als Intransitiva construirte Verba —) werden durch jene lautliche Umgestaltung zu Transitivis oder Causativis:

chashuna war rauh, châshana behandelte rauh.

Causativum. Schon die Intensiv- und Conativ-Bildung giebt, wie wir sehen, dem Verbum häufig causative Bedeutung: das gewöhnlichste Mittel der Causativ-Bildung aber besteht darin, dass die Wurzel durch ein vorhergesetztes a verstärkt wird. Es ist dies a im Semitischen nicht ein blosser Vocal wie das indogermanische a, sondern wird im Anlaute mit einem schwachen gutturalen Consonanten (Alif) gesprochen.

ǵalasa sass, aǵlasa setzte,
dachala ging hinein, adchala führte hinein.

Dieselbe Formation wird auch für die Bildung der Verba denominalia gebraucht:

ǵibâlun Berge, aǵbala zog zu den Bergen hin.

Somit entspricht sie in der Bedeutung genau der indogermanischen Erweiterung der Wurzel durch aj, die ebenfalls für Causativ- und Denominal-Bildung verwandt wird (im Sanskrit hauptsächlich für Causative, in den indogermanischen Sprachen Europas hauptsächlich für Denominalia). In beiden Sprachen aber ist der Causativbegriff der beiderseitigen Bildungen der ursprüngliche, die Verwendung für Denominal-Verba ist erst das secundäre. Für das Semitische ist es nun beachtenswerth, dass dieselbe Formation aǵlasa adchala auch beim Adjectiv vorkommt, und zwar um dem Adjectivum die Elativ- (Comparativ-, Superlativ-) Bedeutung zu verleihen:

kibâr-un magnus, akbaru maximus.

Also die Stammerweiterung mit prothetischem a giebt dem Adjectivum eine Intensiv-, dem Verbum eine Causativ-Bedeutung; man darf wohl den Schluss machen, dass sie auch beim Verbum ursprünglich Intensiv-Bedeutung hatte, aus der sich die Causativ-Bedeutung in derselben Weise entwickelt hat, wie die zuerst angeführte reduplicirende Stammbildung qattala bei einer nicht geringen Zahl von Verben den Causativ- statt des Intensiv-Begriffes bezeichnet. Wir können nun die Bedeutung der bisher besprochenen drei Stammbildungen des Semitischen in Bezug auf ihre Bedeutung folgendermassen schematisiren:

| | | |
|---|---|---|
| qattala | Intensiv | — Causativ |
| qâtala | Conativ | — Causativ |
| aqtala | (Intensiv beim Adject.) | — Causativ. |

Ist nicht bloss bei der reduplicirten, sondern auch bei der durch prothetisches a erweiterten Stammform die Causativ- aus ursprünglicher Intensiv-Bedeutung hervorgegangen, so wird dasselbe auch bei der durch Dehnung des ersten Vocales gebildeten Stammform anzunehmen sein, so dass also auch qâtala ursprünglich die intensive Thätigkeit bezeichnet hätte, aus der einerseits die desiderative (conative), andererseits die causative Bedeutung hervorgegangen wäre.

Medial-Formen. Sowohl von der Grundform des Verbums, wie von den eben skizzirten drei Arten der Wurzelerweiterung werden Reflexivformen gebildet. Nicht selten geht die reflexive in die passive Bedeutung über und wir können daher diese Formen passend mit den Medialformen des griechischen Verbums vergleichen.

Bei der einfachen Wurzel und bei den durch Reduplication und Vocaldehnung erweiterten Stämmen besteht das die Medialform bildende Lautelement in den Consonanten n und t. Die beiden genannten Arten der erweiterten Stämme bedienen sich bloss des Consonanten t, den sie mit dem zunächst liegenden Vocale a im Anlaute hinzufügen:

| | |
|---|---|
| qallada umgürtete | taqallada umgürtete sich |
| qâtala suchte zu tödten | taqâtala suchte sich zu tödten. |

Die einfache Wurzel wendet sowohl n wie t zur Bezeichnung des Mediums an. Der Consonant t aber wird nicht präfigirt, sondern nach dem ersten Wurzelconsonanten infigirt *):

faraqa trennte (i)f**t**araqa trennte sich,

der Consonant t wird bei dreiconsonantigen Wurzeln dem anlautenden Consonanten unmittelbar vorangestellt:

kashafa offenbarte (i)**n**kashafa offenbarte sich, wurde offenbar,

bei vierconsonantigen aber analog dem reflexiven t der Wurzel infigirt, und zwar hinter dem zweiten Consonanten:

kamṭara (i)km**a**nṭara.

Es kann keine Frage sein, dass das Gebiet des n ursprünglich nicht bloss auf die einfache Wurzelform beschränkt war, sondern gleich dem t auch für die erweiterten Stämme angewandt wurde. Das Aethiopische ist in dieser Beziehung alterthümlicher als das Arabische.

Von den durch prothetisches a gebildeten Causativstämmen wird die Medialform durch Präfigirung von st, eventuell mit Hülfsvocale: (i)st gebildet:

avchasha betrübte, (i)stavchasha betrübte sich.

Man sollte für die zur Reflexiv- oder Medialbildung verwendeten Lautelemente n, t, st einen Zusammenhang mit Reflexiv-Pronomina analoger Form erwarten. Aber dergleichen Pronominalstämme gibt es nicht. Jene Thatsache, dass das mediale n und t ohne die Bedeutung zu ändern der Wurzel ebenso gut infigirt wie suffigirt werden kann, weist darauf hin, dass wir es mit Lautele-

---

*) Schleicher, welcher die morphologischen Eigenthümlichkeiten des Semitischen im Gegensatze zum Indogermanischen und den übrigen Sprachfamilien in den Beiträgen zur vergleichenden Sprachforschung Bd. 2 S. 236—244 und in dem Aufsatze zur Morphologie der Sprachen (aus den Jahrb. der Petersburger Akademie) S. 28—30 bespricht, sagt an der ersteren Stelle S. 241: „Selten findet in beiden Sprachen das Einsetzen eines Beziehungslautes in die Wurzel statt, und es mag in beiden Sprachen dies etwas erst später eingetretenes sein. Geschieht es aber, so tritt im Indogermanischen der Zusatz vom Ende der Wurzel herüber, im Semitischen dagegen drängen sich solche Einsätze deutlich vorn nach dem Wurzellaute ein."

menten wie dem t in πτόλις, πτόλεμος, dem n in σφίγξ conjunx zu thun haben. Vgl.

| | | | |
|---|---|---|---|
| faraka | (i)ftaraka | qamṭara | (i)qmanṭara |
| πόλεμος | πτόλεμος | conjux | conjunx |
| ἔκανον | ἔκτανον | φίξ | σφίγξ |

Die Infigirung eines t oder n in den Wurzeln der vorstehenden indogermanischen Wörter bewirkt eine Verstärkung der Form, aber keine Aenderung des Begriffes, die Infigirung derselben Laute in die vorstehenden semitischen Wurzeln macht das Activum zum Medium. Diejenigen, welche die indogermanische Medialform (tai) als eine Gunirung der Activform (ti) erklären, stellen principiell das indogermanische Medium mit dem semitischen auf denselben Standpunkt: in beiden Sprachen ist das Medium ein verstärktes Activum, und zwar ist im Indogermanischen die Verstärkung durch diphthongische Erweiterung des Schlussvocales, im Semitischen durch consonantische Erweiterung der Wurzel hervorgebracht. Dass wir als erweiterte Consonanten ein n und t antreffen, ist dem schon bei der Casusbildung (S. 82) von uns hervorgehobenen Bildungsprincipe durchaus angemessen — n und t sind eben die zunächstliegenden Consonanten. In dem s, durch welches das mediale t bei der Causativform erweitert ist: (i)stavchasha, wird wohl dasselbe Lautelement wie in dem den Wurzelanlaut erweiternden s des indogermanischen σφίγξ neben φίξ, σμικρός neben μικρός vorliegen.

§. 46.

Dem früher skizzirten semitischen Systeme der Verbalstämme tritt folgendes indogermanische entgegen (wir bedienen uns für die Beispiele der ersten Plural-Person und fügen den einzelnen Stämmen die von Schleicher Comp. S. 763 ff. gegebene Erklärung des jedesmaligen erweiternden Lautelementes hinzu):

1. Die blosse Wurzel: ἴ-μεν, ἐσ-μέν.

2. Die Wurzel wird vor den Personalendungen durch den im Griechischen zu ε und ο abgelauteten Vocal α erweitert: λέγ-ο-μεν. „Das Suffix a ist auch bei Nominalstämmen ausserordentlich häufig wie Skr. bhar-a-s, Griech. φόρ-ο-ς.“

3. Die einfache, auch die durch a erweiterte Wurzel wird reduplicirt.

4. Dem Wurzelauslaute wird na, nu, verkürzt n angefügt: πίλ-να-μεν, δείκ-νυ-μεν, δάκ-νο-μεν. „nu und na sind Elemente demonstrativer Art, beide finden sich in Nominalbildungen wieder, wie ὕπ-νο-ς, σεμ-νός, θρῆ-νυ-ς." Hiermit in Zusammenhang steht die nasalische Erweiterung des Wurzelinlautes: jun-g-i-mus, λαμβ-άνο-μεν. „Diese Bildungsweise, welche mit dem morphologischen Principe des Indogermanischen in Widerspruch steht, da sie das Beziehungselement in die Wurzel, nicht ans Ende derselben treten lässt (wodurch die sonst im Indogermanischen unerhörte Stammform mit einem Infixe entsteht), ist offenbar aus der vorher erwähnten entstanden, ursprünglich ist sie nicht. Ob sie in den verschiedenen Sprachen sich erst nach der Sprachtrennung entwickelt hat oder bereits in der Ursprache vorhanden war, ist schwer zu entscheiden. Wir vermuthen indess das letztere auf Grund des allgemeinen Vorkommens dieser Formen."

5. Der Wurzel wird ja angefügt, wie in πράσσομεν aus πράγ-ιο-μεν. „Das Element ja ist eins der am häufigsten in Stammbildungen angewandten, wie ἅγ-ιο-ς, στύγ-ιο-ς".

6. Der Wurzel wird ska angesetzt: φά-σκο-μεν, Skr. ga-ćcha-ti. „Vgl. das Nominalstämme bildende Suffix ka und ska in φυσι-κό-ς, παιδ-ίσκο-ς".

7. Der Wurzel wird ta hinzugefügt: τύπ-το-μεν. „Ob dies schon in der indogermanischen Ursprache der Fall, ist zweifelhaft, weil das Indische und Zend keine Spur dieser Bildung zeigt".

Diese Wurzelerweiterungen kommen (mit einzelnen Ausnahmen von Nr. 2) bloss in dem Präsens und Imperfectum mit den dazu gehörenden Subjectiv-Modis vor (in den sogenannten präsentischen Tempora). Nur selten lässt sich eine functionelle Bedeutung derselben erkennen.

Die 5te Art der Wurzelerweiterung (ja) wird unter Anfügung der Medial-Endungen im Sanskrit und Zend auch zum Ausdrucke des Passivbegriffes angewandt: Skr. jug-ja-tē wird verbunden. In diesem Passiv erkennt Schleicher eine „indisch-zendische Neubildung, eine Verwendung eines alten Elementes zu besonderer Function, wie dergleichen nicht selten in den Sprachen stattfindet".

In ähnlicher Weise wird die 4te Art der Wurzelerweiterung (na) im Gotischen als Passivum (nicht selten als Reflexiv oder Intransitiv) gebraucht: giutith giesst, gutnith wird gegossen, ergiesst sich. Das wurzelerweiternde Element (na) tritt dann auch im Perfectum ein, während das im Indischen zur Bezeichnung des Passivums dienende nur im Präsens und Imperfectum vorkommt. Die gotische Passivbildung mit na ist nach Schleicher mit litauischen Bildungen verwandt, wie: dubu-s hohl, tief und dumbu ich werde hohl; plika-s kahl und plinku ich werde kahl; der Nasal ist hier vom Wurzelauslaute in den Wurzelinlaut getreten. Im Altslavischen wird in bei Denominalien gebraucht: tichŏ ruhig, a-tichne-tĭ er wird still, suchŏ trocken, suchne-ti er trocknet. Dasselbe Suffix ina ena wird im Litauischen für causative und transitive Denominalia gebraucht: tinku ich passe, taikinu ich passe an, gera-s gut, gerinu ich bessere. Auch das Griechische hat causative Denominalstämme auf αίνω: λευκό-ς, λευκαίνει er weisst.

Als „Abart" der 3ten Art der Wurzelerweiterung, nämlich der Reduplication, fasst Schleicher die Intensiva des Sanskrit und des Zend, welche durch eine für alle Tempora beibehaltene gesteigerte Reduplication ausgedrückt werden: vē-vēç-mi, çā-çak-mi und çā-çak-ī-mi.

Reduplication verbunden mit einem an die Wurzel tretenden s (im Präsens sa, in den übrigen Tempora blosses s) drückt im Sanskrit die Desiderativbildung aus: ju-jut-sa-ti er will kämpfen (von der Wurzel judh). Schleicher nennt das antretende s „ein in der Stamm- und Wortbildung häufig erscheinendes Element, das entweder auf die Pronominalwurzel sa oder, wie im vorliegenden Falle wahrscheinlicher ist, auf die Verbalwurzel as (esse) zurückgeführt werden muss". Er fügt hinzu: „Obgleich diese Bildung sich nur im Altindischen und Altbaktrischen findet, so beruht sie doch, wie alle reduplicirten Formen, auf uralter Ausdrucksweise, jener Epoche der Sprache entstammend, in welcher die unveränderlichen Wurzeln nur der Verdoppelung fähig waren, um ihre Beziehung zu steigern: griechische Formen wie γιγνώσκω μιμνήσκω theilen wenigstens die Reduplication mit denen verwandter asiatischer Sprachen, und nur diese, die Verdoppelung der Wurzel halten wir für das alte. In der Ursprache diente vielleicht die Reduplication ohne besonderes Suffix dem Ausdrucke desiderativer Beziehung."

Zu diesen Bildungen, welche in den bloss zum Präsensstamme hinzutretenden Wurzelerweiterungen (S. 232) ihre Analogie haben, kommen nun noch hinzu die Verbalstämme mit der für die meisten Tempora constant gewahrten Erweiterung aja. Ihre Bedeutung ist vorzugsweise die causative. Nach Schleicher ist „das Bildungselement aja wohl in a-ja zu zerlegen; a ist der Auslaut des zu Grunde liegenden Nominal- oder Verbalstammes, ja ist ein sehr häufig angewandtes Stammbildungs-Element, vgl. die Pronominalwurzel ja, relativer und demonstrativer Bedeutung". So bodha-ti er weiss, bodha-ja-ti er macht wissen (Schleicher lässt es unentschieden, ob die Causativform unmittelbar von der einfachen Verbalwurzel oder von einem Nominalstamme bödha-s das Wissen herkommt).

Auch an die 7te durch t gebildete Art der Präsenserweiterung knüpft sich eine durch alle Tempora bleibende Art der Stammerweiterung. Es ist die Verbindung des t mit der vorher genannten Bildung auf aja, welche im Lateinischen das Intensivum ausdrückt: agi-mus, actā-mus (aus actaja-mus). Noch stärker hervorgehoben wird der Intensivbegriff durch Reduplication des t: ac-ti-tāmus aus ac-ti-taja-mus.

Fügen wir noch hinzu, dass es im Indogermanischen auch Stammbildungen giebt, in welchen der Vocal u, au das charakteristische Bildungselement ist (Schleicher führt sie §. 212 für das Litauische und Slavische auf), so haben wir das System der indogermanischen Verbalstämme seinen Grundzügen nach specificirt. Schleicher sagt über die Genesis dieses Stammsuffixes u: „Es ist ein in der Stammbildung des Slavischen und Litauischen sehr beliebtes Element, welches von den u-Stämmen, die im Slavischen mit den a-Stämmen vielfach zusammenfallen, seinen Ausgangspunkt genommen, dann aber zu einem selbstständigen Suffixe sich entwickelt hat, vergl. übrigens auch den demonstrativen Pronominalstamm ava, der im Zend und vor allem im Slavischen jetzt als selbstständiges Wort erscheint."

§. 47.

Nur zweimal nimmt Schleicher für Verbalstamm-Affixe mit Gewissheit einen Ursprung aus einer selbstständigen Verbalwurzel an: 1) Für die im Sanskrit für Causativa vorkommende Erweiterung paja (Nebenform von aja) statuirt er mit Benfey einen Ursprung aus einer Wurzel pa = ap, welche „thun, machen" bedeuten müsse; „paja wäre dann ein Causativum dieser Wurzel". 2) Für die im Altslavischen neben dem Affixe in vorkommende Wurzelerweiterungssilbe din, welche ihren Ausgang genommen habe von einer auf in ausgehenden Causalform der Wurzel dha thun. Für das s der indischen Desiderativa (S. 233) lässt er die Zurückführung auf die Wurzel as zweifelhaft. Andere Forscher sind in der Zurückführung der Verbalstamm-Suffixe auf eine selbstständige Verbalwurzel (Hülfsverba) viel weiter gegangen. Das i (ja) der fünften Art der Präsenserweiterung (S. 232), welches im Sanskrit auch zur Passivbildung benutzt wird, wird von Bopp und Anderen nach Haughton's Vorgange mit der Verbalwurzel i identificirt: tud-ja-te eig. er geht ins Schlagen, d. h. er wird schlagen, und diese Passivbildung mit der lateinischen amatum iri (gegangen werden im Lieben, d. i. geliebt werden) verglichen. — Auch in dem aja der Causativa meint Bopp eine Verbalwurzel suchen zu müssen. Das Sanskrit biete hierfür die Wurzeln i gehen und ı wünschen, verlangen, bitten dar; aus beiden entstehe durch Guna aj und in Verbindung mit dem Charakter der ersten Klasse aja. Die Bedeutung wünschen, verlangen scheine wohl dazu geeignet, den Nebenbegriff der Causalverba zu vertreten, in welchem das Subject die Handlung nicht durch die That, sondern durch den Willen vollbringe, es würde also karaja-ti (er lässt machen) eigentlich: ich verlange das Machen, sei es, dass einer machte, oder dass etwas gemacht werde, bedeuten. Stamme aber der Causalcharakter von einer Wurzel, welche ursprünglich gehen bedeute, so sei zu berücksichtigen, dass mehrere Verba der Bewegung im Sanskrit zugleich machen bedeuten.

Das Stammsuffix sk (γιγνώσκω nōsco) hält Bopp für unmittelbar identisch mit dem s der indischen Desiderativa (ǵiǵnāsāmi) und erklärt das letztere (wie dies auch Schleicher für möglich hält) aus der Wurzel as. Nach Pott etymol. Forschungen II, 517 der ersten Auflage ist es die Futurform der Wurzel as, sjāmi, aus welcher das Stammsuffix sk hervorgegangen ist.

Diese älteren Erklärungsversuche suchten so viel wie möglich einen begrifflichen Zusammenhang zwischen dem Verbalstamme und einer hypothetischen Verbalwurzel oder Verbalform aufzufinden, aus welcher das Stammsuffix entstanden sei. Wie wenig dieselben zu einem befriedigenden Resultate gekommen sind, lässt sich insonderheit aus der Zurückführung des Causativsuffixes aja auf die Wurzeln i oder ī ersehen. Daher kann es nicht befremden, wenn Schleicher gänzlich von der Wurzel i sowohl für die Passiva wie die Causativa absehen zu müssen glaubt und ausser den S. 235 angegebenen Fällen die verbalen Stammsuffixe mit den der Form nach entsprechenden nominalen Stammsuffixen identificirt. Dies Verfahren war von Bopp für die Erklärung des gotischen Passivsuffixes na eingeschlagen. In der That findet zwischen den passiven Participien und Adjectiven auf na (plē-nu-s στυγ-νό-ς) und dem Stamme jener gotischen Passiva ein begrifflicher Zusammenhang statt. Aber wo sonst noch von Schleicher die Stammsuffixe des Verbums mit lautlich entsprechenden Stammsuffixen des Nomens in Zusammenhang gebracht werden, lässt sich von begrifflicher Verwandtschaft so gut wie gar nichts bemerken. Nach Schleicher sind die meisten Nominalsuffixe aus Pronominalstämmen meist demonstrativer Bedeutung hervorgegangen. Nun lässt sich zwar einsehen, dass eine Thätigkeitswurzel mit einem Demonstrativstamme zu einer festen Einheit verbunden ihre allgemeine verbale Bedeutung verliert und der Specialausdruck eines Gegenstandes werden kann, an welchem die Thätigkeit sich vorzugsweise manifestirt: aber was soll es heissen, wenn zwischen eine Thätigkeitswurzel und die Personalendungen ein Demonstrativstamm eingefügt wird? Da wird zunächst angenommen, dass derjenige Vocal des Präsens und Imperfectums, welchen man früher als Bindevocal zu bezeichnen pflegte, seiner Genesis nach nichts anderes sei als der Demonstrativstamm mit der Bedeutung „jener, jene, jenes“ oder „dieser, diese, dieses“. Wenn nach der gewöhnlichen Ansicht dieser Demonstrativstamm in der Bedeutung „damals“ gebraucht worden ist, um (als Augment) den Verbalbegriff zu einem vergangenen zu machen, so ist in der That ein begrifflicher Zusammenhang zwischen der Pronominalwurzel und der damit gebildeten Verbalform vorhanden, aber was soll derselbe Pronominalstamm in

skr. tud-a-ti (schlägt)
bōdh-a-ti (weiss)
bhav-a-ti (ist)

bedeuten? Soll man annehmen, dass das a hinter der Wurzel eine Hinweisung auf das Object der Handlung sei? Das würde eine Annahme sein, welche nicht unpassend wäre, wenn das Indogermanische ähnlich wie das Madyarische mit seinen verwandten Sprachen verführe und das transitive Verhältniss von dem intransitiven durch Verschiedenheit der Flexion unterschiede, aber davon findet sich im Indogermanischen keine Spur; jenes a zwischen Wurzel und Personalendung wird sowohl bei intransitivem wie bei transitivem Verbalbegriffe gebraucht, und es ist nicht daran zu denken, dass dieses in der indogermanischen Ursprache anders gewesen sei.

Es bleibt wohl nichts anderes übrig, als sich den Ursprung des hypothetischen Demonstrativstammes a in tud-a-ti, bōdh-a-ti, bhav-a-ti folgendermassen zu denken. Als in der indogermanischen Ursprache die in Rede stehenden Verbalformen aufkamen, da war tud-a, bōdh-a, bhav-a bereits ein selbstständiges Wort, und zwar ein Nominalstamm mit der allgemeinen Bedeutung eines Nomen agentis oder vielleicht auch eines Nomen actionis: tud-a, bōdh-a, bhav-a hiess etwa: schlagend, wissend, existirend. Ist dies richtig, dann sind alle Verba, welche nicht wie *ἐσ-τί* die Personalendung unmittelbar an die Wurzel fügen, abgeleitete, denominale Verba. Doch statt des Ausdrucks „Verba“ muss ich richtiger sagen „Präsentia, Imperfecta und zweite Aoriste“, — denn die ersten Aoriste und Futura gehen nicht von der Nominalform tud-a, bōdh-a, sondern von der einfachen Wurzel aus, der sie als Compositionsglied das Imperfectum oder Futurum der Wurzel hinzufügen: ataut-sma wir schlugen, bhôt-sjâma wir werden erfahren. Analog auch die ursprünglichsten Perfectformen, z. B. die medialen Perfectformen des Griechischen: *τέτυπ-ται*, wo der Personalendung eine affixlose Wurzelform vorangeht.

Für das Sanskrit zählen die Nationalgrammatiker etwa 70 einfache Wurzeln, welche im Präsens ohne den Vocal a und ohne irgend ein anderes Suffix (nach der Form Nr. 1 S. 231) mit den Personalendungen verbunden werden; in den übrigen Sprachen ist diese Zahl viel geringer (*ἐσ-μέν, ἴ-μεν, φα-μέν, κεί-μεθα, ἥ-μεθα*). Ist aber die Wurzel reduplicirt, so wird der erweiternde Vocal a nach ursprünglicher Bildungsweise im Präsens durchgängig ausgelassen. Das Perfectum aber ist seinem Ursprunge nach nichts anderes als ein reduplicirendes Präsehs, daher auch hier zunächst das Fehlen des Vocales a. Unstreitig sind diese reduplicirenden Formen sehr alte Bildungsweisen und das Vorkommen der blossen noch nicht durch a erweiterten Wurzelform wird hier nicht auffallend sein können. Die analoge Bildung des ersten Aoristes und Futures, in welchen ebenfalls die blosse Wurzelform ohne a dem Hülfsverbum vorausgeht, ist erst in einer verhältnissmässig späten Epoche der Sprachbildung aufgekommen, denn sie setzt das Vorhandensein des Futurums und Präteritums des Verbums esse voraus, — dass also in diesen Temporibus die blosse Wurzelform erscheint, kann nicht etwas altes sein: man könnte sich diese Thatsache vielleicht dadurch erklären, dass hier nach Analogie des Perfectums verfahren worden sei.

Im Allgemeinen also gilt für die Conjugation Folgendes: ist die Wurzel reduplicirt, so wird sie ursprünglich ohne den Stammvocal a mit den Endungen verbunden (namentlich ist dies der Fall im reduplicirenden Präsens, Imperfectum und Perfectum, seltener vom reduplicirenden zweiten Aorist); ebenso verschmäht die Wurzel den Stammvocal a im Futurum und ersten Aoriste. Wo aber im Präsens und Imperfectum die Wurzel ohne Reduplication gebraucht wird (und gewöhnlich auch ebenso im zweiten Aoriste), wird sie, falls kein anderes Stammsuffix eintritt, mit dem Demonstrativum a componirt und somit aus der Wurzel eine Form gebildet, welche ursprünglich mit den Nomina agentis auf a (vgl. S. 231) durchaus identisch ist.

Man kann sich das nominale Stammsuffix a, wie schon oben bemerkt, aus dem Demonstrativ-Pronomen a entstanden denken, wenn es einem sog. Substantivum concretum angehört. Die blosse Wurzel jug gebrauchte man ohne irgend einen weiteren Laut in der frühesten Zeit der Sprachentstehung, um die Thätigkeit des Verbindens oder den Zustand des Verbundenseins zu bezeichnen; man fügte diese Wurzel mit dem hinzugefügten Demonstrativum a zu einem Worte zusammen: jug-a (ζυγό), um für ein bestimmtes Ding, an welchem jene Thätigkeit vorzugsweise zur Erscheinung kommt, nämlich für das „Joch“, einen bleibenden Ausdruck zu gewinnen. Das Substantivum jug-a bedeutet also „dies verbindende“, oder „dies verbundene“, oder „dieses Verbindungsmittel“ u. s. w. Durch das als Compositionsglied hinzugefügte Demonstrativ a wird also aus der grossen Zahl der Gegenstände, an welchen das Verbinden oder Verbundensein sich manifestirt, ein bestimmter hervorgehoben, das Demonstrativum a steht hier als wirkliches Demonstrativum, so gut wie das Pronomen ma da, wo es in der ersten Verbalperson mit der Wurzel componirt ist, seine Bedeutung des „Ich“ behalten hat. Soweit würde man die Ansicht, dass die Wurzelaffixe des Nomens aus Pronominibus hervorgegangen seien, gelten lassen können. Aber was soll es für Bedeutung haben, wenn Nominalstämme allgemeiner Bedeutung, wenn Adjectiva, Nomina agentis und Nomina actionis aus der Wurzel und einem angefügten Pronominalstamme hervorgegangen sein sollen? Ich kann mir denken, was es heisst, wenn die Wurzel plu (schwimmen), um die concrete Bezeichnung für „Schiff“ zu werden, sich mit dem Pronomen a zum Nomen plav-a verbindet, aber was wollte man bezeichnen, wenn die sprachbildenden Indogermanen zu der Wurzel ǵīv „leben“ ein Demonstrativum a hinzufügten, ǵīv-a, um den Begriff „lebend“ auszudrücken? — was soll es bedeuten, wenn die Vorfahren der Griechen zu der Wurzel θυ (laufen, vgl. θέω), zu der Wurzel κυφ (sich bücken u. s. w., vgl. κύπτω) den später zu o abgelauteten Pronominalstamm a hinzufügten, um die Begriffe „schnell“ und „gebückt“ auszudrücken: θοϝ-ό, κῡφ-ό (Nom. θοϝ-ό-ς, κῡφ-ός)? Ist die Wurzel zur Wortform des Adjectivs ausgebildet, dann bezeichnet es einen bleibenden Zustand, eine haftende Eigenschaft; steht dieser Uebergang des Wurzelbegriffes zum Adjectivbegriffe mit dem Demonstrativpronomen auch nur im entferntesten Zusammenhange?

Schleicher sagt (§. 207): „Die meisten Stammbildungselemente — sowohl die nominalen wie die verbalen — sind als Pronominalwurzeln nachweisbar, so z. B. a, i, u, ja, ta, ka u. s. w." und weiterhin: „dass die meisten und am häufigsten als stammbildende Suffixe gebrauchten Elemente mit Pronominalwurzeln identisch sind, kommt daher, weil solche Wurzeln allgemeiner Bedeutung geeignet waren, anderen Wurzeln von concreter Bedeutung (den Thätigkeits- oder Verbalwurzeln) zur näheren Bestimmung zu dienen." Aber inwiefern ist denn die Demonstrativwurzel a geeignet, um aus den Wurzeln, welche leben, laufen, sich bücken bedeuten. die Adjectivbegriffe „lebendig, schnell, gebückt" zu entwickeln? Und so in nahezu unzählig anderen Fällen. Um die Beziehung einer Thätigkeit auf das Ich, auf das Du, auf irgend einen Dritten als den Vollbringer der Thätigkeit darzustellen, dazu sind die Pronominalstämme na ma, tu und ta sehr wohl geeignet, aber wie ist der Pronominalstamm na, der Pronominalstamm ta geeignet, aus der Wurzel ein Participium praeteriti passivi zu entwickeln? Wie kann das Suffix in skr. pūr-na, lat. plē-no, griech. σευγ-νό mit jenen Pronominalstämmen eine begriffliche Gemeinschaft haben? Welcher begriffliche Zusammenhang findet zwischen denselben und den Substantivstämmen ὕπ-νο, som-no u. s. w. statt? Es ist wahr, die meisten Stammbildungssuffixe sind, wie Schleicher sagt, als Pronominalwurzeln nachweisbar, sie sind mit Pronominalwurzeln identisch — aber identisch nur der Form nach, denn begrifflich wird sich in den allermeisten Fällen kein Zusammenhang, geschweige denn Identität der Bedeutung erkennen lassen. Die formelle Identität beider Klassen von sprachlichen Bestandtheilen, der Stammbildungssuffixe einerseits und der Pronominalstämme andererseits erklärt sich auf eine andere Weise. Als Stammbildungselemente dienen der Sprache die einfachsten Laute und Lautcombinationen: die einfachen Vocale a, i, u und die einfachsten Verbindungen von Consonant und Vocal: na ni nu, ma mi (mu), ta ti tu, ka ki ku oder auch die nächstliegenden Consonanten n und t (selten k) mit einem vorausgehenden Vocale gesprochen. Eben dieselbe Bildungsform aber haben auch die häufigsten und gebräuchlichsten Pronominalstämme. Es kann sehr wohl möglich sein, dass die Pronominalstämme unabhängig von den gleichlautenden Stammsuffixen entstanden sind. Verkehrt aber ist es sicherlich, eine Genesis des nominalen Stammsuffixes aus dem gleichlautenden Pronominalstamme ohne nähere Vermittelung der Bedeutung anzunehmen.

Die Auffassung des a in bōdha-ti als eines Pronominalstammes führt, wie bereits S. 237 bemerkt, zu der Annahme, dass die Verbalform bōdhati aus dem mit dem Personalzeichen versehenen Nominalstamme bōdha entstanden sei. Im Grunde ist dies schon Bopp's Ansicht, wenn er sagt, dass das a in bōdhati ein Pronominalstamm sei, welcher dazu diene, die in der Wurzel in abstracto ausgedrückte Handlung oder Eigenschaft zu etwas Concretem, z. B. den Ausdruck des Begriffes „lieben" zum Ausdrucke der Person, welche liebt, zu machen; diese werde dann durch die Personalendung näher bestimmt (Curtius Temp. und Modi S. 44). Späterhin hat Steinthal *) dem bōdha in bōdha-ti ausdrücklich die ur-

*) Wir haben oben ausgeführt, dass man, um den Conjugationsvocal a (ε ο) als Demonstrativstamm festzuhalten, nothwendig gezwungen ist, von der Form bōdha-ti u. s. w. anzunehmen, dass zunächst von der Wurzel budh mit dem Demonstrativum a eine Nominalform und von dieser ein (denominales) Verbum bōdha-ti gebildet sei. Steinthal (Charakteristik der hauptsächlichsten Typen des Sprachbaues S. 285 ff.) schreckt in der That vor der Consequenz nicht zurück, alle Verbalformen, in welchen a (ε ο) hinter der Wurzel erscheint, für Denominalia zu erklären, ja auch noch bei einem Theile derjenigen, in welchen jener Vocal nicht vorkommt, die ehemalige Anwesenheit desselben anzunehmen, um auch sie in die Klasse der Denominalia zu stellen. Zu den Primärbildungen (den nicht denominalen) unter den Verben gehören nach ihm die reduplicirten Formen (oder vielmehr nur ein Theil derselben). „Die Energie und der Fluss der Thätigkeit wurde durch Reduplication symbolisch angedeutet" (S. 286). Dieser Verbalbildung durch Reduplication gegenüber bestand nach Steinthal's Vermuthung eine Nominalbildung durch Verlängerung oder Diphthongisirung des Vocales (vōc-s, pāc-s, τρώγ-ς, wozu auch φλόγ-ς, ὄπ-ς gehöre). „Die Verlängerung des Vocales würde hier wie im Semitischen symbolische Bezeichnung der festen, beharrenden Substanz sein. Es ist ja doch wahrscheinlich, dass die ersten Schritte der Formbildung im Semitischen und Sanskritischen gleich waren, dass auch letzteres zu allererst symbolisch verfuhr. Es liess aber bald von dieser Bahn, welche vom Semitischen beharr-

sprüngliche Bedeutung einer Nominalform, eines Nomen agentis vindicirt: auch in der Verbindung mit der Personalendung ti habe

licher verfolgt ward" (S. 287). „Der verlängerten, zum Nomen gewordenen Wurzel wird weiterhin der Demonstrativstamm a, seltener i und u hinzugefügt: bhid (spalten) bhēd bhēd-a-(s) Spaltung; div (glänzen) dēv dēv-a-(s) dīv-o-(s) Gott." „Die Vocalsteigerung war schon für sich allein ein Mittel zur Nominalbildung, erst später wurde die demonstrative Wurzel a und zwar natürlich mit der schon vorhandenen Vocalsteigerung angewandt. Je entschiedener der sanskritische Sprachgeist die symbolische Methode aufgab und sich der äusseren Bildung der Wurzeln zuwandte, um so mehr musste die Bedeutung der Vocalsteigerung aus dem Sinne schwinden und dieser Lautprocess bloss noch als ein das Suffix a begleitender Umstand erscheinen. Und wo er einmal bedeutungslos geworden war, da konnte er auch schwinden, wo er das Wort zu sehr belastet haben würde" (S. 291). „Verbum und Nomen sind nunmehr so von einander geschieden, dass jenes durch Reduplication der Wurzel, dieses durch das Suffix a mit Steigerung des Wurzelvocales charakterisirt ist. Nun ging dem Sprachgeiste der Unterschied auf zwischen der dauernden, unvollendeten Handlung und der vollendeten, und zugleich auch der Unterschied zwischen dauernden Thätigkeiten und Zuständen einerseits und andererseits dem Ereigniss, bei dem es nicht darauf ankommt, ob es dauert oder nicht, sondern nur, dass es in einem gewissen Zeitpunkte eingetreten ist. Eine dauernde Handlung heisst, concret angesehen: „ein Handelnder ist als solcher", und die vollendete Handlung: „ein die Handlung oder ihr Ergebniss besitzender ist da". So drückte man denn auch ein solches Präsens und Perfectum durch Nomina agentis aus, welche man ja durch das Suffix a mit Steigerung des Wurzelvocales schon gebildet hatte, und fügte ihnen die Personalzeichen hinzu, die man vorher der Wurzel beigesetzt hatte, gab dem Präsens das Nomen agentis aus der einfachen Wurzel und dem Perfectum das Nomen agentis aus der reduplicirten Wurzel. Von der Wurzel bhū unterschied man zuerst

Verbum bubhū,
Nomen bhau,

letzteres wurde durch die Demonstrativ-Wurzel a deutlicher geformt zum

Nomen bhav-a.

Jetzt bildete man das Präsens

bhav-a + mi d. i. werden-der + ich = ich werde

und das Perfectum

ba-bhūv-a + mi d. i. werden-besitzen-der + ich = ich bin geworden.

Was nun die zweite Unterscheidung anbetrifft, nämlich die zwischen der dauernden Handlung und dem eintretenden Ereigniss, so war bei der ersteren, wie bemerkt, die handelnde Person das vor dem inneren Sinne stehende, also blieb dafür die vom Nomen agentis mit a und Vocalsteigerung gebildete Form. Für das eintretende Ereigniss dagegen blieb in ursprünglichster Weise die einfache Wurzel

a-bhū-t d. i. damals-werden-er = ich ward.

bōdha seine ursprüngliche Bedeutung des Nomen agentis nicht ganz aufgegeben, denn es erkläre sich daraus der dem Präsens charakteristische Sinn der dauernden Handlung. An diese Auffassung hat sich jetzt auch Curtius, welcher früher in den Tempora und Modi S. 39 ff. das a in bōdhati als Bindevocal nachzuweisen suchte, angeschlossen: das hinter der Verbal-Wurzel erscheinende a hat ebenso wie na, nu, ja in πίλ-να-μεν, δείκ-νυ-μεν u. s. w. die Function, das Durative, welches im Präsens und Imperfectum liegt, auszudrücken. Die durative Handlung ist begrifflich so gut wie die iterative eine Modification der intensiven Handlung, und die für das Präsens und Imperfectum vorkommenden Arten, die Verbal-Wurzel zu verstärken, die Reduplication, die Anfügung von na, nu, ja, — in ihnen allen liegt die Grundbedeutung, dass sie die Intensität der Handlung bezeichnen.

Steinthal vindicirt auch der im Präsens vorkommenden Vocalsteigerung stau-ti (er lobt), ē-ti (εἶ-σι er geht) von der Wurzel stu, i u. s. w. dieselbe Function wie dem angefügten a (Curtius scheint dies jetzt aufgegeben zu haben): es sei dies eine symbolische Beziehungsweise wie in den semitischen Sprachen, es sei ja wahrscheinlich, dass die ersten Schritte der Formbildung im Semitischen und Sanskritischen gleich waren, dass auch das Indogermanische anfänglich symbolisch verfuhr. Auch die im Präsens vorkommende Reduplication sei etwas Symbolisches, und — wie auch Schleicher sagt (Beiträge z. vergl. Sprachf. 2 S. 238), trotz der verschiedenen Art zu redupliciren — beiden Sprachen gemeinsames. Aber das

---

Dem momentanen Eintritt entspricht der einfache Ausdruck des Ereignisses durch die nackte Wurzel. — Soweit Steinthal. Wir sind darin mit ihm durchaus einverstanden, wenn er sagt, dass das Indogermanische denselben symbolisirenden Anfang in der Entwickelung der Verbalstämme wie das Semitische genommen habe und werden alsbald auf die Frage zurückkommen, ob das Indogermanische diesen Weg so früh wie Steinthal meint verlassen hat. Im übrigen machen wir gegen seine Entwickelung zwei Thatsachen geltend: 1) das Perfectum reduplicirt seine Wurzel, ohne das Wurzelaffix a hinzuzufügen: das letztere geht aus dem medialen Perfectum des Griechischen und anderen später anzuführenden Erscheinungen hervor. 2) Der zweite Aorist hat ungleich häufiger das Wurzelsuffix a, als dass es die Personalendungen (wie dies nach Steinthal's Theorie der Fall sein müsste) unmittelbar an die Wurzel fügt.

Indogermanische habe die Bahn der Symbolik, welche vom Semitischen beharrlicher verfolgt ward, bald verlassen und zu jenen symbolischen Bildungen des Präsensstammes auch noch die Anfügung des Pronominalstammes a u. s. w. hinzutreten lassen. Dürfen wir aber nicht mit viel mehr Recht gerade umgekehrt wie Steinthal sagen: das Indogermanische hat bei seiner Verbalstamm-Bildung das symbolische Princip nicht bloss anfänglich, sondern auch weiterhin angewandt, indem es in Gemeinsamkeit mit dem Semitischen auch noch die Laute a, na, ta benutzt, nur mit dem Unterschiede, dass es diese erweiternden Elemente dem Auslaute, resp. (na, n) dem Inlaute der Wurzel hinzufügt, während dieselben im Semitischen nicht im Auslaute, sondern vorwiegend im Anlaute, resp. (n und t) im Inlaute der Wurzel als Verstärkung herbeigezogen werden? Das stammbildende a, n, t der Semiten in **a**frasa, (i)**n**farasa, (i)kma**n**ṭara, **t**afarrasa, (i)f**t**arasa ist so gut lediglich symbolischer Natur wie die Dehnung in fārasa, wie die Reduplication in farrasa (i)çfarra; warum will Steinthal in der indogermanischen Bildung der Verbalstämme bloss den „ersten Anfang" wie *δίδο-μεν* für symbolische Bildung erklären, dagegen das wurzelerweiternde Element in bōdh-a-ti, *πίλ-να-μεν*, *τύπ-το-μεν* *) als ursprüngliche Pronominalstämme aufgefasst wissen? Warum? — Ja, warum? — Zuerst, weil Bopp gelehrt hat, dass alle Flexionselemente ursprünglich Wörter von selbstständiger Bedeutung gewesen seien. Wir haben bei vielen einzelnen Fällen nachgewiesen, dass dies eine Irrlehre ist. Sodann, weil man von diesem Standpunkte ausgehend einen Gleichklang zwischen den verbalen Wurzel-Affixen a, na, ta, ja und den Pronominalstämmen a, na, ta, ja fand. In seiner „Chronologie" sagt Curtius zwar S. 19 gegen Benfey, der blosse Gleichklang bei verschiedener Function dürfe nicht für einen Beweis ursprünglicher Identität gelten, aber S. 226 sagt er mit Bezug auf die in Rede stehenden verbalen Stammsuffixe: „da nun alle gleichlautenden Formen zunächst das Präjudiz für sich haben, ursprünglich gleich zu sein, so wird man zu fragen haben, ob nicht ursprüngliche Identität statt findet". Die ursprüngliche

---

*) Bopp, vgl. Gr. 2 §. 498: „Ist das *το* in *τύπτομεν* keine Entartung aus *νο* (!) wie *βροτός* aus *μροτός* (!), so führt es zu dem Pronominalstamme *το* ta."

Identität soll folgende sein: Die durch a, na, nu, ta, ja *) erweiterte Wurzel bezeichnet das Nomen agentis, und dieses mit den Personalendungen verbunden bezeichnet, dass eine Person eine Thätigkeit dauernd ausübt. Das letztere kann man gelten lassen, das erstere nicht, denn wenn auch das Nominalaffix a zur Bezeichnung eines Nomen agentis verwandt wird, so ist dies doch weder bei na, noch bei nu, noch bei ta, noch auch bei ja **) der Fall, es fehlt jegliche Veranlassung, den Verbalstamm *πιλνα, δακνο, λαμβανο, δεικνυ*, *τυπτο, κραζο* (d. i. *κραγιο*) als ein ursprüngliches Nomen agentis zu erklären, auch wenn man es noch so sehr „der Mühe werth hält zu fragen, ob nicht ursprüngliche Identität anzunehmen sei" (Curtius a. a. O. S. 226). Also fehlt auch jede Berechtigung, in jenen Verbalstämmen das *νο, ανο, νυ, τυ, ιο* als einen ursprünglichen Pronominalstamm aufzufassen. Und dass es schwierig genug ist, das zur Bezeichnung des Nomen agentis an die Wurzel gefügte a (*ο ε*) von Seiten der Bedeutung aus mit dem Pronominalstamme a zu vermitteln, haben wir S. 239 gezeigt.

So bleibt denn in der That nichts anderes übrig, als den Weg, welchen Steinthal für die verbale Stammbildung des Indogermanischen eröffnet, den Weg der symbolischen Lautverwendung, weiter fortzuschreiten und auch jene verbalen Wurzelsuffixe a, na, nu, ana, ta, ja gerade so wie die entsprechenden Laute, welche das Semitische bei der Bildung der Verbalstämme verwendet, nicht aus ursprünglich selbstständigen Wörtern, sondern als symbolische Wurzelerweiterungen zu erklären.

Und die Bedeutung dieser Wurzelerweiterungen, dieser wurzelverstärkenden Elemente? Die ursprünglichste ist sicherlich keine andere, als dass sie eine begriffliche Verstärkung der durch die Wurzel bezeichneten Thätigkeit ausdrücken sollen, also dasjenige, was wir Intensiv-Begriff nennen. Dass sich das Intensiv auf mehrere Weisen specialisiren kann: die grössere Kraftanstrengung, mit

*) Das verbalstammbildende ja wird wenigstens von Schleicher, wenn auch nicht von Curtius, gleich a, na, nu für einen Pronominalstamm erklärt.

**) Aus vereinzelten Bildungen wie dem zendischen kair-ja (wirkend) wird man auf die Grundbedeutung von ja keinen Schluss machen wollen. Immerhin aber würde dies von Curtius mit Bopp auf die Verbalwurzel i (gehen) zurückgeführte verbale Stammsuffix ja noch am ersten darauf Ansprüche machen können, wie a für das Nomen agentis ein Ausdruck zu sein.

der die Thätigkeit hervorgebracht wird, — die grössere Wirkung (vgl. S. 227 „viele tödten") — die Wiederholung (Frequentativum) —, das Durative, das ist selbstverständlich.

Es ist hier im Indogermanischen nicht anders als im Semitischen, wo die durch Reduplication des zweiten Consonanten sich ergebende Form folgendes bedeuten kann: ḍarraba 1. schlug stark (rein intensiv), 2. schlug mehrere oder viele (numerisch extensiv), 3. schlug längere Zeit hindurch (temporell extensiv oder durativ), 4. schlug oft, wiederholt (iterativ oder frequentativ. Wenn nun dieselbe reduplicirende Stammform auch noch das Factitivum (Causativum) bezeichnet (kataba schrieb, kattaba lehrte schreiben) nebst dem hiermit nahe verwandten Aestimativum (çadaqa war wahrhaftig, çaddaqa hielt für wahrhaftig), so zeigt dies, dass sich aus dem ursprünglichen Intensivbegriffe auch der Factitiv- oder Casus-Begriff entwickelt hat. Curtius leitet aus dem Durativ- den Conativ-Begriff ab (zur Chronol. S. 230); wir sind damit principiell völlig einverstanden und verweisen auf die bald conative, bald factitive Bedeutung der semitischen Stammform kâtala, deren zunächstliegende und ursprüngliche Bedeutung sicherlich die intensive war (oben S. 227—229). Mit dem Conativum hängt aber wiederum das Desiderativum aufs engste zusammen: das „strebte zu thun" ist immer auch ein „wünschte zu thun", so dass auch der Desiderativbegriff eine weitere Entwickelung des Intensivbegriffes ist, und dasjenige, was Schleicher von der Entstehung des indischen Desiderativums kshi-khip-sa-ti sagt (vgl. oben 234): „in der Ursprache diente vielleicht die Reduplication ohne besonderes Suffix (sa) dem Ausdrucke desiderativer Beziehung", dergestalt, dass ursprünglich das Desiderativum durch die nämliche Art der Wurzelerweiterung wie das Intensivum ausgedrückt wäre, scheint auch uns im höchsten Grade wahrscheinlich. So bleibt denn von besonderen Modificationen des Thätigkeitsbegriffes, welche im Indogermanischen durch Erweiterungen der Wurzel ausgedrückt werden, noch der Inchoativ- und der Passivbegriff übrig. Wir werden später hierauf einzugehen haben.

Wenn Curtius von den Wurzelerweiterungen a, na, nu annimmt, dass sie zunächst den Durativbegriff, der im Präsens und

Imperfectum gegenüber dem Aorist und Perfectum liegt, ausdrücken sollen, so lässt sich dies von na und nu anscheinend mit grösserem Rechte als von a behaupten. Denn das im Präsens und Imperfect gewöhnliche Wurzelaffix a kommt häufig genug auch im zweiten Aoriste vor, vgl. εἶχε, d. i. ἔσεχε und andere auf analoge Weise gebildete Aoriste. Die Ansicht, dass jenes a kein functioneller Laut, sondern ein Hülfs- oder Bindevocal sei, findet noch immer seine Anhänger. So sagt Benfey „über einige Pluralbildungen des indogermanischen Verbum" S. 18: „es ist kaum zu bezweifeln, dass a nur euphonisch entstanden ist, hervorgerufen durch die Menge consonantisch auslautender Verbalthemen, und erst später, in Folge seiner vorherrschenden Erscheinung im Präsensthema, auch bei den vocalisch auslautenden sich eindrängte." Schleicher, Curtius *) u. v. A. haben jetzt ihre frühere Auffassung

*) Curtius glaubt in der angeführten Abhandlung mehrmals hervorheben zu müssen, dass das früher als Binde- oder Hülfsvocal gefasste a in bōdh-a-ti tud-a-ti durchaus den stammhaften Endvocalen, die wir sonst vor den Personalzeichen erblicken, coordinirt steht. Er sagt S. 225: „Es wird wie diese in 1 sing. Präsent. gedehnt:

φᾱ-μι tishṭhā-mi bōdh-āmi, apnō-mi δεικνῡ-μι."

Dann S. 228: „Die als Verbalthemata verwendeten Nominalstämme tuda, arnu u. s. w. mussten sich wenigstens Einer lautlichen Verwandlung unterziehen, nämlich jenem Wechsel zwischen gedehntem Stammauslaut in einigen und kurzem Stammauslaut in anderen Formen; wie dā-mi da-tha[s], dadā-mi dadatha[s], so hiess es tudāmi tuda-thas, arnau-mi arnu-mas." Doch mit der Thatsache, dass der früher sogenannte Bindevocal in 1 sing. des Präsens gedehnt wird, ist die Analogie, auf welche Curtius hinweist, fast zu Ende. Die unmittelbar mit den Personalendungen sich verbindenden Wurzeln und die Wurzelsuffixe na und nu verstärken ihren Vocal in allen 3 Singularpersonen des Präs. activi, das a von bōdha aber nur in der ersten, nicht in der zweiten und dritten Person; jene bleiben in den drei Plural- und Dualpersonen des Präs. activi unverstärkt, dieses verstärkt sich wenigstens im Sanskrit in der ersten Plural- und Dualperson; — jene verstärken sich im Imperfectum activi genau wie im Präsens, dieses bleibt hier in 1 sing. unverstärkt, verstärkt sich dagegen in 1 plur. und 1 dual.; — jene bleiben in sämmtlichen Medialendungen des Indicativs unverstärkt, das a von bōdha dagegen wird im Medium auf dieselbe Weise wie im Activum behandelt, mit einziger Ausnahme des griechischen ω und ομαι. Es hat durchaus den Anschein, dass in der Behandlung der beiderseitigen Lautelemente gar keine Analogie besteht, dass das a von bōdha einem ganz anderen Gesetze folgt als der Vocal der unmittelbar mit den Personalendungen verbundenen Wurzel, als der Vocal der Wurzelsuffixe na und nū.

des a als eines Bindevocales aufgegeben, und auch ich bin geneigt, die alte Auffassung aufzugeben, an der mich früher die gänzlich

| | | | | | |
|---|---|---|---|---|---|
| tudā-mi | tuda-si | tuda-ti | tudā-ma | tuda-tha | tuda-nti |
| λέγω | λέγε-σι | λέγε-τι | λέγο-μες | λέγε-τε | λέγο-ντι |
| ἵστᾱ-μι | ἵστᾱ-ς | ἵστᾱ-τι | ἵστα-μες | ἵστα-τε | ἵστα-ντι |
| pā-mi | pā-si | pā-ti | pā-mas | pā-tha | pā-nti |
| δείκνῡ-μι | δείκνῡ-ς | δείκνῡ-τι | δείκνυμες | δείκνυ-τε | δείκνυ-ντι. |

Man sollte vor Allem annehmen, dass auslautendes a vor dem darantretenden Personalzeichen immer auf gleiche Weise behandelt wird, einerlei ob es den Wurzelauslaut bildet oder ob es als Auslaut eines an die Wurzel angefügten Affixes erscheint. Aber welch grosser Gegensatz findet hier statt! Im Griechischen ist es das Suffix von πίλνα-ται u. s. w., welches in derselben Weise wie auslautendes a der Wurzel behandelt wird, denn hier ist im activen Sing. des Indicat. Präsentis und Imperfecti der Vocal zu langem α resp. η geworden, während er sonst kurzes a geblieben ist, in allen übrigen Fällen hat ursprüngliches kurzes a im Auslaute eines Wurzelaffixes niemals den a-Laut behalten, sondern ist stets entweder zu ο, ω oder ε abgelautet worden, und ferner ist das Verhältniss des kurzen ο und ε zum langen ω ein durchaus anderes, als dort das Verhältniss von α zu ᾱ η. Wie mag es nun gekommen sein, dass das zwischen Wurzel und Personalendung tretende Element in δάκ-νο-μεν ganz anderer Qualität ist als σκίδ-να-μεν? Oder zeigt eben diese lautliche Verschiedenheit darauf hin, dass auch die functionelle Bedeutung beider Elemente nicht ganz die nämliche ist?

Woher der Vocalwechsel in stau-mi, stau-shi, stauti, stu-mas, stu-tha, stuv-anti, darüber sind die Erklärer noch nicht einverstanden. Bopp brachte den Wechsel des Wurzelvocals in Zusammenhang mit dem grösseren oder geringeren Gewichte der angefügten Personalendungen, spätere Forscher suchen denselben mit der Accentuation in Zusammenhang zu bringen. Bei den Verben wie bōdhati findet nun allerdings innerhalb ein und desselben Tempus kein Vocalwechsel statt, entweder ruht der Accent (abgesehen von dem Augmente) durchgängig auf der Wurzel: bódhāmi, bódhasi, bódhati, bódhāmas, oder durchgängig auf dem an die Wurzel tretenden Vocale a: tudámi, tudási, tudáti, tudámas, tudátha. Da würde es heissen: im Sanskrit gibt es Präsentia mit wechselnder und solche mit constanter Accentuationsstelle, die ersteren verstärken den Vocal der Wurzel- oder Affixsilbe, wenn der Accent auf ihr ruht, sie verstärken ihn nicht, wenn der Accent auf der Personalendung seine Stelle hat; die letzteren haben den Accent theils constant auf der Wurzelsilbe (bódhati), theils constant auf dem a des Wurzelaffixes (tudáti, todájati), in beiden Fällen aber verlängern sie das a vor den Endungen der ersten Person mi, mas, vas u. s. w. Die Erscheinungen in Beziehung auf Verstärkung oder Nichtverstärkung des Vocales sind im Griechischen mit wenigen Ausnahmen dieselben wie im Sanskrit; sind sie im Sanskrit durch den Accent hervorgerufen, so muss dasselbe auch im Griechischen der Fall sein, demnach muss die Accentuation des griechischen Verbums in einer uns nicht mehr vorliegenden Periode etwa folgende gewesen sein:

verschiedene Behandlung, welche zwischen diesem a und den übrigen Wurzel- und Stammausgängen in Beziehung auf Verbalsteige-

| | | | | |
|---|---|---|---|---|
| διδῶμι | διδῶς | διδῶσι | διδομέν | διδοτέ |
| δεικνῦμι | δεικνῦς | δεικνῦσι | δεικνυμέν | δεικνυτέ |
| πιλνῆμι | πιλνῆς | πιλνῆσι | πιλναμέν | πιλνατέ |
| φεύγω | φεύγεις | φεύγει | φεύγομεν | φεύγετε |
| τιῶ | τιεῖς | τιεῖ | τιώμεν | τιέτε. |

(Präsentia wie φευγω, dem bōdhāmi entsprechend, betonen den Wurzelvocal. Präsentia, welche unverstärktes ι oder υ haben, resp. eine Schwächung des Wurzelvocales α haben eintreten lassen, betonen wie indisches tudáti den auf die Wurzel folgenden Vocal.) Wir können immerhin annehmen, dass diese Accentuation in früherer Zeit im Griechischen die wirklich vorkommende gewesen sei. Aber dann bleibt noch die weitere Frage zu beantworten: Wie kommt es, dass das a in tud-a, bodh-a, nah-ja bezüglich der Accentuation anders behandelt ist als das a in krī-na, als das α in πιλ-να u. s. w., wie kommt es, dass tud-a vor allen Endungen sein a betont, krī-na aber nur vor den Singularendungen des activen Indicativs? Auf diese Frage kann schwerlich eine Antwort gegeben werden, aber ist es nicht bei der Accentuation der Nominalformen ebenso, dass hier manche Eigenthümlichkeiten bisher noch keine vollgenügende Erklärung gefunden haben? So dürfen wir die den Personalendungen μεν τε u. s. w. vorausgehenden Verbalstämme mit analogen Nominalstämmen in Bezug auf den Accent vergleichen.

Die Personalzeichen treten wie die Casuszeichen entweder an die Wurzel, oder an einen aus der Wurzel durch ein Affix erweiterten Stamm. Wir wollen die Casus- und Personalzeichen nebst der sich daran schliessenden Numerusbezeichnung unter dem gemeinsamen Namen „Flexionszeichen" zusammenfassen, haben aber bei der Verbalflexion immer nur das Präsens Indicativi im Auge.

I. Die Flexion tritt unmittelbar an die Wurzel. Hier findet im Sanskrit innerhalb ein und desselben Wortes, sei es Nomen, sei es Verbum (Präsens), regelmässig ein Wechsel des Accentes statt, indem bestimmte Endungen den Accent auf sich ziehen. So im Nomen: rā-s (rēs), Loc. plur. rā-sú; dhī-s (Verstand) dhī-shú; vāk (vōk) vāk-shú; im Verbum pā-mi (beschütze) pā-más; ê-mi (gehe i-más; ád-mi (esse) ad-más. Das Griechische hat nur beim Nomen, nicht beim Verbum den Accentwechsel bewahrt; beide Sprachen stimmen darin überein, dass sie den Wurzelvocal der Regel nach nur beim Verbum, aber nur sehr ausnahmsweise beim Nomen verändern. — Ist die Wurzel reduplicirt, so wird im Wechsel des Accentes statt der Wurzelsilbe häufig die Reduplicationssilbe accentuirt: nénēg-mi (reinige) nenig-más.

II. Die Flexion tritt an ein Wurzelaffix. Beim Nomen gehen die Wurzelaffixe am häufigsten auf a und ā, aber auch auf i ī u ū r s n u. a. aus. Beim Verbum gehen die Wurzelsuffixe fast durchgängig auf a aus, nur selten kommt ein auf u ausgehendes Affix (nu) vor. Betont ist beim Nomen entweder die Wurzelsilbe: bháv-a-s (Existenz, von der Wurzel bhū sein), oder das Affix: plav-á-s (Schiff, Wurzel plu). Ebenso auch beim Verbum: bódh-a-ti, tud-á-ti, tōd-ája-ti, aber die allgemeine Regel ist, dass kein Accentwechsel bei

rung besteht, festhielt. Ich habe in der Anmerkung alles, was sich für Analogie der in Rede stehenden Bildungen geltend machen lässt, hervorgezogen, doch wenn ich eine Parallele zwischen Nominal- und Verbalstämmen gezogen und durchgeführt habe, so will ich selbstverständlich damit nicht die Ansicht ausgesprochen haben, dass z. B. der Verbalstamm bö-dha in bödha-ti dem Nominalstamme bōdha den Ursprung verdanke.

Wir verlassen jetzt die verbale Stammbildung so lange, bis wir die Bildungsmittel des Perfectums, Futurums und Aoristes durchmustert haben. Vielleicht wird sich herausstellen, dass wie beim reduplicirenden Perfectum, so auch beim Futur und Aorist die diesen Tempora eigenthümlichen Bildungsmittel in dieselbe Kategorie wie die bisher behandelten Wurzelerweiterungen gehören.

---

der Flexion eintritt — normal zieht die Flexion den Accent nur dann auf sich, wenn Contraction eines Flexionsvocales mit betontem Schlussvocale des Affixes eingetreten ist. Doch giebt es Ausnahmen. Zu ihnen gehört beim Nomen das Suffix ánt: tud-án[t] schlagend, Gen. plur. tud-at-ám, auch wohl das Suffix tar in pi-tár (πατήρ), doch giebt es auch einige Fälle, aus denen sich schliessen lässt, dass früher auch bei vocalisch auslautenden Wurzelaffixen ebenso wie bei den affixlosen Stämmen (unter I.) gewisse Flexionssilben den Accent auf sich zogen. So kann bei Nomina oxytona auf a i u die Genitivendung nām nach Willkür accentuirt werden: grih-a-s (Haus), Gen. pl. grih-â-nām oder grih-â-nâm, und in der Vedensprache kann in gleicher Weise die Instrumentalendung jā den Ton empfangen: nákta-m (Nacht) naktajâ. Beim Verbum beschränken sich die Ausnahmen auf die mit dem Suffixe na, nu, u gebildeten Stämme, welche ganz analog wie die affixlosen Wurzeln accentuirt und ebenso wie diese in Beziehung auf Vocalverstärkung behandelt werden.

Noch grösser wird die Uebereinstimmung zwischen Nominal- und Verbalstämmen in Beziehung auf den Accent, wenn wir auch die Accentuation von nadī (Fluss), Nom. plur. nadi-as, Gen. dual. nadj-ós; vadhû (Frau), vadhv-as, vadhv-ôs: kaví-s (Dichter) kavj-ôs; dhênú (Kuh) dhenv-ôs in dieselbe Kategorie mit tudán, tudánt-as, tudat-ós setzen. Wir werden kaum umhin können, dies zu thun. Dann ist das Accentuationsgesetz für die vocalisch auslautenden Nominalstämme des (gewöhnlichen) Sanskrit: Die Stämme auf a haben unveränderlichen Accent, die Stämme auf i und u, wenn sie oxytonirt sind, einen veränderlichen. Verbalstämme mit einem Affixe auf i giebt es nicht, sondern nur mit dem Suffixe a oder u; wie die entsprechenden Nominalstämme sind die Verbalstämme auf u variabel, die auf a constant, nur dass diejenigen, welche das Suffix na haben, gleich denen auf nu variabel sind.

§. 48.

Das sigmatische Futurum und der sigmatische Aorist sind durch das gemeinsame charakteristische Bildungselement s aufs innigste mit einander vereint, und auch die semasiologische Erklärung beider Tempora wird eine gemeinsame sein müssen. Im Sanskrit tritt in jedem der beiden Tempora das s theils unmittelbar, theils mit vorgesetztem i, welches bis jetzt noch ein jeder als Hülfs- oder Bindevocal aufgefasst hat, an den Stamm. Das s des Futurums verbindet sich stets mit dem Lautelemente ja, und erst an dieses werden die präsentischen Endungen angefügt. Das s des Aoristes wird verschieden behandelt. Theils werden die Präteritumsendungen unmittelbar an das s gefügt, theils verbindet sich das s mit dem Vocale a, und erst an diesen treten die Endungen an. Es kommt noch hinzu, dass das unmittelbar mit der Endung verbundene s in einer allerdings beschränkten Anzahl von Wurzeln (Wurzeln auf â) eine Reduplication erfahren hat, dergestalt, dass statt des einfachen s ein sis erscheint. So wird man nun die Bildungsweisen des sigmatischen Futurums und Aoristes durch folgende Formeln ausdrücken können (2 plur.):

**Futur.**

| | |
|---|---|
| —sia-tha | —i-siatha |

**Aorist.**

| | |
|---|---|
| —sa-ta | [—i-sa-ta] |
| —s-ta | —i-s-ta |
| —sis-ta | [—i-sis-ta] |

Die in Klammern eingeschlossenen Formen kommen auch im Sanskrit nicht vor. Das Griechische scheint für beide Tempora je nur eine der vorstehenden Bildungsweisen zu besitzen, für das Futur sia-tha, für den Aorist sa-ta.

Im Sanskrit ist diejenige Bildungsweise des Aoristes, welche die Personalendungen unmittelbar an s anfügt, die gewöhnliche, diejenige, welche zwischen beiden Elementen ein a darbietet, die bei weitem häufigere. Die letztere scheint im Griechischen die allein übliche zu sein, denn es scheinen sich zu entsprechen:

| | | | | | |
|---|---|---|---|---|---|
| adik-sham | -shas | -shat | -shâma | -shata | -shan |
| *ἔδειξ-σα* | *-σας* | *-σε* | *-σαμεν* | *-σατε* | *-σαν.* |

Ich habe schon früher ausgeführt, dass den vorliegenden Sanskritformen vielmehr diejenigen griechischen Aoristi I entsprechen, welche hinter dem s den Vocal *ε* und *ο* haben:

| | | | | | |
|---|---|---|---|---|---|
| *ἶκ-σον* | *-σες* | *-σε* | *-σομεν* | *-σετε* | *-σον,* |

dass dagegen die Aoriste wie *ἔδειξα* denjenigen indischen Aoristen analog stehen, welche die Personalendungen da, wo nicht ein Hülfsvocal durchaus nothwendig ist, an das s anfügen:

| | | | | | |
|---|---|---|---|---|---|
| ataut-sam | -sīs | -sīt | -sma | -[s]ta | -sus |
| *ἔδειξ-σα* | *-σας* | *-σε* | *-σαμεν* | *-σατε* | *-σαν,* |

dergestalt, dass das hinter dem *σ* erscheinende *α* (*ε*) ebenso wenig etwas ursprüngliches wäre, wie das *α* im Perfectum *οἴδαμεν*, *οἴδατε* u. s. w. Den Beweis hierfür ergiebt der Conjunctiv der früheren Gräcität. Bei Homer nämlich kommt von diesen Aoristen auf *σα* zwar häufig genug der langvocalige Conjunctiv

| | | | | | |
|---|---|---|---|---|---|
| *δείκ-σω* | *-σῃς* | *-σῃ* | *-σωμεν* | *-σητε* | *-σωσι* |
| *δείκ-σωμαι* | *-σηαι* | *-σηται* | *-σώμεθα* | *-σησθε* | *-σωνται* |

vor, aber von jedem Aoriste dieser Bildung ist bei Homer für 1. 2 plur. und für die meisten Medialpersonen auch ein kurzvocaliger Conjunctiv im Gebrauche:

| | | | | | |
|---|---|---|---|---|---|
| — | — | — | *-σομεν* | *-σετε* | — |
| *-σομαι* | *-σεαι* | *-σεται* | *-σόμεθα* | — | — |

Man nahm früher an, dass hier eine des Metrums wegen vorgenommene Verkürzung der gewöhnlichen Conjunctivformen vorliege. Meine Auseinandersetzung in der griechischen Metrik wird gezeigt haben, dass es mit dieser Annahme nichts ist, dass vielmehr die später verschollenen kurzen Conjunctive Homer's zu dem ältesten Sprachgute gehören und unmittelbar identisch mit den kurzen Conjunctiven der Veden-Sprache sind:

| | | | | | |
|---|---|---|---|---|---|
| — | -sas(i) | -sat(i) | — | -satha | -san(ti) |
| — | -sasē | -satē | — | -sadhve | -santē. |

Es geht hieraus hervor, dass abgesehen von dem vor das s tretenden i und dem reduplicirten s des Aoristes die Bildung des sigmatischen Futurums und Aoristes im Griechischen ursprünglich keine andere als im Sanskrit war: im Futurum vereinigen sich die Personalendungen mit dem s nach Einfügung der Lautcombination ja, im Aoriste selten nach Einfügung des Vocales a, gewöhnlich ohne denselben.

Seit Bopp ist nun die allgemeine Annahme, dass das s beider Tempora mit dem s der Wurzel as (esse) identisch ist, dass beide Tempora nichts anderes als Compositionen mit dem Futurum und mit dem Imperfectum von esse seien. Indem die Verbalwurzel oder der Verbalstamm mit dem Futur „ich werde sein" verbunden wurde:

asjāmi asjasi asjati u. s. w.

entstand daraus entweder

bhōt-sjāmi bhōt-sjasi bhōt-sjati u. s. w.

oder bōdh-ishjāmi bōdh-ishjasi bōdh-ishjati u. s. w.

Der Wurzelvocal des Hülfsverbums fehlt in beiden Fällen, das erste Mal hat asjāmi u. s. w. sein a verloren, das zweite Mal hat sich statt dessen ein i eingedrängt, entweder, wie man gewöhnlich sagt, ein Hülfs- oder Bindevocal, oder, wie vielleicht mancher vorzieht, ein Uebergang des älteren a in i.

In gleicher Weise wurden auch verschiedene Formationen des Imperfectums von as zum Ausdruck des Aoristes an den Verbalstamm angefügt. Zunächst das Imperfectum in der Art, wie es sich im Sanskrit erhalten hat:

āsam āsīs āsīt āsma u. s. w.,

daraus entstand:

ataut-sam ataut-sīs ataut-sīt ataut-sma u. s. w.

oder abōdh-isham u. s. w.

Sodann eine Imperfectform

āsam āsas āsat āsāma āsata āsan.

Daraus sei adik-sham adik-shas adik-shat u. s. w. entstanden.

Ausserdem müsste es noch ein reduplicirtes Imperfectum von as gegeben haben:

āsisham u. s. w., plur. āsishma, āsishta, āsishus, woraus sich die Aoristform mit reduplicirtem s ergeben hat: ajā-sisham u. s. w. *).

Nun lässt sich von allen hier angenommenen Tempusformen der Wurzel as zwar nur die eine Imperfectbildung āsam, āsīs, āsīt u. s. w. nachweisen, aber kein Imperfectum āsam, āsas, āsat, kein reduplicirtes Imperfectum āsisham u. s. w., ja nicht einmal das Futurum asjāmi, aber dies kann kein Einwand gegen die in Rede stehende Erklärung sein; die Existenz eines indischen asjāmi wird durch griechisches ἔσομαι, durch lateinisches ero, die Existenz von āsam, āsas, āsas durch ἔον, ἔας, ἤε durchaus wahrscheinlich, nur für ein āsisham als ein im selbstständigen Gebrauche vorkommendes Imperfectum von as lässt sich keine Thatsache der Sprachvergleichung geltend machen.

Doch eine andere Schwierigkeit. Man erklärt das Futur bhōtsjāmi aus der Composition mit dem (nicht im Sanskrit, wohl aber in den verwandten Sprachen nachzuweisenden) Futur von as, aber wie ist dieses Futur von as selber entstanden? Schleicher meint: das Futurum asjāmi ist seiner Bildung nach ein Präsens, gebildet wie das Präsens svidjāmi, d. h. an die Wurzel ist das Suffix ja getreten, ohne dass dieses Suffix ja an sich eine Beziehung zum Futurbegriffe habe; der begriffliche Uebergang des Präsens asjāmi in das Futurum ist genau der nämliche, wie bei εἶμι ich werde gehen, ἔδομαι ich werde essen.

Bopp dagegen meint, das Futurum der Wurzel as sei eine dem Optativ derselben Wurzel verwandte Bildung; er vergleicht:

Fut. sjāmi sjasi sjati sjāmas sjatha sjanti
Opt. sjām sjās sjāt sjāma sjāta sjus,

---

*) Bopp hat nach einander drei verschiedene Auffassungen dieser Formen ausgesprochen: 1) si ist Reduplicationssilbe und sam die Hauptsilbe. 2) An den mit sa componirten Aoriststamm schloss sich dieselbe Wurzel mit den Personalendungen noch einmal an, wahrscheinlich zu einer Zeit, wo das Hülfsverbum nicht mehr als solches anerkannt wurde. 3) Der erste Zischlaut von ajāsisham gehört zwar dem Verbum substantivum an, ist aber mit der Hauptwurzel gleichsam verwachsen und bildet damit ein Ganzes, so dass z. B. jas, als einfache Wurzel geltend, den Aorist ajās-isham nach Analogie von abodh-isham erzeugte.

der Hauptunterschied zwischen beiden Bildungen sei der, dass der Optativ „ein durchgreifendes langes ā hat, das Futurum aber ein kurzes ă, welches nach dem Princip der ersten Hauptconjugation sein a in den ersten Personen verlängert". Vergl. Gramm. 2, §. 665 *).

*) Ebendas. §. 670: „Was den Ursprung des Exponenten der Zukunft ja anlangt, woran sich zugleich der des optativischen jā anreiht, so beharre ich bei der schon früher ausgesprochenen Ansicht, dass diese Silben von der Wurzel ī (wünschen) abstammen. Es hätte demnach der auf den indischen Optativ sich stützende griechische Optativ der Bedeutung nach von demselben Verbum seinen Namen, dem er seinen formellen Ursprung verdankt. Fügt man der genannten Wurzel ī den Bindevocal der ersten Conjugationsklasse bei, so wird daraus ja, nach demselben phonetischen Grundsatze, wonach die Wurzel i schon in der dritten Plural-Person janti bildet. Von diesem janti kann also der Ausgang von dā-s-janti „sie werden geben" nicht unterschieden sein. Auch lässt sich nicht leugnen, dass die Wurzel i gehen, woran sich Müllner (Ursprung der sprachlichen Formen §. 46. 47) zur Erklärung des Futurs gewendet hat, in formeller Beziehung ebenso passend sei als ī, allein die Bedeutung „wünschen, wollen" ist gewiss mehr dazu geeignet, das Futur und den Optativ auszudrücken, als die des Gehens. Auch bestätigt dies die Sprachpraxis, da verschiedene Idiome ganz unabhängig von einander, bloss durch inneren Antrieb zu dem Entschlusse gekommen sind, die Zukunft durch wollen zu umschreiben. Gewiss ist, dass das Neugriechische und Althochdeutsche, ja selbst die verschiedenen germanischen Dialecte unter sich in dieser Beziehung nicht von einander geborgt oder einander nachgeahmt haben.

Benfey, Curtius u. A. halten sich für Futur und Optativ an die Wurzel i (gehen) — „as-jā-mi hiess nach unserer Analyse „ich gehe sein"; dies asjāmi, welches in der Endung des Futurums dā-sjāmi erhalten ist, halte ich nun für identisch mit dem im getrennten Gebrauche erhaltenen Optativ [a]sjām; es haben sich nur die primären Endungen in die secundären verwandelt" (Curtius Chronologie S. 240). „Freilich besteht nun immer noch ein doppelter Unterschied zwischen zusammengesetzten Indicativen des Präsens, wie svid-jāmi, svid-jasi, svid-jati, und Optativen, wie bhū-jām, bhū-jās, bhū-jāt. Der Optativ hat auch ausserhalb der ersten Personen mit Ausnahme von 3 plur. langes ā, der Indicativ kurzes. Allein dieser Unterschied reicht schwerlich aus, eine Trennung dieser Form zu begründen, zumal da bei den Präsensstämmen auf a in 1 sing. im Skr. statt des langen ein kurzes a erscheint: tudē-jam und in anderen Formen das a sogar völlig verschwindet". Dies letztere ist der Fall im gesammten Optativ der ersten Conjugationsklasse, eben daselbst auch im Skr. mit Ausnahme von 1 sing.: φέροιμι, φέροις bharēs, φέροι bharēt u. s. w. Auch diese Formen gehen zurück auf ursprüngliches bhara-jāmi, bhara-jasi, bhara-jati, d. h. an den Stamm bhara ist angetreten das Präsens von jā gehen: „ich gehe tragen" u. s. w., mit Uebergang in die Optativbedeutung. Den Lautelementen nach fällt also bei den Verben der ersten Conjugationsklasse der Optativ Präsentis in seiner ursprünglichen Form mit dem Indicativ Präsentis des Causativum bhara-jāmi „ich mache tragen" oder „lasse tragen" zusammen; ein

Nach dieser Auffassung ist das Futur in seiner Bildung mit dem Optativ principiell identisch, der formelle Unterschied zwischen beiden ist ein sehr geringer (hauptsächlich in der Quantität des auf i folgenden a bestehend). Aber es giebt nur eine einzige Wurzel, bei welcher diese Unterscheidung eines Futurums vom Optativ stattgefunden hat. Alle übrigen Wurzeln und Stämme können aus sich einen Optativ bilden, wenn sie aber ein Futurum bilden wollen, so müssen sie sich mit dem von as gebildeten Futurum componiren, denn as ist die einzige Wurzel, von welcher ein selbstständig formirtes Futurum vorkommt.

So war nach der üblichen Auffassung die Herbeiziehung von as für die Futurbildung gewissermassen eine Nothwendigkeit. Aber weshalb die Composition mit dem Präteritum von as im sogenannten Aoriste? Hierüber sagt Curtius (Chronol. S. 238): „Wie die durativen Formen durch die Zusammensetzung mit der Wurzel ja u. s. w., so wurden die aus der Wurzel selbst hervorgehenden, dem Ausdrucke des Momentanen dienenden, wie allgemein anerkannt ist, durch die Wurzel as ergänzt. Auf den ersten Blick ist es befremdlich, eine Wurzel von dieser wie es scheint durativen Bedeutung solche Functionen übernehmen zu sehen, denn Sein ist ja, so scheint es, recht eigentlich ein Bleiben, ein Beharren bei etwas. Wir möchten danach die Wurzel as eher in Präsensformen erwarten als in Aoristformen. Dennoch aber giebt es eine Auffassung des Seins, die etwas Aoristisches hat, diejenige, nach welcher das Sein dem Werden, das erreichte Resultat den verschiedenen zu seiner Erreichung erforderlichen Momenten entgegengestellt wird. Und diese Auffassung wird sich in Bezug auf die Vergangenheit am leichtesten einstellen. Da der Unterschied zwischen der aoristischen und durativen Handlung der Sprache schon in der vorigen Periode aufgegangen war, so schoben sich diese mit as componirten Formen in das System des Verbums ganz natürlich als Parallele der einfachen Aoristform (Aor. II) ein.“

Unterschied würde sich durch die Accentverschiedenheit herausgebildet haben: bhará-jāmi ich mache tragen, bhára-jāmi ich gehe tragen, d. h. ich möchte tragen (Optativ); ausserdem würde in bhára-jāmi für die meisten Personen eine Synkope des auf j folgenden a und hiermit zugleich Contraction des aj in ē stattgefunden haben.

Diese Stelle ist meines Wissens die erste und bisher einzige, welche die Entstehung des sigmatischen Aoristes aus der Wurzel as mit dem Begriffe des Aoristes zu vermitteln den Versuch macht. Curtius fasst denselben als den Ausdruck des Momentanen in der Vergangenheit im Gegensatze zum Imperfectum als dem Ausdrucke des Dauernden in der Vergangenheit. Das Imperfectum hat diese Bedeutung nicht bloss im Griechischen, sondern auch im Lateinischen. Nun hat die lateinische Sprache die Dauer in der Vergangenheit (Imperfectum) auf die nämliche Weise ausgedrückt, wie bei den Griechen das Momentane in der Vergangenheit (Aorist) nach Curtius' Ansicht ausgedrückt wird, nämlich durch Zusammensetzung der Wurzel oder des Stammes mit einem Hülfszeitworte, welches „ich war" bedeutete. Dies lehrt auch Curtius Tempora und Modi S. 290: „Die lateinische Sprache bediente sich der mit as gleichbedeutenden Wurzel bhū, fu, um ein Präteritum (nämlich das Imperfectum) zu bilden", amābam ist aus amā-fuam = amā-eram entstanden. Das lateinische Imperfectum und der griechische Aorist würden sich also genau in derselben Weise von einander unterscheiden, wie die im Sanskrit für das zusammengesetzte Perfect bestehenden Ausdrucksweisen kamajām-āsa und kamajām-babhūva.

| | Perfectum. | |
|---|---|---|
| I. | Skr. kamajām-āsa | Skr. kamajām-babhūva |
| | Aorist. | Imperfect. |
| II. | Gr. ἐφίλη-σα | Lat. amā-bam. |

In der Reihe I stehen die Zusammensetzungen mit dem Perfectum der gleichbedeutenden Wurzeln as und bhū, in der Reihe II die Zusammensetzungen mit dem Präteritum derselben Wurzel. Weil die Wurzeln as und bhū in der That gleichbedeutend sind, so hat mit Recht auch das indische kamajām-āsa dieselbe Bedeutung wie kamajām-babhūva. Dasselbe sollte man auch von ἐφίλησα und amābam erwarten, wenn in Wahrheit das σα von ἐφίλησα mit dem Präteritum von der Wurzel as identisch ist. Dies meint auch Curtius: „Auf den ersten Blick ist es befremdlich, die Wurzel as von dieser wie es scheint durativen Bedeutung die Function des

Momentanen übernehmen zu sehen, denn Sein ist ja wohl eigentlich ein Bleiben, ein Beharren bei Etwas." Daher möchte Curtius die Zusammensetzung mit „ich war" eher in einem durativen Tempus als im Aorist erwarten. Diese Erwartung ist so vernünftig und berechtigt, dass sie von Jedem getheilt wird. Sie wird ja auch nicht getäuscht, wenigstens nicht durch das Lateinische, wo das Imperfectum durch eine Zusammensetzung des Präsensstammes mit „ich war" ausgedrückt wird, getäuscht aber würde sie werden durch das Griechische, wenn anders der erste Aorist, wie Bopp angenommen, eine Zusammensetzung mit „ich war" ist; — das Griechische würde alsdann die nämliche Präteritumsbildung gegen unsere Erwartung im momentanen Sinne gebrauchen, welche das Lateinische unserer Erwartung entsprechend in durativer Bedeutung anwendet. Statt aber durch diese Erwägung dazu veranlasst zu werden, auf die Gegner jener Bopp'schen Herleitung des Aoristes zu hören, die seit A. W. v. Schlegel und Lassen bis auf die neueste Zeit niemals ganz verstummt sind, sagt Curtius, es sei allgemein anerkannt, dass der erste Aorist aus einem angefügten „ich war" entstanden sei und glaubt diese Theorie durch folgendes schützen zu können: für die Vergangenheit möchte sich bei den sprachbildenden Indogermanen eine Auffassung des Seins eingestellt haben, welche etwas Aoristisches habe, nämlich eine Auffassung, nach welcher das Sein dem Werden, das erreichte Resultat den verschiedenen zu seiner Erreichung erforderlichen Momenten entgegengestellt werde. Verstehen wir dies richtig, so will Curtius das Imperfectum und den Aorist, z. B. *ἐβασίλευε* und *ἐβασίλευσε*, in folgender Weise aufgefasst wissen:

| *ἐβασίλευε*, | *ἐβασίλευσε*, |
|---|---|
| das Dauernde in der Vergangenheit: | das Momentane in der Vergangenheit: |
| die verschiedenen zur Erreichung der Thätigkeit erforderlichen Momente; | das erreichte Resultat: |
| Werden; | Sein; |
| er war König. | er wurde König. |

Wir sind damit einverstanden, dass der Aorist das erreichte Resultat, aber nicht damit, dass das Imperfectum die verschiedenen zur Erreichung des Resultates erforderlichen Momente bezeichnet. Ganz und gar aber können wir nicht begreifen, wie Curtius sagen mag, dass das Imperfectum ein Werden in der Vergangenheit, der Aorist ein dem Werden entgegengesetztes Sein in der Vergangenheit in sich schliesse. Das umgekehrte wird häufig genug der Fall sein, und zwar gerade für den hier in Rede stehenden sigmatischen Aorist. Lehrt doch Curtius selber in seiner griechischen Syntax, dass ἐβασίλευε bedeute: „er war König" (ἦν βασιλεύς), ἐβασίλευσε dagegen: „er wurde König (ἐγένετο βασιλεύς); — „er war König" (Imperfectum) ist ein Sein in der Vergangenheit, „er wurde König" ist ein Werden in der Vergangenheit.

So hat denn Curtius durch seine „Auffassung des Seins, die etwas Aoristisches hat", keineswegs erklärt, wie eine Zusammensetzung mit dem Imperfectum „ich war" die im Gegensatz zum Imperfectum stehende aoristische Bedeutung bekommen konnte. Am einfachsten würde man sich aus der Schwierigkeit herausziehen können, wenn man sagte, das mit „ich war" gebildete Imperfectum und der mit „ich war" gebildete Aorist haben sich zur Zeit ihrer Entstehung in ihrer Bedeutung nicht von einander geschieden; ein jedes dieser Präterita konnte sowohl das Dauernde wie das Momentane oder das erreichte Resultat bezeichnen, erst im weiteren Verlaufe des Griechischen hat jedes Tempus eine mit seiner Etymologie in keinem Zusammenhange stehende bestimmte Bedeutung angenommen. Aber man wird bei diesem Auskunftsmittel schwerlich das Bedenken abweisen können, wie es kommt, dass sich gerade für die Vergangenheit, aber nicht für die Gegenwart eine Doppelform mit und ohne as gebildet hat. Ist das zufällig, dass es im Präteritum ein

adiça-t und adiksha-t,

aber im Präsens bloss ein

diça-ti, kein diksha-ti

giebt? Es deutet die Beschränkung dieser Doppelform auf die Vergangenheit fast mit Entschiedenheit darauf hin, dass die Sprachbildung einen bestimmten Zweck damit verband, wenn sie ein adiksha-t u. s. w. bildete, und dieser konnte eben kein anderer sein, als eine Modification des Präteritum-Begriffes auszudrücken, die immerhin derjenigen ähnlich gewesen sein muss, welche das Griechische durch den Gegensatz seines Imperfectums und Aoristes, das Lateinische durch den Gegensatz seines Imperfectums und historischen Perfectums ausdrückt.

Die Gegner der Bopp'schen Hypothese, dass der erste Aorist durch Zusammensetzung mit as entstanden sei, leugnen durchaus nicht, dass in der Flexion des indogermanischen Verbums Combinationen mit einem Hülfsverbum vorkommen. Schon Schlegel und Lassen, die frühesten Gegner unserer Bopp'schen Hypothese, acceptirten mit Freuden die Erklärung, welche Bopp von amā-bam, amā-bo, amā-vi als Compositionen des Stammes mit fuam, fuo, fui gegeben hatte, und erkannten bereitwillig den Scharfsinn an, welchen der Begründer der vergleichenden indogermanischen Grammatik in der Auffindung dieser Etymologieen bewiesen. Auch die sog. schwachen Perfecta des Germanischen, salbōda salbōdēdum salbōdēdjau, sind ohne Zweifel als Compositionen des Verbalstammes mit dem Perfectum der Wurzel „thun" aufzufassen. Gerade diese Art componirter Tempora ist aber im höchsten Grade geeignet, übet die Natur des ersten Aoristes Aufschluss zu geben. Schon im Sanskrit kommen dieselben vor. Hier sind sie aber nicht sowohl Zusammensetzungen als vielmehr Umschreibungen, denn nicht der blosse Stamm, sondern eine vom Stamme gebildete Nominalform, ein Infinitiv auf ām, wird mit einem noch selbstständigen Hülfsverbum verbunden.

Componirtes Perfectum:

| | | |
|---|---|---|
| Skr. kamajām ćakāra | Skr. kamajām-babhuva | Skr. kamajām-āsa |
| Got. salbō-da | Lat. amā-vi | |

Componirter Aorist:

| | |
|---|---|
| Skr. kamajām-akar[t] | [Skr. kamajām-abhūt] |

Componirtes Imperfectum:

| | |
|---|---|
| . . . . . . . . | Lat. amā-bam. |

Von den drei hier neben einander stehenden Columnen enthält die erste Bildungen mit einem Perfectum oder Aorist des Hülfsverbums „thun", im Sanskrit der Wurzel kar, im Gotischen der Wurzel dha; die zweite enthält Bildungen mit der Wurzel bhu, die dritte Bildungen mit der Wurzel as. Für das Perfectum sind sie am häufigsten: das Sanskrit componirt hier willkürlich mit allen drei Wurzeln, das Germanische mit dha. das Lateinische mit bhū; für den **Aorist** kommen sie bloss im Sanskrit vor, doch nur mit der Wurzel kar, von der ein zweiter Aorist formirt wird (3 sing. akar); die Bildung mit bhū (Aor. II abhūt), welche wir ebenfalls voraussetzen dürfen, ist noch nicht nachgewiesen; im **Imperfectum** zeigt eine analoge Bildung bloss das Lateinische (mit bam, d. i. [f]uam, dem Imperfectum der Wurzel fu).

In allen diesen Bildungen hat unstreitig das Sanskrit die ursprünglichste Weise bewahrt: sie sind in dieser Sprache nicht Zusammensetzungen, sondern Zusammenstellungen zweier selbstständig bleibender Wörter, einer vom Verbalstamme abgeleiteten Nominalform auf ām und eines Tempus der Wurzeln kar, bhū, as, und zwar so, dass beide Wörter durch ein drittes von einander getrennt werden können. Die übrigen Sprachen haben diese Umschreibung zu einer wirklichen Zusammensetzung gemacht: sie haben die Infinitivendung des Verbalstammes aufgegeben und denselben aufs innigste unter einem einheitlichen Accente mit dem Hülfsverbum verschmolzen. Doch scheint das Lateinische in dem ē von exsugē-bam, exsugē-bo, audiē-bam die dem indischen ām der Bedeutung nach entsprechende Infinitivendung bewahrt zu haben, so dass auch diese Verbalformen auf ēbam und ēbo, sofern sie der sogenannten dritten und vierten lateinischen Conjugation angehören, im strengen Sinne nicht Compositionen, sondern umschreibende Bildungen zu nennen sein würden *).

*) Curtius Tempora und Modi S. 298: „Wenn die von Benfey aufgestellte Erklärung des langen ē in dicēbam audiēbam aus dem Augmente zurückzuweisen ist, so glaube ich auch einer anderen Deutung derselben widersprechen zu müssen, die Bopp §. 528 aufstellt. Er hält nämlich das ē für ein Product von a + i, so dass a der gesetzmässige „Klassen"-Vocal, i aber ein nach Art sanskritischer Futura wie bhavishjāmi eingeschobener Bindevocal wäre; da wir jenen angeblichen Klassen-Vocal eben auch nur als einen Bindelaut betrachten zu müssen glauben und da nach einem Vocale i kein Binde-, sondern nur ein Störe-Laut auch durch keinerlei entsprechende Analogie zu belegen wäre, so ist diese Auffassung, wie ich es schon Z. f. A. 1848 S. 870 dargethan habe, gewiss für verfehlt zu halten. Wir haben die Länge der Pänultima von erāmus, bātis, von dedērunt als unorganische Dehnungen erkannt und Bopp selbst bringt §. 527 andere völlig entsprechende Beispiele bei (ambōbus, lupōrum). Ich glaube also entschieden den §. 527 gegen §. 528 in Schutz nehmen und die Dehnung des e für eine unorganische erklären zu müssen, denn es ist überhaupt nicht zu verkennen, dass die Quantitätsverhältnisse des Lateinischen

Die Zusammenstellung zweier selbstständiger Wörter ist offenbar in der Conjugation der ältere Standpunkt, — das Sanskrit hat denselben festgehalten —, die Verschmelzung der beiden Wörter zu einem Compositum der spätere.

Wenn nun das Sanskrit ein mit âsam gebildetes Präteritum hätte, von welcher Beschaffenheit würde dies sein? Wir müssen antworten, dass dasselbe den oben besprochenen sanskritischen Tempora analog sein würde:

| | | |
|---|---|---|
| vidâm ćakâra | vidâm babhûva | vidâm âsa |
| vidâm akaram | vidâm abhûvam | vidâm âsam. |

Sicherlich würde vidâm-âsam, aber nicht avêd-isham zu erwarten sein. Und dasselbe gilt auch für das Futurum. Wäre dies eine durch das Futurum der Wurzel as gebildete Form, so würde es vidâm asjâmi, aber nicht vêd-ishjâmi lauten.

Die altlateinischen Futura dicē-bo exsugē-bo würden in die Analogie einer solchen Bildung gehören, denn auch diese sind nicht eigentliche Zusammensetzungen, sondern Zusammenstellungen

vielfach gestört sind und sich lange nicht mit der Sicherheit entwickeln, wie im Griechischen. Wollte man sich in Deutungen versuchen, so läge es auch nahe, die Dehnung des ē als einen Ersatz für das ausgefallene v zu betrachten." Wo man etwas in befriedigender Weise deuten kann, da ist dies jedenfalls besser, als etwas für unorganisch d. h. für fehlerhaft gebildet zu erklären. Die Deutung freilich, welche nach Curtius nahe liegen soll, ist nicht befriedigend. Es soll geheissen haben dicē-fuat, dicē-fvat; das v ging verloren und in Folge dessen wurde e verlängert: dicē-fat, welches schliesslich zu dicēbat geworden ist! Warum will man nicht lieber den ersten Theil der Bildung dicē-bat mit den altindischen Infinitiven dṛiçé sehen, âsadē sitzen, mit dem zendischen içê wünschen, mit den griechischen λέξαι, δεῖξαι zusammenstellen? Dann ist dicē-bat analog einem indischen vidâm-abhût: im Lateinischen ein Infinitiv auf ē, im Sanskrit ein Infinitiv auf âm. Schwerlich lässt sich gegen diese Erklärung zu Gunsten der früheren ein Einwand erheben, die sämmtlich an Unglaublichkeit mit einander wetteifern. Sie zeigt, dass die ältesten Compositions-Tempora des Lateinischen wie amā-vi, amā-bam, amā-bo aus einer Bildung wie vidâm, ćakâra, vidâm-akar[t] hervorgegangen sind, d. h. aus einer Verbindung des Hülfsverbums nicht mit der Wurzel oder dem Stamme, sondern mit dem Infinitive (auf ē). Die aus dem einfachen oder zusammengesetzten Perfectum hervorgegangenen Formen amav-erim -eram -ero, tutud-erim -eram -ero, welche das Hülfsverbum unmittelbar an den Stamm, nicht an eine daraus gebildete Nominalform gefügt haben, sind späteren Ursprungs.

zweier Wörter, einer alten Infinitivform dicē exsugē und eines Hülfszeitwortes fuo, welches wie εἶμι ich werde gehen, ἔδομαι ich werde essen der Form nach Präsens, aber der Bedeutung nach Futurum ist, wie denn auch der im selbstständigen Sprachgebrauche erhaltene Infinitiv des Präsens, fo-re, die Bedeutung eines Infinitivs Futuri hat. Da die Infinitivform dicē in ihrer Verbindung mit Hülfsverben genau dieselbe Function hat wie indisches vidām, kamajām u. s. w., so dürfen wir sagen, dass dicē-bo, exsugē-bo (aus dicē-fuo, exsugē-fuo) eine Bildung ist, welche genau einem indischen vidām-asjāmi entsprechen würde; denn jede besteht aus einer Infinitivform des Stammes mit einem Hülfsverbum, welches, sei es in Futur-, sei es in Präsensform, die Bedeutung „ich werde sein" hat. Wie verhält sich dazu die im Sanskrit wirklich vorliegende Futurform vēd-ishjāmi? Es stehen

[vidām-asjāmi] und vēd-ishjāmi,

abgesehen von der in beiden Formen stattfindenden Quantität-Verschiedenheit des Wurzelvocales, in demselben Verhältnisse

wie vidām-ćacāra und got. salbō-da,
wie vidām-babhūva und lat. vol-ui,
wie vidām-āsa und lat. dīc-si,
wie vidām-akar[t] und lat. amā-bat.

d. h. die Bildung, in welcher sich die Infinitivendung bewahrt hat, ist die ältere, — diejenige, in welcher statt des Infinitivs der blosse Stamm oder die blosse Wurzel des Verbums auftritt (salbō, vol. dīc, amā) ist die jüngere Bildung.

Man kann nun gegen das, was ich hier geltend gemacht, immerhin noch folgendes einwenden: Es ist allerdings nicht daran zu zweifeln, dass kamajām-babhūva, kamajām-āsa, kamajām-ćakāra, kamajām-akar eine ältere Form ist als das der Infinitiv-Endung beraubte sabō-da, salbō-dēdum, vol-ui, amā-vi, dass auch vidām-āsa älter ist als das lateinische dic-si; aber es ist möglich, dass in einer noch früheren Sprachepoche eine Form mit dem Imperfectum und Futurum von as gebildet wurde, in welcher dieses nicht an die Infinitivform, sondern an den blossen Stamm oder die Wurzel trat.

Früheste Stufe: Das Hülfsverbum mit Verkürzung des Anlautes tritt an die Wurzel oder den Stamm: adik-sham ἔδειξα aus dik-āsam. dik-shjāmi δείξω aus dik-asjāmi.

Zweite Stufe: Das Hülfsverbum ohne Verkürzung des Anlautes tritt an eine Infinitivform: vidām-āsa, vidām-ćakāra, vidām-akar.

Dritte Stufe: Die Endung des Infinitivs wird abgeworfen, das Hülfsverbum meistens im Anlaute verkürzt: scrip-si, salbō-da, amā-vi.

Die zweite Stufe liegt nun aber vor der Sprachtrennung, wie aus der Uebereinstimmung von kamajām-āsa, amā-vi, salbō-da hervorgeht. Haben wir in kamajām āsa, vidām akar ein unversehrtes Hülfsverbum, so wird es schwerlich glaublich sein, dass dieser alten Zeit eine noch ältere vorausgegangen sei, in welcher das Hülfsverbum im Anlaute verstümmelt sei. Fügt man hinzu, dass auch die Bedeutung des Aoristes adik-sham durchaus zu der Entstehung aus āsam nicht passen will, so bleibt nichts anderes übrig, als die Bopp'sche Hypothese von der Entstehung des ersten Aoristes und des auf sjāmi auslautenden Futurums aufzugeben.

Es giebt im Sanskrit einen mit dem Hülfsverbum gebildeten Aorist, es ist derjenige, welchen zuerst Christian Lassen aus dem älteren Sanskrit ans Licht gezogen (vidām-akar u. s. w.), nachdem Bopp, mit dieser Bildung noch unbekannt, den Aorist auf sam und sisham für einen mit dem Hülfsverbum gebildeten erklärt hatte. Wenn Lassen dieser Bopp'schen Erklärung keinen Glauben schenkt, so ist er unserer Ansicht nach völlig in seinem Rechte, selbst dann, wenn es nicht möglich wäre, eine plausibelere Erklärung des s im ersten Aoriste zu geben. Ist es nicht mehr als ein Punkt in der indogermanischen Formenlehre, der sich einer Erklärung entzieht? Aber es giebt ja noch eine andere Erklärung dieses s, dass es nämlich in dieselbe Kategorie gehört wie jene Lautelemente a, na, nu, ta u. s. w., welche im Präsens und Imperfectum zur Erweiterung der Wurzel verwandt werden. So Ascoli in seinen Studj Ario-Semitici p. 26. Curtius zur Chronologie S. 235 sagt von dieser Auffassung: „der paradoxe Versuch Ascoli's, aus dem diks in adiksa-t ein Nomen agentis herauszupressen, wird wohl wenig Nachfolge finden. Die sanskritischen Aoriste auf si-sham zeigen zur Evidenz, dass hier eine Composition vorhanden ist."

Ascoli steht darin mit Curtius u. s. w. auf demselben Standpunkte, dass er den der Personalendung vorausgehenden Wortbestandtheil

| | |
|---|---|
| tuda-tha | λέγε-τε |
| krīṇā-mi | κίρνη-μι |
| krīṇī-tha | κίρνατε, δάκνε-τε |
| tanu-tē | τάνυ-ται |
| ćinu-mas, ćin-mas | δείκνυ-μεν |
| . . . . . . . | τύπτε-τε |

für ein Nomen agentis hält. Nimmt man die Personalendungen fort oder vielmehr, geht man in eine Zeit zurück, in welcher die Sprache noch keine Personalendungen kannte, so würde sich in der That tuda u. s. w. kaum anders als durch ein Nomen agentis oder Participium übersetzen lassen; liegt es doch viel näher, tudatha als ein „ihr schlagend" aufzufassen als in tuda ein Nomen actionis, einen Infinitiv zu erblicken und die in tuda-tha vereinigten sprachlichen Elemente durch „ihr im Schlagen" zu übersetzen. Wir wollen daher die Auffassung jener Bestandtheile als Nomina agentis hier zu der unserigen machen. Aber wie ist es nun mit folgenden Formen?

| | |
|---|---|
| as-ti | ἐσ-τί |
| dadā-mi | δίδω-μι. |

Sollen wir hier dem as, dem dadā eine andere Bedeutung als dem tuda geben, sollen wir sie nicht für Nomina agentis, sondern für Nomina actionis erklären? Doch wohl nicht: „as-ti" ist ebenso ein „er existirend" oder wenn man will „er athmend", wie tuda-ti ein „er schlagend" ist. Dann wird wohl auch in dem indischen Intensivum

bēbhēd-mi

nichts anderes wie in dadā-ti ein Nomen agentis zu Grunde liegen. Und dasselbe wird auch von dem durch Reduplication gebildeten Perfectum zu sagen sein:

| | |
|---|---|
| tutud-ishē | τέτυπ-σαι. |

Die reduplicirte Wurzel im Intensivum bēbhēd-mi, bēdhid-ī-mi, bēdhid-mas u. s. w. hat die Bedeutung des Nomen agentis „oft oder stark spaltend", im Perfectum bibhid-i-mas u. s. w. bedeutet sie „gespalten habend". Weshalb soll es da paradox sein, dass auch im ersten Aorist der zwischen dem Augment und den Personalendungen vorkommende Bestandtheil die Bedeutung des Nomen agentis haben soll?

| | | |
|---|---|---|
| a-diksa-t | a-bhautsī-t | ἔ-δειξσε-T |
| a-diksā-ma | a-bhauts-ma | ἐ-δείξσα-μεν. |

Die Form a-diksa-t würde einem Imperfectum a-svidja-t, *ἔπρασ-σε-T, ἔτυπτε-T, ἔδακνε-T* entsprechen, d. h. zwischen der Wurzel und der Personalendung steht ein aus Consonanten und Vocal a (*ε ο*) bestehendes Wurzelaffix; ihr gegenüber hat die Form a-bhautsī-t, a-bhauts-ma die Eigenthümlichkeit, dass zwischen Wurzel und Endungen ein blosser Consonant, s, oder derselbe Consonant mit dem Vocale ī statt a steht; wir könnten a-bhauts-ma seiner Form nach mit a-ćin-ma neben a-ćinu-ma, a-bhauts-ī-t mit a-krīṇī-ta vergleichen. Und gerade wie a-diksa-t würde auch das Futurum a-bhōt-sja-ti aufzufassen sein, d. h. zwischen Wurzel und Personalendung steht das Wurzelaffix sja. Auch bhotsja lässt sich ohne alle Schwierigkeit als Nomen agentis auffassen mit der Bedeutung cognituru-s. Es ist das alles so einfach wie möglich und sehe ich nicht ein, wie der Versuch, im Aoriststamme a-diksa-t ein Nomen agentis nachzuweisen, von Curtius als das „Herauspressen" eines Nomen agentis bezeichnet wird.

Es kommt nun darauf an, welches die Bedeutung des dem ersten Aorist zu Grunde liegenden Stammes diksa oder diks ist. Wir müssen dabei, wie es auch Curtius gethan, von der Bedeutung des griechischen Aoristes ausgehen. Drei Hauptbedeutungen sind es, die diesem Tempus zukommen. Es hat nämlich

1. die Bedeutung des lateinischen Perfectum historicum,
2. die Bedeutung des Plusquamperfectum,
3. die Bedeutung des eigentlichen Perfectum.

In der ersten Bedeutung wird im Griechischen nur der Aorist, kein stellvertretendes Tempus gesetzt. Der Aorist ist hier am nächsten mit dem Imperfectum verwandt, von dem er sich dadurch unterscheidet, dass das Imperfectum eine Handlung der Vergangenheit ausdrückt, welche zu der Zeit, von welcher ich rede, noch nicht zu ihrem Abschlusse gekommen, noch nicht fertig war, wogegen die Handlung der Vergangenheit durch den Aorist ausgedrückt wird, wenn ich sie als eine solche hinstelle, welche in der Zeit, von welcher ich rede, zum Abschlusse gekommen ist. — Hierher gehört, was man als die momentane Handlung der Vergangenheit zu bezeichnen pflegt, — hierher der zum Abschlusse gekommene Zustand (*ἐβασίλευσα*) u. s. w.

In der zweiten Bedeutung steht statt des Aoristes auch das Plusquamperfectum, aber selten genug. Das griechische Plusquamperfectum hat seine eigentliche Stelle bei solchen Verben, deren Perfectum die Bedeutung des Präsens hat, — der Begriff des Imperfectums wird hier durch das Plusquamperfectum ausgedrückt: *ἕστηκα* sto, *εἱστήκειν* stabam. Erst seit der Zeit der attischen Redner wird es häufig, das Plusquamperfect zur Bezeichnung derjenigen Vergangenheit anzuwenden, welche auch bei den Lateinern durch das Plusquamperfectum ausgedrückt wird, und noch üblicher ist dieser Gebrauch bei Späteren wie Plutarch. In diesem Sinne gebraucht die frühere Zeit das Plusquamperfectum passivi ohne Scheu, wenn auch nicht so häufig wie den passiven Aorist, das Plusquamperfectum activi bloss dann, wenn es eine intransitive, dem Passivum sich annähernde Bedeutung hat, nicht aber das Plusquamperfectum activi eines transitiven Verbums, statt dessen regelmässig der Aorist angewandt wird. Das Nähere muss der folgenden Abtheilung dieses Buches vorbehalten bleiben, hier genügt die allgemeine Thatsache: der Grieche wendet regelmässig in allen Fällen seinen Aorist an, nur selten und hauptsächlich in passiver Construction sein Plusquamperfectum *). Die ganze Sachlage ist eine derartige, dass wir die in Rede stehende zweite Bedeutung des Aoristes für eine dieser Verbalform ebenso von Anfang an eigenthümliche wie die vorher angegebene erste Bedeutung halten müssen, nicht aber für etwas, was dem Aorist erst im weiteren Verlaufe der Sprache zu seiner ersten Bedeutung (des lat. Perfectum

*) Beachtet man, dass beim griechischen Plusquamperfectum das Passivum eine entschieden primärere Bildung ist als das Activ, welches wohl in der gesammten griechischen Verbalflexion die jüngste Neubildung ist, so wird es kaum zweifelhaft sein können, dass nicht etwa Missbehagen an der Mehrsilbigkeit des activen Plusquamperfectums der Grund war, dem kürzeren Aorist vor ihm den Vorzug zu geben, sondern dass die Anwendung des Aoristes für den Plusquamperfect-Begriff ein alter ist, älter als die Bildung des aus dem Perfectum entwickelten und ursprünglich nur zum Ausdruck des Imperfectums (*εἱστήκειν*) gebrauchten Plusquamperfectum.

historicum) übertragen worden sei. Dass aber beide Bedeutungen aufs allernächste mit einander verwandt sind, ist deutlich genug, denn auch in der zweiten Bedeutung bezeichnet der griechische Aorist eine zum Abschluss gekommene fertige Handlung der Vergangenheit, und zwar zum Abschlusse gekommen in Beziehung auf eine andere, der Vergangenheit angehörige, entweder wiederum durch den Aorist oder durch das Imperfectum ausgedrückte Handlung, welche zur Erscheinung kam, nachdem jene zum Abschlusse gelangt war.

Nun giebt es noch eine dritte Bedeutung des Aoristes, die zu den beiden ersten in einem entschiedenen Gegensatze steht. Dieser Gegensatz zeigt sich deutlich in der Consecutio temporum, indem in der älteren Sprache (Homer, Pindar, Aeschylus, Sophokles, auch Euripides) auf einen in der ersten oder zweiten Bedeutung gebrauchten Aorist z. B. in Absichtssätzen regelmässig der Optativ folgt, während nach dem in der dritten Bedeutung angewandten Aorist der Conjunctiv gebraucht wird. Er steht hier durchaus gleichbedeutend mit dem griechischen Perfectum, sofern dies nicht die Bedeutung des Präsens übernommen hat, und mit dem sogen. eigentlichen Perfectum der Römer, und bezeichnet als solches eine fertige, vollendete, zum Abschlusse gekommene Handlung der Gegenwart. Der Aorist in dieser dritten Bedeutung kann überall durch das griechische Perfectum vertreten werden: es ist dies ähnlich, wie wenn statt des in der zweiten Bedeutung stehenden Aoristes das Plusquamperfectum gebraucht wird, jedoch findet dabei der wichtige Unterschied statt, dass das Plusquamperfectum hauptsächlich nur im Passivum zulässig und auch hier nicht häufig ist, während das Perfectum statt des stellvertretenden Aoristes in allen Fällen, wo ein die vollendete Gegenwart bezeichnendes Perfectum gebildet wird, ohne Einschränkung gesetzt werden kann. Nichts desto weniger findet sich der Tempus-Begriff „ich habe gethan“ ungleich häufiger durch den Aorist als durch das Perfectum ausgedrückt. Doch dies liegt daran, dass das griechische Perfectum ganz gegen die Weise des Lateinischen, Griechischen, Indischen in der älteren Zeit nur von der geringeren Zahl der Verben gebildet wird, während der Aorist fast von jedem Verbum im Gebrauche ist. Es wird sich wahrscheinlich machen lassen, dass die vollendete Gegenwart im Griechischen ursprünglich nur durch das Perfectum ausgedrückt, dass aber schon früh (schon lange vor Homer) auch der Aorist zum Träger dieses Zeitbegriffes gemacht wurde, in Folge dessen die griechischen Perfecta zum grossen Theile aus der Sprache verschwunden sind, wie umgekehrt das Lateinische sein Perfectum, welches ursprünglich die vollendete Gegenwart bedeutete, auch zum Träger des Aorist-Begriffes gemacht und in Folge dessen seine Aoriste verloren hat. Noch weiter als das Lateinische sind das Gotische und die übrigen germanischen Dialecte gegangen, welche das Perfectum nicht bloss für den Aoristbegriff, sondern sogar auch für den des Imperfectums verwenden.

Die Grundbedeutung des Aoristes, die sich sowohl in seinem Gebrauche als Perfectum historicum wie als Plusquamperfectum und auch in seiner Anwendung an Stelle des eigentlichen Perfectum zeigt, ist der einer zum Abschlusse gelangten, vollendeten, fertigen Handlung der Vergangenheit und steht insofern dem Perfectum nahe, welches in seiner Grundbedeutung (— das Griechische wendet das Perfectum nur in dieser seiner Grundbedeutung oder für das Präsens an —) die zum Abschlusse gelangte, fertige Handlung der Gegenwart ausdrückt*).

Das Perfectum wird dadurch gebildet, dass die Wurzel reduplicirt und mit den präsentischen Endungen verbunden wird. Dass die Endungen wenigstens ursprünglich dieselben wie die des Präsens waren, lässt sich am besten aus dem medialen (passiven) Perfectum des Griechischen erkennen, dessen Ausgänge mit denen des Präsens ἵσταμαι vollständig übereinstimmen; auf die sich namentlich im activen Singular zeigenden Differenzen brauchen wir hier nicht einzugehen. Von den im Begriffe des Perfectum zusammengeschlossenen zwei Momenten, der Gegenwart und der Vollendung, wird das erstere durch die präsentischen Endungen aus-

*) Wir mussten, um dies klar zu machen, die Grenzen, welche der vorliegenden Abtheilung des Buches gesteckt sind, überschreiten und dem Inhalte der folgenden Abtheilung vorgreifen; dort werden die weiteren Belege für den, der sie hier vermissen sollte, zu finden sein, aber auch von der hier gegebenen Entwickelung des Aoristbegriffes dürfen wir voraussetzen, dass Curtius nicht wie bei der obigen Ansicht Ascoli's sagen wird, wir hätten ihn „herausgepresst."

gedrückt, das zweite dagegen findet seinen lautlichen Träger in der Reduplication der Wurzel. Sonst verleiht die Reduplication der Wurzel den Intensivbegriff: mit Präsensendungen verbunden stellt sie die in die Gegenwart fallende Thätigkeit als eine intensive dar. In dem jetzt in Rede stehenden Falle stellt sie eine in die Gegenwart fallende Thätigkeit als eine zum Abschlusse gekommene, fertige, vollendete dar. Dasselbe Mittel, welches zunächst zur Stammbildung, zur Bildung des Intensivstammes dient, ist zur Tempusbildung verwandt.

Sollte es nicht fast selbstverständlich sein, dass die Sprachbildung in analoger Weise auch beim Ausdruck der in der Vergangenheit als fertig gedachten Handlung (Aorist) verfahren sei? Doch giebt es für den Intensivbegriff noch andere Ausdrucksweisen als die Reduplication. Im sogenannten ersten Aoriste ist das charakteristische Element ein s oder ein reduplicirtes s (Skr. ajâ-sisham). Curtius sagt in der oben angeführten Stelle: „Die Sanskrit-Aoriste auf s-isham zeigen zur Evidenz, dass hier eine Composition (mit einem Imperfectum der Wurzel as) vorhanden ist.“ Mit der Evidenz steht es schlecht. Das Lateinische wendet zum Ausdrucke des Intensivums den Consonanten t an: dic-o dic-to, aber bei einigen Verben erhält das intensive t eine Reduplication: dic-tito, lec-tito, ac-tito *). Zeigt auch dies zur Evidenz, dass hier eine Wurzel reduplicirt ist?

*) Die gewöhnliche Annahme ist, dass die Intensiva auf tito von den Intensivis auf to abgeleitet seien, so dass von einem Frequentativum ersten Grades ein Frequentativum zweiten Grades gebildet sei: curr-o cur-so cur-sito, dic-o dic-to dic-tito, defend-o defen[d]-so defen[d]-sito. Wo neben dem Primitivum bloss ein Frequentativum zweiten Grades vorhanden ist: haer-eo hae[s]-sito, ag-o ac-tito, leg-o lec-tito, mitt-o mis-sito, adven-io adven-tito, da nimmt man an, dass Intensiva ersten Grades hae[s]-so, ac-to, lec-to, mis-so ausser Gebrauch gekommen seien. Es ist auch unsere Ansicht, dass es einst solche Bildungen gegeben hat, dass ursprünglich von jedem Stamme ein Iterativum ersten wie zweiten Grades gebildet werden konnte, obschon bisweilen die Gelegenheit gefehlt haben mag, diese Doppelbildungen durchzuführen, wie ja auch viele Stämme überhaupt ohne Iterativbildung geblieben sind. Auch nach unserer Auffassung stammt die Bildung auf titare von der auf tare ab, jedoch in derselben Weise, wie die reduplicirte Wurzel von der einfachen, wie das reduplicirte Perfectum vom reduplicationslosen Präsens ausgeht. Wir halten dafür, dass die Iterativa ersten und zweiten Grades ursprünglich auch in der Bedeutung verschieden waren.

Wir wollen die lateinische Iterativbildung nach der formellen Seite hin mit der Bildung des sigmatischen Aoristes zusammenstellen. Im Ganzen giebt es drei Arten von Iterativendungen: 1) to oder so, 2) ito, 3) tito oder sito; ebenso auch, wenn wir die 1 sing. berücksichtigen, drei verschiedene Arten des indischen sigmatischen Aoristes: 1) sam (sham), 2) isham, 3) sisham. Wir stellen dem Iterativum das Primitivum, dem sigmatischen Aoriste des Sanskrit das Imperfectum voran.

I.

| | |
|---|---|
| ger-o | ges-**to** |
| pell-o | pul-**so** |
| avah-am | avāk-**sham** (trug). |

II.

| | |
|---|---|
| ag-o | ag-**ito** |
| amanth-am | amanth-**isham** (trieb). |

III.

| | |
|---|---|
| leg-o | lec-**tito** |
| mitt-o | mis-**sito** |
| anam-am | anam-**sisham** (beugte). |

Bei der hier vollständig durchgreifenden Analogie zwischen den lateinischen Iterativen und den sigmatischen Aoristen des Sanskrit legen wir selbstverständlich keine Bedeutung darauf, dass die Iterativendung im Lateinischen bisweilen nicht mit t, sondern genau wie der erste sigmatische Aorist mit s beginnt — das lateinische s ist hier unter bestimmten Lautverhältnissen aus dem sonst gewöhnlichen t hervorgegangen, für den Aorist aber erscheint stets ein s, niemals t. Wir müssen ferner noch berücksichtigen, dass die iterativen Endungen

tō (sō) itō titō (sitō)

von den Aoristausgängen

sam isham sisham

auch noch dadurch verschieden sind, dass das lateinische ō keineswegs dem indischen am coordinirt steht, denn tō ist aus tajāmi u. s. w. hervorgegangen. Stellen wir uns auf diejenige Sprachstufe, welche dem lateinischen tō zu Grunde liegt, dann sind parallel zu stellen:

tajāmi itajāmi titajāmi

und

sam isham sisham;

das für das lateinische ges-tō vorauszusetzende ges-tajāmi ist eine Bildung, welche dem griechischen ῥιπ-τέω u. s. w. entspricht, während das lateinische Iterativ zweiten Grades wie ac-tito dem griechischen ῥιπ-τάζω am nächsten kommt, wenn anders, wie ich annehme, die griechische Endung τάζω aus τατιω oder ταθιω entstanden ist:

a. ῥίπ-τω flec-to
b. ῥιπ-τέω aus ῥιπ-τέjω dic-to aus dic-tajo
c. ῥιπ-τάζω aus ῥιπ-ταθιω dic-tito aus dic-titajo.

Ich habe mich hierüber in der griechischen Formenlehre §. 269 ausführlich ausgesprochen. Die unter a stehenden Formen sind Stammbildungen, welche darin bestehen, dass zwischen Wurzel und Personalendung die Silbe ta eingeschoben wird. Bei b ist statt ta in beiden Sprachen, dem Griechischen und Lateinischen, die zweisilbige Lautcombination taja an die Wurzel getreten; bei c im Lateinischen die Bildung titaja, im Griechischen die Bildung titia oder tithia.

Die Desiderativa bildet das Sanskrit, wie bereits oben bemerkt, durch Reduplication der Wurzel und durch Anfügung von sa:

vi-vṛit-sati er wünscht zu weilen;

das s wird aber auch wie das t des lateinischen Frequentativums, wie das s des indischen Aoristes mit einem i an die Wurzel gefügt:

vi-vart-ishatē er wünscht zu weilen,
bu-bōdh-ishati er wünscht zu erfahren.

Nach den Angaben der indischen Grammatiker tritt aber auch in einigen Fällen Reduplication des s ein, ganz analog wie beim Aorist auf si-sham, wie beim lateinischen Frequentativ auf ti-to. So von ēmi εἶμι:

ī-shishati oder ī-shishatē wünscht zu gehen,

von ava-ti (er tönt von der Wurzel u):

ū-shishatē wünscht zu tönen.

Die Verlängerung das ī und ū ist als Reduplication zu fassen.

So gehört auch das indische Desiderativum in dieselbe Parallele*) wie der indische Aorist I und das lateinische Frequentativ:

| | | |
|---|---|---|
| ges-**to** | vi-vṛit-**sâmi** | adik-**sham** |
| ag-**ito** | bubôdh-**ishâmi** | ananth-**isham** |
| lec-**tito** | î-**shishâmi** | ajâ-**sisham**. |

Bei bereits abgeleiteten Verbalstämmen wird beim indischen Desiderativ die Reduplication unterlassen. So bildet man vom Causativum tôdajati er lässt schlagen das Desiderativum

tôdaj-ishati er wünscht schlagen zu lassen.

Ebenso auch, wenn denominale Desiderativ-Verba gebildet werden sollen. Alsdann wird aber statt sati ein durch j erweitertes sjati (d. i. siati) angefügt: von kshîra (Milch) lautet das Desiderativum:

kshîra-sjati er wünscht Milch.

von madhu (Honig):

madhu-shjati oder madhu-asjati wünscht Honig.

Wer möchte leugnen, dass irgend ein Zusammenhang zwischen den mit sja gebildeten Desiderativen und den mit sja gebildeten Futurformen wie vṛit-sjâ-mi, vart-ishjâ-mi bestände? Er erscheint um so bedeutungsvoller, als auch die griechischen Desiderativa auf σείω, wie δρασείω ὀψείω mit dem Futurum, welches ja dialectisch im Griechischen ebenfalls auf σίω ausgeht, einen entschiedenen Zusammenhang verrathen. Es wäre nicht unmöglich, dass die Endung σείω mit σίω ursprünglich durchaus identisch wäre, dass wir das dem ι vorausgehende ε in σείω ebenso anzusehen hätten wie das ε in Optativen wie εἰδείην u. s. w., wo die Endung είην aus ίην hervorgegangen sein muss. Aber wahrscheinlicher ist eine andere Etymologie, nämlich dass die Desiderativendung σείω aufs nächste mit der selteneren Desiderativendung sishâmi in î-shishâmi verwandt wäre; denn der Ausfall des mittleren σ in der für σείω vorauszusetzenden Form σεσίω würde doch nach griechischem Lautgesetze etwas durchaus nothwendiges sein. So wieder parallel stehen:

î-shishjâmi ich wünsche zu gehen
ὀπ-σε[σ]ίω ich wünsche zu sehen.

*) Eben diese Parallele mit dem indischen Aorist wird auch etwaige Zweifel an der Realität dieser Formen zu beseitigen geeignet sein.

Nur darin würde ein Unterschied bestehen, dass zwischen dem reduplicirten s im Indischen der Vocal i, im Griechischen ein aus a abgelautetes ε in der Mitte steht, ein Unterschied, welcher genau der nämliche sein würde wie in τί-θημι und τέ-θεικα. Die Seltenheit der indischen Desiderativa auf sishâmi würde gegen diese Auffassung der griechischen Desiderativ-Endung σείω natürlich kein Einwand sein. Ich habe nun schon früher die Ansicht ausgesprochen, dass diese Art der griechischen Desiderativ-Bildung genetisch die nämliche ist wie im Lateinischen. Hier geht das Desiderativum auf turio aus: emp-turio, par-turio. Die bisherige Auffassung, dass dies ein denominales Verbum aus emp-tūru-s, par-tūru-s sei, findet an der Quantitätsverschiedenheit ein schwer zu erledigendes Hinderniss. Die Parallele von

ī-shishjâmi ich wünsche zu gehen
ὀπ-σε[σ]ίω ich wünsche zu sehen
[emp-tusiō]
emp-turiō ich wünsche zu kaufen

würde zur Voraussetzung haben, dass ὀπ-σε[σ]ίω aus ὀπ-τε[σ]ίω ὀπ-τείω entstanden sei.

Im Griechischen und Lateinischen giebt es erweiterte Präsentia auf scō, deren s entweder unmittelbar oder mit Einfügung des Vocales i an die Wurzel oder den Stamm tritt. Im Griechischen ist diese Bildung häufig mit Reduplication der Wurzel verbunden, im Lateinischen niemals. Bereits Bopp hat diese Stämme auf scō mit den indischen Desiderativis für identisch erklärt.

ǵi-ǵnâ-sâmi will erkennen
γι-γνώ-σκω erkenne
(g)nō-scō lerne kennen.

Ebenso

mi-man-satē } considero
mi-man-ishatē }
re-min-iscitur
μι-μνή-σκω.

Der Parallelismus wird dadurch erhöht, dass in jeder der drei Sprachen das s sowohl mittelbar wie auch mit einem i an die Wurzel tritt, nicht minder auch dadurch, dass der hier im Griechischen gebräuchliche Reduplicationsvocal i auch im Sanskrit vorherrscht (nur u-Wurzeln haben in der Reduplicationssilbe u statt i). Gegen die nähere Verwandtschaft könnte die Verschiedenheit der Bedeutung angeführt werden.

1) Im Indischen ist die Desiderativbedeutung die gewöhnliche, doch keineswegs die constante, denn es kommt auch vor, dass sich die Bildung auf sāmi (ishāmi) von der einfachen Verbalform begrifflich nicht unterscheidet: ti-tik-shatē nicht: „er will ertragen", sondern „erträgt" u. s. w.

2) Dies letztere ist bisweilen auch im Lateinischen der Fall: crē-sco, pā-sco u. s. w., sonst aber hat hier die Formation auf sco die Bedeutung des Inchoativums: gem-iscō fange an zu seufzen, calē-scō werde warm, pertimē-sco gerathe in Furcht.

3) Auch im Griechischen ist die Endung σκω für die Modification des Wurzelbegriffes häufig bedeutungslos.

Inchoativ-Bedeutung wie im Lateinischen zeigt sich in ἡβά-σκω werde mannbar (ἡβά-ω bin mannbar), γηρά-σκω werde alt (γηρά-ω), κυ-ίσκω werde schwanger (κυέω bin schw.), ἀναβιώ-σκομαι reviv-isco (βιόω vivo). Aber auch Factitiv-Bedeutung: μεθύ-σκω mache trunken (μεθύ-ω bin tr.), πιπί-σκω tränke (πίνω), ϝεϝί-σκω mache gleich u. a. Ganz besonders tritt die Iterativ-Bedeutung hervor, doch wird hierfür das wurzel- oder stammerweiternde σκ nicht im Präsens, sondern nur im Präteritum gebraucht und zwar hauptsächlich nur im episch-ionischen, sehr selten im attischen Dialecte: ἵστα-σκον, δίδο-σκον, τίθε-σκον, ἔχε-σκον, μαχέ-σκόμην, καλέε-σκον. Bisweilen erscheint dies nur dem Präteritum angehörige σκ als Ausdruck des reinen Intensiv-Begriffes wie Il. *I* 450 τὴν αὐτὸς φιλέεσκεν, ἀτιμάζεσκε δ' ἄκοιτιν. Die Intensiv-Bedeutung möchte als die ursprüngliche vorauszusetzen sein, aus der in erster Linie die Iterativ-Bedeutung, in weiterer Uebertragung die Factitiv- und Inchoativ-Bedeutung hervorgegangen wäre, während das Lateinische bloss die Inchoativ-Bedeutung festgehalten hat.

Was nun die Reduplication anbetrifft, so lässt sich wohl mit Sicherheit annehmen, dass sie auch im Griechischen auf einer früheren Sprachstufe überall die Begleiterin des Wurzelaffixes σκ war; nachdem sie zuerst bei einzelnen Verben abgefallen war, wurde es Norm, sie bei allen späteren Neubildungen auf σκω fortzulassen.

Wir dürfen nicht unterlassen, auf eine sich mit den lateinischen Inchoativen auf sco berührende Bildung des Litauischen aufmerksam zu machen. Hier wird das Inchoativum durch die Endung stu ausgedrückt: miliu ich liebe, pra-milstu ich fange an zu lieben. Schleicher erklärt das dem t vorausgehende s als ein euphonisches; viel näher liegt die Ansicht, dass da, wo es hinter einem Zischlaute und sonst bei den litauischen Inchoativen nicht vorkommt, ein euphonischer Abfall desselben stattgefunden hat. Selbstverständlich hat es mit Bildungen wie ei-tu ich gehe eine andere Bewandtniss.

Bopp hat das griechisch-lateinische σκω unmittelbar mit der indischen Desiderativ-Bildung sâmi identificirt, ohne an der Lautverschiedenheit von s und sk Anstoss zu nehmen. Ich kann nicht umhin das sk als eine Erweiterung des im indischen Desiderativum vorkommenden einfachen s zu erklären und muss Angesichts der Thatsachen drei verschiedene Erweiterungen des s annehmen, durch j, durch t, durch k. Es stehen nämlich erstens den indischen Desiderativ-Ausgängen

sâmi    ishâmi    sishâmi,

die durch Zutritt eines j oder i gebildeten Ausgänge

sjâmi, σίω    ishjâmi    σι[σ]ίω

zur Seite. Die Endung sjâmi bildet in den meisten indogermanischen Sprachen das Futurum, doch fungirt sie im Sanskrit auch als Desiderativ-Endung (bei den denominalen Desiderativen) wie im Griechischen die Endung σι[σ]ίω für die Bildung des Desiderativums angewandt wird. Zweitens ist s durch Zutritt eines t erweitert: diese Bildung hat sich im Litauischen als Intensiv-Form erhalten. Drittens ist s durch Zutritt von k erweitert: hierdurch wird im Griechischen das Intensivum, meist das frequentative Intensivum (σκον), sodann das Causativum und Inchoativum ausgedrückt:

σκω, sco    ίσκω, isco.

Der Form nach also besteht folgender genaue Zusammenhang:

| | | | | |
|---|---|---|---|---|
| sam | sâmi | sjâmi, σω | stu | σκω, sco |
| isham | ishâmi | ishjâmi | | ίσκω, isco |
| sisham | sishâmi | σι[σ]ίω | | . . . |

Die Wurzelerweiterung erster Reihe: sa-m isha-m sisha-m bezeichnet die durch die Wurzel ausgedrückte Thätigkeit als eine intensive im besonderen Sinne des fertigen, zum Abschlusse gekommenen; sie wird bloss für die Vergangenheit angewandt und bildet als solche den sigmatischen Aorist.

Die Wurzelerweiterung zweiter Reihe: sâ-mi ishâ-mi sishâ-mi, mit Reduplication verbunden, bezeichnet die Thätigkeit als eine desiderative. Die Grundbedeutung muss auch hier die intensive sein; der Uebergang derselben in die desiderative „wünschte zu thun“ ist der nämliche, wie wenn im Semitischen die Stammbildung qâtala aus ihrer ursprünglichen Intensivbedeutung sowohl in die causative wie in die conative Bedeutung „suchte zu tödten“ übergeht (S. 227. 229).

Das Affix s der ersten Reihe hat sich in der zweiten Reihe mit Reduplication der Wurzel verbunden. In der dritten Reihe verbindet es sich mit einem zweiten Wurzelaffixe j: sjâ-mi ishjâ-mi sishjâ-mi. Die Desiderativbedeutung der zweiten ist hier bei sjâmi und ishjâmi in die Futur-Bedeutung übergegangen (sigmatisches Futurum und indischer Conditionalis). Der Uebergang ist auf dieselbe Weise anzusehen, wie wenn der Substantiv-Modus zum Futurum wird: lat. legēs, eig. „ich denke, du liest“, oder „erwarte, wünsche, du liest“ wird zu „du wirst lesen“) das ursprüngliche Desiderativum „du wünschest zu thun“ ist zu „du wirst thun“ geworden. Das griechische σι[σ]ίω und bisweilen auch das indische sjâmi hat die Desiderativbedeutung behalten.

In der vierten und fünften Reihe finden wir zu dem wurzelerweiternden s noch eine Tenuis hinzugetreten, dort ein t, hier ein k; jenes im Litauischen, dieses im Griechischen und Lateinischen. Wie das sâmi der zweiten Reihe, so vereinigt sich auch das σκω des Griechischen mit Reduplication der Wurzel. Litauisches stu und lateinisches sco, isco hat vorwiegend inchoative Bedeutung, auch bei dem griechischen σκω ίσκω ist dieselbe nachzuweisen. Schon das einfache, den griechischen Aorist bildende σ verleiht inchoative Bedeutung, es steht

γηρᾶν alt sein zu γηράσκειν alt werden, altern
languēre matt sein zu languēscere matt werden, ermatten

in demselben Verhältnisse wie die griechischen Präsentia und Aoriste

ἰσχύειν stark sein zu ἰσχῦσαι stark werden, erstarken
νοσεῖν krank sein zu νοσῆσαι krank werden, erkranken.

Nicht bloss die Bedeutung stimmt hier überein, sondern es liegt auch Verwandtschaft, in letzter Instanz Uebereinstimmung der Formen vor: das s, σ in γηράσκειν, languēscere ist etymologisch dasselbe wie in ἰσχῦσαι, βασιλεῦσαι, d. h. es ist anfänglich eine die Intensivität der Handlung bezeichnende Wurzel- oder Stamm-Verstärkung, welche speciell zum Ausdrucke der fertigen, zum Abschlusse gelangten Handlung verwandt wurde (Aorist auf sam, σα), hat aber weiterhin eine Erweiterung durch t und k erfahren und bezeichnet in dieser Verstärkung vorwiegend die inchoative Handlung, die der Grieche schon durch das einfache s, d. h. den sigmatischen Aorist, bezeichnen kann und die auch in der That, wie dies die Lehrbücher der griechischen Syntax bereits ausführen, aus der allgemeinen Bedeutung des Aoristes hervorgeht *).

Somit ergiebt sich ungesucht und ungekünstelt der nahe Zusammenhang zwischen sigmatischem Aorist, Futur, Desiderativ und Inchoativ, wenn als die gemeinsame Grundlage eine den Intensiv-Begriff bezeichnende Wurzel-Erweiterung s oder sa angenommen wird, welche weder mit der Verbalwurzel as noch mit dem Demonstrativ-Pronomen sa zusammenhängt, sondern gleich der Wurzel-Reduplication und den Wurzel-Erweiterungen des Semitischen lediglich die symbolische Bedeutung hat, eine Verstärkung der durch

---

*) Dass in sjāmi, stu, σκω zwei Wurzelaffixe verbunden sind, kann nicht auffällig erscheinen, denn es ist ja eine auch sonst oft genug vorkommende Erscheinung, die am frühesten in a-jā-mi aufgetreten zu sein scheint. Das einfache Wurzelsuffix t ist ja ebenfalls in der indogermanischen, wenn auch nicht in der indischen Verbalbildung häufig genug. Seltener ist einfaches k als wurzelerweiterndes Element, aber gesichert durch ὀλ-έκω neben ὀλ-λυμι u. a.; nach Curtius würden auch die griechischen Perfecta auf κα hierher zu ziehen sein und mit ihnen wohl auch die mit k gebildeten Optative des Litauischen. Der dentalen Muta t und der gutturalen Muta k gesellt sich endlich als dritte die labiale Muta p hinzu, welche das Sanskrit in der oben angeführten Causativbildung auf pajāmi anwendet; — pajāmi würde dem iterativen to des Lateinischen (aus tajāmi) am nächsten kommen:

| | | | |
|---|---|---|---|
| 1. (tā-mi) | τω | (tajāmi) | to iterativ |
| 2. (kā-mi) | κω | | |
| 3. . . . . . | | pajāmi | causativ. |

die Wurzel bezeichneten Thätigkeit auszudrücken. Dieselbe symbolische Bedeutung liegt auch allen übrigen für Verbalstämme angewandten Affixen zu Grunde: a, ja, ta, na u. s. w., von denen eins, nämlich na, gerade wie im Semitischen auch als Infix der Wurzel verwandt wird. Selbstverständlich steht das Wurzelaffix s, sa im nächsten Zusammenhange mit dem Wurzelaffixe ta; es ist dies derselbe, welcher zwischen den Pronominalstämmen sa und ta, zwischen den Verbalendungen zweiter Person in ἔλεγε-ς und ἐλέγε-τε, zwischen den Nominalaffixen san und tan im indischen tak-shan = griechischem τέκ-των besteht, d. h. s ist hier ein, wenn auch schon in frühester Zeit, aus t entwickelter Laut und somit das wurzelerweiternde s aus wurzelerweiterndem t entstanden. Bei dem Wechsel zwischen t und s hat das Sanskrit den übrigen Sprachen gegenüber keineswegs immer das ältere. Wir weisen auf das eben angeführte Beispiel skr. tak-shan (Zimmermann) und griech. τέκ-των hin, wo die Endung των, was den consonantischen Anlaut betrifft, jedenfalls ursprünglicher ist, als das skr. shan. Und ähnlich auch sonst z. B. in dem alten Worte für „Bär“:

Sanskr. ṛikshas aus arksas
Latein. ursus aus urcsus
Griech. . . . . . . . . ἄρκτος;

auch hier ist die griechische Form nicht bloss in der Wurzel, sondern auch in dem consonantischen Anlaut der Endung ursprünglicher als die indische, die wie die lateinische statt des t ein s darbietet. So wird es nun auch nicht unberechtigt erscheinen, wenn wir dem t griechischer und lateinischer Verbal-Suffixe ein hohes Alter zuschreiben, ungeachtet das t im Sanskrit nicht vorkommt. Aber wie ist es zu erklären, dass als Bildungsconsonant des Aoristes stets nur ein s, niemals ein t erscheint? Das s im Aoriste ist mindestens ebenso alt wie die Pronominalwurzel-Form sa, welche sich in fast allen indogermanischen Sprachen für den Nom. sg. msc. fem. festgesetzt hat, während die meisten anderen Casus von der Wurzelform ta ausgehen. Und doch wird in einer noch früheren Bildungsepoche der Sprache einst die Form ta für alle Casus bestanden und die Form sa sich noch nicht entwickelt haben. Es wird nicht möglich sein, anzugeben, weshalb die sigmatische Form sich vorwiegend in die genannten Casus des Demonstrativ-Pronomens eingedrängt hat. Weshalb aber im Aorist niemals die Muta-Form, sondern stets die Sibilans-Form des dentalen Wurzelaffixes erscheint, dafür lässt sich vielleicht ein Erklärungsgrund geltend machen.

Die an die Wurzel antretenden Consonanten werden nämlich fast überall mit folgendem Vocale gesprochen, a oder u (ja, na, nu, ta); der Vocal u fehlt willkürlich vor den mit m v anfangenden Plural- und Dual-Endungen bei den Suffixen: tanu-mas und tan-mas, ausserdem aber fehlt der Vocal a in den meisten sigmatischen Aoristen des Sanskrit: abhaut-sma u. s. w., und dass es im Griechischen nicht anders war, haben wir oben bei Gelegenheit der kurzvocaligen Conjunctive Aoristi nachgewiesen. Wir haben den Satz aufgestellt, dass das s des Aoristes aus einem wurzelerweiternden t entstanden ist; die unmittelbare Folge des consonantisch anlautenden Personalzeichens auf das t mag der nächstliegende Grund für die Abschwächung der Tenuis t zur Sibilans gewesen sein.

Druck der Friedr. Mauke'schen Officin in Jena.

www.ingramcontent.com/pod-product-compliance
Lightning Source LLC
Chambersburg PA
CBHW030747230426
43667CB00007B/877
*9783744604345*